信州年鉴

（2022）

中共信州区委党史党建研究中心（地方志编纂中心） 编

主　　编　余华阳
副 主 编　徐艺华
执行主编　徐　炜　龚　博
编　　辑　缪　斌　俞敏华　徐协国

光明日报出版社

图书在版编目（CIP）数据

信州年鉴．2022 / 中共信州区委党史党建研究中心（地方志编纂中心）编．-- 北京：光明日报出版社，2022. 11

ISBN 978 - 7 - 5194 - 6948 - 1

Ⅰ.①信… Ⅱ.①中… Ⅲ.①区（城市）—上饶—2022—年鉴 Ⅳ.①Z525. 64

中国版本图书馆 CIP 数据核字（2022）第 230563 号

信州年鉴．2022

XINZHOU NIANJIAN. 2022

编　　者：中共信州区委党史党建研究中心（地方志编纂中心）

责任编辑：刘兴华　　责任校对：李　倩　李　兵

封面设计：中联华文　　责任印制：曹　净

出版发行：光明日报出版社

地　　址：北京市西城区永安路 106 号，100050

电　　话：010-63169890（咨询），010-63131930（邮购）

传　　真：010-63131930

网　　址：http：//book. gmw. cn

E - mail：gmrbcbs@ gmw. cn

法律顾问：北京市兰台律师事务所龚柳方律师

印　　刷：三河市华东印刷有限公司

装　　订：三河市华东印刷有限公司

本书如有破损、缺页、装订错误，请与本社联系调换，电话：010-63131930

开　　本：210mm×285mm

字　　数：533 千字　　印　　张：20. 5

版　　次：2023 年 7 月第 1 版　　印　　次：2023 年 7 月第 1 次印刷

书　　号：ISBN 978 - 7 - 5194 - 6948 - 1

定　　价：198. 00 元

《信州年鉴》编纂委员会

撰稿人员名单和校对人员名单

（按姓氏笔画为序）

撰稿人员名单：

王丽芸　王　泳　王贤彬　王梓京　王　琦　王丽丽　王森璠　王　群　计想建　仉雯蕾
方　祯　占晓英　卢　红　叶　晔　叶　舒　叶　琦　冯　蕾　过润芝　吕一春　吕佳倩
朱　泉　刘　瑾　刘建林　刘曼赟　刘耀威　江　兴　孙月蓓　汤哲卿　苏珊梅　苏雪飞
李冬平　李心雨　李志红　李羿秋　李　艳　李萌文　李　璇　李继翔　杨庆国　杨昌辉
杨维祖　杨　骏　吴秀萍　吴淑萍　吴雪珍　邱丽平　何　凡　何田华　余建国　余　曌
汪春伶　张小梅　张炳波　张晓庆　陈启慧　陈丽梅　陈怡戎　陈　玉　陈　通　邵文霖
林品青　林谋俊　林策群　周　泽　周　哲　周卫娟　周红权　周敬平　周靖杰　周嘉伟
周慧媛　范杨浩城　郑　玲　郑飞标　郑永鹏　郑文晨　郑宇丽　郑志军　郑灵恩　郑诗娣
郑慧青　俞城渡　胡心睿　胡郁闻　柯　姗　段敏慧　洪道林　祝慧箭　姚立翔　贺驰宇
姜宽鑫　夏　涛　夏　婷　徐　云　徐力城　徐太生　徐文积　徐志强　徐英辉　徐雯洁
徐嘉岭　诸海亮　翁福纯　郭占军　桑　雯　康　琪　黄　玮　黄俐智　黄振震　黄　慧
龚海洪　章　莉　章莉娜　章新成　琚　玺　蒋宇凡　董哲皓　程　龙　程琳琳　童於足
谢丽琴　谢利平　彭静姝　赖雪琴　詹颖飞　蔡云飘　蔡鸿伟　管媛媛　廖洪玉　廖淑雯
熊　慧　熊遂南　颜晶莹　瞿宏刚　缪　斌

校对人员名单：俞敏华　徐协国　姜胤悦

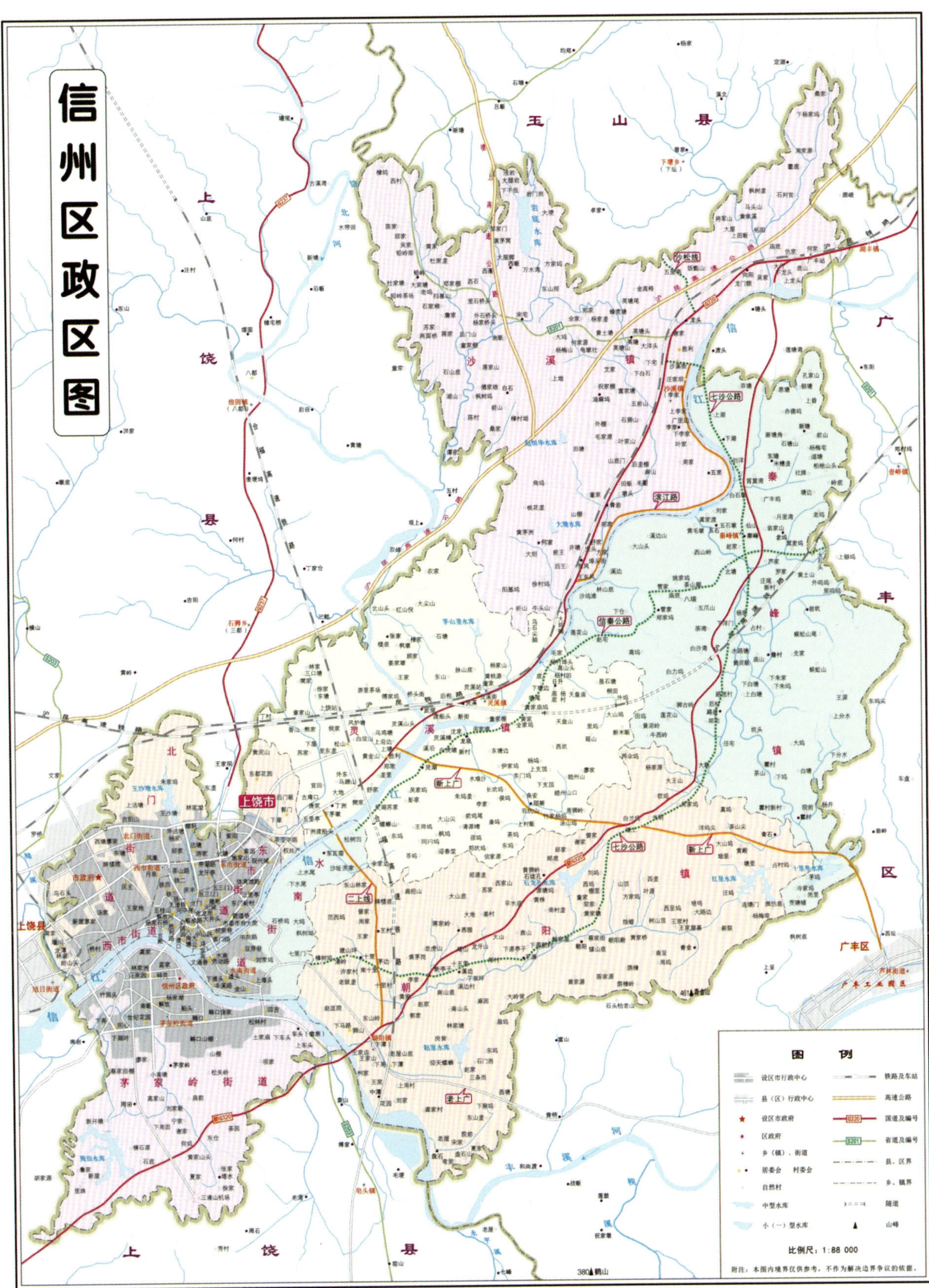

审图号：赣S（2018）059号

江西省测绘成果资料档案馆编制

8月28日~29日，中国共产党上饶市信州区第五次代表大会在上饶国际会议中心举行。会议选举产生中国共产党上饶市信州区第五届委员会。

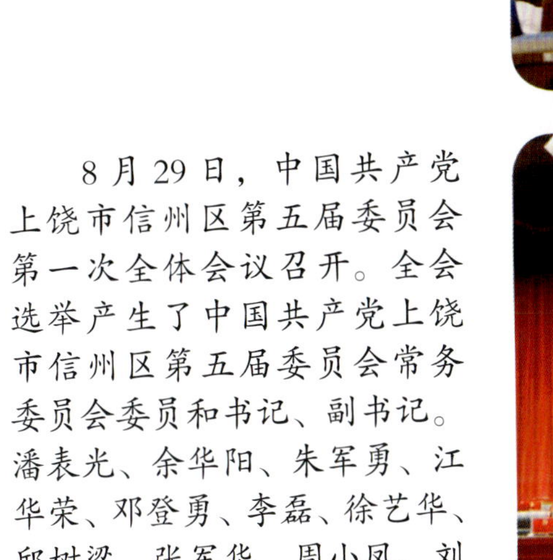

8月29日，中国共产党上饶市信州区第五届委员会第一次全体会议召开。全会选举产生了中国共产党上饶市信州区第五届委员会常务委员会委员和书记、副书记。潘表光、余华阳、朱军勇、江华荣、邓登勇、李磊、徐艺华、邱树梁、张军华、周小凤、刘均勇当选为区委常委。潘表光当选为区委书记。余华阳、朱军勇当选为区委副书记。

9月24日~26日，信州区第六届人民代表大会第一次会议在上饶国际会议中心举行。大会选举吴武华为区六届人大主任。选举余华阳为信州区人民政府区长，徐艺华、刘均勇、陈河龙、丁成军、龚桃、吴丽辉、刘理国为副区长。选举邓登勇为区监察委员会主任。选举肖连华为区人民法院院长。选举胡腾峰为区人民检察院检察长（须报经市人民检察院检察长提请市人大常委会批准任命）。

9 月 23 日 ~25 日，中国人民政治协商会议信州区第六届委员会第一次会议在上饶国际会议中心举行，刘山钰当选为政协信州区第六届委员会主席。

机构改革 / 政治

3 月 12 日，全区深化事业单位改革试点工作动员部署会召开，市人大常委会副主任、区委书记潘表光出席并讲话，区委副书记、区长叶文华主持会议。会上，区委副书记方淼滨传达了市委编委批复同意的《信州区深化事业单位改革试点工作方案》主要精神。

按照改革试点工作要求，除学校、医院、功能区等机构外，信州区共有 188 家事业单位涉改，其中科级机构 66 个（正科级 17 个、副科级 49 个），股级机构 122 个。改革后，信州区本级事业机构调整为 74 个，不含上饶信州中等专业学校（教师进修学校），其中科级机构 36 个（正科级 13 个、副科级 23 家），股级机构 39 个，不定级机构 4 个。

高质量发展 / 经济

信州区荣获全省 2021 年高质量发展综合绩效一类先进县（市、区）

“项目大会战” 12 月 1 日，信州区举行 2021 年大工业、大旅游、大农业招商引资项目集中签约仪式。共有集中签约项目 21 个，总投资金额约 64.9 亿元。

农业结构调整。西园生态园成为信州区首个省级 4A 级乡村旅游点

规上工业总产值和营业收入皆首次突破百亿

信州区信息技术服务产业园入选江西省数字经济集聚区清单（第一批）

商贸持续繁荣。总投资 5.8 亿元的天虹购物中心信州区门店开业

2月，上饶市信州区城市管理局受到国家住房和城乡建设部通报表扬，被评为“强基础、转作风、树形象”专项行动表现突出单位。

社区网格化。上饶市信州区西市街道办事处荣获全国“平安中国建设先进集体”

关爱劳动者。信州区全省首创24小时“不打烊”户外劳动者“爱心驿站”。站里备有急救药箱、瓶装水以及微波炉、饮水机、充电设备等便民物资和设施，可供户外劳动者免费取用。

在信州区“上饶国际会议中心”广场上成功举行直升机临时起降点验证飞行。标志着信州区在医疗救护、航空护林、应急救援、空中执法等多个通航领域的全面提升。

人居环境整治

信州区创建全国文明城市誓师大会暨“信州红管家”志愿服务活动在上饶市民公园隆重启动。

红管家志愿者在上饶市第一小学维持放学秩序　黄振　摄

信州区的王秀红（丈夫郑慧益）家庭荣获第十二届全国“五好家庭”

信州区沙溪中心小学教师余滟钫荣获“中国好人”称号

上饶市第一小学三江总校建成招生，提供了2430个学位。

信州区福海老年公寓获批江西省首批四星级养老机构

城乡供水一体化，解决农村饮水质量不高，管理欠缺等问题，让群众从“有水喝”到“喝好水”。

沙溪镇污水管网建设项目现场

7月8日下午，上饶市委副书记、市长陈云到区医保局业务窗口调研指导“就医一件事”联办工作。

信州区第七次全国人口普查结果显示，全区常住人口总数为545134人（不包括中国人民解放军现役军人和居住在信州区的港澳台居民以及外籍人员），与2010年第六次全国人口普查的416219人相比，十年共增加了128915人，增长30.97%。

信州区深入实施“一网一门一次”改革，553项政务服务事项实现“只跑一次”，304项政务服务事项实现“一次不跑”。“赣服通”“赣政通”应用平台打通了群众办事“最后一公里”。“人生十件事”一站式联办率先在信州区落实落地。

3月31日，上饶市立医院正式启动“出生一件事”联办工作，让市民不出医院一次就能把“出生”十证办好。

8月底，信州区在在江西省率先启动"就学一件事"联办改革，实现入学资格审查、信息核验、结果反馈等事项一次性办结，新生家长们在手机上点一点，就可以完成新生报名。信州区的"就学一件事"联办改革得到新华社的关注与报道。

7月22日，上饶市信州区义警协会成立大会暨第一次会员代表大会于信州公安分局举行。

全区建档立卡户2664户8146人全部脱贫，在省级脱贫攻坚成效考核中取得“好”的成绩。

区委副书记、区长叶文华走访贫困户

乡村振兴，发展村级集体经济

朝阳镇石垅孔村苗木花卉扶贫产业

秦峰镇老坞村发展菌菇扶贫产业

党旗在疫情防控第一线飘扬

区委副书记、区长余华阳现场督导检查工业企业复工复产和疫情防控工作。

“最美背影”余哲明

保供

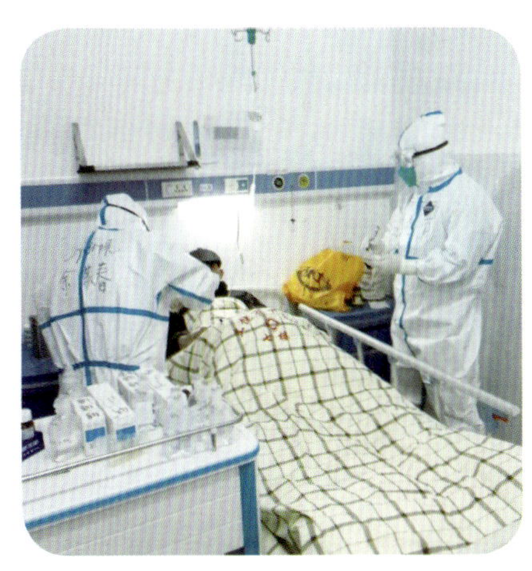

11 月 4 日，第一名治愈患者出院

信州公安在封控区、卡点等一线 24 小时值守

11 月 25 日，上饶万达广场举行复工大吉开工仪式

3月17日，区委召开党史学教动员大会

在全区开展“唱支山歌给党听”活动

党史学习教育领导小组每周一次调度会

在上饶集中营开展学党史祭英烈活动

千名大学生下基层宣讲党史故事

音乐学生课堂

行进中的党课，触动灵魂的体验

用红色经典美术作品讲述信州党史故事，组织开展“信州百年绘辉煌”党史主题美术创作活动，举办美术创作作品展，全区十万党员干部、青年学生线上线下观展学史。

红领巾巡讲

学史力行　“感党恩 暖民心”

编辑说明

一、依法编纂

本年鉴根据《地方志工作条例》关于“以县级以上行政区域名称冠名的地方志书、地方综合年鉴，分别由本级人民政府负责地方志工作的机构按照规划组织编纂，其他组织和个人不得编纂”的规定，由上饶市信州区人民政府组织，信州区委党史党建研究中心（地方志编纂中心）依法承编以信州区行政区域名称冠名的地方综合年鉴。是“全面系统地记述本行政区域自然、政治、经济、文化、社会等方面的年度资料性文献”，是集权威性、史料性、实用性为一体的地情百科工具书。

二、指导思想

本年鉴以马克思列宁主义、毛泽东思想、邓小平理论、“三个代表”重要思想、科学发展观、习近平新时代中国特色社会主义思想为指导，坚持以辩证唯物主义和历史唯物主义为编纂指导思想。

三、文体与文风

本年鉴文体采用规范的语体文，以记述为主，说明为辅，两者结合。作为年度资料性文献，“重在记述，述而不论”“寓观点于记述之中”，用第三人称据事直书。除辑录的原始文献外，本年鉴文风力求严谨、朴实、简洁、流畅。

四、记述范围及时间

本年鉴记述时间起自2021年1月1日，截至12月31日。为了事物的完整性，记述时间适当上溯或下延。书中“建置沿革”类目内容记述时间起自事物发端。信州区地方志编纂委员会办公室编纂的首卷年鉴《信州年鉴（2012）》出版时间为2012年，记述时间以2011年1月1日至12月31日为限，本卷为第11卷。

五、全书框架结构

本年鉴按照方志体例横分门类。以类目、分目、条目3个层次为框架结构，以条目为主要载体，条目标题统一用黑体加【】表示。本年鉴由卷首、特载、大事记、专记、信州概貌、中国共产党信州区委员会、信州区人民代表大会、信州区人民政府、中国人民政治协商会议信州区委员会、纪检监察、民主党派、群众团体、国防建设、法治、农林水利、工业、园区建设、财政税收、贸易、人力资源和社会保障、公路交通、信息化建设、金融保险、教育体育、文化艺术、旅游、科学技术、卫生计划生育、城市建设与管理、三江新城区建设、经济管理与监督、社会事务、退役军人事务管理、镇（街道）、人物、重要文献、荣誉等栏目，为便于检索，目录置于书首，书后设索引。

六、行政区划名称、机构名称及专用词的使用

本年鉴中未冠有行政区划专名的“省”“市”“区”称谓，分别指代“江西省”“上饶市”“信州区”，其他则冠以行政区划专名。本年鉴中行政区划名及地名用时称，必要时括注今称；对于跨不同历史时期且称谓各不相同的同一行政区划名及地名，一律用今称。

七、统计口径及资料来源

本年鉴采用的文稿、图表由信州区及其所辖镇、街道、党政机构、企事业单位提供。人口数据为上饶市公安局信州分局提供的户籍人口数，全区性数据均以区统计局公布的数据为准。信州区党政机构领导人员名单由中国共产党信州区委组织部提供。本年鉴中各类数据一般保留小数点后 2 位数。

八、计量单位

本年鉴中计量单位名称、符号的使用，除特例，一律采用中华人民共和国法定计量单位。其中，长度单位用“米”或“千米”，重量单位用“克”“千克”“吨”。

（一）保留“亩”处

（1）记述农业事项时，面积单位保留“亩”。考虑历史原因及习惯，在中国广大农村“亩”仍是最主要的土地面积计量单位，本年鉴在记述农业事项时仍使用“亩”作为土地面积计量单位。

（2）记述房地产业土地转让价格时，仍保留政府行政管理部门及当前行业通行的计量单位，即以“亩”为土地转让的基准计价单位。

（二）记述运输事项时，按照行业惯例使用“吨公里”和“人公里”

鉴于目前运输行业现行货物运输周转量的计量单位为“吨公里”，旅客运输周转量的计量单位为“人公里”，本年鉴中记述相关事项使用行业通用计量单位“吨公里”和“人公里”。

（三）保留其他非法定计量单位处

引用文献中的计量单位尊重原文，不做改动。例如，对于“特载”部分收录的报告中使用的计量单位，未做改动。

目　录

信州区人民代表大会

信州区人民政府

中国人民政治协商会议信州区委员会

纪检监察

民主党派

群众团体

国防建设

法　治

农林水利

工　业

园区建设

财政　税收

贸　易

人力资源和社会保障

公路交通

信息化建设

文化艺术

旅 游

科学技术

卫生健康

城市建设与管理

三江新城区建设

经济管理与监督

社会事务

退役军人事务管理

镇 街道

人　物

重要文献

荣　誉

特　载

在全区党史学习教育动员会上的讲话

（2021 年 3 月 17 日）

市人大常委会副主任　区委书记　潘表光

同志们：

今天，我们会议的主要任务是深入学习贯彻习近平总书记在党史学习教育动员会上的重要讲话精神，贯彻落实党中央决策部署和省委、市委的工作要求，对全区党史学习教育工作进行动员部署。

在全党开展党史学习教育，是以习近平同志为核心的党中央立足党的百年历史新起点、统筹中华民族伟大复兴战略全局和世界百年未有之大变局、为动员全党全国各族人民满怀信心投身全面建设社会主义现代化国家而作出的重大决策。

我认为要开展好全区党史学习教育，广大党员干部要重点解决以下三个问题：

一、解决为什么学的问题，充分认识开展党史学习教育的重大意义

史者，所以明夫治天下之道也。中国共产党的历史是一部丰富生动的教科书，是中国近现代以来历史最为可歌可泣的篇章。十八大以来，习近平总书记高度重视学党史、用党史，多次强调“历史是最好的教科书”，他在党史学习教育动员大会上指出，在全党开展党史学习教育，是牢记初心使命、推进中华民族伟大复兴历史伟业的必然要求，是坚定信仰信念、在新时代坚持和发展中国特色社会主义的必然要求，是推进党的自我革命、永葆党的生机活力的必然要求。总书记的讲话，为我们开展党史学习教育指明了方向、提供了根本遵循。我们要倍加珍惜党的历史，深入研究党的历史，认真学习党的历史，全面宣传党的历史，充分发挥党的历史以史鉴今、资政育人的作用。

第一，开展党史学习教育，是牢记初心使命、起航历史新征程的根本立足点。习近平总书记指出，“我们党的百年历史，就是一部践行初心使命的历史。”开展这次学习教育，既是贯彻落实总书记重要讲话精神的重要举措，也是一堂触及灵魂的生动党课。重温党史，引导广大党员、干部深入学习党史、新中国史、改革开放史，能让我们深刻理解中国共产党为什么“能”、中国特色社会主义为

什么“好”、从而不断增强“四个意识”、坚定“四个自信”、做到两个维护，做到把使命勇担在肩，让初心薪火相传。当今世界正在经历百年未有之大变局中，也正处于“两个一百年”奋斗目标历史交汇的关键节点，在这个时候，重温党的历史，翻看先辈们浴血奋战、初心不悔的忠贞，能够教育引导党员认清中华民族伟大复兴战略全局和世界百年未有之大变局，树立大历史观，从历史长河、时代大潮、全球风云中分析演变机理、探究历史规律，提出应对的战略策略，增强工作的系统性、预见性、创造性，在重温先辈们的奋斗征程中坚定我们的信仰，以更加高昂的精神状态和奋斗姿态奋进新征程。

第二，开展党史学习教育，是坚定信仰信念、践行“为人民服务”宗旨的重要着力点。习近平总书记指出，“历史充分证明，江山就是人民，人民就是江山。人心向背关系党的生死存亡。赢得人民信任，得到人民支持，党就能克服任何困难，就能无往而不胜。”当我们翻开历史，看到的是“砍头不要紧只要主义真”为理想信念视死如归的夏明翰、“我是革命一块砖，哪里需要哪里搬”一心为民的雷锋、“心里装着全体人民没有自己”的焦裕禄、“一腔热血洒高原”默默奉献的孔繁森、“甘做人民樵夫”的实干者廖俊波、“反哺家乡牺牲在扶贫路上”的青年干部黄文秀……他们用青春和生命书写党史故事，一次又一次震撼我们心灵。对照英雄，反思自省，能够更加坚定地回答“我是谁、为了谁、依靠谁”的问题，更加坚定初心，牢记“为人民服务”的根本宗旨，在未来的路上将人民置顶，肩负时代责任坚定向前。

第三，开展党史学习教育，是总结历史经验、提高应对风险挑战能力的战略着眼点。习近平总书记强调，“我们党一步步走过来，很重要的一条就是不断总结经验、提高本领，不断提高应对风险、迎接挑战、化险为夷的能力水平，学习党史，能从历史中获得启迪，从历史经验中提炼出克敌制胜的法宝，更好应对前进道路上各种可以预见和难以预见的风险挑战。”开启“十四五”新征程，需要我们各级党员干部不断提升服务群众的服务力、解难题的战斗力，学习党史，能够汲取到革命先辈们在面临困难和挑战时，应对危机不断攻坚克难的伟力和决心，激发出党员干部迎难而上、开拓进取的革命精神。

二、解决学什么的问题，切实把握党史学习教育的关键重点

习近平总书记指出：“我们党的历史，就是一部不断推进马克思主义中国化的历史，就是一部不断推进理论创新、进行理论创造的历史。”党成立百年来，坚持马克思主义与中国革命、建设、改革、发展的具体实际相结合，不断推进实践基础上的理论创新，不断推进马克思主义中国化，马克思主义在中国焕发出强大生机活力。我们开展党史学习教育，关键是要掌握要领、紧扣重点。

一要始终聚焦“明方向”，落实党史学习教育的目标要求。这次学习教育的目标要求，概括起来就是4句话16个字，即学史明理、学史增信、学史崇德、学史力行。学史明理，就是要树牢唯物史观，强化理论思维、历史思维，不断深化对共产党执政规律、社会主义建设规律、人类社会发展规律的认识。学史增信，就是要坚定对马克思主义的信仰，对社会主义、共产主义的信念，对实现中华民族伟大复兴中国梦的信心。学史崇德，就是要自觉践行社会主义核心价值观，永葆对党的忠诚之心、对人民的赤子之心，永葆党的先进性和纯洁性。学史力行，就是要不断提高把握大局大势、应对风险挑战、推进实际工作的能力，全面加快信州高质量跨越式发展。这16字要求内涵丰富、意义深刻，是一个相互联系的有机整体。

二要始终聚焦“系统学”，把握党史学习教育的重点内容。党史学习内容，要突出以下六个方面的重点内容：一是深刻铭记中国共产党百年奋斗的光辉历程；二是深刻认识中国共产党为国家和民族作出的伟大贡献；三是深刻感悟中国共产党始终不渝为人民的初心宗旨；四是系统掌握中国共产党推进马克思主义中国化形成的重大理论成果；五是学习传承中国共产

党在长期奋斗中铸就的伟大精神；六是深刻领会中国共产党成功推进革命、建设、改革的宝贵经验。这六个方面的重点内容，和习近平总书记此前的系列重要论述一脉相承，充分体现了我们党对党的历史的一贯立场和态度。

三要始终聚焦“学党史”，汲取党史学习教育的智慧力量。以史鉴今，立党治国，是我们党的优良传统。信州历史悠久，党史事件多，红色资源多，革命先辈多，开展党史学习教育具有得天独厚条件和优势，我们要立足新起点、新征程，认真学习党的历史，真正做到把握核心任务、入脑入心，努力汲取智慧力量，不断开创我区改革发展新局面。

要学好党的历史。要在内容上有选择，重点学习好习近平《论中国共产党历史》《毛泽东、邓小平、江泽民、胡锦涛关于中国共产党历史论述摘编》《中国共产党简史》等指定学习材料，以及《中国共产党的 100 年》《中华人民共和国简史》《改革开放简史》《社会主义发展简史》等重要参考资料，确保重点突出、全面覆盖。要在方法上有创新，在党员、干部自学为主的基础上，积极开展主题突出、特色鲜明、形式多样的专题学习、现场教学、讨论交流等活动，让学习教育丰富多彩。要在效果上有提升，通过党史学习，引导教育党员干部进一步认清历史方位、增强历史自觉，让初心融入血脉、把使命扛在肩头，脚踏实地加油干，跑出信州“加速度”。

要讲好党的故事。信州作为抗战时期的重要阵地，留有众多红色文化资源。这里有举世闻名的上饶集中营旧址，是革命先辈与敌人斗争的历史教材；这里坐落着闽浙赣革命根据地主要创始人之一黄道同志的烈士墓，他在血雨腥风的年代点燃火种创建根据地；这里有新四军驻赣办事处，新四军在这完成转移作战物品等历史使命；党史上赫赫有名的英雄方志敏同志，也曾在信州留下革命的红色足迹，方志敏领导的闽浙皖赣革命根据地，被毛主席誉为“方志敏式根据地”，方志敏“两条半枪闹革命”“你们想错了”等故事，更是成为中国革命史上的美谈。信州的革命先烈和革命旧址，是一笔丰富的革命遗产和精神财富，为我们树立起了一座座精神丰碑，这些都是我们学习党史最生动、最有效、最珍贵的教材。我们要利用好红色资源，切实当好红色基因的传承者、宣传者、践行者。我们要深入挖掘革命历史故事，全面整理，不断提升，用群众喜闻乐见的形式进行讲述，让广大党员干部深刻感悟初心使命和信仰的力量。要加强党史研究，积极推动党史题材文艺作品创作，完善红色旅游景点的规划建设，让革命精神薪火相传。要编撰好《信州百年》画册，让百年党史与百年信州发展史交相辉映。

要树立正确党史观。党史观的问题，不仅关系到如何看待党的历史，更涉及如何立足现实、擘画未来。没有正确的党史观，就可能犯历史虚无主义的错误，就有可能失守意识形态阵地。一段时间以来，国内一些人以“重新评价”的幌子，以“史料钩沉”的借口，试图歪曲历史、割裂源流，否定党史的主流和本质；有的否定党史国史军史，刻意解构经典、以庸俗、低俗、媚俗的手段抹黑英雄；有的把严肃题材娱乐化，制造噱头、博取哄笑；有的信奉唯票房、唯收视率、唯点击率，导致一些粗制滥造的文化垃圾招摇过市……我们的党员，要自觉抵制这些虚无历史、泛娱乐化、泛物质化的错误思潮，树立正确的党史观、民族观、国家观，讲品位、讲格调、讲责任，坚决防止对党史的片面理解、错误解读，坚决防止任何形式的“低级红”“高级黑”。

四要始终聚焦“悟思想”，补足党史学习教育的精神之钙。学好党史，就是要从党的非凡历程中，深刻领会马克思主义是如何深刻改变中国、改变世界的，感悟马克思主义的真理伟力和实践力量，深化对中国化马克思主义既一脉相承又与时俱进的理论品质的认识，系统掌握贯穿其中的马克思主义立场观点方法，更加坚定自觉地用党的创新理论最新成果武装头脑、指导实践、推动工作。

要深刻领悟蕴含其中的政治担当。习近平新时代中国特色社会主义思想，既强调“坚持党对一切工作的领导”，又强调“坚持全面从严治党”。各级领导干部要把党的政治建设摆在首位，旗帜鲜明讲政治，增强政治敏锐性和政治鉴别力，做政治上的明白人，把增强“四个意识”、坚定“四个自信”，切实把做到“两个维护”融入党史教育之中。

要深刻领悟蕴含其中的战略思维。“不谋万世者，不足谋一时；不谋全局者，不足谋一域。”中国共产党正是因为具有战略思维，才有了“今天，我们比历史上任何时期都更接近、更有信心和能力实现中华民族伟大复兴的目标”这一宏伟论断。我们要在思想上政治上行动上同以习近平同志为核心的党中央保持高度一致，要始终做到胸怀“两个全局”，心系“国之大者”，结合信州区决战脱贫攻坚、决胜全面小康、抗疫抗洪斗争的生动实践，切实从看得见摸得着的变化中感悟思想伟力，增强战略思维、战略把握、战略运作的能力。

要深刻领悟蕴含其中的哲学智慧。马克思主义哲学深刻揭示了客观世界特别是人类社会发展一般规律，在当今时代依然有着强大生命力，依然是指导我们共产党人前进的强大思想武器。习近平新时代中国特色社会主义思想始终坚持马克思主义立场观点方法，体现着实事求是、把握规律的科学性。解决信州区的问题，要用历史唯物主义的态度，结合我区的实际情况，坚持真抓实干，狠抓工作落实，确保党中央国务院的决策部署和省委省政府、市委、市政府的工作要求在信州区落地生根、开花结果。

五要始终聚焦“办实事”，彰显党史学习教育的人民情怀。习近平新时代中国特色社会主义思想强调坚持以人民为中心的发展思想，其本质内涵就是：一切依靠人民，一切为了人民，坚持人民至上的价值追求。这就要求我们，要把人民作为最根本的依靠力量，把人民对美好生活的向往作为最根本的奋斗目标，把实现好、维护好、发展好人民的根本利益作为最根本的评价标准。

要坚守为民初心。回望历史，无论是狱中写下《清贫》的方志敏、监狱里坚守信念组织茅家岭暴动的革命志士，还是当下秦峰镇扶贫路上的“铁汉子”许大龙等人，都在用自己实际行动回答了“我是谁、为了谁、依靠谁”这个问题，也正因无数共产党人对初心的坚守，才能在极端困境中解放思想、突破重围，才能在濒临绝境中迎难而上、绝地反击，才能在困难逆境中永不言弃、愈挫愈勇。我们要从一段段为民服务的历史中受到启发，坚定理想信念、恪守为民情怀。

要践行为民使命。当今，世界处于百年未有之大变局中，作为共产党人，更应立即行动起来，认真学习党史，在学习共产党人心系人民、造福人民的历史中感悟为民初心、汲取前行力量。要主动把初心融入血脉、把使命扛在肩头，把双脚放到土里，常到田间地头、百姓身边，常坐“长板凳”“热炕头”，常问群众“心中事”“实际难”，把群众所思所想所盼兜上来、解决好。

六要始终聚焦“开新局”，增强党史学习教育的推动作用。党史的学习教育的成效，最终要体现到开新局上，要激发开创未来的强大力量。当前“十四五”规划正处于开局、起步的关键时候，信州既迎来重要历史机遇，同时也面临各种风险挑战，我们要坚持把学习党史与打造魅力信州这一总体目标结合起来，切实把学习成果转化为工作动力和成效。

要在加快高质量跨越式发展上“开新局”。开展党史学习教育，关键要在学以致用上下功夫，通过党史学习，助推经济发展，开创信州新局。发展是一项长期、艰巨、繁重的任务，党史的学习能让我们强大思想武装，更好攻坚克难。要深化区情认识，保持头脑清醒，既要充分预估面临的困难和风险，更要准确把握住发展的机遇。要围绕打造现代化魅力信州的总体目标，坚持一张蓝图绘到底、一任接着一任干，科学规划、统筹调度、系统推进工业、商贸业、数字经济、特色农业的协同发展。要持续推进改革开放、城乡建设、生态文明建设、党的建设，推动各方面高质量发展。要以逢山开路、遇水搭桥的勇气和智慧，集中精力、踏踏实实把信州的事情干好，把全面建设现代化魅力信州的新篇章写好。

要在为市服务上“开新局”。要大力实施“1235”战略，围绕“为市服务”这个中心，始终坚持“借市发展、主动作为、实现共赢”。要在服务重点项目上有新作为，全力保障云碧峰湿地公园、水南历史文化街区、上饶野生动物园等市重点项目顺利推进；全面完成历史遗留棚改任务，快速推进渡口危房、稼轩南大道等棚改项目。要在助力“双创”中有新作为，珍惜国家卫生城市荣誉，常态化推进深度保洁，确保市容市貌、环境卫生、城市管理始终保持高水平。深入推进全国文明城市创建，继续发挥主城区、主阵地、主力军作用，贡献“双创”的信州力量。要在借市发展上有新作为，紧扣市委的“十四五”规划，做好重点项目承接、产业发展借势、城市建设借力工作，在新发展格局中抢占有利位置，推动信州各项工作勇争先、做示范。

要在提升党员干部精神面貌上“开新局”。信州事业要发展，党员干部是关键。要加强理论武装，通过党史学习，全面系统掌握党的历史渊源，深入学习党的理论，做到真学真信真用。要弘扬实干作风，持续整治“怕慢假庸散”作风顽疾，积极倡导“马上就办、办就办好”的实干作风，决不让任何一件事情半途而废。要大力弘扬方志敏精神，持续开展“我是党员我带头”“争当学习方志敏精神好干部”活动，引领广大干部担当负责、干事创业。要增强干事本领，提高“八项本领”“七种能力”，真正做到想干事、会干事，而且能够干成事、不出事。要严明纪律规矩，坚决把纪律挺在前面，用制度管权、按制度办事、靠制度管人。今年是换届之年，一定要严明换届纪律，选出好干部、配出好班子、换出好风气。

三、解决怎么学的问题，全力确保党史学习教育高效推进

开展党史学习教育，工作量大、涉及面广，任务重、要求高，必须高度重视，精心组织、周密安排。要领会精神实质、把握核心要义，以崇高的政治觉悟、昂扬的精神状态、务实的工作作风开展好党史学习教育，确保党史学习教育学以致用、成效明显。

一要压紧压实责任。各级党组织都要把开展党史学习教育作为一项重大政治任务，承担起学习教育主体责任，高度重视、精心组织，抓实每个环节，抓好每个步骤；主要领导同志要亲自抓、率先垂范。各级党组书记要履行好第一责任人责任，因地制宜，抓好党支部的党史学习教育。各级党组织要成立相应领导机构和工作机构，结合实际作出安排部署，推动党史学习教育各项任务落地落实，确保高标准、高质量完成各项任务。

二要严格督查指导。根据安排，省委、市委将成立巡回指导组，负责对全省、全市的学习教育进行巡回督导。我们要加强请示汇报，主动对接沟通，严格按照省委、市委巡回指导组的工作要求抓好落实。区委也将组建巡回指导组，采取巡回指导、随机抽查、调研访谈等方式，对各单位、部门和五街三镇的学习教育情况进行督促指导。

三要加强宣传引导。运用好主流媒体、新媒体的宣传作用，在传统的电视、报刊等平台加强主流舆论引导，同时，依托新时代文明实践中心、融媒体中心、“学习强国”和“微夜校”等平台，开展多角度、全方位、多频次的深度宣传。发挥好老战士、老党员、老同志的引领作用，深入开展“红马甲”“小马扎”“大喇叭”等宣讲活动，抓住重要时间节点，加大宣传力度，推动党史学习教育掀起一个又一个热潮。通过线上线下相结合的方式，发掘、宣传红色故事，广泛宣传学习教育的重大意义、目标任务和基本要求等，为党史学习教育营造良好氛围。

四要做好结合文章。要把党史学习教育同学习贯彻总书记视察江西重要讲话精神、同巩固“不忘初心、牢记使命”主题教育成果、同常态化疫情防控、同政法队伍教育整顿、同推进中央巡视反馈意

见和省委巡视、市委巡察“回头看”反馈意见整改结合起来，以学习教育成果推进中心工作开展，以改革发展成绩检验学习教育成效。要按照党史学习教育要求，将中央、省委、市委的“规定动作”和信州的“自选动作”结合起来，做到扎实到位、特色鲜明。要把学习党史同总结经验、观照现实、推动工作结合起来，着力推动难点热点问题的解决。

同志们，百年恰是风华正茂，未来仍需风雨兼程。让我们更加紧密地团结在以习近平同志为核心的党中央周围，传承红色血脉，继承革命精神，担当实干，奋勇向前，全力开创信州发展新格局，为党的百年华诞献礼！

在全区创建全国文明城市动员大会上的讲话

（2021 年 3 月 17 日）

市人大常委会副主任　区委书记　潘表光

同志们：

刚才，山钰同志解读了《2021 年信州区创建全国文明城市工作行动方案》，这个方案契合我区实情，提出的“十大强化行动”具体措施，很有指导性、针对性和可操作性，我完全赞同，请各部门各单位抓好落实；五街的党工委书记和区城管局、区教体局负责同志分别做了表态发言，态度坚决、目标明确，希望大家说到做到。

2 月 26 日，全市创文动员大会召开，史文斌书记要求全市上下要以更高的政治站位、更强的责任担当、更高的工作标准、更大的攻坚合力抓创建工作。这些年，全区为创建国家卫生城市和全国文明城市提名城市，发挥了主战场、主阵地、主力军作用，作出了“信州贡献”。在此，我代表区委、区政府，向所有关心、支持、参与创建工作的广大干部表示衷心的感谢！

今天的会议目的，就是迅速落实市委、市政府的“创文”要求，动员全区上下再聚共识，再鼓斗志，再添干劲，投入全国文明城市创建工作中。我们的总体目标有两个：一是区本级 2019 年成功提名创建江西省文明城市，在本轮的 3 年创建周期里，今年是验收年，全区上下要一鼓作气、一往无前，力争一举拿下全省文明城市品牌；二是在参与全市全国文明城市“五区同创”行动中，坚决扛起主战场、主力军作用，全面动员、全民参与、全力以赴打好创文攻坚战。

下面，我就做好我区创文工作，强调几点意见。

一、充分认识创文的重要意义，助力全市一次创建成功的重任

全国文明城市是体现一个城市文明程度、综合实力和整体水平的最高综合性荣誉，是最有价值的无形资产和最珍贵的城市品牌。各地各部门要从全局和战略高度看待创建工作，以强烈的责任感和使命感做好创建工作。

第一，要认清创文的重大意义。创建全国文明城市，对建设更加富裕、文明、和谐的现代化“大美上饶、魅力信州”，具有深远历史意义和重大现实意义。具体体现在三个方面：

首先，创文的过程，就是贯彻习近平总书记关于精神文明建设重要论述的过程。党的十八大以来，以习近平同志为核心的党中央高度重视文明城市建设，提出了一系列新思想新观点新要求。2015

年12月，习近平总书记在中央城市工作会议上指出：市民文明素质决定着城市文明程度。市民素质高一分，城市形象美十分。文明素质培养和提高需要一个长期过程，但也要从一些小事抓起，持之以恒，久久为功。2019年11月，习近平总书记视察上海时提出了“人民城市人民建、人民城市为人民”的重要理念。我们要认真学习领会习近平总书记的重要论述，更加深刻地认识到：深入开展创建文明城市工作，对于引导城市科学发展，推动城市文明进步，促进中国特色社会主义的城镇化和城市现代化进程，具有重要意义。

其次，创文的过程，就是提升城市形象的过程。省委书记刘奇多次强调，要按照“精心规划、精致建设、精细管理、精美呈现”的要求，全面完善城市功能，提升城市品质。创建全国文明城市，就是落实“四精”要求的具体体现。在省委十四届十二次全会上，刘书记特别指出，“要全面启动新一轮全国文明城市创建工作，已创建成功的城市，要防止出现“牌子到手、创建到头”的现象；未创建成功的城市，要力争在下一届创建成功；未纳入创建提名的城市，要抓紧全面启动。”上饶是首次获得提名的城市，信州区作为主城区，要拿出“不创则已、创则必成”的决心，在创建全国文明城市工作中再创佳绩、再立新功！

最后，创文的过程，就是提升城市竞争力、提振市民精气神的过程。如今，城市之间的竞争，不仅仅是经济实力、区位优势、资源禀赋的竞争，更是文明程度和投资环境的竞争。创建全国文明城市，有利于全面提升上饶的知名度、美誉度和吸引力、竞争力。同时，通过创建工作，办成一批惠民利民的好事实事，能有效解决社会关切的民生问题，让人民享受到改革发展红利。

第二，要坚定创文的必胜信心。去年，我们成功创建国家卫生城市，为创建全国文明城市奠定了良好基础。具体表现在三个方面：

一是有较好的硬件支撑。近年来，全区主要经济指标位居全市第一方阵，经济运行质量和效益持续提升，发展的动力和后劲进一步增强，为创建全国文明城市提供了有力的经济支撑。去年，我们投入11亿元，改造和新建了一批学校、医院、菜市场、公园、停车场和功能性场馆，打造了更加便利、舒适、优质的城市环境。

二是有广泛的群众基础。2019年以来，我们按照市委、市政府的要求，坚持把创建国家卫生城市和全国文明城市统筹起来，通过持续宣传发力，全区创建氛围日益浓厚，创建工作不断深入，创建成效显著。尤其是实施了一系列得民心、惠百姓的民生工程，让发展成果惠及更多百姓，群众对创建文明城市的拥护度、认同度和荣誉感都在持续提升。

三是有良好的工作机制。在“创国卫”过程中，我们积累了一些好经验、好做法，探索形成了一套较为科学完善的工作机制，为创建全国文明城市积累了有益经验。同时，通过持续的组织宣传发动，全区注册的志愿者队伍不断壮大，在疫情防控、抗洪救灾、中考高考等工作中发挥重要作用，志愿服务的基础、工作体系不断夯实。

第三，要直面创文的困难挑战。全国文明城市是创建难度最大、综合性最高的城市荣誉，创文不是一朝一夕的事情，要充分认清面临的新形势新要求，做好打硬仗、打持久战的准备。

从创建要求看，测评越来越严。考核标准更细，《全国文明城市测评体系》涵盖了12个测评项目、88项测评内容、180条测评标准，且内容还在不断更新；考核方式更严，落实负面清单制度和停复牌管理规定，并将采取“四不两直”方式进行考评（即：不发通知、不打招呼、不听汇报、不用陪同接待，直奔基层、直插现场）；考核时间更活，从以往的集中测评改为不定期、多批次考核，而且每年都要测评（第一、二、三年的测评得分占比分别为：15%、25%、60%）。这意味着创建工作不能有任何侥幸的心理，没有任何搞突击、作变通的捷径。

从当前形势看，竞争相当激烈。全国文明城市每三年评选一次，目前经过六届评选，全国2000多个城市只评选出 284 个全国文明城市，名额控制得很紧。在 2018—2020 年创建周期中，全国文明城市入选城市数为 119 个，但是参评的城市有 275 个，淘汰率近 60%。在 2021—2023 年创建周期中，全国共有 447 个提名城市，其中不乏省会城市，一二线城市，创文难度可想而知。

从自身实际看，短板不足依旧明显。近年来，信州区的软、硬件实力有了显著地提升，但对照全国文明城市测评体系，我们仍有不少短板。思想认识方面，少数部门和单位对精神文明建设工作认识不到位，重物质文明建设，轻精神文明建设。基础设施方面，农贸市场周边小区、背街小巷“脏乱差”，路面、路灯破损情况较多，无障碍设施不完善，消防设施不到位等问题没有得到彻底解决。干部作风方面，很多弊病没有根除，“怕慢假庸散”作风顽疾依旧在一定程度上存在。城市管理方面，精细化管理水平不高，“重建设、轻管理”的现象仍然存在。同时，市民文明素质还有待进一步提高。

这些困难挑战，关乎信州的发展环境和整体形象，也关乎全国文明城市能否创建成功。各级各部门要切实统一思想认识，正视困难挑战，强化争先创优意识，高标准做好创建工作。

二、紧盯创文的目标任务，打好打赢创建工作的攻坚战

推进全国文明城市创建工作，必须树立整体意识，按照上饶市创建全国文明城市任务清单，精准发力，尽锐出战，全力以赴做好各项工作。

第一，要着力增强全区经济实力。综合实力不强，文明城市就失去了基础，创建工作就没有保障。除了积极向上争取资金、全力吸引社会资本投入，最关键的还是要靠自身的发展，全力以赴推动高质量发展，力争主要经济指标继续赶超进位，为创建工作奠定坚实的物质基础。

第二，要着力提高市民文明素质。有文明的市民，才有文明的城市，要坚决打好市民文明素质提升攻坚战。要强化文明意识，扎实开展党史学习教育和庆祝建党百年系列活动，传承信州红色基因；广泛开展中国特色社会主义和中国梦宣传教育，让党的创新理论“飞入寻常百姓家”；深入开展先进典型的选树学活动，激励向上向善的精气神。要规范文明行为。全面打造新时代文明实践中心（所、站），大力开展学雷锋志愿服务和文明窗口创建活动，扎实推动机关干部“双报到”工作，助推形成良好风尚。要从“文明出行，文明旅游、文明就餐、文明居住、文明如厕、文明上网、文明养宠”等方面入手，深入开展“做文明有礼信州人”主题实践活动，倡导说文明话，做文明事，当文明人。扎实推进“不文明陋习专项整治再出发行动”，助推移风易俗，抵制奢靡浪费，推行垃圾分类，禁食野生动物，倡导文明科学健康的生活方式。加强诚信建设，对失德、失信行为，开展专项教育和治理，让文明诚信蔚然成风。要营造文明氛围。综合运用各种媒体，弘扬主旋律、传播正能量。严格按照创文公益广告的有关要求，推出一批主题突出、内涵深刻、美观精致、富有上饶和信州特色的精品力作，让文明创建深入人心。广泛开展文明校园、文明村镇、文明社区、文明单位、文明家庭等创建活动，不断激活城市文明的“细胞”。

第三，要着力提升城市功能品质。基础设施建设是创建文明城市的硬指标、硬任务，也是创建过程中难度较大的一项工作。我们要聚焦基础设施建设，坚决打好城市功能品质提升攻坚战。要持续把准城市规划，按照区委 1235 战略，加大国土空间开发和保护力度，深入推进以人为核心的新型城镇化，优化城市空间布局，提升城市功能品质，推动城乡融合发展。要切实加快城市建设。要坚持以实施城市更新行动为抓手，大力推进教育医疗、养老托幼、农贸市场、公共交通、综合管廊、体育场馆等方面的基础设施建设。这当中，特别是要抓好农贸市场周边的背街小巷、老旧小区改造升级工作。去年，国检抽查的 65 个点位中，有 5 个是农贸市场，还有 5 个背街小巷和 10 个住宅小区，也都是在农贸市场周边，这些点位占比达到 30%，要引起足够重视。

第四，要着力优化城乡发展环境。优美宜居、文明和谐的城乡环境是城市文明程度最直接的反映，也是文明城市创建的重要内容。要加强和创新城市治理，综合运用法律、行政、市场等手段，切实把城市治理纳入法治化轨道。持续开展“党建+幸福小区建设”“党建+社会化治理”“党建+好商量”等工作，推进无物业小区的管理试点，消除小区治理盲区。着力提升网格化管理水平，大力推行路长制、街长制、巷长制，强力推进校园周边环境、建筑工地、“六小”行业、占道经营、交通秩序、垃圾死角、黑臭水体、违章建筑等专项整治工作。针对城乡接合部、城中村、插花地等重点区域，要明确责任主体，加强沟通协作，全力攻坚克难，不留死角。要推动城乡融合发展，推进三江两岸协调发展，谋划实施一批补短板功能项目，持续做靓、做热、做旺三江片区；大力推进秀美乡村、美丽集镇建设，推进农村厕所革命、生活垃圾处理、污水治理和村容村貌提升，推进农村移风易俗，殡葬改革，推动形成文明乡风、良好家风、淳朴民风。

第五，要着力打造特色文化品牌。创建全国文明城市竞争激烈，只有打造自己的特色，打响自己的品牌，才能取得优势。为此，我们既要完成全市测评体系中的“规定动作”，更要结合实际，积极创造信州的“自选动作”，展示信州的品位、魅力和气质。要留住城市文化底蕴，信州有1800多年历史，人文底蕴深厚，具备得天独厚的文化优势。这里是明朝理学家娄谅、文学大师张恨水的出生地，是“茶圣”陆羽的久居之地，还是南宋词人辛弃疾、明朝宰相夏言的归隐之地。辖区内有上饶集中营、信江书院、杨时乔府第等众多红色古色旅游景点，还有云碧峰湿地公园、上饶野生动物园、水南历史文化街区等正在打造的文化休闲景区。我们要依托深厚的历史文化底蕴，精心做好城市设计，保留住上饶、信州的文化特色。要丰富城市文化生活，整合利用资源，优化要素配置，完善政策体系，做亮信州“大旅游”。要深入开展“书香信州”全民阅读活动，打造以信江黄蜡石、雕刻、夏布画及刺绣为重点的水南文化产业园，以古玩交易为重点的东湖花园古玩市场，以创意文化为重点的六号仓库文化创业产业园等一批文化产业发展平台，加快推出一批具有地方标志性和辨识性的文化作品。要抓好文化传承，大力保护好、传承好、发展好非物质文化遗产。

三、健全创文的工作机制，压实压紧创建工作的责任体系

创建全国文明城市是一项覆盖面广、牵涉面大、关联度高的系统工程。各级各部门要通力协作、齐抓共建，确保一举创建成功。

一要健全领导机制。要坚持属地管理和“谁主管，谁负责”原则，实行“一把手”负责制和目标管理制，党政主要领导负总责，分管领导是直接责任人，对重大问题要亲自过问、亲自协调、亲自督促落实。各地各部门要自觉把创建工作摆上重要议事日程，严格按照《2021年信州区创建全国文明城市工作行动方案》，对各项创建任务指标进行细化分解，落实到人，强化督促检查和协调调度，严禁推诿扯皮，杜绝因工作不力而影响全市创建进程。各专业工作组要按照职能分工，认真对照各项指标要求，制定年度工作规划和行动方案，创造性地做好创文各项具体工作。

二要健全共建机制。要注重与市直部门的共建，区直各单位要积极与上级对口部门沟通，对跨部门、交叉性的工作，密切配合、积极协作，做到守土有责、守土负责、守土尽责。各镇街要以创建全国文明城市为统揽，把其他各类创建活动统筹起来，既各司其职、各负其责，又协同作战、合力攻坚，整体展示创建成效，提升城市文明水平。宣传部门要广泛宣传创建全国文明城市的重大意义、标准要求、主要任务以及先进典型，采取网络、文艺、阵地和对外宣传等多种渠道和方式，增强宣传的感召力、影响力和渗透力，把创建工作渗透落实到各行业、各领域、各层面，营造人人关心创建、支持创建、参与创建的浓厚氛围。

三要健全监督机制。要探索建立规范化的监督机制，发动群众参与监督，同时发挥媒体监督作用，确保创建活动取得实效。区创文办要根据创建工作任务分解表，制定详细的督查计划，建立日常调度、月度督查、季度点评的工作机制，保障创建成效。新闻媒体要对创建工作不主动、问题整改不积极、群众反响强烈的突出环节、典型问题，暗访、“挑刺”和追踪报道，督促问题的整改。组织部门要靠前履职，如实记录党员干部在创文中的表现，为干部选拔任用和工作责任追究提供依据。

四要健全考核机制。创建全国文明城市，一定要坚持实事求是，把工作重点放在推动落实上，避免创建活动流于形式。各级各部门要把创建全国文明城市工作纳入年度目标考核，定期研究、定期调度、定期考评。要对照考核进度表和责任人，逐项、逐块、逐点过关。要落实人员和经费保障，对工作扎实、成绩突出的单位和个人给予表彰奖励；对措施不力、行动迟缓、消极应付的单位和个人严肃追责。

同志们，今年是“十四五”规划开局之年，也是创建第七届全国文明城市三年行动的第一年，全区上下要立即行动起来，同心聚力，以务实的作风、“绣花”的功夫，全力打赢创建全国文明城市“第一仗”，以优异成绩向建党100周年献礼！

在全区“两优一先”表彰大会上的讲话

（2021年6月25日）

市人大常委会副主任　区委书记　潘表光

同志们：

今天，我们在这里隆重集会，热烈庆祝伟大的中国共产党成立100周年诞辰，表彰为我区改革发展稳定作出贡献的先进基层党组织、优秀共产党员、优秀党务工作者和“光荣在党50年”老党员，激励和动员全区各级党组织、广大党员干部充分发挥战斗堡垒和先锋模范作用，以更加饱满的工作热情、更加昂扬的精神状态，干在实处勇担当，走在前列谱新篇。

刚才，徐卓同志宣读了2021年度全区先进基层党组织、优秀共产党员、优秀党务工作者名单，并向受表彰的代表进行了颁奖。这次受到表彰的先进集体和个人，是全区各级党组织和广大党员中的优秀代表，他们来自各条战线，从事不同工作，但都在各自平凡的岗位上作出了不平凡业绩。尤其是我们尊敬的老党员代表，退休不褪色，始终保持着一个共产党员的革命情怀，仍在奉献余热，令人钦佩。他们代表了全区基层党组织的良好形象，都展现了实干为民、敬业奉献的模范风采，值得全区党员干部尊重和学习。在此，我代表区委向受到表彰的先进集体和先进个人表示热烈的祝贺！并通过你们向战斗在全区各条战线上的基层党组织和全体共产党员致以节日的问候！区委希望受表彰的先进集体、优秀党员要珍惜荣誉，戒骄戒躁，再接再厉，不断进取，为全区改革、发展、稳定再立新功；区委号召全区各级党组织和全体共产党员都要向你们学习，恪尽职守，无私奉献，同心同德，开拓前进，勇敢肩负起时代赋予的历史使命。

借此机会，我讲几点意见，与大家共勉：

一、在党史学习教育中，感悟初心使命，汲取前行力量

胸怀千秋伟业，恰是百年风华。我们生逢一个伟大的时代，见证伟大的中国共产党成立100周年。百年的光辉历程，是我们党百年来的不懈奋斗史、不怕牺牲史、理论探索史、为民造福史、自身建设史。

回首1921年，在上海的石库门和嘉兴的红船上，一群热血青年，成立了中国共产党。从初创时50多名党员，发展成为现在拥有9100多万名党员的世界第一大党，创造了世界政党发展史的奇迹，谱写了带领全国各族人民自强不息、铸就辉煌的光辉篇章。特别是党的十八大以来，以习近平同志为核心的党中央团结带领全国各族人民，紧紧围绕实现"两个一百年"奋斗目标和中华民族伟大复兴的中国梦，举旗定向、谋篇布局、攻坚克难、强基固本，开辟了治国理政新境界，开创了党和国家事业发展新局面，得到了广大干部群众的衷心拥护，在国际社会产生了重大影响。中国特色社会主义进入新时代，开启全面建设社会主义现代化国家新征程。

信州也是一片红色的热土。1919年，五四运动爆发，信江中学校长方孝宽慷慨激昂传达最新动态，在上饶播下革命的火种；土地革命时期，方志敏、邵式平、黄道等革命先辈开展革命斗争，创建了赣东北革命根据地；抗日战争时期，杨时乔府第作为新四军驻赣办事处，宣传党的抗日主张；1939年，周恩来到上饶，视察和指导党的抗日救亡工作。新中国成立后，党团结带领信州人民修沿河路、治理西壕沿、发展工商业，当年的老上饶市成为全国知名的工业城市。党的队伍在信州不断蓬勃壮大，从最初的一个秘密党支部发展到489个党支部，从15名党员发展到15431名党员，广大党员积极投身时代的伟大实践，夺取了社会主义建设的一个又一个新胜利，谱写了一曲曲壮丽辉煌的华彩乐章。尤其是在四届区委领导下，全区干群团结一心、奋斗拼搏，大力实施"1235"发展战略，统筹推进常态化疫情防控和经济社会发展，扎实做好"六稳"工作，全面落实"六保"任务，全区经济、政治、文化、社会、生态文明和党的建设都取得了长足进步，始终走在全市前列。这些成绩的取得，凝聚着以习近平同志为核心的党中央关怀厚爱，凝聚着省委省政府、市委、市政府的坚强领导，凝聚着全区广大党员干部的智慧力量，记录着同志们无私奉献的不倦身影，镌刻着同志们风雨兼程的奋斗足迹。历史和实践充分证明，我区各级党组织是经得起考验的战斗堡垒，广大共产党员是无愧于时代的中坚力量。

纪念是为了更好地传承，传承是为了更好地发展。今天的信州，正处在"十四五"起步开局的关键时期。站在新的历史起点上，全区各级党组织和广大党员一定要从党的奋斗历史中汲取前进力量，坚定信念，不忘初心、牢记使命，勇于担当，切实把思想和行动统一到区委的决策部署上来，以更加高昂的斗志、更加创新的举措、更加务实的作风，共同推动我区在新起点上实现新跨越。

二、在学习先进典型中，践行初心使命，勇担时代重任

看得见学得来的榜样最有说服力、最富感染力。全区广大党员干部要对标今天受到表彰的先进典型，从他们身上深刻汲取人格的力量、精神的力量、奋斗的力量，作全区改革发展稳定的主力军。

一要争做经济发展的引领者。各级党组织和广大党员干部要对照"十四五"目标任务，对照高质量发展要求，自我加压，努力成为抓经济工作的行家里手。要奋力抢抓机遇，要充分把握政策的导向，善于从数据指标的趋势性变化中看准市场风向，找准与本地区本部门的契合点，把更多精力聚焦到经济工作上来，对标对表找差距，真抓实干促发展，尽快拉长优势、补足短板，确保全年各项目标任务全面完成。要勇于走在前列，紧紧围绕市委建设区域性中心城市，推进"同城化"发展的有利契机，充分发挥我们的区位优势，加快与兄弟县

（市、区）在交通基础设施上的无缝对接、在产业布局规划上的有机衔接，全力当好信江河谷城镇群的桥头堡，争做县域经济发展主力军。

二要争做改革创新的破冰者。要坚持解放思想、实事求是、锐意进取、开拓创新，愿意突破常规、突破藩篱，行动上创字为先、勇于探索、积极实践，做到眼睛亮、见事早、行动快，在改革创新中创出新绩。要破思想解放之冰。思路决定出路。要把信州打造成为全省最具竞争力的内陆开放型经济示范区，必须进一步解放思想，跳出信州看信州，打破常规谋发展。要破能力提升之冰。要在工作实际中多学、善思、勤练，增强“八项本领”、提高“七种能力”，做精通业务的“活字典”、熟练政策的“一口清”、修好内功的“练家子”。要破体制机制之冰。把全面深化改革作为解决发展深层次矛盾和问题的治本之策，坚持问题为导向，鼓励基层创新创造，着力破解各种体制机制障碍，不断提升效率、促进发展。

三要争做为民服务的实干者。习近平总书记强调，共产党就是为人民服务的，就是给老百姓办事的，老百姓的幸福就是共产党的事业。要常怀为民之心。作为新时代的党员干部，要从政治高度看待党同人民群众的血肉联系，牢固树立以人民为中心的发展思想，增强为民情怀，扎实开展工作，让群众有更多、更直接、更实在的获得感、幸福感、安全感。要常思为民之策。保障和改善民生没有终点，要紧盯就业、就医、住房、交通、教育、养老等群众最直接、最迫切、最现实的利益问题，作出有效的制度安排，不断织牢民生保障网，提升民生福祉。要常兴为民之事。群众事无小事，要把小事当作大事办，努力把工作做细、做深、做活。要结合党史学习教育“我为群众办实事”实践活动，用心用情用力解决一批群众“急难愁盼”民生实事。

四要争做安全稳定的守护者。新时期新阶段，各类矛盾给社会稳定带来新考验、新挑战，尤其当前，党员干部要切实担负起职责使命，全力以赴为庆祝建党100周年营造良好社会环境，做到守一方稳定，保一方平安。要全力维护政治安全。不断增强政治敏锐性和政治鉴别力，带头坚决防范和抵御意识形态渗透，敢于在各种错误思潮面前亮剑发声，勇于同国内外敌对势力作斗争，坚决与一切破坏社会稳定的言行作斗争。要全力维护生产安全。要贯彻习近平总书记关于安全生产的重要论述，坚持人民至上、生命至上，努力防范化解重大安全风险，推动实现更为安全的发展。要全力维护社会稳定。要坚持和发扬新时代“枫桥经验”，遵循治理规律、把握时代特征，坚持专项治理和系统治理、依法治理、综合治理、源头治理相结合，及时解决群众合理诉求。要认真做好初信初访和积案化解工作，全力化解社会矛盾纠纷。

三、在加强党的建设中，坚守初心使命，推进自我革新

习近平总书记指出，在新的征程上，我们要把党建设成为始终走在时代前列、人民衷心拥护、勇于自我革命、经得起各种风浪考验、朝气蓬勃的马克思主义执政党。

一要增强政治意识。讲政治是党突出的特点和优势，是每名党员干部的必备品格。要筑牢信仰之基、补足精神之钙，始终坚定共产党人的理想信念；要严守党的纪律规矩，树牢“四个意识”、坚定“四个自信”、做到“两个维护”，始终在思想上政治上行动上与以习近平同志为核心的党中央保持高度一致；要坚定不移贯彻总书记重要讲话指示要求，不折不扣落实好中央决策部署，确保中央精神落地生根；要增强政治敏锐性和政治鉴别力，始终在大是大非面前旗帜鲜明，在路线原则上立场坚定，不断提升政治判断力、政治领悟力，政治执行力。

二要增强担当意识。“顺境逆境看襟度，大事难事看担当”。担当是一种精神境界，是一种不辱使命的精神气概，是一种催人奋进的精神力量，是党的干部尤其是领导干部必须具备的基本素质。要永葆坚韧不拔、锲而不舍、担当作为的奋斗精神，践行埋头苦干、奋发有为、只争朝夕的拼搏精神，

以“滚石上山”的拼劲、“钉钉子”的韧劲、“啃硬骨头”的闯劲，涉险滩、闯关隘，迎难不畏难、克难勇攻坚，有效应对重大挑战、抵御重大风险、克服重大阻力、解决重大矛盾，勇于战胜前进道路上的一切困难与挑战。

三要增强斗争精神。要保持斗争热情。保持昂扬之气，勇于面对生活和工作中的各种挑战，无所畏惧，迎难而上。要提高斗争能力。学会具体问题具体分析，善于抓住发展“牛鼻子”，立足实际、因地制宜，不断增强基层党组织的创造力、凝聚力和战斗力，最大限度地凝聚起干群力量。要坚定斗争信念。基层工作繁杂困难，面临着各种斗争。要立场坚定，牢牢抓住正确斗争方向，勤于修身、严于律己，深入群众、贴近群众，推动形成优良党风、政风、民风。

四要增强党性修养。加强党性修养是党员干部一生的必修课。任何时候，都要牢记党员第一身份，牢记为党工作第一职责，时刻以共产党员标准严格要求自己。面对权力，要有敬畏之心。要时刻牢记，权力是党和人民赋予的，是用来服务人民群众的，必须树牢正确的权力观，把权力视为一种压力、一种责任，心有所畏，才能行有所止。面对名利，要有淡泊之心。正确面对个人进退留转，以感恩之心对待组织的培养和群众的信任，把名利看得淡一些，把职位看得轻一些，把责任看得重一些，真正做到不为物欲所动、不为私心所扰。面对事业，要有奉献之心。自觉涵养“无我”的奉献精神，正确处理公与私、义与利、苦与乐、得与失的关系，始终保持无私豁达的品格和胸襟，在为党和人民事业拼搏奉献中实现人生追求。

同志们，初心烛照未来，榜样引领时代。让我们更加紧密地团结在以习近平同志为核心的党中央周围，不忘初心、牢记使命，勇于担当、砥砺前行，奋力推动高质量发展走在前列，为建设现代化“大美上饶、魅力信州”作出新的更大贡献。

谢谢大家！

立足新起点 迈向新征程
全面开启现代化魅力信州建设新篇章

——在中国共产党上饶市信州区第五次代表大会上的报告

（2021年8月28日）

市人大常委会副主任 区委书记 潘表光

各位代表、同志们：

现在，我代表中国共产党上饶市信州区第四届委员会向大会作报告。

中国共产党上饶市信州区第五次代表大会，是在“两个一百年”奋斗目标历史交汇的关键节点、全面开启“十四五”新征程的关键时期，召开的一次重要会议。大会的主题是：高举中国特色社会主义伟大旗帜，以习近平新时代中国特色社会主义思想为指导，全面贯彻落实省委“二十四字”工作方针、市委“三大五提升”发展举措，总结区第四次党代会以来的工作，谋划确定今后五年的奋斗目标和主要任务，动员全区各级党组织和党员干部群众，为建设现代化魅力信州不懈奋斗，努力为党和人民争取更大光荣。

一、回顾过去五年，成绩令人鼓舞

区第四次党代会以来的五年，是信州区发展史上极不平凡、极不容易、极为难忘的五年。在党中央、省委、市委的坚强领导下，区委团结带领全区人民，并肩拼搏、苦干实干，一心一意谋发展，聚精会神抓党建，经受住了大战大考的检验，凝聚了精准发力抓脱贫、众志成城战疫情、同心协力创“国卫”、夜以继日忙征迁的强大合力，办成了一系列大事，办好了一系列实事，办妥了一系列难事，全面完成了区第四次党代会确定的各项目标任务，绝对贫困问题得到历史性解决，小康梦如期实现，向全区人民交出了一份厚重提气的“五年答卷”。

五年来，我们旗帜鲜明讲政治，理论武装更加坚实。深入学习贯彻习近平新时代中国特色社会主义思想，坚决拥戴核心、维护核心，把增强“四个意识”、坚定“四个自信”、做到“两个维护”落到具体行动上，在思想上政治上行动上同以习近平同志为核心的党中央保持高度一致。扎实开展“两学一做”学习教育、“不忘初心、牢记使命”主题教育、党史学习教育，砥砺了绝对忠诚的政治品格，推动了初心使命扎根铸魂。牢牢掌握意识形态工作领导权，建成176个新时代文明实践所（站），科学设置邻里书架、自助阅报亭，打造“微夜校”平台，让党的理论飞入寻常百姓家；举办喜迎党的十九大、庆祝中华人民共和国成立70周年、庆祝建党100周年等系列活动，全区上下爱党爱国热情和奋进精神进一步迸发。

五年来，我们奋勇争先促发展，综合实力更加雄厚。2020年，地区生产总值达342亿元、财政总收入30亿元、社会消费品零售总额188亿元，分别是2015年的1.7倍、1.4倍和1.4倍。主要经济指标总量始终位列全市第一方阵，第三产业增加值、社会消费品零售总额、限额以上消费品零售总额、规模以上服务业企业营业收入、城镇居民人均可支配收入、农村居民人均可支配收入、金融机构人民币存款余额、金融机构人民币贷款余额等八项经济指标总量位列全市第一，尤其是人均GDP由2015年的4.1万元，提高到2020年的7.6万元，实现“人均落后全国水平”到“人均超越全国水平”的历史性大跨越，成为全市唯一超越全国平均水平的县（市、区）。

五年来，我们聚焦聚力补短板，产业体系更加优化。持续补齐工业短板，加大“主攻工业、决战园区”力度，建成了7平方公里工业园区，构建了“一区三园”工业发展新格局，信州产业园成功获批省级产业园。强化光学电子、精密机械制造、新材料三大主导产业招商，落户企业的数量、质量、体量有了明显提升，五年规上工业企业数量翻了一番，饶电科技在新三板上市，宇瞳光学在创业板上市，实现工业企业上市零的突破。巩固提升传统商贸业优势，建成了万达广场、万力时代、上饶国际大酒店等一批商业综合体、邻里中心、星级酒店和专业市场，引进了海底捞、星巴克等一批名企名店名牌，商贸企业数量、体量位居全市首位；继续保持数字经济领跑优势，主营业务收入突破百亿大关，税收是2015年的6.2倍；现代物流优势明显，总运力位居全市第一；金融保险集聚发展，税收是2015年的6倍。做精做特现代农业，培育市级以上农业龙头企业11家、特色种养基地98个、3A级乡村旅游点5个，粮食产量实现了五连增。

五年来，我们解放思想求突破，改革开放更加深入。平稳有序完成了党政机构改革和事业单位改革。棚户区改造、老旧小区改造、农民建房管理、社区网格化管理、经济发达镇改革均走在全省前列。棚户区改造受到国务院激励表彰，省委书记刘奇向多国政党代表推介“西市格格”做法，农民建房“五到场一公示”制度写入《上饶市农村居民住房建设管理条例》。持续优化营商环境，大力推进“放管服”改革，“好差评”实现事项、对象、渠道全覆盖，信州产业园荣获全省首届“十佳优化营商环境工业园区”。对外开放迈上新台阶，引进“5020”项目3个，外贸进出口总额、引进省外资金总量位居全市前列；新登记市场主体、新注册企业数量屡创新高，专利数量全市第一，荣获省级

“创业孵化基地”。

五年来，我们敢打硬仗显担当，攻坚步伐更加铿锵。如期打赢精准脱贫攻坚战，围绕“两不愁、四保障”，聚焦“六个精准”，落实“五个一批”，3个省级贫困村顺利退出，2664户建档立卡户8146人全部脱贫，2019年、2020年连续在省考中取得“好”的等次。打好了污染防治攻坚战，抓实中央、省环保督察反馈问题整改，关闭68家违法采矿及生产加工企业，完成畜禽养殖“三区”划定工作，加快推进三江片区水环境治理暨雨污水分流提升改造项目；全面压实河长制、林长制责任，空气质量优良率97.2%，主要河流断面水质达标率94%，镇级集中式饮用水源达标率100%。打好了防范化解重大风险攻坚战，依法打击电信诈骗、P2P网贷、民间非法融资，维护金融秩序稳定；强化地方政府债务管理，债务风险等级为绿色最低等级。进一步做大信投集团资产规模，获评2A级信用等级。

五年来，我们统筹城乡促协调，环境面貌更加靓丽。快速提升了城市首位度，全区常住人口54.5万人，10年增加了12.8万人，城镇化率达79%。不断拉大城市框架，5年新增城市建成区10平方公里，新320国道、吴楚大道、上饶大道、稼轩大道、天佑大道等一批道路建成通车。快速提升城市功能与品质，发挥主战场、主阵地、主力军作用，累计投入12亿元，对全区里弄小巷、农贸市场、老旧小区进行改造提升，助力上饶市成功创建国家卫生城市、全国文明城市提名城市，城市管理工作受到国家住建部通报表彰；全力以赴做好“为市服务”，五年累计征收房屋900万平方米，征地3万余亩，平均每年服务市级重点项目50余个；下大力气破解安置房用地征迁难题，加快推进30个安置小区2.6万套安置房建设，让百姓分享更多城市发展红利。全力做靓、做热、做旺三江片区，三清山机场建成通航，江西医专、上饶幼专、一小三江总校、全民健身中心、上饶呼叫城建成投入使用，快速推进了人口集聚、产城融合；加快推进了市立医院三江总院、四中三江总校、汪家园邻里中心、区应急救援中心、职业中学扩建等一批功能性项目，谋划布局了区委党校、工人文化宫、三江商贸综合体以及叶挺大道、志敏大道提升改造项目，不断完善城市功能，有力推动信江两岸协调发展。农村面貌焕然一新，农村人居环境三年整治行动胜利收官，村容村貌整治、农村生活垃圾治理、厕所革命等6大专项行动成效显著，2019年、2020年分别荣获全省城乡环境综合整治工作考核县级第一名、第二名；新改扩建农村公路230余公里，在全市率先实现自然村硬化道路“村村通”“户户通”，成功争取秦峰、沙溪两个高速公路出入口，结束了信州无高速公路出入口的历史；全面推进121个新农村建设，在全市率先实现“四年扫一遍”的目标，荣获全省新农村建设先进县（市、区）、全省美丽宜居示范县（市、区）。

五年来，我们全力以赴践初心，民生福祉更加厚实。全力保障基本民生，五年累计民生支出121亿元，占全区财政总支出的80%，人均地区生产总值、城乡居民可支配收入稳居全市第一。教育、就业、养老、医疗、优抚等民生事业大幅改善。新改扩建学校18所，新增学位1.3万个，大踏步地缓解了学位紧张问题；发放创业贷款5.3亿元，稳岗补贴313.8万元，促进了充分就业；全力推进全民参保工作，养老保险参保人数稳定增长，社会保障体系更加健全；投资2.7亿元的幸福养老公寓建成并投入使用，市立医院成功晋级三级甲等综合医院；每千名老人拥有养老床位数43张、每千人口医疗卫生机构床位数11.9张，均稳居全市第一；老年人事业发展迅速，荣获“全国老年气排球之乡”“全国健身球操之乡”。深入推进“尊崇工作法”，129个退役军人服务中心（站）全面运行，走在全省第一方阵。文化事业繁荣发展，全面完成镇街文化站、村（社区）综合文化活动中心建设，8个图书馆建设工作。坚决打赢疫情防控人民战争，严格落实常态化防控措施，大力提升疫苗接种率，全力守护人民群众生命安全。纵深推进扫黑除恶专项斗争，深入开展政法队伍教育整顿，持续抓好安全生产、信访维稳、公共安全、食品药品安全等工作，全区社会大局保持稳定，人民群众的安全感、幸福感、获得感显著提升。践行绿色发展理念，连续5年荣获全省“春季森林防火平安区（市、区）”，沙溪、秦峰获“省级生态镇”荣誉。

五年来，我们齐心协力促团结，民主建设更加健全。充分发挥区委总揽全局、协调各方的领导核心作用，积极支持区人大及其常委会履行宪法和法律赋予的职责，充分发挥区政协在政治协商、民主监督和参政议政等方面的重要作用，支持法院、检察院公正司法。积极构建大统战工作格局，协商民主稳步推进，民族宗教领域和谐稳定，新的社会阶层人士统战工作创新发展，“大合唱”氛围日益浓厚。工会、共青团、妇联等群团组织桥梁纽带作用进一步发挥。党管武装、国防动员、“双拥”等工作取得新进展，实现了省军区“全面建设先进团单位”13连冠，荣获全国“双拥模范城”。

五年来，我们全面从严强保障，党的建设更加有力。全面贯彻新时代党的建设总要求，坚持党要管党、全面从严治党，党的建设全面加强。扎实推进党建“三化”工作，不断夯实基层基础，村级集体经营性收入、村（社区）工作经费、“两委”成员报酬待遇走在全市前列。进一步强化党建引领作用，探索了“网格服务型”“共治共享型”“攻坚型”基层党组织，实现党建工作与中心工作互促共赢。坚持好干部标准，把牢选人用人正确方向，平稳有序高质量推进区、镇（街）换届工作，进一步优化镇（街）班子结构、提升班子的整体战斗力。层层压实管党治党主体责任，深入推进镇街纪委“两化”建设，开展工程项目、教育、医疗等重点领域问题专项整治，大力推进廉洁信州建设；持续加强正风肃纪反腐力度，全面肃清王其中、毛州同、祝少敏等案件影响，一体推进不敢腐、不能腐、不想腐，营造了风清气正的政治生态。五年来，累计立案447件，处分458人，其中科级干部96人。

各位代表、同志们！看似寻常最奇崛，成如容易却艰辛。这些成绩的取得，是上级党委、政府正确领导的结果，是历届区委班子励精图治、接续奋斗的结果，是全区各级党组织、广大党员和人民群众奋发进取、奋勇争先的结果。我代表中共信州区委，向全区各级党组织、广大党员和干部群众，向各民主党派、工商联、无党派人士和各人民团体，向驻区部队、武警官兵、公安干警，向所有关心支持信州经济社会发展的同志们、朋友们，表示衷心的感谢和崇高的敬意！

一滴水可以折射太阳的光辉，一座城市的变化可以成为一个时代变迁的缩影。信州过去五年的生动实践，让我们更加深刻地认识到：

——*必须坚持政治引领*，以习近平新时代中国特色社会主义思想领航定向，不断增强“四个意识”、坚定“四个自信”、做到“两个维护”。这是最重要的政治纪律和政治规矩，任何时候都不能有丝毫偏离。

——*必须坚持服务大局*，自觉在全局中谋划、在大局下行动，确保中央决策部署和省、市工作要求落地见效。这是党的政治优势，任何时候都不能丢掉。

——*必须坚持人民立场*，顺应民心、尊重民意、关注民情、致力民生，全力解决好人民群众的操心事烦心事揪心事。这是我们的根基、血脉和力量所在，任何时候都不能忘记。

——*必须坚持改革创新*，坚持问题导向，一切从实际出发，准确识变、科学应变、主动求变。这是引领高质量发展的第一动力，任何时候都不能忽视。

——*必须坚持从严治党*，从严抓思想教育、抓党风建设、抓选人用人、抓正风反腐，营造良好的政治生态。这是我们实现目标的重要前提，任何时候都不能削弱。

——*必须坚持锤炼作风*，发扬斗争精神，敢于担当负责，勇于较真碰硬，真抓实干、攻坚克难。这是我们干事创业的有力保障，任何时候都不能松懈。

这些宝贵的经验启示，需要我们倍加珍惜，一以贯之坚持下去，并在今后工作中不断丰富发展。

各位代表、同志们！思危方能居安，知忧才能克难。在看到成绩的同时，我们也必须清醒认识到面临的困难和挑战：高质量跨越式发展瓶颈还比较突出，发展不平衡、不充分的问题依然存在；工业短板依然凸显，转型升级任重道远；城区的核心集聚效应依然不强，城乡公共服务、民生保障、基础设施还存在短板弱项；党风廉政建设和反腐败斗争还需深化，全面从严治党任务依然艰巨。我们一定要坚持问题导向，直面风险挑战，尽心竭力改进工作，决不辜负人民期待。

二、展望新的征程，使命无比光荣

一代人有一代人的使命，一代人有一代人的担当。今后的五年，是我们适应新阶段、抢抓新机遇，打造新动能、厚植新优势，实现新发展、展现新风采的关键五年。

进入新发展阶段，国内外环境发生深刻变化，但和平与发展仍是时代主题。我国经济已转向高质量发展阶段，经济长期向好的基本面没有改变，继续发展具有多方面优势和条件，这为我们加快发展创造了良好环境。党中央、国务院高度重视中部地区高质量发展，新一轮的政策机遇、市场机遇、开放机遇和区域合作机遇，必将为我们带来强劲的发展势能。站在新的历史起点上，我们即将迎来历史性突破的窗口期、战略性机遇的叠加期、产业升级势能的释放期、城乡加速融合的拓展期，开启新一轮高质量发展其时已至、其势已成、其风正劲！

今后五年工作的总体要求是：高举中国特色社会主义伟大旗帜，坚持以习近平新时代中国特色社会主义思想为指导，深入贯彻党的十九大和十九届二中、三中、四中、五中全会精神，坚决贯彻习近平总书记视察江西重要讲话精神，全面贯彻落实省委“二十四字”工作方针、市委“三大五提升”发展举措，坚持稳中求进工作总基调，立足新发展阶段、贯彻新发展理念、构建新发展格局，以高质量发展为主题，以改革创新为根本动力，以满足人民日益增长的美好生活需要为根本目的，统筹发展与安全，纵深推进“1235”发展战略，努力描绘好新时代现代化魅力信州新画卷。

今后五年的奋斗目标是：坚持“为市服务”、借市发展，主动作为、实现共赢工作理念，大力实施“1235”发展战略，在市委“融入长三角、中部走前列”战略部署中勇争先、作示范，全力做到“六个走前列”，打造“三最一先”城，全面加快建设现代化魅力信州。“六个走前列”是：一是主要经济指标总量和增幅走在全市前列，二是现代服务业走在全市前列，三是营商环境走在全市前列，四是城乡融合发展走在全市前列，五是基本公共服务水平走在全市前列，六是社会治理水平走在全市前列。“三最一先”城的定位是：打造全省最具竞争力的内陆开放型经济示范区、赣浙闽皖四省交界最具活力的商贸城市、国内最具吸引力的旅游服务城市、全省数字经济先行区。

——**经济总量迈上新台阶。**到“十四五”期末，地区生产总值年均增长7%左右，固定资产投资年均增长9%左右，社会消费品零售总额年均增长12%左右；规模以上工业增加值年均增长8.5%左右；经济总量位居全市第一方阵，主要经济指标增幅高于全市平均水平。

——**产业体系构建新格局。**工业经济实现快速增长，主导产业比重大幅提升，“一区三园”发展格局基本建成；现代服务业进一步提质增效，生产性服务业加速迈向专业化，生活性服务业不断向高品质延伸；文旅产业进一步加强；数字经济倍增效应更加明显，推动与实体经济深度融合；农业特色更加明显。

——**民生福祉达到新水平。**城乡居民可支配收入与经济同步增长，就业率有较大提升，教育、医疗、养老等社会事业明显改善，全覆盖、可持续的社会保障体系更加完善，人民生活更加殷实、更加安康、更加舒适。

——**治理水平实现新提升。**基层社会治理体系进一步完善，社会综合治理能力和智慧化程度大幅提升，公共安全和应急救援体系更加健全，城乡居民文明程度大幅提升，群众满意程度有较大提高。

——城乡面貌呈现新变化。精心规划、精致建设、精细管理、精美呈现城市，功能与品质大幅提升，环境卫生、小区物业、农贸市场管理等形成常态长效机制；进一步做靓、做热、做旺三江片区，信江两岸协调发展格局初步形成；大力推进秀美乡村建设、美丽集镇建设，加强农村基础设施建设，提升公共服务水平，农村面貌有新的整体性提升。

——绿色发展培育新动能。绿色、低碳、循环发展深入人心，生产生活方式绿色转型成效显著，“两山”转化渠道更加畅通；能源资源利用效率大幅提高，主要污染物排放总量持续减少，重点环境问题得到有效整治，生态安全屏障更加牢固，确保如期实现碳达峰、碳中和目标。

实现上述目标，要重点抓好以下工作：

（一）高质量推进经济发展，构建现代产业体系

产业强则经济强，产业兴则百业兴。我们要坚持“固根基、扬优势、补短板、强弱项”总体要求，进一步做实平台、做大企业、做强产业、做优环境，持续推动产业转型升级，结构不断优化。

补齐短板，重塑工业发展新辉煌。没有工业就没有地位，没有工业就没有实力。坚持“主攻工业、决战园区”不动摇，珍惜来之不易的省级产业园，进一步理顺园区管理体制和运行机制，完善考核评价和激励约束机制，集中资源，集中力量，久久为功，打造区域经济发展新引擎、增长极。进一步做大做强园区，加大基础设施建设力度，完善生活性和生产性配套，加大“腾笼换鸟”力度，推动土地、金融、能耗指标等要素资源向园区集中，促进主导产业链条、头部企业向园区集聚。加大招商引资力度，保障重点项目用地，提高产业水平、投资强度，提高光学电子、精密机械制造、新材料三大主导产业比重。实施工业“三年倍增”计划，全要素支持园区企业做大做强，实现总量扩张、质量提升，不断增强企业竞争力。到“十四五”期末，建成10平方公里工业园区，工业主营业务收入突破300亿元，打造光学电子、精密机械制造两个百亿级产业集群。

扬优成势，打造现代服务业新高地。做活做旺商贸流通，持续优化商业网点布局，提升商贸综合体档次，挖掘和培育特色街区，打造更多的网红街、打卡地。大力发展金融保险业，引进更多银行、保险、证券、信托、金融租赁、融资担保等金融机构，提升金融保险集聚度、首位度。持续保持数字经济领先优势，大力实施“一号工程”，重点发展数据研发、数据应用、数字娱乐、人工智能、5G融合运用等产业，推动数字经济与实体经济深度融合，努力打造全省数字经济先行区。到“十四五”期末，数字经济主营业务收入突破300亿元，引进两家百亿级瞪羚企业，解决就业人数2万以上。做大做强城市旅游，因地制宜挖掘红色资源、古色资源、绿色资源，全力服务好星月湖国际旅游度假区、水南历史文化街区、城东旅游综合体等重大文旅项目，不断提升旅游集散功能；大力实施名企名店名牌战略，推进餐饮住宿、健康养老、物业服务等生活性服务业提质扩容，把更多的消费、娱乐、休闲留在信州，让人流、物流、资金流选择信州，努力打造全国最具吸引力的旅游服务城市。

拉高标杆，构建城郊农业新特色。坚持用工业思维发展农业，大力发展都市农业、精品农业、特色农业，不断培植城郊农业新优势。扛牢粮食安全政治责任，落实最严格的耕地保护制度，坚决遏制耕地“非农化”、防止“非粮化”，确保完成上级下达的粮食播种面积和产量任务。坚持农业产业化、特色化，加大农业投入，全面改善农业基础设施，加大土地流转力度，培育农业龙头企业，不断扩大高标准农田、蔬菜大棚、特色种养基地规模，力争做到“一村一品”、一村一特色。坚持一二三产融合发展，立足城郊优势，依托吴楚大道、新老320国道、上浦高速，打造乡村旅游、农业采摘示范带，让农区变景区、农产品变商品，力争每个镇打造2个以上4A级乡村旅游点。

（二）高水平推进改革开放，激发创新创业活力

唯改革者进，唯创新者强，唯改革创新者胜。我们要坚持问题导向，用好改革开放关键一招，向改革要红利，向开放要活力，向创新要动能，努力把信州建设成为全省最具竞争力的内陆开放型经济示范区。

深化重点领域改革。聚焦发展所需、基层所盼、民心所向，坚决落实上级改革部署，鼓励基层创新创造，打造具有更大影响、更多特色、更好成效的信州改革。深化商事制度改革，推行容缺审批、并联审批、集成审批；深化放管服改革，持续开展“微笑办、马上办、暖心办”活动，实行“一次告知、一表申报、一窗受理、一次办成”，优化办事流程、简化办理要求、压缩办事时间，打造“无事不受扰，办事不求人”的营商环境；深化巩固农业农村改革成果，持续推进农村环境综合治理、绿色殡葬改革、农村宅基地制度改革，进一步树牢规矩、养成习惯、形成自觉；大力开展城市治理改革，聚焦小区物业管理、农贸市场管理、环境卫生管理，久久为功、固化制度、形成常态。

构建大开放新格局。主动融入长江经济带、中部地区高质量发展等国家战略，对接融入长三角、海西经济区、粤港澳大湾区等区域，搞好产业协作配套。全力招大引强，瞄准“三类500强”企业和细分领域龙头企业，实施以商招商、一把手招商、主导产业招商，实现内外资利用总量、质量的双突破。强化企业创新主体地位，鼓励企业加大研发投入，加强与科研院所合作，推进产学研深度融合，引进打造一批高新技术企业和省级以上重点实验室、工程技术中心、企业技术中心，力争到2025年，高新技术企业研发经费占主营业务收入比例3%以上。

大力优化营商环境。按照“全省一流、可比浙江”的要求，打造“说到做到”的政策环境、高效便捷的政务环境、规范有序的市场环境、公平正义的法治环境、重商亲商的人文环境。持续开展“降成本、优环境”专项行动，加大减税降费力度，助力市场主体纾困发展，把政策“含金量”变成企业的获得感；坚持问题导向，以企业的评价为第一评价，以市场主体的感受为第一感受，切实解决市场主体和群众办事难的问题，推动市场有效、企业有利、社会有序。构建“亲”“清”政商关系，坦荡真诚同企业家接触和交往，真正让企业家专心创业、放心投资、安心经营。

（三）高品位推进城乡建设，打造宜居宜游环境

城乡融合发展是乡村振兴的治本之策。我们要坚持共建共享发展，统筹推进城乡发展规划、基础设施、产业布局、公共文化服务、环境治理一体化，让城市生活更加美好、农村面貌更加令人向往。

大力实施城市更新行动。按照“城市管理应该像绣花一样精细”的要求，深化全域文明城市创建，深入推进城市功能与品质提升。加大棚户区改造、老旧小区改造力度，优化地下空间布局，精心打造一批沿道绿廊、口袋公园、小微湿地公园，让每个角落都经得起细看慢品。到“十四五”期末，全面完成2000年以前建成的老旧小区改造，动态化解问题楼盘和安置房欠账问题。坚持“为市服务”不动摇，持续开展项目历史遗留问题清零行动，全力以赴服务中心城区重点项目建设，不折不扣完成市委、市政府交办的任务。

持续做靓做热做旺三江片区。按照“一年打基础、三年求突破、五年大变样”的要求，以高水平国土空间规划，引领三江片区高质量发展。坚持统一规划、分步实施、整体推进的原则，每年布局实施一批基础设施项目、产业发展项目和公共服务项目，推动行政、教育、医疗、商业等各类资源向三江集聚。全域推行精细化管理示范区建设，启动三江口建设，努力打造城市新地标。到“十四五”期末，三江片区建成区达到15平方公里，常住人口突破10万，建设产学研深度融合的产业新城、科教新区。

全面实施乡村振兴战略。推动实现巩固拓展脱

贫攻坚成果同乡村振兴有效衔接，强化产业支撑，坚决守住不发生规模性返贫的底线，确保脱贫不返贫、振兴勇争先。坚持农业农村优先发展，推进城乡生产要素合理配置、基础设施互联互通、基本公共服务均等化，在全市率先实现城乡供水、城乡公交、城乡环卫、城乡供气、污水处理、通信网络“六个一体化”。大力实施农村环境整治五年提升行动，开展美丽村庄、美丽庭院创建，进一步改善农村居住环境。加强乡村治理，深入实施移风易俗乡风文明行动，推进形成文明乡风、良好家风、淳朴民风。推进以人为核心的新型城镇化，按照量力而行、尽力而为的原则，坚持走差异化发展道路，做大集镇规模、完善集镇功能、提升集镇环境，实现美丽集镇建设全覆盖。到“十四五”期末，沙溪、朝阳、秦峰中心集镇规模分别达到4、3、3平方公里，分别建成中部百强镇、省级产城融合发展示范镇、省级乡村振兴示范镇。

（四）高标准推进生态文明建设，不断拓宽“两山”转换通道

保护生态环境，功在当代，利在千秋。我们要牢固树立“绿水青山就是金山银山”的发展理念，像保护眼睛一样保护生态环境，让信州的天更蓝、山更绿、水更清、环境更优美。

*推动绿色低碳循环发展。*扎实推进碳达峰、碳中和，抓住产业结构调整的窗口期，推动战略性新兴产业、高新技术产业、现代服务业加快发展，坚决遏制新增高耗能、高排放产业，全面落实能耗双控约束目标。不断完善绿色生态保护制度，坚决落实河长制、林长制，全面推行领导干部自然资源资产离任审计制度，严格落实生态环境损害责任终身追究制。全面推行绿色低碳生活，广泛开展节约型机关、绿色家庭、绿色学校、绿色社区等创建活动，营造绿色低碳新时尚。

*健全生态环境治理体系。*坚持党委领导、政府主导、企业主体、社会组织和公众共同参与，构建一体谋划、一体部署、一体推进、一体考核的制度机制。坚持系统观念，牢固树立山水林田湖草生命共同体理念，全方位、全地域、全过程开展生态环境保护，牢牢守住生态保护红线、环境质量底线、资源利用上线，编制好环境准入负面清单。强化综合治理，聚焦上级反馈问题、媒体曝光问题和群众举报问题，常态化开展污染防治攻坚战，以最坚决的态度、最有力的措施整改到位。

*集中力量解决突出环境问题。*坚持“整体谋划、分片治理，逐年实施，全面带动”的思路，逐步解决污水处理、地下管网、燃气管道等历史欠账问题。到“十四五”期末，三江片区供水、供气、供电等市政老旧管网应改尽改，市政道路全部实现雨污分流。

（五）高起点保障民生，提升为民造福水平

人民群众对美好生活的向往，是我们的奋斗目标。我们要深入践行以人民为中心的发展思想，在发展中保障和改善民生，解决好人民群众“急难愁盼”问题，使群众生活一年比一年好，携手奔向共同富裕。

*实现更加充分更高质量就业。*就业是民生之基，收入是民生之本。要全面落实就业优先战略和积极就业政策，深入实施稳就业“春风行动”，扎实做好高校毕业生、退役军人、低收入家庭等重点群体就业工作，大力扶持灵活就业，加强困难群体就业援助和保障，保持零就业家庭动态清零；扩大公益性岗位安置，拓宽再就业渠道，推进实现高质量就业；鼓励各类市场主体创新创业，规范有序发展“夜间经济”“小店经济”，促进多渠道灵活就业；健全工资合理增长机制，想方设法让老百姓的腰包鼓起来。

*构建更加完善的保障体系。*按照“兜底线、密织网、建机制”的要求，深入实施全面参保计划，稳步提升基本养老保险及基本医疗保障水平；完善最低生活保障制度；加大社会救助力度，健全农村留守儿童、老年人、残疾人关爱服务体系，让人民群众的生活更有质量、更有尊严。认真实施保障农民工工资支付各项制度措施，切实维护农民工的合法权益。坚持“房子是用来住的，不是用来炒的”

定位，加大困难群众住房保障力度，加快安置房建设，促进房地产市场健康发展。进一步优化生育政策，实施好三孩生育政策及配套支持措施。

推动社会事业更加均衡发展。紧盯民生领域难点、堵点、痛点问题，用心用情用力办好教育、医疗、住房、养老、优抚等民生实事，不断提升人民生活品质。办好人民满意教育，加强普惠性幼儿园建设，增加公办学位，推动义务教育均衡发展、高中教育提质发展、职业教育产教融合发展，让每个孩子都能享有家门口的优质教育。到“十四五”期末，续建、新建20个以上学校项目，彻底解决学前教育“入园难”“入园贵”、义务教育“大班额”等问题。普及公共文化资源配置，加强历史文化保护与传承，全面完成新四军驻赣办事处、理学旧第等一批文物的维修保护工作，推进天官巷历史文化街区建设，适时启动中国历史文化街区（名镇）申报工作。大力提升医疗水平，加快公共卫生体系建设，建好市立医院三江总院，推动市中医院创建三甲医院，每个镇（街道）办好1所标准化乡镇卫生院或社区卫生服务中心。加快养老体系建设，大力发展社区嵌入式养老，打造全省知名、全市一流的养老服务品牌。

（六）高效能推进社会治理，确保社会大局安全稳定

安全是发展的前提，发展是安全的保障。我们要从讲政治的高度统筹好发展和安全，树立底线思维，下好先手棋、打好主动仗，坚决守住各领域安全防线，着力营造安全稳定的社会环境。

防范化解各类风险。坚持总体国家安全观，确保政治领域绝对安全。毫不放松抓好疫情防控，压紧压实“外防输入、内防反弹”责任链条。抓好新冠疫苗接种，构筑全民免疫屏障。完善疾病预防控制体系，提升公共卫生事件应急处置能力。全力防范化解政府债务、财政收支等金融领域风险，坚持进一步压减非急需、非刚性支出，保障“三保”支出。加强现代化社会治安防控体系建设，严厉打击非法集资、电信诈骗等非法金融活动，保护居民财产安全。完善信访制度，推动扫黑除恶长效常治，扎实做好网络安全、数据安全保障，加强食品药品监管，抓紧抓实安全生产，维护社会大局稳定。

夯实社会治理基础。构建以人民为中心的党建引领基层治理体系，持续巩固提升“党建+幸福小区、+好商量、+集体经济”等做法，打造更多共建共治共享“信州品牌”。坚持和发扬新时代“枫桥经验”，推广基层服务群众、社区治理、矛盾纠纷排查化解的好经验好做法，依法及时解决群众合理诉求。引导更多社会组织、市场主体和社会工作者、志愿者有序参与社会治理，让社会更加生机勃勃、井然有序。

全面推进依法治区。深入贯彻习近平法治思想，全面落实法治社会建设重点任务，加快形成办事依法、遇事找法、解决问题用法、化解矛盾靠法的良好法治环境。加强“八五”普法宣传，完善公共法律服务体系，发挥好法治固根本、稳预期、利长远的保障作用。强化法律效力，保障合法权益，形成法治可信赖、权利有保障、义务必履行、道德受崇尚的法治社会建设生动局面。

三、加强党的建设，永葆奋斗精神

站在新起点，开启新篇章，实现新跨越，最根本的是要坚持党对一切工作的领导，提高区委把方向、谋大局、定政策、促改革的能力，将各方力量凝聚起来，努力形成赶超发展的新优势。

（一）铸就绝对忠诚的政治品格

始终坚持把党的政治建设摆在首位，深入学习贯彻习近平新时代中国特色社会主义思想，引导全区党员干部进一步树牢“四个意识”、坚定“四个自信”、做到“两个维护”，始终胸怀“两个大局”、心系“国之大者”，不断提高政治判断力、政治领悟力、政治执行力。弘扬伟大建党精神，持续巩固深化“不忘初心、牢记使命”主题教育成果，扎实开展党史学习教育，坚持融会贯通、学以致用。加强党对意识形态工作的领导，强化阵地管理，把控主流舆论导向，讲好“信州故事”，努力把庆祝建党100周年激发的爱党爱国热情，转化为全区上下干事创业、担当作为的不竭动力。

（二）筑牢固本强基的战斗堡垒

发挥党建引领作用，推动党建与中心工作深度融合、互相促进。树立一切工作到支部的鲜明导向，深入推进基层“三化”建设，持续整治软弱涣散党组织，强化“两新”组织建设，大力发展村级集体经济，推动基层党组织全面进步、全面过硬。规范党内政治生活，认真落实“三会一课”、谈心谈话、民主评议党员等制度，用好批评与自我批评的武器，不断提升基层党组织的向心力、凝聚力、战斗力。

（三）打造实干担当的干部队伍

坚持新时代党的组织路线，树立正确选人用人导向，选优配强各级领导班子，提升科学决策、民主决策、依法决策能力水平。增强狠抓落实本领，大力倡导一线工作法，坚持久久为功、一抓到底，真正把“路线图”转化为“效果图”“实景图”。建立健全干部考核体系，强化结果运用，让有为的干部受表彰、得实惠、有动力。坚持“三个区分开来”，进一步健全关爱激励和容错纠错机制，为干事者撑腰，为担当者担当。加强党管人才工作，“广招天下英才”，引一个好校长办好一所学校，引一个好医生带动一个学科，引一个好团队发展一家企业。

（四）汇聚共谋发展的强大合力

充分发挥区委总揽全局、协调各方的作用，支持人大、政府、政协和法院、检察院依法履职，全面调动全区上下建言献策和干事创业的积极性，做到合心、合力、合拍，既各司其职、各尽其力，又密切配合、精诚协作，形成同心同德谋跨越、齐心协力干事业的强大合力。

（五）构建风清气正的政治生态

严格落实全面从严治党主体责任，深入开展党风廉政建设，深入推进勤俭治区工作，切实做到真管真严、敢管敢严、长管长严。持续改进工作作风，坚决落实中央八项规定精神，持续整治“怕、慢、假、庸、散”等作风顽疾，践行“今天再晚也是早、明天再早也是晚”理念，大力倡导“马上就办、办就办好”的实干精神，努力创造新时代“第一等的工作”。严格贯彻执行民主集中制、“三重一大”决策制度，加强对“一把手”的监督和同级监督，深化主动有效监督工作，构建规范高效的制约监督体系。深入推进非法违规建设专项整治工作，做好领导干部自建房问题的摸排、整改。保持惩治腐败高压态势，一体推进不敢腐、不能腐、不想腐，推动信州政治生态持续向上向好。

各位代表、同志们！信州是一方充满生机、潜力无限、前途光明的热土，到处都是活跃跃的创造。我们有幸生活在这样一个充满激情、昂扬奋进的伟大时代，建功立业恰逢其时。让我们更加紧密地团结在以习近平同志为核心的党中央周围，在省委、市委的坚强领导下，始终同人民想在一起、干在一起，风雨同舟、同甘共苦，以舍我其谁的使命感、时不我待的紧迫感、勇于担当的责任感，奋力开启现代化魅力信州建设新篇章！

注释：

1. “二十四字”工作方针：创新引领、改革攻坚、开放提升、绿色崛起、担当实干、兴赣富民。

2. “三大五提升”发展举措：是上饶市委在四届十三次全会上提出的发展举措，“三大”是指大工业、大旅游、大农业；“五提升”是指要持续提升改革开放水平，持续提升城乡建设水平，持续提升生态文明建设水平，持续提升县域经济发展水平，持续提升人民群众生活水平。

3. “1235”发展战略：是区委四届十一次全会上提出的发展战略，“1”即：围绕“为市服务”这个中心；“2”即：立足三江片区城市建设和三镇片区乡村振兴两大支点；“3”即：强化现代服务业、大数据产业和工业三大产业对信州经济高质量跨越式发展的支撑作用；“5”即：夯实政治、思想、本领、作风、纪律五个保障。

4. “五到场一公示”：即批前选址到场、批后放线到场、建时下地基到场、巡查监管到场、竣工验收到场，公示农民建房监督牌。

5. “两不愁、四保障”：不愁吃、不愁穿，保障义务教育、基本医疗、住房安全、饮水安全。

6. “六个精准”：扶贫对象精准、措施到户精准、项目安排精准、资金使用精准、因村派人（第一书记）精准、脱贫成效精准。

7. “五个一批”：发展生产脱贫一批、易地搬迁脱贫一批、生态补偿脱贫一批、发展教育脱贫一批、社会保障兜底一批。

8. 畜禽养殖“三区”：畜禽养殖禁养区、限养区和适养区。

9. “双拥”：地方拥军优属，军队拥政爱民。

10. 党建“三化”：基层党组织的标准化、规范化、信息化建设。

11. 镇街纪委“两化”：乡镇街道纪检监察工作标准化、规范化。

12. “西市格格”：为了实现基层社会治理和居民自治之间的良性互动，信州区西市街道把辖区科学地划分为96个管理网格，活跃着96名社区网格员，被居民亲切地称为“西市格格”。

13. “一村一品”：指在一定区域范围内，以村为基本单位，按照国内外市场需求，充分发挥本地资源优势，通过大力推进规模化、标准化、品牌化和市场化建设，使一个村拥有一个市场潜力大、区域特色明显、附加值高的主导产品和产业。

14. “三类500强”企业：世界500强企业、中国500强企业和民营500强企业。

15. 保障“三保”：是指保基本民生、保工资、保运转。

16. “八五”普法：《中央宣传部、司法部关于开展法治宣传教育的第八个五年规划（2021—2025年）》。

17. “三个区分开来”：把干部在推进改革中因缺乏经验、先行先试出现的失误和错误，同明知故犯的违纪违法行为区分开来；把上级尚无明确限制的探索性试验中的失误和错误，同上级明令禁止后依然我行我素的违纪违法行为区分开来；把为推动发展的无意过失，同为谋取私利的违纪违法行为区分开来。

大事记

1月

2日，全国妇联在北京召开的第十二届全国五好家庭暨家庭工作先进集体、先进个人表彰和2020年全国最美家庭揭晓电视电话会上，表彰了999户全国五好家庭。江西有33户家庭获评“全国五好家庭”，其中，上饶市信州区的王秀红家庭被评为“全国五好家庭”。

4日，信州区2021年重大招商引资项目集中签约仪式举行。区委书记潘表光出席签约仪式并致辞，区委副书记、区长叶文华介绍签约项目情况，中能建投资公司总经理鲁珂代表6家签约企业做了发言。本次集中签约的项目共有6个，分别是柔性透明电极材料研发生产基地（华科创智）项目、上饶未来科技文旅中心项目、上饶建筑工业化基地项目、赣东北屠宰冷链仓储物流中心项目、光电产业园项目、宝能直播运营中心项目，拟投资总额达到150亿元。

11日，信州区红十字会举行——情暖信州·2021年“博爱送万家”活动启动仪式暨“99公益日”活动表彰。副区长、区红十字会会长邓跃跃出席活动并致辞。该次活动是信州区红十字会连续第五年开展的“博爱送万家”活动。区红十字会共筹集棉被1400套、大米5000斤，配发给参加“99公益日”活动的各区直单位，用于节前走访帮扶贫困户。对获得信州区红十字先进工作者、“腾讯99公益活动”先进单位及优秀爱心公益美德超市进行表彰颁奖。

15日，信州区委经济工作会召开。区委书记潘表光主持并讲话。区委副书记、区长叶文华总结2020年、部署2021年经济工作。

27日，中华全国总工会副主席、书记处书记、党组成员江广平等一行到信州区走访慰问。省、市、区各级总工会的领导先后陪同走访。江广平副主席一行先后走访慰问上饶市宇瞳光学有限公司、信州区产业园职工之家、信州区总工会职工服务中心等单位。

29日，上饶市信州区投资控股集团有限公司2021年非公开发行项目收益专项公司债券在上海证券交易所挂牌交易。该债券证券简称为“21信投债”，证券代码为“177703”，发行总额2.6亿元，期限5年，信用级别为AA，发行票面利率5.99%，创无担保方式下同区域同级别同期限票面利率最低。该次债券的成功发行，实现信州区在资本市场直接融资“零”的突破。

是月，省农业农村厅下文，信州区作为一类县顺利通过农村人居环境整治三年行动第二批省级验收。标志着信州区农村成为安居乐业的美丽家园正逐步变为现实。

是月，上饶市信州区凤凰学校被教育部认定并命名为全国青少年校园足球特色学校。

2月

3日，区委书记潘表光主持召开《信州区“十四五”规划和2035年远景目标纲要》编制工作汇报会，听取各方面的意见和建议，研究部署下一步工作。区委副书记、区长叶文华，区委副书记方森滨及各镇（街道）、部门主要负责人参会。

5日，中心城区云碧峰湿地、时光PARK、凤凰公园、数创公园、明叔公园等71个公园绿地，龙潭路、桥西路、桥东路、德兴路中段和明叔北路等70条道路集中开园、开通。

22日~23日，中国人民政治协商会议信州区第五届委员会第六次会议在上饶国际会议中心举行。

23日~24日，信州区第五届人民代表大会第六次会议在上饶国际会议中心举行。

24日，省民政厅厅长刘金接一行到信州区调研养老服务体系建设、第十一届村（居）民委员会换届选举、脱贫攻坚等工作。刘金接一行先后到西市街道、信州区社会福利院、融晖城小区日间照料中心、“叁医柒护”照料中心等地调研。

是月，上饶市信州区城市管理局受到国家住房和城乡建设部通报表扬，被评为“强基础、转作风、树形象”专项行动表现突出单位，是全国获通报表扬的153个单位之一，江西省仅有5个单位获此荣誉。

3月

1日，在集中收听收看省、市2021年省、市、县三级联动推进重大项目开工暨“项目大会战”动员大会后，信州区随即召开2021年推进重大项目开工暨“项目大会战”动员大会。区委书记潘表光出席并下达开工令，区委副书记、区长叶文华作动员讲话，区四套班子领导，法检两长，区直各单位、各镇（街道）负责人，集中开工项目的建设单位代表等，共计230余人参加。该次全区集中开工重大项目共11个，涉及工业项目4个、商贸文旅类项目2个、城市功能品质提升项目5个，总投资100.2亿元，2021年度计划投资48.3亿元。

2日，江西省人民政府下发《江西省人民政府关于对作出突出贡献的集体和个人予以及时奖励（第六批）的通知》，信州区沙溪镇政府因“放管服”改革工作成效显著，给予通报表扬并全省通报。

3日，上饶市公安机关“长风1号”集中打击收网行动正式开始。在行动首日，信州公安雷霆出击，一举抓获多名涉诈犯罪嫌疑人，打响行动第一枪。

7日，2020年度全市经济社会发展和党的建设情况巡查拉开序幕。信州区接受巡查。市委书记史文斌、市人大常委会主任朱寅健等市四套班子在家领导，市中级人民法院、市人民检察院主要领导参加巡查。

12日，全区深化事业单位改革试点工作动员部署会召开，市人大常委会副主任、区委书记潘表光出席并讲话，区委副书记、区长叶文华主持会议，区委副书记方森滨，区委常委、组织部部长徐卓出席，涉改单位及主管部门主要负责人，各镇（街道）党（工）委书记，以及编办全体工作人员等参加会议。会上，方森滨传达市委编委批复同意的《信州区深化事业单位改革试点工作方案》主要精神。

17日，信州区召开创建全国文明城市工作动员大会。市人大常委会副主任、区委书记潘表光出席并做动员部署讲话。会议解读了《2021年信州区创建全国文明城市工作行动方案》。

同日，信州区召开党史学习教育动员会。市人大常委会副主任、区委书记潘表光出席并做动员讲话。

19日，省总工会调研组到“24小时爱心驿站”信州区水南街站调研上饶首家“24小时爱心驿站”运行情况。

同日，团省委副书记罗华到信州区的上饶市一小开展贯彻落实《中共中央关于全面加强新时代少先队工作的意见》精神专项调研活动。

23 日，信州区召开新冠病毒疫苗接种工作布置会，对信州区新冠病毒疫苗接种工作进行再动员、再安排、再布置。根据国家、省的统一部署，信州区全面启动新冠病毒疫苗接种工作。

29 日，上饶市中医院新院区门诊部开诊，院区全部投入使用。上饶市中医院新院区占地面积 50 亩，建筑面积 3 万平方米，拥有开放病床 172 张，总投资 1 亿多元。

31 日，上饶市立医院作为试点单位正式启动“出生一件事”联办工作，让市民不出医院一次就能把“出生”十证办好。

是月，国家司法部、民政部印发通知，决定命名全国 1045 个村（社区）为第八批“全国民主法治示范村（社区）”，其中江西省上饶市信州区水南街道金山社区获评“全国民主法治示范村（社区）”。

是月，污水处理厂及配套管网建设项目开工建设。污水处理厂用地面积共 20 亩；项目总投资 2.8 亿元，2021 年计划投资 1.6 亿元。建成后将为沙溪、秦峰、朝阳 3 镇近 5.5 万人提供服务。

4 月

15 日，信州区工程建设及政府采购领域联席会议 2021 年第一次会议召开。市人大常委会副主任、区委书记潘表光出席会议并讲话，副区长周小凤主持，各相关单位主要负责人参会。

27 日，中华全国总工会召开大会热烈庆祝“五一”国际劳动节，表彰 2891 个集体和个人。其中，信州区的上饶市宇瞳光学有限公司设备组工会小组被授予“全国工人先锋号”称号。

29 日，2021 年江西省庆五一国际劳动节暨全省五一劳动奖和工人先锋号表彰大会在南昌举行，共评选出 50 个江西省五一劳动奖状，142 名江西省五一劳动奖章获得者，以及 99 个“江西省工人先锋号”。其中，信州区获得荣誉的有上饶市信州区福海老年公寓获江西省五一劳动奖状，孙学银获江西省五一劳动奖章，国家税务总局上饶市信州区税务局第一税务分局获“江西省工人先锋号”。

同日，上饶市“五一消费黄金季”系列活动之“饶品网上行”暨 2021 上饶 · 双品网购节和上饶第二届城市全民购物节在万力时代广场盛大举行。本次活动由上饶市人民政府主办，上饶市商务局、信州区人民政府承办，信州区商务局、万力时代、江西趣星文化传媒有限公司承办。活动采取“线下商品展示展销+线上直播带货”相结合的方式开展。

是月，水南历史文化街区项目开始土方开挖作业。水南历史文化街区项目占地面积 9 万平方米，建筑面积 13.5 万平方米，总投资 6 亿元，街区将划分为主题文化区和商业服务区。

5 月

3 日，信州区万力时代的江西省上饶市合力万胜商业管理有限公司团总支被共青团中央授予“全国五四红旗团支部（团总支）”称号。

7 日~12 日，信州区应急管理局以“防范化解灾害风险，筑牢安全发展基础”为主题，精心组织部署，联合多部门，采取“演练+讲座、线上线下相结合”的方式开展一系列防灾减灾宣传活动。

12 日，由上饶市人民政府主办，上饶市发改委、上饶市工信局、华夏九州通用航空有限公司承办，信州区政府协办的直升机临时起降点验证飞行在信州区“上饶国际会议中心”广场上举行。临时起降点验证飞行的成功，标志着信州区在医疗救护、航空护林、应急救援、空中执法等多个通航领域的全面提升。

20 日，信州区文化体制改革和文化产业发展工作领导小组会议召开，专题研究推进文化产业高质量发展相关工作。市人大常委会副主任、区委书记潘表光出席会议并讲话，他指出，2020 年，文化产业占全区 GDP 比重达到 22.7%，营业收入在全市所占比重从9.3%跃升到了22.33%，充分说明了以数字经济为代表的文化产业已经逐步成为信州区转型发展的新亮点、新动能。

23日，省委宣传部常务副部长、省委党史学习教育领导小组办公室副主任郭建晖率省委党史学习教育领导小组办公室各组有关负责同志来到信州区，实地调研指导党史学习教育工作。

31日，在“六一”国际儿童节到来之际，市委书记史文斌一行到上饶市第一小学看望少年儿童，代表市委、市政府向全市少年儿童致以节日的祝福，向广大教育工作者和少儿工作者表示崇高敬意。

6月

3日，区委农村工作会议暨巩固拓展脱贫攻坚成果同乡村振兴有效衔接工作会召开，总结“十三五”时期全区农业农村工作，研究部署“十四五”时期全区农业农村工作与巩固拓展脱贫攻坚成果同乡村振兴有效衔接工作。市人大常委会副主任、区委书记潘表光出席会议并讲话，沙溪镇、朝阳镇、秦峰镇党委书记作工作发言。

8日，信州区生态文明建设领导小组暨信州区推动长江经济带发展领导小组第一次会议召开。市人大常委会副主任、区委书记潘表光出席会议并讲话。会议审议通过了《关于调整信州区生态文明建设领导小组和信州区推动长江经济带发展领导小组成员的方案（审议稿）》《2021年信州区生态文明建设工作要点（审议稿）》《2021年信州区推动长江经济带发展工作要点（审议稿）》等相关文件。

9日，市委副书记邱向军到信州区调研经济社会发展情况。邱向军一行先后到北门街道吉阳山社区团队服务中心、西市街道综治中心、信州区新时代文明实践中心、信州播基地、茅家岭街道塔水村、朝阳镇石垅孔村苗木基地、华辉铜业、沙溪镇防洪工程等地，实地调研信州区经济社会发展情况。

15日，信州区乡村振兴局正式挂牌成立，区委副书记方森滨出席挂牌仪式并揭牌。

16日下午，信州区最大的非公企业党总支——信州区山河印象党总支召开建党100周年“七一”表彰大会，来自不同行业、9个支部的80余名党员参加会议。

19日，市人大常委会副主任、区委书记潘表光到江西消费扶贫信州馆调研指导工作。在信州馆，潘表光详细听取了信州区消费扶贫工作情况汇报，了解信州馆的建设、运营情况，并对信州馆的布展与消费提出指导意见。

21日，信州区统计局公布“信州区第七次全国人口普查公报”，普查结果显示，全区常住人口总数为545134人（不包括中国人民解放军现役军人和居住在信州区的港澳台居民以及外籍人员），与2010年第六次全国人口普查的416219人相比，10年共增加128915人，增长30.97%。

24日，谍战院线电影《上饶1942》项目全国新闻发布会暨启动仪式在江西上饶信州区举办。

25日，信州区优秀共产党员、优秀党务工作者和先进基层党组织表彰大会召开。市人大常委会副主任、区委书记潘表光出席会议并讲话。

是月，中央文明办在河南开封举办“中国好人榜”活动，公布2021年4月“中国好人榜”。江西省6人荣登榜单，其中，上饶市信州区沙溪中心小学教师余滟钫名列榜中，被授予“中国好人”称号。

是月，信州区人武部党委被中央军委国防动员部表彰为“先进旅团级单位党委”。

是月，江西省社会主义新农村建设暨农村人居环境整治工作领导小组办公室公布全省第二批美丽宜居示范县考核认定结果，信州区为全省第二批“美丽宜居示范县”之一。

是月，信州区福海老年公寓获批江西省首批四星级养老机构。

7月

2日~5日，区委副书记、区长叶文华先后到茅家岭街道调度君御蓝湾楼盘接盘工作，到北门街道中商广场察看问题楼盘化解工作进展情况。

21日，省人大常委会副主任、党组成员、省总工会主席龚建华一行到信州区，调研24小时“不打烊”户外劳动者“爱心驿站”运行情况。

22日，上饶市信州区义警协会成立大会暨第一次会员代表大会于信州公安分局举行。会议通过《上饶市信州区义警协会章程》《信州区义警协会选举办法》《信州区义警协会财务管理暂行规定》。选举产生协会第一届理事及常务理事，选举出信州区义警协会会长、副会长、秘书长、副秘书长等。

26日，信州区组织召开创建文明城市暨城市精细化管理工作部署会。市人大常委会副主任、区委书记潘表光出席会议并讲话。会议传达全市创文工作推进会会议精神并部署下一步工作。

是月，区商务局、区城管局及区城投公司联合投入1400余万，对信州区最大的农贸市场——八角塘农贸市场进行提升改造。

8月

3日，省委信访局副局长江勤率督导组一行到信州区督导“治理重复信访、化解信访积案”专项工作。

3日，市政协主席杨文英到信州区调研“推动落实惠企惠民政策，全面优化经济发展环境”工作。

25日，由中共信州区委、信州区人民政府主办，信州区创文指挥部办公室、信州区志愿服务总队承办的信州区创建全国文明城市誓师大会暨“信州红管家”志愿服务活动在上饶市民公园隆重启动。市委副书记、市长陈云出席活动并宣布“信州红管家志愿服务活动正式启动”，市委副书记邱向军出席并向“信州红管家”代表授“信州红管家”队旗，市委常委、宣传部部长丁晓胜出席并向“六大专项整治”工作牵头单位代表授“六大专项整治攻坚队”队旗，市人大常委会副主任、区委书记潘表光致辞，“信州红管家”代表发言，各方阵宣誓。

28日~29日，中国共产党上饶市信州区第五次代表大会在上饶国际会议中心举行。省、市换届风气督导组到会指导。会议选出中国共产党上饶市信州区第五届委员会委员50名，候补委员10名，纪律检查委员会委员25名，信州区出席中国共产党上饶市第五次代表大会代表22名。

29日，中国共产党上饶市信州区第五届委员会第一次全体会议召开。会议选举产生中国共产党上饶市信州区第五届委员会常务委员会委员和书记、副书记。潘表光、余华阳、朱军勇、江华荣、邓登勇、李磊、徐艺华、邱树梁、张军华、周小凤、刘均勇当选为区委常委。潘表光当选为区委书记。余华阳、朱军勇当选为区委副书记。

是月，信州区在江西省率先启动“就学一件事”联办改革，实现入学资格审查、信息核验、结果反馈等事项一次性办结，新生家长们在手机上点一点，就可以完成新生报名。信州区的“就学一件事”联办改革得到新华社的关注与报道。

9月

10日，由区红十字会、上饶幼儿师范高等专科学校红十字会联合主办的“2021年度世界急救日活动暨AED投放仪式”在上饶幼儿师范高等专科学校举行。区委副书记、代区长余华阳出席并致辞。该次活动投放4台AED于公共场所，实现信州区公共场所配置投放AED“零”的突破，提升信州区公共场所应急救援能力。

20日，市委书记史文斌一行到信州区北门街道调研基层党建工作。

23日~25日，中国人民政治协商会议信州区第六届委员会第一次会议在上饶国际会议中心举行。

会议选举刘山钰为政协信州区第六届委员会主席，邱模恺、章淑英、王芳、张莉、胡涛、方表福、郑耀龙为副主席。吴吉江当选为秘书长，冯秀云等32人当选为政协信州区第六届委员会常务委员。

24日~26日，信州区第六届人民代表大会第一次会议在上饶国际会议中心举行。大会选举吴武华为上饶市信州区第六届人民代表大会常务委员会主任，刘祖宏、柴莉萍、黄玉华、蒋德贤、徐叶黎为副主任。王莹等21人为上饶市信州区第六届人民代表大会常务委员会委员。选举余华阳为上饶市信州区人民政府区长，徐艺华、刘均勇、陈河龙、丁成军、龚桃、吴丽辉、刘理国为副区长。选举邓登勇为上饶市信州区监察委员会主任。选举肖连华为上饶市信州区人民法院院长。选举胡腾峰为上饶市信州区人民检察院检察长（须报经市人民检察院检察长提请市人大常委会批准任命）。

10月

1日，“2021上饶市金秋购物消费季”系列活动开幕仪式分别在万达广场和万力时代广场举行。市人大常委会副主任、区委书记潘表光，区委副书记、区长余华阳等先后参加活动。“2021上饶市金秋购物消费季”系列活动由上饶市商务局和信州区人民政府联合主办。活动共投放50万元消费券促消费。

8日，信州区召开重点工作“百日攻坚”会，深入贯彻市、区党代会精神，奋力年终冲刺，确保完成全年目标。市人大常委会副主任、区委书记潘表光主持会议并讲话。

18日，由信州区委组织部、区委党校、区乡村振兴局联合举办的“抓党建促乡村振兴培训班”开班典礼在上饶国际会议中心举行。区委常委、组织部部长李磊参加典礼并讲话。全区村（社区）“两委”干部、驻村第一书记、党建文化宣传员共710人参加此次培训。

19日，上饶市信州区北门街道长塘社区被国家卫生健康委和全国老龄办联合命名为“全国示范性老年友好型社区”。

10月30日~11月27日，历经28个日夜，信州区干群众志成城、同心战“疫”，打好打赢疫情防控阻击战、歼灭战。疫情处置实现了“六个未发生”：未发生一例外溢病例、未发生一例游客感染、未发生一个除上饶市以外的风险点，未发生一例院内感染、未发生一例校园感染、未发生一例重症病例。疫情防控期间，信州区共设立322个卡口临时党支部，组建462支党员先锋队，共有8000余名党员参与“在职党员进社区”活动，奋战在疫情数据收集、小区封控、核酸采样、道路管控、隔离点驻守等工作第一线。

11月

24日，信州区召开复工复产、复商复市、复学复课暨常态化疫情防控工作视频会。市人大常委会副主任、区委书记潘表光主持并讲话，区委副书记、区长余华阳对复工复产、复商复市、复学复课和常态化疫情防控工作做了部署。

25日，大型商超——上饶万达广场举行复工大吉开工仪式。区委副书记、区长余华阳出席活动。为促进疫情后的经济复苏，提振市民消费，上饶万达配合市委、市政府、区委区政府开展全民购物消费季暨上饶万达5周年庆促消费系列活动。

27日，区委副书记、区长余华阳深入部分工业企业和项目现场，督导检查工业企业复工复产和疫情防控工作。

12月

1日，信州区举行2021年大工业、大旅游、大农业招商引资项目集中签约仪式。市人大常委会副主任、区委书记潘表光出席签约仪式并致辞。该次签约活动，信州区集中签约项目21个，总投资金额约64.9亿元。其中，大工业项目13个，总投资

26.7亿元；大旅游项目3个，总投资28.8亿元；大农业项目2个，总投资8.3亿元；数字经济项目3个，总投资1.1亿元。

11日，由上饶市人民政府、信州区人民政府主办，上饶市商务局、信州区商务局承办，中国农业银行上饶分行协办的“信州有礼——钜惠暖冬”2021消费促进月活动启动仪式在上饶天虹购物中心开幕。市政府副市长郭峰宣布活动正式启动。活动分别在万达、万力、天虹等大型商超开展15场形式多样、丰富多彩的促消费活动。

15日，平安中国建设表彰大会在京举行。会上，由平安中国建设协调小组、人力资源社会保障部组织评选的平安中国建设140个先进集体、129名先进个人受到表彰，上饶市信州区西市街道办事处榜上有名，获评“平安中国建设先进集体”。下午，党和国家领导人习近平、李克强、王沪宁、韩正等在北京人民大会堂会见平安中国建设表彰大会代表，同大家亲切交流并合影留念。信州区西市街道党工委书记周宏亮作为大会代表参加会见与合影留念。

29日，信州区举行2021年第四次工业项目集中开（竣）工活动。区委常委、常务副区长徐艺华出席活动并下达项目开工令。该次集中开（竣）工项目共20个，总投资38.27亿元；其中开工项目有5个，总投资25.95亿元；竣工项目有15个，总投资12.32亿元，涵盖光学电子、精密机械制造、新材料等多个领域。

30日，市人大常委会副主任、区委书记潘表光率省市人大代表到信州区视察退役军人工作。

31日，省慈善总会会长洪礼和带队到信州区走访慰问。洪礼和一行先后走访九如城康养中心、福海老年公寓等养老机构，并到北门街道凤凰社区城镇困难群众周玉婷、韩坤林，朝阳镇溪边村农村困难群众宋孔林、邱模高等人家中走访慰问。

是年，信州区深入实施“一网一门一次”改革，553项政务服务事项实现“只跑一次”，304项政务服务事项实现“一次不跑”。“赣服通”“赣政通”应用平台打通了群众办事“最后一公里”。“人生十件事”一站式联办率先在信州区落实落地。

专　记

2021年信州区经济亮点回顾

区委办公室

2021年，信州区紧紧围绕中央决策部署和省委、市委工作要求，勇于担当、攻坚克难，纵深推进“1235”发展战略，统筹疫情防控和经济社会发展，全区经济社会发展和党的建设取得新成就，“十四五”实现良好开局。

一、经济发展实现逆势上扬

克服突发疫情影响，凝聚了“一座城一条心”强大合力，主要经济指标总量继续保持全市第一方阵，实现两位数增幅，全面完成市委、市政府下达目标任务。全年完成地区生产总值387.4亿元，增长8.7%，总量列全市第二；财政总收入34.6亿元，增长14.6%；一般公共预算收入19.4亿元，总量全市第三，增幅全市第二；社会消费品零售总额221亿元，增长17.6%；外贸出口、规上服务业营业收入、金融机构存贷款余额、城乡居民人均可支配收入等7项指标总量居全市第一；一般公共预算收入、工业投资、地区生产总值等9项指标增幅位列全市第一方阵。

二、产业转型升级明显加快

*工业发展势头更加强劲。*牢固树立“工业挂帅”理念，主攻工业力度更大，决战园区氛围更浓，不断补齐工业短板。新引进“5020”项目2个，华辉铜业、广悦电子、浩钰铜业、邦德科技等一批项目建成投产。规上工业总产值、规上工业营业收入首次迈入百亿大关，分别增长97.5%、94.2%，增幅全省第一。*数字业态更加丰富。*实施数字经济“一号工程”，成功引进全国区块链龙头企业——南京纯白矩阵有限公司；建成投资6.4亿元、建筑体量超10万平方米的信息产业园提升项目；全年新引进数字企业60家，累计完成税收6亿元；数字经济营收180亿，增长76.5%，规上企业营收155亿，增长158%；荣获首批江西省数字经济集聚区。*扩大消费更具成效。*投资500万元，开展80余场促消费活动，拉动消费超亿元。加大名企名店名牌引进力度，引进喜来登、星巴克等知名品牌，天虹购物中心建成开业，培育18条特色街区，推动消费升级。*农业发展更加稳健。*牢牢守住保障

国家粮食安全和确保不发生规模性返贫两条底线，粮食播种面积、产量实现“双增长”。西园生态园获评省级4A级乡村旅游点。

三、项目建设提速增效

坚持为市服务不动摇，在全力保障58个为市服务项目同时，全力攻坚征迁历史遗留问题，全力推进安置房建设、问题楼盘的化解，长达8年的中商广场问题楼盘化解取得重大进展；同心一期、汪家园二期、御景新苑安置房成功分房，惠及2万余人。坚持项目为王理念，大抓项目、抓大项目，快速推进“项目六大会战”。省市重大项目均超额完成年度投资进度；实施183个500万元以上区级重点项目，投资增长31.7%。坚持系统观念谋划，按照“干一年、谋三年”要求，及时更新485个、总投资455亿元的重点项目库，积蓄了强大发展动能。系统实施城市品质提升、物业管理提升、社区养老等一系列三年提升行动，做到一年打基础、二年上台阶、三年大变化。

四、改革创新力度不断加大

以微改革撬动大服务。坚持问题导向，以小切口改革入手，开展16项国家、省市试点改革，率先做好“人生十件事”一站式联办改革，高质量完成163项重点改革任务。大力推进“放管服”改革，51项实现跨省联办，553项“只跑一次”，304项“一次不跑”，真正做到高频事项更加高效。

以大创新推动大跨越。新增4家国家高新技术企业，新增1家省级“瞪羚企业”。全区专利授权总量101件，全市第一。

以大开放带动大发展。接续开展“三请三回”“饶商回归”工程，全区外出招商批次、引进项目质量和数量大幅增长；完成外贸出口29亿元，是全年任务数的2.7倍。

五、城乡面貌进一步做优做美

城市建管水平持续提升。高效推进24个老旧小区改造，改造体量80万平方米，占全市51%。充分发挥创文主阵地、主力军、主战场作用，投入1.3亿元完成145个创文项目，城市管理工作受到住建部通报表扬。主动承接物业管理下放，完成10个无物业小区物业化管理；不断深耕网格化管理，打造“信州红管家”“信州义警”等志愿服务新品牌，西市街道荣获“平安中国建设先进集体”。

三江片区持续做热做旺。三江片区全域推进美丽城市示范区建设，快速推进市立医院三江总院、三江雨污水管网改造、茅家岭邻里中心、区应急救援中心等项目建设，四中三江总校投入使用，叶挺大道全面改造提升，三江片区功能与品质大幅提升。

三镇村容村貌持续改善。深入实施农村人居环境整治提升五年行动，加快三镇城镇污水管网建设、城乡供水一体化工程、美丽集镇建设，惠及3镇10万多人；完成59个新农村建设，开展村庄环境长效管护平台市级试点，获评全省城乡环境综合整治第二名、全省“美丽宜居示范县（区）”。

六、民生福祉更加厚实更有温度

高质量办好民生实事。加大民生投入，80%以上财政投入民生领域，新改扩建10所学校，新增学位5850个，占中心城区新增数的58.7%；新增停车位6916个，改造里弄小巷23条，新增街道嵌入式养老中心6家，加装老旧小区电梯25部，荣获“县级全国基层中医药工作先进单位”。

高起点推进乡村振兴。完善防返贫监测与帮扶机制，统筹选派新一轮乡村振兴重点村帮扶第一书记和工作队，扶持产业项目47个，带动户均增收1100元。

高标准推进生态文明建设。深入践行“两山”理念，聚焦水、气、土污染防治，扎实开展河湖卫士水土保持专项执法行动、“护绿提质2021行动”，全区空气优良率96.7%，乡镇集中式饮用水源达标率100%。

信州区党史学习教育工作总结

信州区党史学习教育领导小组办公室

信州区委在市委党史学习教育领导小组的领导下，在市委第一巡回指导组的精心指导下，严格按照中央、省委、市委的决策部署，紧紧围绕“学史明理、学史增信、学史崇德、学史力行”的工作要求，牢牢把握“学党史、悟思想、办实事、开新局”的目标任务，高起点谋划、高质量推进，做到规定动作不走样，自选动作有特色，总体呈现党史学习氛围浓厚、宣传宣讲覆盖范围广、实践活动推进精准扎实、特色亮点突出的良好局面，群众获得感、幸福感、安全感显著增强。

一、加强组织领导，确保党史学习教育走深走实

始终把开展党史学习教育作为贯穿全年的一项重大政治任务，精心组织，周密部署，确保党史学习教育有序开展。

建立工作机构。制定出台了《信州区党史学习教育实施方案》，成立由区委主要领导担任组长的党史学习教育领导小组，由23名区牵头领导、责任部门主要负责人担任领导小组成员。领导小组办公室下设5个工作组，抽调30余名精干力量集中办公；成立8个区委巡回指导组，派驻77个区直单位。建立各地各部门分管领导与联络员名单，形成“上下联动，统筹推进”格局。县乡（镇）班子党政班子换届和事业单位机构改革后，均及时调整相应人员，做到工作不断档、责任不缺位。

完善规章制度。每周调度制度，区学教办每周召开5个小组的联席会议，通报各组工作情况，研究下一步工作打算。“双督查”制度，区领导根据分工担任分管部门党组织党史学习教育的“第一责任人”，牵头指导督导各分管单位的党史学习教育；区学教办督导组和8个巡回指导组，适时开展巡回指导、随机抽查、调研访谈、巡听旁听，指导各单位党史学习教育开展情况，防止学习同质化，实事办理虚化、弱化、形式化等不良倾向，进一步压实责任，促进各项工作末端落实。定期通报制度，坚持每周一调度、一研判，每月一汇总、一通报，营造争先创优、比学赶超的氛围。领衔督办制度，区牵头领导、牵头部门主要负责人，领衔督办重点民生项目和“急难愁盼”问题，确保民生实事办好，好事办实。

营造学习氛围。及时召开党史学习教育动员大会、党史学习教育推进会、党史学习教育领导小组（扩大）会议，一级抓一级，层层抓落实，不断在全区掀起党史学习教育的高潮。同时，坚持以正确的舆论引导人，依托区融媒体中心，融通“信州资讯”微信公众号、“魅力信州”APP及抖音号等媒体阵地，推出“学党史，践初心”“追述红色信州，赓续革命精神”等学习专栏；深入挖掘先进典型，信州区党史学习教育特色做法在各媒体平台刊发稿件2544篇，其中中央媒体30余篇、省级媒体70余篇、市级以上媒体上稿305篇；上稿省党史学习教育简报8篇、市党史学习教育简报27篇，用稿率稳居全市第一方阵。《信州区：1057所“微夜校”里的党史“大知识”》《红绿灯路口的遮阳神器》《信州城乡供水一体让农民喝上优质自来水》《信州区政务服务一站式让群众受益》等在新华社、中央

广播电视台、光明日报、新华每日电讯、江西日报、江西宣传等媒体上刊登。

二、把握关键环节，确保党史学习教育落细落实

紧扣党史学习教育实施方案，按部就班，压茬推进，一环扣一环，一项接一项，确保全区党史学习教育不偏方向，不打折扣，不乱节奏。

一是抓重点内容。紧紧抓住从动员大会到“七一”庆祝大会、“七一”庆祝大会到党的十九届六中全会、党的十九届六中全会到总结大会三个时间阶段，始终聚焦习近平总书记党史学习教育动员大会重要讲话精神、在庆祝中国共产党成立100周年大会上的重要讲话精神、在党史学习教育总结大会上的重要讲话精神，以及党的十九届六中全会精神，聚焦《论中国共产党历史》《中国共产党简史》《习近平新时代中国特色社会主义思想学习问答》《毛泽东邓小平江泽民胡锦涛关于中国共产党历史论述摘编》4本规定刊物和“两个决议”，结合本地实际，通过以会代训、专题培训、专题宣讲等多种形式，通过巡回指导组对必读内容的学习笔记抽查，引导党员干部深刻把握习近平新时代中国特色社会主义思想的丰富内涵和精神实质，把握中国共产党百年奋斗的重大成就和历史经验，进一步增强历史自觉、历史自信，汲取奋进力量。

二是抓重点环节。组织专题宣讲，成立党史学习教育区委宣讲团和宣讲小分队，广泛开展党史学习教育宣讲进机关、进学校、进企业、进农村、进文明实践站、进红色教育基地“六进”行动，场次共3158场，累计听众40万余人。全区在职县级领导围绕“讲党史故事”和“讲专题党课”在分管领域、挂点镇街、所在支部作宣讲，每人至少一次，将党史教育宣讲课开在群众身旁。开好专题组织生活会，全区489个党支部，按照党史学习教育专题组织生活会的有关要求，在8月中旬前都召开了专题组织生活会，查摆问题3427个，整改率100%。筑牢了广大党员干部学史明理、学史增信、学史崇德、学史力行的根基。开展“我为群众办实事”实践活动，将为民办实事作为党史学习教育的出发点和落脚点，为群众解决“急难愁盼”问题。开好专题民主生活会，领导干部以党员的身份参加，围绕五个方面的重点问题认真进行党性分析，开展批评与自我批评。

三是抓重点对象。坚持“抓两头，促中间”，着力抓好县级以上干部这个“关键少数”。下发《大宣讲大调研大走访大化解实施方案》，要求领导干部带头抓好学习、宣讲、调研、走访，常委会全年研究部署党史学习教育议题38个，区委理论学习中心组学习党史内容21次，县级干部撰写党史调研报告53个，并举办为期2天的区委理论学习中心组集体学习暨党史学习教育专题读书班，前往上饶集中营等红色教育基地研学，围绕井冈山精神、方志敏精神等伟大精神开展系列理论研讨，同时结合中心工作开展不少于90天的调研，撰写具有可行性的调研报告，带动普通干部和广大群众压茬跟进，厚植广大干部群众的爱党爱国爱社会主义情怀。着力抓好流动党员学习教育，线上向643名流动党员远程推送党课，线下联动信州区驻北京流动党员党支部、义乌“信州超市”党支部、信州义乌商会，为流动党员寄送党史学习书籍与课程，通过系列措施确保“流动党员不流学”。在此基础上，广泛发动群众，引导全区广大群众在党史学习教育中更好地知党史、听党话、跟党走，深刻领悟中国共产党为什么能、马克思主义为什么行、中国特色社会主义为什么好，把思想和行动统一到党中央要求上来。着力抓好青少年和老党员学习教育，面向青少年群体组织开展“百年信州绘辉煌”“奋斗百年路　启航新征程”书画征文等创作大赛活动、百名大学生赴百个实践站宣讲活动。邀请老党员进学校、进机关、进文明实践站等地讲红色故事，述革命精神，以多样活动形式推动青少年和老党员紧跟学习步伐。

三、坚持学以致用，确保党史学习教育为民惠民

深入开展“我为群众办实事”实践活动，切实

做到了以理论学习来指导实践工作，以实践工作来检验学习成果，35个重点民生项目全部办结，群众满意率100%，其他民生实事3967件完成率100%。

深入基层办“小事”。各单位各部门领导带头，深入基层进行调研，察民情访民意，围绕群众“急难愁盼”问题，研究提出一系列项目清单，从群众身边小事入手，推出一批为民惠民便民的实招硬招，让党史学习教育充满民生温度。深入社区村居、里弄小巷建设文明驿站66个，切实打通服务群众的“最后一公里”；先后在车流、人流密集的三江东大道、上饶大道、志敏大道、钟灵路等重点道路路口，新建14个遮阳雨棚，保障群众安全出行；依托新时代文明实践所、站，设立“亲情连线”工作室，为留守儿童、留守老人等特殊群体提供“亲情连线”“心理疏导”等帮扶项目，目前建立亲情连线工作室120个，开展视频通话1201次，视频连线受益人群3500多人，在干部和群众之间架起了“连心桥”。在疫情防控期间，为封控区、管控区的群众送菜上门达6万余次，其中涌现出了最美背影余哲明先进典型，并在人民网、央视网等中央、省市媒体转播，获得无数点赞。

围绕中心解“难事”。聚焦“住房难”“入学难”“停车难”“饮水难”“养老难”等“急难愁盼”事，启动了24个老旧小区改造工程，改造户数8863户，楼栋281栋，改造面积80.73万平方米；四中三江总校、陆羽小学、市十小新建扩建项目投入使用，今年增加新学位5850个；三江片区及中心城区里弄小巷、小区累计施画机动车位6346个，增加中心城区停车位600余个；加快推进城乡供水一体化工程，计划投资3.2亿元，区委主要领导亲自牵头挂帅，多次深入一线调度，现场督办，力争2022年、确保2023年实现三镇10万群众喝上优质饮用水，年前朝阳镇狮山居、下源、中谭和盘石4个村将率先喝上“幸福水”，惠及1万多群众；解决小微企业“融资难”，区市管局与中国银行富登村镇银行合作，为下属个协23户会员申请了便捷的免息（贴息）贷款，发放金额385万元。

深化服务干“大事”。深入贯彻落实“便民利企”服务理念，以“放管服”改革为重点，加快转变政府职能，助推优化营商环境，着力构建“亲”“清”新型政商关系，切实做到“办实事促发展、办实事优环境”。出台推进复工复产28条政策措施，加大财税金融支持力度，助力企业对抗疫情冲击；持续优化服务流程，简化办事程序，深化“一网通办”“一次办好”工程，实行“首问责任制、一次告知制”，推行“一站式”办理、“一条龙”服务，实现了51项政务服务与浙江省跨省通办，医保服务、档案查询等政务服务“只跑一次”；推进新生儿、就学、医保等“人生八件事”部门联办，一键提交、一次办理，目前，“出生一件事”线上受理1029例，完成办理940例；“就学一件事”线上报名小学4050人，初中3569人，合计网络初审7619人；“医保一件事”办理1629次。

四、注重方法创新，确保党史学习教育入脑入心

用好平台阵地。依托网络阵地，以1057所“微夜校”作为理论宣讲主阵地，开展全方位、多角度的党史学习和理论宣讲活动。邀请镇街班子成员、村（社区）“两委”班子、120名网格宣传员等作在线宣讲18次，推送《信州党史故事》20讲、“党史百年天天读”等宣讲作品百余期，吸纳学员10万余人，点击量达400余万人次。《微夜校：让党的创新理论飞入寻常百姓家》在江西省基层理论宣讲工作动态刊发。开展“我要跟党说句心里话”主题街采活动，相关视频经过微公号与APP平台的推广，累计浏览收看人数达4万余人。制作了一批短视频、H5等红色主题新媒体产品，自主打造了“智能AI主播说党史”，累计浏览收看人数达3万余人。在线直播市委宣讲团刘国云教授赴我区新时代文明实践中心信美学校站的宣讲活动，点击量达20.39万人次。积极发挥区委党校理论学习和党性锻炼主阵地作用，不断推出精品课程，如《不朽的丰碑——上饶集中营记忆》，让党性教育刻骨铭心；优秀理论文章《打赢脱贫攻坚战彰显中国共产党的

制度优势》《党的领导是人民当家作主的根本保证》在市研讨会获奖，《学习浙江经验，产业助推信州乡村振兴》入选第二届全市好课程。

用活文艺形式。围绕建党百年等主题主线，推出一系列群众喜闻乐见的文艺精品。积极开展“唱支山歌给党听”爱国歌曲比赛、“百年信州绘辉煌”党史主题美术创作大赛、大型《音乐党史课》等文艺活动。组织文艺志愿者开展“百名文艺轻骑兵，到百个文明实践站，讲百个党史故事，教唱百首爱国歌曲”文明实践活动。汇聚青年志愿力量，联合上饶师范学院团委，发动百名“00后”大学生志愿者赴百个实践站作宣讲，分别举行100堂“微党课”，宣讲200个党史故事，教唱100首爱国歌曲，打通小区宣传“最后一米”，共吸引3万多名干部群众参加，活动获中宣部表彰。

用足红色资源。坚持发挥信州红色资源引领作用。一方面深挖信州党史推出文艺作品，结合百年华诞掀起学史热潮，编纂出版《信州百年》历史画册，整理《24个信州红色故事》作为基层宣讲课题，拍摄制作一部微党课《辰光》和两部信州党史微纪录片《恰是百年风华》《矢志初心启新程》，收集百年来近万张信州区党史老照片、微视频影像，以最接地气和冒热气的方式唤醒群众回忆，让信州党史成为坊间最火热的传播话题。另一方面，依托上饶集中营等红色革命旧址，开展红色研学、祭英烈活动。对新四军驻赣办事处等34个红色地标遗址的硬件设施和软件服务进行再优化、再提升，举办红色文化藏品展、信州革命文物展，推出“童心向党”等主题的红色研学活动，将其打造成为集祭扫、宣誓、诵读、练兵等活动为一体的文旅“打卡地”。

五、坚持贯通融合，确保党史学习教育见行见效

坚持“两手抓、两手都要硬”，以党史学习教育来推动经济社会发展，以高质量发展来检验党史学习教育的成效。

强化“凝聚力”。面对年底突发的新冠疫情，信州区从党史学习教育中汲取信念力量，凝聚起“一座城一条心”的强大合力。发挥党建引领作用，筑牢“红色网格”防控体系，设立卡口临时党支部324个，市区2万余名党员干部冲锋在前，组建462支党员先锋队，发动450余万人次参与10轮核酸检测，拉起了“防外溢、防扩散”的生命防线，仅用15天就全面遏制住了疫情蔓延势头，全部确诊病例、无症状感染者在24天内相继治愈，打赢了这场疫情防控攻坚战。尤其是《95后“阳光小姐姐”投身疫情防控一线》《疫情挡不住温情，冒雨送来“救命药”》、“最美背影”余哲明等动人事迹得到新华社、江西日报等媒体刊发，引发广大网民为上饶疫情防控志愿者无私奉献、勇于担当的品质点赞，为上饶战“疫”加油鼓气。

提升“战斗力”。加强和改进思想作风建设，深入践行“今天再晚也是早，明天再早也是晚”的工作理念，大力弘扬“马上就办、办就办好”的实干作风，持续整治全区领导干部中存在的“怕、慢、假、庸、散”等突出问题。牢固树立宗旨意识，始终站稳群众立场，开足马力全面提升信州区在政务服务、改革发展、社会治理等领域的综合实力。如深化“赣服通”“赣政通”平台建设，全力打造“指尖政务”；全域推广“西市格格”网格化品牌经验，完善网格社会治理、城市管理、社区服务“三位一体”的综合管理功能；投入1.3亿元完成145个创文项目，不断巩固扩大创文成果；完成4个安置地块的扫尾清零，加快推进东晖、文通、梨树坞等安置房建设，引进资金重新启动君宇澜湾、盛鑫家园问题楼盘，许多“老大难”问题得以解决。

落实“创造力”。着力在融会贯通中汲取思想伟力，继承党发展壮大的宝贵经验，谋划改革创新，真正做到在危机中育新机、于变局中开新局。以党旗引领方向，统筹推进8大领域、31个方面、163项改革任务，切实以改革的成效提升高质量发展的质效；立足产业优势和资源禀赋，全面提升一二三产融合发展的质量和效益。成功引进三江文化

综合体、天虹购物中心建成开业，举办了80余场促消费活动，直接或间接拉动消费约1亿元。坚持“一企一策”“一事一议”给予企业精准服务，发放财园信贷通、财政扶持企业发展奖励资金约2.5亿元，惠及企业95家。引进投资1.6亿元的南京纯白矩阵公司，填补了区块链研发的空白，保持了全省县域数字经济排头兵位置。

提高“自控力”。坚持党风廉政逢会必讲、逢会必学，在区委理论中心组集体学习会上围绕廉政建设进行多次学习研讨，举办履新科级领导干部“廉内助”培训班，推动形成党风廉政建设时时刻刻不能放松的导向和氛围。同时完善廉政建设长效机制，持续深化群众身边腐败和作风问题专项治理、粮食购销领域腐败问题专项整治等，重点围绕廉洁信州“2+17”项工作进行“回头看”，突出使命引领和问题导向，聚焦教育医疗、生态环保、乡村振兴、工程建设等重点领域的突出问题，精准施治，持续正风肃纪反腐，为全面建设勤廉江西贡献信州力量。

党史学习教育集中活动有结束时，但党史学习、为民服务永远在路上，没有休止符。信州区委将始终把学懂弄通做实习近平新时代中国特色社会主义思想作为重大政治任务，持续开展政治理论教育，持续开展“我为群众办实事”活动，驰而不息，久久为功，建章立制，常态常效，努力建设“大美上饶，魅力信州”，不断让人民群众的获得感成色更足、幸福感更可持续、安全感更有保障。

信州概貌

综　述

信州因位于信江上游，唐、宋、元代是州治所在地得名。全境总面积316平方千米。地处江西省东北部，上饶市东部，信江上游。东、东南与广丰区接壤，南、西与广信区毗邻，北与玉山县相连。信州区是上饶市主城区，赣东北地区重要的政治、经济、文化、教育、金融中心和交通枢纽。区人民政府驻茅家岭街道，城区面积80平方千米，人口54.14万，下辖3镇、5街道。2021年信州区全年完成地区生产总值387.4亿元，财政总收入34.6亿元，社会消费品零售总额221.2亿元，城镇居民人均可支配收入45699元，从总量上看，17项主要经济指标中，有13项指标总量位列全市第一方阵，其中有7项指标总量排名全市第一，分别是第三产业增加值、社会消费品零售总额、城镇居民人均可支配收入、农村居民人均可支配收入、金融机构人民币各项存款余额、金融机构人民币各项贷款余额、出口额。从增幅上看，19项主要经济指标中，有9项指标增幅位列全市第一方阵，其中有4项指标增幅排名全市前三，分别是第二产业增加值全市第三，一般公共预算收入全市第二，工业投资全市第二，金融机构人民币存款余额全市第三。

区位优势明显，素有“豫章第一门户”“信美之郡”的美誉，地处赣、浙、闽、皖四省交界区域，是“长三角”经济区、海西经济区、鄱阳湖生态经济区的结合部，辖区内高速公路密布，沪昆和京福两条高铁在信州十字交汇，是全国地级市中唯一一个拥有2条时速350千米高铁客运专线的城市。三清山机场距离中心城区仅7千米，开通北京、深圳、哈尔滨、成都、贵阳等辐射全国14个重点城市的航线。

文化积淀深厚。自东汉建安年间设县以来，有1800多年历史。2000年10月1日，经国务院批准撤销县级上饶市改设信州区。是世界第一部《茶经》作者——唐代“茶圣”陆羽茗茶之地，南宋爱国词人辛弃疾久居20年之处，被誉为“文献、政事、文学为一代冠冕”的南宋词人韩元吉闲居之地，明朝内阁首辅夏言晚年寓居之所，鸳鸯蝴蝶派代表作家张恨水出生地。辖区内有五代十国时期的巨型铜钟，被誉为镇馆之宝的有明确纪年的元青花一对，建于明代万历年间的五桂塔和龙潭塔，明代理学旧第娄氏宗祠，明朝万历年间礼部侍郎杨时乔府邸，建于清康熙三十三年（1694）的信江书院等文物古迹，国家级红色教育基地——上饶集中营坐落于此，方志敏、邵式平等老一辈无产阶级革命家都曾在此留下战斗足迹。

风光秀丽宜人。信州区“北枕灵山、南带冰溪，东挹琅琊，西瞻山献”。信州山环水绕、两岸三江、景色秀丽，境内有国家级森林公园——云碧峰森林公园，江西省五大水系之一的信江河穿城而过，汇入鄱阳湖。城区山水环绕，是全国13座空气、水质量最好的城市，是一座山水和生态完美结合，极具魅力和充满生机的山水园林城市，被授予“中国绿色名区”称号，是中国最具幸福感20座城市之一。

商业贸易发达。信州自古就是边际贸易重镇，重商、经商、富商氛围浓厚。随着创业氛围日渐浓厚，信州经济活力不断迸发，工业现拥有两块国家级品牌——国家高新技术产业化基地、国家科技兴贸创新基地，一块省级品牌——江西省苎麻产业基地。打造全省首个信息服务业产业园，以数字经济为代表的信息服务业，成为信州经济新引擎，入园企业产业规模连续6年保持全省领先态势。城区现有40余家各类市场，功能各异的特色街16条，现代物流企业34家。

信州区委、区政府大力推进“五型政府”建设，致力打造“四最”营商环境，竞争软实力不断提升，先后被授予“浙商投资最佳城市”“跨国公司眼中最具投资潜力城市”“江西投资环境十佳城市”等称号。

历史概况

【建置沿革】 信州区原为上饶县地。夏为扬州之域，春秋时属楚。吴取楚，属吴，越灭吴，属越，楚败越，复属楚。秦属九江郡余干县。汉高祖六年（前201）隶豫章郡。东汉末期建安年间（196—205）始置上饶县，初属豫章郡，不久改属鄱阳郡。晋初并入葛阳，隶鄱阳郡。南朝宋复置上饶县，属鄱阳郡。隋开皇九年（589）又并入葛阳，属饶州。开皇十二年（592）废葛阳称弋阳。唐武德四年（621）复置上饶县。武德七年（624）撤销上饶县，并入弋阳县。宋，仍属信州。元至元十四年（1277），隶于江浙行中书省信州路。元至正二十年（1360）改信州路为广信府。明洪武四年（1371），广信府隶于江西行中书省。清因之。民国三年（1914），上饶县隶于豫章道。民国十五年（1926），直属江西省。民国二十一年（1932），隶于江西省第六行政区。民国三十五年（1946）为上饶县中山镇、西大镇；民国三十六年（1947），中山镇、西大镇合并称广平镇（今信州区）。

1949年5月，上饶县全境解放，划广平镇及附近部分地区设上饶市，辖3个区、21个街公所、14个村公所，隶属上饶专区。1949年10月1日中华人民共和国成立。1950年4月，改上饶市为上饶镇，辖21个街公所、10个村公所，直属上饶专区。1951年2月，经政务院批准复设上饶市，辖21个街公所、10个村公所，直属上饶专区。1960年9月，经国务院批准，上饶县、市合并为上饶市，辖2个镇、27个人民公社、2个垦殖场。1964年11月，经国务院批准，上饶县重新分出，上饶市辖5个人民公社，隶属上饶地区。1993年5月，上饶县沙溪镇、灵溪乡、朝阳乡、秦峰乡划入上饶市，辖2个街道办事处、1个镇、6个乡。2000年7月，经国务院批准，撤销上饶地区和县级上饶市，设地级上饶市，原上饶市更名信州区，辖2个街道办事处、2个镇、5个乡，下设95个居民委员会、75个村民委员会。截至2013年年末，辖水南、东市、西市、北门、茅家岭5个街道办事处，沙溪、朝阳、灵溪3个镇，秦峰乡，共9个乡级政区；分辖54个社区居民委员会、18个居民委员会、50个村民委员会。2014年，秦峰乡撤乡设镇，信州区辖3镇、5街道。

【历史述要】 新石器时代，境内就有人类繁衍生息，西周已有村庄。秦、汉间出现集镇。东汉建安初年建上饶县，一说因傍上饶江得名，又说因“山郁奇珍”得名，寓“上乘富饶”之意。唐乾元元年（758）置信州，在所废上饶古镇设治，筑城墙，此后，历为州、府治所，为赣东北地区的政治、经济、文化中心。城墙历朝因水屡圮屡修。宋大观三年（1109），因被雨水冲塌，遂行修筑，改四门为八门。明洪武初年（1368），也因墙体坍塌，再行修复，设东、南、西、北和春浦五门。以后历代又几经修筑，仍留五门。民国十九年（1930），赣东北红军攻占上饶城时，拆除其中西濠边一段。中华人民共和国成立后，因城市建设需要，渐次拆除今已无存。境内经济开发较早，秦汉时期，信江流域和其他河谷地区，就有农业和简单的制陶业。唐代开始植茶、制茶。宋代，农业生产的种稻、种茶、种麻，作坊的制陶、冶炼、纺织迅速发展。明代，商业繁荣，上饶城为赣东、闽北的重要货物集散地。民国时期，经济有新发展。民国二十四年（1935），浙赣铁路全线通车，上（饶）玉（山）、上（饶）广（丰）、上（饶）横（峰）等公路相继建成，区境电话、电报等通信设备，境内出现机械纺织、机械采煤、火力发电、机械制造等工业。民国二十七年（1938），国民政府第三战区长官司令部迁驻上饶，东南沿海沦陷地区部分工商界人士流亡上饶，办厂经商，上饶愈加繁荣。中国共产党成立后，中国共产党人在上饶的革命斗争，对中国革命的胜利作出了重要贡献。民国十六年（1927），原上饶中学学生黄道、邵式平回到上饶中学执教，宣传马克思主义，传播北伐战争的胜利消息。民国十九年（1930），方志敏率领赣东北红军3次攻克上饶城，分浮财，烧田契，宣传共产党的政策。此后，中国共产党在上饶的地下组织与活动逐步发展。民国二十八年（1939）5月，中共福建省委在上饶建立中心支部，统一领导上饶及邻县各所属支部的斗争；6月，新四军驻赣办事处迁驻上饶，周恩来、叶挺、陈丕显等人先后到此指导工作。民国三十年（1941），被囚于上饶集中营的中国共产党党员相继建立党的秘密组织，领导狱中革命志士向敌人展开多种形式的斗争，相继发动闻名全国的茅家岭暴动和赤石暴动，给敌人以沉重打击。中华人民共和国成立前夕，中共闽浙赣边区党委和中共江西工委又先后派员在上饶城内建立党的秘密工作机构。信州区山清水秀，风光旖旎，自然条件优越。信江河、丰溪河纵横贯穿市区，城东的森林公园风景秀丽奇美，把信州区点缀成独具特色的水中城、城中水，绿中城、城中绿的自然生态城市。境内文物众多，现尚存古屋宇6处，古塔2座，古墓葬10余座，名石刻10余通，还有古泉、古钟以及众多的古钱币、古陶瓷等。其中，始铸于五代吴顺义三年（923）的鸡应寺铜钟、刻有唐著名画家阎立本绘像的“璎珞观音”碑、刻有南宋理学家朱熹书法的“紫阳遗墨”碑和《六经图说》碑等，是价值甚高的珍品；唐代茶圣陆羽寓居上饶时所凿的陆羽泉、始建于宋绍兴年间的东岳庙、建于明万历年间的奎文塔、建于清康熙年间的信江书院等，都是赣东北地区的重要胜迹。全区有文物保护单位11处，其中全国重点文物保护单位1处（上饶集中营旧址），省级文物保护单位3处（信江书院、鸡应寺铜钟、黄道烈士墓），市级文物保护单位7处（杨益泰旧第、太子庙、东岳护国禅寺、杨时乔府第、龙潭奎文塔、五桂塔、陆羽泉）。区博物馆内共收藏国家一级文物3件（宋木叶贴花黑釉盏和元青花茂叔爱莲玉壶春瓶、元青花荷莲纹玉壶春瓶），二级文物9件，三级文物24件；另有参考品1062件，待处理品400余件。

【区域位置】 信州区位于上饶市东部、江西省东北部，信江上游。介于北纬28°23′00″—28°39′00″，东经117°55′00″—118°00′00″之间。东邻广丰区，南接武夷山，西毗广信区，北望玉山县。

【地质地貌】 信州区地貌类型以丘陵、河谷平原为主，属丘陵地区。北东丘陵属怀玉山脉，有将军山、饭甑山、牛头山、黄尖山，青尖山、睦州山等，一般海拔150米～200米，以黄尖山最高，海拔594.3米。西南、西北为低丘及岗地，一般海拔50米～100米。流经境内的河流有信江、玉山水、丰溪、饶北河、槠溪、黄家溪6条，皆为客境水。主要河流是信江及其主支流玉山水和丰溪，境内河道长度分别为3.8千米、27.5千米、8.5千米。

【土地资源】 信州区境内土壤共有土类4个（水稻土、潮土、紫色土、红壤），亚类6个（潴育型水稻土、潜育型水稻土、潮土、酸性紫色土、红壤、红壤性土），土属18个（红砂泥田、潮砂泥田、棕砂泥田、麻砂泥田、黄砂泥田、鳝泥田、紫砂泥田、壤质潮土、砂质潮土、紫色砂砾岩类酸性紫色土、红砂岩类红壤、泥质岩类红壤、红砂泥土、中性结晶岩类红壤、酸性结晶岩类红壤、石英岩类红壤、中性结晶岩类红壤性土、红砂岩红壤性土）。截至2021年年底，信州区土地资源总面积为31589.74公顷。耕地、林地、园地、草地面积为21048.97公顷，其中耕地6753.83公顷，建设用地面积7548.18公顷，未利用地面积1495.19公顷。

【矿产资源】 信州区矿产资源主要以磷矿、滑石矿、瓷土矿、建筑用石材和砖瓦用黏土为主。磷矿主要蕴藏于朝阳镇境内，矿层分布面积约25平方公里，磷矿保有储量10703万吨，为华东地区最大磷矿床；秦峰滑石矿保有储量16.11万吨，瓷土矿保有储量17.4万吨。

环境质量

【环境质量状况】 2021年度，信州区环境质量总体保持良好，全区主要河流断面水质年均值达到或优于Ⅲ类标准，水质达标率100%；乡镇级集中式饮用水水源地水质达标率为100%，空气优良天数比例为97.3%，同比上升0.3%，PM2.5年均浓度为27微克/立方米，同比下降6.9%；降水pH年均值为5.83，酸雨频率为30%。城区声环境质量总体较好，区域声环境质量为二级（较好）；道路交通噪声平均等效声级均符合道路交通噪声强度的一级（好）标准；各类声环境功能区达标情况较好。

【地表水环境质量状况】 信江河水质状况，年度全区主要河流断面水质年均值达到或优于Ⅲ类标准的比例为100%。饮用水水源地水质状况，信州区乡镇级集中式饮用水水源达标率为100%。

【城区环境空气质量状况】 城区环境空气质量状况，执行新的《环境空气质量标准》（GB3095—2012），空气质量级别达到国家二级标准，城区空气优良天数比例为97.3%，同比上升0.3%，其中，二氧化硫年平均浓度值为20微克/立方米，符合国家环境空气质量二级标准（60微克/立方米），比2020年下降6微克/立方米；二氧化氮年平均浓度值为22微克/立方米，符合国家环境空气质量一级标准（40微克/立方米），与2020年持平；颗粒物PM10年平均浓度值为51微克/立方米，符合国家环境空气质量二级标准（70微克/立方米），比2020年上升1微克/立方米；一氧化碳24小时平均浓度值为1.0毫克/立方米，符合国家环境空气质量一级标准（4毫克/立方米）；臭氧日最大8小时平均浓度值为131微克/立方米，符合国家环境空气质量二级标准（160微克/立方米）；颗粒物PM2.5年平均浓度值为27微克/立方米，比2020年下降6.9%。降水环境质量状况，上饶市城区降水pH年均值为5.83；酸雨频率为30.6%，酸雨频率略有上升。

【城区声环境质量状况】 城市区域环境噪声昼间平均等效声级为52分贝，声环境质量为二级，较好。城区城市道路交通噪声昼间平均等效声级为68.8分贝，声环境质量较好。城区功能区噪声（上饶市城区各功能区）昼间达标率为94.5%，夜间达标率为84.4%。

【主要污染物减排】 按照《上饶市2021年主要污染物总量减排计划》，将朝阳镇溪边村污水处理设施和沙溪镇李家村污水处理设施列为2021年水污染减排项目。

2021年气候状况

【概况】 2021年信州区气温偏高，降水偏多，日照偏少。全年主要受大雾、雷暴大风、暴雨、高温、寒露风、寒潮等灾害性天气影响。

【降水】 全年降水量为2166毫米，比历年平均降水量偏多265毫米。冬季（2020年12月至2021年2月）：降水量为155毫米，较常年同期偏少近五成。其中，2020年12月降水量为41毫米，较常年同期偏少近五成；2021年1月降水量为25毫米，较常年同期偏少7成；2月降水量为89毫米，较常年同期偏少2成。春季（2021年3月至5月）：降水量为1012毫米，较常年同期偏多4成。其中，3月降水量为238

毫米，较常年同期偏多近1成；4月降水量为189毫米，较常年同期偏少2成；5月降水量为585毫米，较常年同期偏多1.4倍。夏季（2021年6月至8月）：降水量为812毫米，较常年同期偏多2成。其中6月降水量为535毫米，较常年同期偏多近4成；7月降水量为89毫米，较常年同期偏少近五成；8月降水量为188毫米，较常年同期偏多近七成。秋季（2021年9月至11月）：降水量为195毫米，较常年同期偏少近2成。其中，9月降水量为53毫米，较常年同期偏少近4成；10月降水量为50毫米，较常年同期略偏少；11月降水量为92毫米，较常年同期偏少1成。

表1　2021年信州区月降雨情况

（标注：历年为1991年至2020年，30年平均）　　单位：毫米

月份	1	2	3	4	5	6	7	8	9	10	11	12	年合计
2021年	25	89	238	189	585	535	89	188	53	50	92	33	2166
历年	96	115	222	246	240	394	161	113	83	51	102	78	1901
距平	−70	−27	16	−57	344	141	−72	75	−30	−1	−10	−46	265

月降雨量最多月份为5月，比历年偏多344毫米，最少月份为1月，比历年偏少70毫米，主要降水集中在3~6月。

【日照】　全年日照时数1552.8小时，较常年同期偏少162.2小时。冬季：日照时数为335.9小时，较常年同期偏多83.1小时。其中，2020年12月日照时数为71.3小时，较常年同期偏少7.0小时；2021年1月日照时数为170.0小时，较常年同期偏多83.2小时；2月日照时数为94.6小时，较常年同期偏多6.9小时。春季：日照时数为222.5小时，较常年同期偏少140.9小时。其中，3月日照时数为78.2小时，较常年同期偏少20.9小时；4月日照时数为59.4小时，较常年同期偏少61.8小时；5月日照时数为84.9小时，较常年同期偏少58.2小时。夏季：日照时数为434.9小时，较常年同期偏少140.5小时。其中，6月日照时数为102.4小时，较常年同期偏少28小时；7月日照时数为180.6小时，较常年同期偏少48.9小时；8月日照时数为151.9小时，较常年同期偏少63.6小时。秋季：日照时数为483.7小时，较常年同期偏多2.9小时。其中，9月日照时数为233.5小时，较常年同期偏多52.4小时；10月日照时数为114.2小时，较常年同期偏少53.2小时；11月日照时数为136小时，较常年同期偏多3.7小时。

【气温】　全年平均气温19.5℃，比历年同期平均偏高1.3℃，其中极端最高气温达到39.0℃，出现在7月14日；极端最低气温达零下6.2℃，出现在1月9日。

（陈娇娇、黄京平）

表2　2021年信州区月平均气温情况

（标注：历年为1991年至2020年，30年平均）　　单位:℃

月份	1	2	3	4	5	6	7	8	9	10	11	12	年均
2021年	7.2	12.9	14.2	18.3	23	26.6	29.7	28.8	28.4	21.1	14	9.6	19.5
历年	6.3	8.6	12.3	17.9	22.6	25.3	29	28.6	25.3	20.1	14.2	8.4	18.2
距平	0.9	4.3	1.9	0.4	0.4	1.3	0.7	0.2	3.1	1	−0.2	1.2	0.9

中国共产党信州区委员会

综　述

2021年，面对错综复杂的外部形势、突如其来的新冠疫情、艰巨繁重的发展任务，区委以习近平新时代中国特色社会主义思想为指导，纵深推进"1235"发展战略，统筹疫情防控和经济社会发展，全区经济社会发展和党的建设取得新的成就，"十四五"实现良好开局。2021年实现地区生产总值387.4亿元，增长8.7%；固定资产投资、规上工业增加值等9项指标实现两位数增长；城镇和农村居民人均可支配收入、规上服务业营业收入等7项指标总量全市第一。

区委办机关党支部组织召开第二季度全体会议暨"七一"主题党日活动

坚持理论武装，"两个维护"更加坚定。全年召开理论中心组学习25次，做到了领导干部带头学、专家授课辅导学、传承红色基因感悟学、丰富载体灵活学。组织"六进"党史专题宣讲3000多场，百名大学生赴百个实践站宣讲党史故事，"微夜校"等平台推送宣讲作品百余期，点击量400多万人次。举办"唱支山歌给党听"、《音乐党史课》等庆祝建党百年系列活动。区委常委宣讲团深入基层宣讲，让党的创新理论"飞入寻常百姓家"。

坚持人民至上，众志成城抗击疫情。面对突发疫情，区委第一时间启动应急响应，成立11个专班全力应战。在疫情发展阶段，坚决果断按下"暂停键"，完成十轮472万人次核酸筛查，做到"应检尽检、不漏一人"。科学精准划定封控区，做好隔离管控、环境消杀、社区管理，全面遏制疫情扩散蔓延势头。市区万名党员干部、志愿者投身战"疫"一线，拉起了"防外溢、防扩散"的坚固防线；50多万信州百姓积极配合，凝聚了"一座城一条心"的强大力量；千名医护人员、公安干警驰援信州，彰显了"一方有难、八方支援"的人间大爱；封控区干部身"挂"百斤物资、负重爬楼，留下了"最美背影"。疫情防控做到了"六个未发生"，防控成效得到国务院联防联控机制工作组的高度肯定。疫情结束后，迅速出台"复工复产28条政策措施"，建立"四下四上"机制，全面有序恢复生产生活秩序。总结形成"12211"常态化疫情防控工作机制，筑牢"外防输入、内防反弹"的坚实防线。

坚持项目为王，千方百计扩大投入。坚持“为市服务”不动摇，全力做好了58个为市服务项目保障工作，征收房屋土地2200多亩。持续推进历史遗留问题“扫尾清零”行动，龙潭星城、汪家新苑、御景新苑11号、磨湾景苑等地块实现净地交付。28个省市重点项目均超投资进度。争取上级资金项目19个，争取老旧小区改造资金8690万元，占全市83.6%；获上级转贷新增专项债券4.2亿元，成功发行全省首单3.5亿元养老产业专项债券。启动“项目六大会战”，500万元以上重点项目183个，增长31.7%。坚持“干一年、谋三年”，建立全区项目库，部署谋划项目485个，计划投资455亿元，积蓄了发展动能。

坚持产城融合，产业转型加速推进。新引进工业项目14个，新增规上工业企业16家，工业总产值、工业营收“双破百亿”，营收增速全市第一。企业数量占全市三分之一，产业规模连续9年位居省市前列；成功签约南京纯白矩阵，填补了区块链核心技术领域空白。举办商贸消费系列活动近百场，投放消费券200余万元，拉动消费上亿元；引进喜来登集团，天虹购物中心建成开业；推进水南历史文化街区、星月湖旅游度假区等处旅游设施建设，引进云端时光经济街区，打造“游在上饶、住在信州”商旅融合新格局。推进农旅结合，西园生态园成为信州区首个省级4A级乡村旅游点。

坚持改革创新，发展能级不断提升。完成163项重点改革任务，承接11项国家省市试点改革；事业单位改革缩减机构近六成；“人生十件事”实现一站式联办，553项政务服务实现“只跑一次”，“一次不跑”服务事项增加八成。省科技型企业总数达31家，本土培育的巨网科技上榜江西“瞪羚企业”；全区专利授权总量101件，为全市第一。实现外贸出口18.5亿元，增速全市第一。

坚持精细管理，城乡面貌做优做美。投入1.3亿元完成145个创文项目；提前完成23条里弄小巷改造，全力推进24个老旧小区改造，改造面积达80万平方米；推进中心城区排水系统改造和城镇污水管网建设；承接好16项物业管理下放职能，开展10个小区物业管理试点，城市管理工作获住建部通报表扬。四中三江总校投入使用，三江片区再增学位2700个。推进“厕所革命”，朝阳镇荣获“省级生态乡（镇）”；投入3.2亿元启动城乡供水一体化工程，惠及3镇10万多人；启动朝阳、秦峰美丽乡镇建设，新增8个美丽村庄、59个新农村建设点。获评全省城乡环境综合整治第二名、全省“美丽宜居示范县（区）”。

坚持以人民为中心，民生福祉持续增进。全力保障和改善民生，连续五年将80%以上财政投入民生领域；扎实开展“我为群众办实事”实践活动，高质量办结35件重点民生项目；新改扩建10所学校，新增学位5850个，占全市新增数的58.7%；新增停车位6916个，新增嵌入式养老中心5家，加装老旧小区电梯23部；有序推进污染防治攻坚战15大攻坚行动，统筹推进碳达峰碳中和工作，否决3个“两高”项目；乡镇集中式饮用水源达标率100%。持续巩固脱贫攻坚成果，完善防返贫监测与帮扶机制，扶持产业项目47个，带动户均增收1100元；扎实开展新一轮乡村振兴重点村帮扶，统筹选派第一书记和工作队，促进脱贫成果与乡村振兴全面有效衔接。

坚持共建共治共享，治理能力日益增强。组织千名信州红管家参与创文工作；率先试点“义警协会”，实现警力护校全覆盖；“西市格格”“北集心”“指南针”“东方红”成为网格工作品牌；金山社区荣获“全国民主法治示范社区”，西市街道荣获“平安中国建设先进集体”，坚持党建引领，党的建设全面夯实。6个基层党组织获评市级“三化精品示范点”，4个小区党支部被评为全市首批“党建+幸福小区”五星级示范点；村级集体经济持续壮大，所有村集体经济收入超10万元。平稳有序完成换届工作；扎实做好事业单位改革领导班子配备工作，稳步推进公务员职务与职级并行工作；引进副高职称及高学历人才39人，比去年增加20%；柔性引进博士4人，培育“百千万”人才1名。深化新时代文明实践工作，开设“邻里书架”、打造文明驿站，“微夜校”领学质量不断提升。查处违反中央八项规定精神问题21件，处置问题线索308件，立案87件，处分科级干部14人；倒查涉黑涉恶案件6件，处理17人。

重要会议

【四届区委第一百二十四次常委会议】 1月14日下午，区委书记主持召开。会议传达学习了《中共中央关于中国共产党成立100周年庆祝活动的通知》《中共中央关于实现巩固拓展脱贫攻坚成果同乡村振兴有效衔接的意见》《省委巡视办关于十四届省委第九轮巡视发现倾向性问题的通报》《关于认真抓好四届市委第十一轮巡察发现倾向性问题对照整改的通知》、省军区党委十届十二次全体（扩大）会议、市军分区党委七届二次全体（扩大）会议精神及《军事训练领域失职渎职行为追责问责的处理意见（试行）》《习主席国防和军队建设重要论述（摘要）》、中央军委《二〇二一年开训动员令》，审议通过了《上饶市林业局信州分局关于人员转隶情况的说明报告（送审稿）》《2020年度区委常委班子民主生活会工作方案（送审稿）》《关于申请启动〈信州百年历史画卷〉（1921—2021）的报告》《关于给予李积龙同志党内警告处分的请示（送审稿）》（饶信纪字［2021］5号）、《关于给予余飞骏开除公职处分的请示（送审稿）》（饶信纪字［2021］6号）、《关于召开区委常委议军会等“四会合一”请示》《关于贯彻落实军委开训动员令和军分区党委七届二次全会精神具体措施》《2020年度信州区党管武装和国防动员先进单位和先进个人表彰通报》等文件。

【四届区委第一百二十五次常委会议】 1月31日下午，区委书记主持召开。会议审议原则通过《中共上饶市信州区委关于2020年信州区工作总结及2021年工作计划的报告（送审稿）》《2020年度区委常委会班子民主生活会对照检查材料（送审稿）》、省十三届人大五次会议精神、省政协十二届四次会议精神，传达2021年全市领导干部个人有关事项集中填报工作专题部署（视频）会议精神。

【四届区委第一百二十六次常委会议】 2月10日上午，区委书记主持召开。会议传达学习1月28日中共中央政治局召开会议精神、1月15日省委常委会议精神、2月4日省委常委会议精神、1月14日市委常委会议精神、2月7日市委常委会（扩大）会议精神、《省委办公厅、省政府办公厅印发〈关于做好稳定粮食生产工作的通知〉》《关于我省6起违反中央八项规定精神典型问题的通报》、中央、省委、市委政法工作会议精神、《省委办公厅、省政府办公厅印发〈关于习近平总书记视察江西重要讲话精神贯彻落实情况的综合督查报告〉的通知》，听取了《2020年度信州区开展政治谈话有关情况的通报（送审稿）》，审议原则通过《区政府工作报告（送审稿）》《关于做好信州区迎接省、市2020年度高质量发展综合绩效考核评价工作的实施意见（送审稿）》《关于信州区2020年财政预算执行情况与2021年预算编制的报告》《信州区第十四个五年规划和2035年远景目标纲要（讨论稿）》《关于上饶市信州区2020年国民经济和社会发展计划执行情况与2021年国民经济和社会发展计划草案的报告》《关于上饶市信州区2020年生态文明建设和生态环境状况的报告》《信州区2020年度公共机构节能考核工作情况报告》《关于表彰2020年度平安建设（综治工作）先进单位的报告》《关于召开区纪委四届六次全会的请示（送审稿）》《信州区维护稳定工作议事机制（试行）》《区人大常委会工作报告（送审稿）》《区政协常委会工作报告（送审稿）》《信州区人民法院2020年工作报告》《信州区人民检察院2020年工作报告》《信州区2020年度镇街经济社会发展和党的建设情况巡查考评方案（送审稿）》《信州区贯彻落实〈省委办公厅、省政府办公厅关于习近平总书记视察江西重要讲话精神贯彻落实情况的综合督查报告〉责任分工方案（送审稿）》《中共上饶市信州区委关于认真做好十四届省委第九轮巡视发现倾向性问题整改工作的通知（送审稿）》《中共上饶市信州区委关于认真做好四届市委第十一轮巡察发现倾向性问题整改工作的通知（送审稿）》。

【四届区委第一百二十七次常委会议】 3月1日上午和下午，区委书记主持召开。会议传达学习十九届中央纪委五次全会精神、省纪委十四届六次全会精神和市纪委四届六次全会精神、习近平总书记在全国脱贫攻坚总结表彰大会上的重要讲话精神、习近平总书记在党史学习教育动员大会上的重要讲话精神、中共江西省纪委机关、中共江西省委组织部、江西省监察委员会《关于严肃换届纪律加强换届风气监督切实营造风清气正换届环境的通知》、市委书记史文斌在信州区调研时的讲话精神、全市创文动员大会精神、2月24日市委办关于贯彻落实省委第十巡视组对上饶巡视“回头看”反馈意见整改工作部署会精神、市委书记史文斌关于全国“两会”期间信访稳定工作指示精神、省、市环委会有关会议精神、上级环保督察反馈问题整改情况的通报，审议原则通过《2021年信州区创建全国文明城市工作行动方案（送审稿）》《信州区创文指挥部调整方案（送审稿）》《中共上饶市信州区委理论学习中心组2021年学习计划（送审稿）》《关于举办“百年信州绘辉煌”——庆祝建党100周年党史主题美术作品创作活动方案（送审稿）》。

【四届区委第一百二十八次常委会议】 3月11日晚上，区委书记主持召开。会议传达学习中共中央办公厅印发《关于2020年中央政治局贯彻执行中央八项规定情况的报告》《关于持续解决形式主义问题深化拓展基层减负工作情况的报告》《中共江西省委办公厅关于认真做好县乡领导班子换届工作的通知》《上饶市纪委关于况华、刘付生同志违反中央八项规定精神典型问题的通报》《中共上饶市委、上饶市人民政府关于对长江经济带生态环境警示片披露问题中相关责任单位和责任人员履职不力的通报》《市委办公室、市政府办公室关于印发〈上饶市贯彻落实生态环境部约谈反馈问题整改方案〉的通知》、市四届人大六次会议精神、市政协四届六次会议精神、全省宣传部长会、全省文明办主任会暨新一轮文明城市创建工作动员会、全市宣传部长会精神、中央、省、市政法队伍教育整顿动员部署会议精神、市委编委会关于批复《信州区深化事业单位改革试点工作方案》的主要精神，审议原则通过《信州区2021年重点调度项目表》《2021年信州区教师招聘计划的请示》《信州区政法队伍教育整顿实施方案》《信州区政法队伍教育整顿领导小组名单》、全区深化事业单位改革试点工作动员部署会议安排、《关于成立中央巡视江西省反馈意见及省委对上饶市巡视“回头看”反馈意见区委整改工作领导小组的通知》《中央第五巡视组巡视江西反馈意见区委整改方案》《关于认真做好省委第十巡视组巡视“回头看”反馈意见整改工作的通知》。

【四届区委第一百二十九次常委会议】 3月30日下午，区委书记主持召开。会议传达学习3月22日省委常委会会议精神、《中共上饶市委市政府关于对长江经济带生态环境警示片披露问题中相关责任单位和责任人员履职不力问题的通报》《关于颜赣辉严重违纪违法案件及其教训警示的通报》，审议原则通过《信州区2021年工业和开放型经济工作（含数字经济）考核办法（送审稿）》《信州区2021年工业高质量发展目标及措施（送审稿）》《信州区2021年开放型经济实施意见（送审稿）》《信州区2021年商贸发展实施意见（送审稿）》《信州区2021年数字经济发展实施意见（送审稿）》《关于要求申报2021年信州区定向培养乡村教师岗位需求计划的请示（送审稿）》《关于2021年公开招聘卫生专业技术人员的请示（送审稿）》《关于表彰2020年度全区经济社会发展和党的建设考评先进集体和先进个人的决定（送审稿）》《关于在全区开展评选表彰劳动模范（先进工作者）和先进集体的实施方案（送审稿）》《信州区劳动模范和先进工作者表扬大会方案（送审稿）》《关于要求表彰2020年度全区政务服务工作先进集体和先进个人的请示》《关于在全区开展党史学习教育的实施方案（送审稿）》《关于协助我区各民主党派做好2021年换届工作的实施意见（送审稿）》《关于申请启动〈恰是百年风华〉等三部党史主题微视频制作的请示》《关于提高党校（行政学校）办学水平的实施意见（送审稿）》，听取信州区关于中央巡视和省委巡视“回头看”反馈意见整改工作进展情况汇报、上级环保督察反馈问题整改工作进展情况汇报、政法队伍教育整顿工作进展情况汇报、脱贫攻坚工作情况汇报。

【四届区委第一百三十次常委会议】 4月14日上午，区委书记主持召开。会议传达学习3月29日省委常委会会议精神、4月9日市委常委会议精神、《关于对鄱阳县五湖连通三期工程“标后”管理不力问题的通报》、全市人大代表联络工作站现场推进会精神、全省、全市组织部长会议暨换届工作会议、全市县乡换届工作业务培训会议精神、全市人才工作专项述职会议精神、中央、省委农村工作会议和市委农村工作会议暨巩固拓展脱贫攻坚成果与乡村振兴有效衔接会议精神，审议通过中共上饶市信州区委关于贯彻《党委（党组）意识形态工作责任制实施办法》的若干细则、《关于在全区党史学习教育中开展大宣讲、大调研、大走访、大化解活动的实施方案》。

【四届区委第一百三十一次常委会议】 4月28日下午，区委书记主持召开。会议传达学习4月19日省委常委会会议精神、4月21日市委常委会会议精神、省委常委、省纪委书记、省监委主任马森述同志在饶调研讲话精神和市委常委、市纪委书记、市监委主任在全市纪检监察系统“大学习大讨论”开班式上的讲话暨专题党课精神、《中国共产党统一战线工作条例》主要精神、全国统战部长会议，省委统一战线工作领导小组2021年第一次全体会议精神，省、市统战部长会议精神、全市信访工作会议精神，审议通过《关于重新确定我区各镇人民代表大会代表名额的请示》和《关于成立信州区区级人大换届选举委员会的请示》《关于实现巩固拓展脱贫攻坚成果同乡村振兴有效衔接的实施方案》《关于全面推进乡村振兴加快农业农村现代化的实施意见》《2020年卫生专业技术人员公开招聘聘用工作的请示》《区政协2021年度协商调研工作计划》《关于民革区总支、民进区总支、农工党区总支、九三学社区基层委员会第二次成员大会选举情况说明》《信州区委2021年统战工作要点》、信州区委党校（区行政学校、区社会主义学校）等35家科级事业单位领导职数的核定事宜、《信州区深化事业单位改革试点工作实施方案》《信州区“十四五”时期实施乡村振兴战略工作安排》《信州区关于中办回访调研反馈意见整改工作方案》《关于给予郑常忠开除党籍、开除公职处分的请示》《关于给予李道帮同志党内严重警告处分的请示》《关于给予郭丽同志党内严重警告处分的请示》，听取区政法各单位教育整顿推进情况汇报、4月8日以来信州区赴京越级访信访案件包案情况汇报、中央环保督察相关情况汇报、信州区关于中央巡视和省委巡视“回头看”反馈意见整改工作进展情况汇报。

【四届区委第一百三十二次常委会议】 5月21日下午，区委书记主持召开。会议传达学习习近平总书记在中共中央政治局第二十八、二十九次集体学习时的重要讲话精神、习近平总书记在广西考察期间重要讲话精神、《中共江西省委　江西省人民政府关于深化落实习近平总书记视察江西重要讲话精神奋力开启全面建设社会主义现代化国家新征程的意见》、习近平同志《论中国共产党历史》节选——正确认识改革开放前和改革开放后两个历史时期、《〈中华人民共和国退役军人保障法〉解读》、5月10日省委常委会议精神、5月17日省委常委会议精神和5月4日市委常委会议精神、统计重大违法案件及统计相关政策法规和上级关于统计工作重要指示批示精神、《中共中央办公厅　国务院办公厅关于坚决遏制“两高”项目盲目发展的通知》、上饶市2021年生态文明建设领导小组第一次会议暨推动长江经济带发展领导小组第二次会议精神、全省创建文明城市工作会议精神、全市党史学习教育座谈会主要精神、全省庆祝建党100周年网络安全保障工作会主要精神，审议通过《区委党校项目与区工人文化宫项目建设相关事宜》《推荐参加信州区劳动模范（先进工作者）和集体评选名单》《关于优化调整信州区部分街道办事处行政区域范围的情况汇报》《信州区城乡供水一体化工作实施方案》《信州区贯彻落实国家统计督察反馈意见整改工作方案》《信州区拟推荐全市表彰的“两优一先”建议人选名单》，通报辽宁营口新冠疫情防控处置不力问责情况。

【四届区委第一百三十三次常委会议】 6月18日上午，区委书记主持召开。会议学习观看国务院安委会办公室、应急管理部组织制作的《生命重于泰山——学习习近平总书记关于安全生产重要论述》电视专题片，传达学习了《中共中央办公厅关于北京开展违建别墅清查整治工作情况的通报》、中共中央办公厅和国务院办公厅联合印发《夯实筑牢农村基层党组织战斗堡垒防范和整治“村霸”问题的意见》、6月10日省委常委会会议精神、5月24日市委常委会会议精神、江西省委办公厅　省政府办公厅印发《关于防范和惩治统计造假弄虚作假的具体措施》、江西省纪委办公厅印发《关于我省6起违反中央八项规定精神典型问题的通报》、上饶市委办公厅和市政府办公厅联合印发《关于对江西铜业股份有限公司永平铜矿突出生态环境中相关责任单位履职不力问题的通报》《转发鹰潭市纪委机关　鹰潭市委组织部鹰潭市监委〈关于朱英福案所涉4名领导干部跑官要官、买官卖官典型案例的通报〉的通知》，审议并原则通过《中共上饶市信州区人大常委会党组关于做好全区区、镇两级人民代表大会换届选举工作的意见》《2021年事业单位工作人员公开招聘计划的请示》《信州区庆祝中国共产党成立100周年活动总体方案》《“唱支山歌给党听”庆祝建党100周年群众文化活动周暨第11届饶城社区文化艺术节方案》《关于开展“学党史　促担当　开新局”解放思想大讨论活动的方案》《信州区“我为群众办实事”实践活动工作实施方案》《信州区2021年干部教育和人力资源培训计划》《信州区召开“两优一先”表彰大会及“七一”走访慰问活动工作方案》。

【四届区委第一百三十四次常委会议】 7月11日下午，区委书记主持召开。会议传达学习6月30日省委常委会议精神、市纪委书记陶亮在县（市、区）纪委书记座谈会上的讲话，听取全区及各政法单位政法队伍教育整顿总结汇报、听取了四个问题楼盘进展情况汇报，审议并原则通过了中共信州区委和信州区人民政府联合发文的《关于落实市委“三大五提升”发展举措大力实施“1235”战略　打造现代化“大美上饶　魅力信州”的实施意见》《关于给予夏延交同志党内警告处分的请示》《关于给予朱于军开除公职处分的请示》《关于给予石天明同志党内警告处分的请示》《关于给予王烨鹏同志留党察看二年、政务撤职处分的请示》。

【四届区委第一百三十五次常委会议】 7月29日下午，区委书记主持召开。会议传达学习7月24日省委常委会会议精神、7月23日市委常委会会议精神、省委十四届十三次全体（扩大）会议精神、《关于深化专项治理严防吃喝送礼歪风变异回潮的通知》《关于认真抓好市委巡察发现政治理论学习形式主义倾向性问题对照整改的通知》《关于进一步改进和完善函询工作的通知》、全市整治非法宗教活动暨抵御宗教渗透专项工作会议主要精神，审议并原则通过了区人大党组《关于区镇两级人民代表大会换届选举工作实施方案》《关于区镇两级人民代表大会换届选举的建议时间》《信州区第六届人民代表大会代表名额分配方案》《关于调整政协信州区第六届委员会委员名额的请示》《区委落实全面从严治党主体责任2021年度任务安排》《关于认真开好镇党员代表大会的意见》《中国共产党上饶市信州区第五次代表大会筹备工作安排意见》和《关于召开中国共产党上饶市信州区第五次代表大会的决议（草案）》《关于认真学习贯彻〈习近平总书记在庆祝中国共产党成立100周年大会上的讲话〉的工作方案》《关于向乡村振兴任务较重村持续选派驻村第一书记和工作队的实施方案》，听取《2021年以来党内法规执行工作情况报告》、信州区关于中央巡视和省委巡视“回头看”反馈意见整改工作进展情况汇报。

【四届区委第一百三十六次常委会议】 8月16日上午，区委书记主持召开。会议传达学习7月30日省委常委会会议精神、习近平总书记对当前疫情防控工作的重要指示精神、8月9日市委常委会会议精神、中共上饶市委全会会议精神，听取区民盟、区民建选举结果的报告、沙溪镇、朝阳镇、秦峰镇党员代表大会选举结果的报告、信州区疫情防控工作汇报，审议并原则通过《中共信州区第五届委员会委员、候补委员提名原则、范围》《中共信州区第五届纪委委员提名原则、范围》《信州区出席市第五次党代会代表候选人初步人选名单》。

【四届区委第一百三十七次常委会议】 8月21日上午，区委书记主持召开。会议传达学习8月17日省委常委会议精神、《关于江忠汉严重违纪违法案件中发现的违反换届纪律等问题的通报》、全市信访工作推进会议精神、全市农业农村暨乡村振兴工作推进会议精神，审议并原则通过《中共上饶市信州区第四届纪律检查委员会向中共上饶市信州区第五次党代会的工作报告》《区第五次党代会有关材料》《中共上饶市信州区委第五次党代会工作报告》《关于贯彻落实〈中国共产党政法工作条例〉实施意见》《信州区关于中央第八督导组督导第一批政法队伍教育整顿反馈意见整改工作方案》。

【四届区委第一百三十八次常委会议】 8月23日下午，区委书记主持召开。会议传达全市深入推进非法违规建房专项整治暨全市开展领导干部自建房问题摸底排查工作会议精神，审议并原则通过《全区房地产领域涉信访维稳问题楼盘包案领导工作方案》《信州区为市（区）服务项目责任领导工作方案》《信州区2021年500万元及以上投资建设项目责任领导工作方案》《关于调整部分议事协调机构组长（主任）、副组长（副主任）的通知》《2021年度信州区重点信访积案及突出信访事项县级领导包案表》。

【五届区委第一次常委会议】 9月10日下午，区委书记主持召开。会议传达学习9月6日省委常委会会议精神、四届市委巡察自然资源系统反馈暨整改动员会精神、市委第三次国家安全委员会议精神、市人大代表、政协委员推荐工作部署会议精神、中央、省环保督察反馈问题整改工作情况汇报，审议并原则通过《关于调整区人大常委会机关内设机构设置的请示》《关于召开信州区第六届人民代表大会第一次全体会议有关事项的请示》《区人大常委会工作报告》《关于召开政协信州区第六届委员会第一次全体会议的请示》《区法院工作报告》《区检察院工作报告》《中共上饶市信州区委国家安全委员会2021年工作要点》《关于在全区开展“上任警示教育第一课”活动的实施方案》。

【五届区委第二次常委会议】 9月16日晚上，区委书记主持召开。会议观看信州区政协第五届委员会工作专题片《答卷》，传达学习《关于我省4起违反中央八项规定精神典型问题的通报》、市委常委、纪委书记陈冰同志在信州区调研时的讲话精神、市委农村工作会议精神，审议并原则通过《区政府工作报告》《关于评定2020年度全区科级领导班子和科级干部考核等次的工作建议》《关于对毛强同志党员档案存在的有关问题调查和党员身份认定的建议报告》、区人大、区政府领导班子副职换届选举差额建议人选事宜、推荐出席市五届人大代表候选人、市五届政协委员候选人事宜、区六届人民代表大会常务委员会委员建议名单及区第六届人民代表大会各专门委员会主任委员、副主任委员、委员人选建议名单事宜、区六届政协委员建议名单以及常委会委员建议名单事宜。

【五届区委第三次常委会议】 9月30日上午，区委书记主持召开。会议传达学习习近平总书记在2021秋季学期中央党校（国家行政学院）中青年干部培训班开班式上的讲话、市第五次党代表大会会议精神、《关于十四届省委巡视开发区发现问题的通报》《关于领导干部司机违纪违法问题及其教训警示的通报》《关于党员干部“不信组织信骗子”典型案例的通报》《关于我市4起违规吃喝典型问题的通报》、传达了市重点问题楼盘化解工作调度会会议精神、全市推进基层协商民主建设工作经验交流会会议主要精神、省、市抓党建促乡村振兴电视电话会议精神，听取问题楼盘化解情况及代建安置房项目进展情况汇报，审议并原则通过《信州区“大工业”工作方案》《信州区“大旅游”工作方案》《信州区“大农业”工作方案》《信州区直单位和村结对帮扶调整安排表》。

【五届区委第四次常委会议】 10月19日下午，区委书记主持召开。会议传达学习习近平总书记在中央人大工作会议上重要讲话精神、《关于认真贯彻落实中央有关文件精神做好下一步经济工作的意见》、习近平总书记对档案工作的重要批示精神、保密要情（第6期）、《市纪委市监委关于史文斌同志赴余干县开展政治谈话情况的报告》、习近平总书记关于粮食安全重要论述、全市粮食购销领域腐败问题专项整治工作动员部署电视电话会议精神，审议并原则通过信州区城市精细化管理项目汇总表、信州区“大工业”项目汇总表、信州区“大农业”项目汇总表、信州区“大旅游”项目汇总表、信州区民生项目汇总表、信州区“我为群众办实事”项目汇总表、信州区涉及“征地拆迁”项目汇总表、信州区“为市服务”项目汇总表，听取城乡供水一体化进展情况汇报、重点工作“百日攻坚”行动总体安排及重点项目建设、招商引资、矛盾纠纷化解、脱贫攻坚后评估、安全生产、创文工作、城市精细化管理等七方面工作的目标任务、工作举措、下步打算、9月30日以来的问题楼盘化解工作进展情况汇报、安置房建设工作进展情况汇报。

【五届区委第五次常委会议】 11月17日晚上，区委书记主持召开。会议传达学习党的十九届六中全会精神，部署当前疫情防控工作，通过免去杨庆国同志区疾病预防控制中心党支部书记、提名免去主任职务；陈春明同志兼任区疾病预防控制中心党支部书记、拟提名兼任主任职务的建议。

【五届区委第六次常委会议】 11月28日晚上，区委书记主持召开。会议传达学习中国共产党第十九届中央委员会第六次全体会议精神、中国共产党江西省第十五次代表大会精神、习近平总书记在中央党校（国家行政学院）中青年干部培训班开班式上的重要讲话精神、习近平总书记在中共中央政治局第三十四次集体学习时的重要讲话精神、《关于新时代加强和改进思想政治工作的意见》、习近平总书记在中央民族工作会议上的重要讲话精神、《中国共产党统一战线工作条例》《关于认真学习贯彻中央纪委领导同志有关指示要求的通知》《关于认真学习贯彻易炼红同志对纪检监察工作有关指示要求的通知》《关于我省3起违反中央八项规定精神典型问题的通报》、上饶市第五届人民代表大会第一次会议精神、上饶市政协五届一次会议精神、全国、全省新时代文明实践中心建设工作电视电话会议主要精神、《陈希同志在全国加强换届风气监督工作电视电话会议上的讲话》和中央组织部《关于查处四川省自贡市自流井区严重违反换届纪律问题的通报》、全市全面推开排查整顿农村发展党员违规违纪问题工作动员部署暨业务培训会精神，审议并原则通过《中共上饶市信州区委关于认真做好十四届省委巡视开发区发现问题通报整改工作的通知》。

【五届区委第七次常委会议】 12月15日下午，区委书记主持召开。会议传达学习中央经济工作会议精神、习近平总书记在全国宗教工作会议上的重要讲话精神、《保密要情》有关内容、省委书记易炼红关于抓工作落实的调研与思考、《关于袁守旺严重违纪违法问题及其教训警示的通报》《转发〈赣州市纪委市监委关于刘伟民诬告陷害他人等严重违纪违法问题及其教训警示的通报〉》，审议并原则通过关于设置信州区委保密委专职副主任级别、政法委政工室主任职位、计划生育协会领导职数、供销合作社联合社监事会主任职位等事宜、《信州区基层党建信息化建设工作方案》、中共上饶市信州区委印发《关于贯彻落实〈中国共产党宣传工作条例〉的责任分工方案》的通知、《2021年度信州区意识形态工作责任制落实情况汇报》、信州区人大常委会《关于着力围绕"六个一"强化人大代表能力提升与履职尽责工作意见（送审稿）》，听取10月19日以来的问题楼盘化解工作进展情况汇报、安置房建设工作进展情况汇报。

【五届区委第八次常委会议】 12月23日下午，区委书记主持召开。会议传达学习《关于新时代坚持和完善人民代表大会制度加强和改进人大工作的意见》、全市领导干部警示教育大会精神、全市基层党建工作现场推进会议精神，审议关于召开区六届人大二次会议有关事项、关于召开区政协六届二次会议有关事项、《2021年信州区政府工作报告（送审稿）》《信州区2021年国民经济和社会发展计划执行情况与2022年国民经济和社会发展计划（送审稿）》《信州区2022年政府投资项目（送审稿）》《关于上饶市信州区2021年生态文明建设和生态环境状况的报告（送审稿）》《关于推进信州区社会工作人才队伍建设与乡镇（街道）社工站建设提升基层社会服务能力的实施方案（送审稿）》《2021年度落实党风廉政建设责任制考核工作方案（审议稿）》《关于我区拟推荐全市创建国家卫生城市先进集体和先进个人表扬（表彰）名单（送审稿）》《关于表彰全区关心下一代工作先进集体和先进个人的决定（送审稿）》。

【信州区召开创建全国文明城市工作动员大会】 1月8日，信州区召开创建全国文明城市工作动员大会，区委常委、宣传部部长刘山钰解读创全国文明城市测评要点，区委副书记方森滨解读创全国文明城市迎检应急工作方案、实地申报点联络安排表，区委书记潘表光讲话，区委副书记、区长叶文华，区委副书记方森滨等区副县级以上在职领导，区委各部门，区直各单位，镇街党政主要领导，人民团体、民主党派领导，各条管单位领导等142人参加会议。

【信州区召开党史学习教育动员会】 3月17日，信州区召开党史学习教育动员会，区委书记潘表光，区委副书记、区长叶文华，区委副书记方森滨，区副县级及以上领导，区委部门领导，区直单位领导，镇（街道）党政主官，人民团体、民主党派、各条管单位主要负责人等136人参加会议。

【全区领导干部会议】 6月3日，区委书记潘表光主持召开全区领导干部会议并讲话，会议传达学习中共上饶市委四届十二次全体（扩大）会议精神，部署信州区下步贯彻落实意见。区委副书记、区长叶文华，区委副书记方森滨等区副县级以上在职领导，区委各部门，区直各单位，区人大、政协，法检、各镇街、人团体、民主党派、各条管单位领导140人参会。

【信州区召开学习贯彻中国共产党上饶市第五次代表大会精神宣讲会】 10月29日，信州区召开学习贯彻中国共产党上饶市第五次代表大会精神宣讲会，市委政研室副主任徐剑丰作宣讲报告，区副县级及以上领导，区委部门领导，区委巡察组主要负责人，区直单位领导，镇（街道）党政主官，人民团体、民主党派负责人，各条管单位主要负责人等134人参加会议。

区委办公室工作

【概况】 2021年以来，区委办公室围绕全区工作中心，充分发挥参谋助手、组织协调、督促检查和后勤保障等职能，保证和促进区委和全区工作的快速高效运转。党建、机要、保密、改革、信息、督查等多项工作，都走在全省、全市前列。

【做好服务中心工作】 全年起草区委及区委主要领导有关材料150余篇，约53万字，服务召开区委常委会22次，起草会议纪要22期。围绕区委中心工作开展农业农村产业、宅基地制度改革等20余次调研，收文办理事项1339件。向省市上报信息200余条，省委办信息处采用11条、省委改革办采用5条。保障全市经济社会发展和党的建设等各类巡察、线路预演100余次，保障190场迎检会、现场会、疫情防控会、重要接待顺利完成。

【党建工作】 对照党建“三化”建设体系，扎实做好支部调整、“三会一课”等环节。全年召开党员大会4次、民主生活会1次、组织生活会1次、开展主题党日活动4次，按照要求开展“创文”、疫苗接种、乡村振兴、结对攻坚等活动。疫情防控期间，支部党员在疫情防控指挥部、隔离点、居住社区，参与文案撰写、卡点值守、核酸检测等工作，充分发挥党员先锋模范作用。支部获区委表彰先进党组织，两名党员获区委表彰优秀共产党员（党务工作者）、两名党员获区直机关工委表彰优秀党员（党务工作者）称号。

【精准办文办会】 发文223次，文件传阅12000余次，做到了零滞留；召开信州区2021年党委办公室系统业务培训会、区委办法规、信息、保密、基层减负工作布置会、区委办主题教育征求意见座谈会，进行收发文等业务指导。高标准、高质量地完成第五次党代会、区委全会、常委会、专题会等会议的保障工作。厉行勤俭节约，压缩办公成本，“三公经费”同比下降。

【各项业务工作】 抓好机要保密、国安工作、督察督办、法规档案、对台事务、民生通道等日常工作。通信保障安全畅通。办理中央类文电4份，省、市级密电1287份，明电1442份，传真35份，保障加密视频会议80余次。加强保密宣传检查工作。召开全区保密工作会议，组织开展全区2021年度保密检查及涉密单位非涉密计算机安全专项检查。2021年共检查机关单位13个，累计检查计算机21台和移动存储介质19个，督促各部门、各单位建立保密工作台账。落实国安职能部门责任。开展4月15日国安教育宣传日工作，报送国安信息24篇，向社区居民发放国安宣传册2000余册，微夜校宣讲覆盖10万余人次。重点做好区委书记批示文件的督办工作及疫情防控督查工作，全年共编发《信州督查》11期、《督办与落实》2期、《疫情防控工作督导通报》30期。对全区接受上级督查检查情况和本区开展督查检查情况进行月调度、月汇总、月分析，与上年同期情况进行对比、研判，制定解决方案。全年共制作督查检查情况统

全区各镇街各部门单位办公室主任参加全区法规、信息、保密、基层减负工作布置会

【深化改革】 召开区委第四次全面深化改革委员会；下发了《工作要点》《工作计划》《重大改革项目领衔清单》，统筹推进8大领域、31个方面、163项改革任务。已完成146项改革工作任务，完成率89.6%；全面完成35项重点民生项目，办理民生实事4000余件。2020年获得全市深化改革先进县（市、区）荣誉。

计表12份。加强与市法规部门沟通，做好规范性文件月报备工作，全年共报备13份规范性文件。做好脱贫攻坚档案的收集整理归档，推进档案数字化工作。疫情防控期间，联系在饶台胞做好疫情防控事宜，同时为台企复工复产提供帮助。民声通道桥梁坚实。受理省委民声通道核办件、分流转办件36件，市委民声通道饶督函办件11件，接听群众来电反映电话35起，办理人民网地方领导留言件29件，全部在规定时限内快查快结，办结率100%。

【与水南社区帮扶共建】 把社区帮扶共建与创文、疫情防控、“我为群众办实事”实践活动等工作内容有机结合，为水南社区办理民生实事7件，参与创文志愿服务活动200余人次，在水南社区发放创文宣传册200余册。严格抓好疫情防控工作责任。疫情防控期间，每天服务区委领导组织召开指挥部全体会议2~3次；每日汇总研判疫情形势，累计完成信州区疫情防控汇报材料16篇。疫情防控期间累计收发文件273份，其中疫情有关文件134份。区委办驻守的129卡点得到水南社区居民撰写《上饶用力抗疫有感》点赞。紧盯“两不愁、四保障”目标，做实帮扶工作。针对已脱贫困难户摸清底子，落实帮扶措施确保不返贫。根据工作安排，区委办定点帮扶秦峰镇占村村41名困难村民，共计入户走访60余人次。

（王梓京）

组织工作

【概况】 中共信州区委组织部有办公室、研究宣教股、组织一股、组织二股、党员教育管理股（区委组织员办公室）、干部股（干部教育监督股、干部队伍建设规划办公室）和公务员管理办公室，人才工作股（区委人才工作领导小组办公室），共计8个内设股室，设直属正科级事业单位1个（区人才发展服务中心），截至2021年12月31日有人员20名，均具有大专以上学历。全区共设13个基层党（工）委，机关党委14个，76个社区党委，辖18个党总支，525个党支部，16669名党员，全年共发展新党员203名。

优秀共产党员、优秀党务工作者和先进基层党组织表彰大会

【全力以赴打赢疫情防控阻击战】 11月份，信州区突发新冠疫情，区委组织部抽调1800余名机关干部职工支援疫情防控一线战“疫”；招募480余名志愿者冲锋一线、共同抗疫。坚持党建与疫情防控相融合，成立334个临时党支部，组建462个党员先锋队，划分615个“红色网格”，推动市区两级8600余名在职党员积极投身疫情防控，筑牢最强“疫情防控网”。

【举办建党100周年系列庆祝活动】 组织召开了“两优一先”表彰大会，表彰49个先进基层党组织、100名优秀共产党员、60名优秀党务工作者，向1810名老党员颁发了“光荣在党50年”纪念章。联合市电视台、市广播电台，开展了54期《信州先锋》和106期“我是党员我带头”先锋宣传专题报道，激励广大党员干部在各项工作中走前列、作表率。开展“七一”走访慰问，对全区100名生活困难党员和老党员进行走访慰问，同时对全区81名农村“两老”人员发放一次性生活补助金。

【统筹完成了区本级换届的各项任务】 联合相关部门，选举考察出区党代表381名，召开中国共产党上饶市信州区第五次代表大会，选举产生新一届的区委领导班子。根据上级部署，考察选举市党代表22名，顺利完成省党代表、二十大代表推荐工作。与区人大、区政协、区委统战部一道做好区人大代表、区政协委员的提名推荐、考察审核等工作。做好市人大代表、政协委员提名考察推荐工作。

【完成镇领导班子换届】 圆满完成全区3个镇、48人的进退留转以及后续镇（街）201人的人事安排工作。实施“线下+线上”宣传教育换届纪律，线下印发换届纪律宣传单3000余份，线上通过信州新闻、“信州资讯”“信州党建微平台”等多媒体方式扩大宣传范围，营造风清气正的换届环境。大力选拔优秀年轻干部，优化镇（街道）领导班子结构。

【思想建党】 抓好理论学习，把党史学习教育作为重大政治任务来抓。区委以上率下带头学，全年区委理论学习中心组集体学习党史24次。在党的十九届六中全会、省第十五次党代会、市第五次党代会召开后，组织开展多形式、分层次地学习培训，新一届镇（街道）领导班子培训近百人次，村（社区）党组织书记、村（居）委会主任培训800余人次。奖优评先树立榜样。结合庆祝建党100周年，组织召开信州区“两优一先”表彰大会，对全区先进基层党组织、优秀共产党员、优秀党务工作者进行表彰，并为符合颁发条件的老党员颁发“光荣在党50年”纪念章。“党员先锋”系列宣传在市电视台做专题系列报道，充分发挥典型激励作用。

【组织建设】 推进基层党建“三化”建设。组建5个“三化”建设工作指导小组在全区农村、社区、机关、中小学校、公立医院、“两新”组织等各领域全面指导推进，逐个验收，确保“三化”建设工作有形有实。2021年全区有6个基层党组织荣获全市基层党建“三化精品示范点”。圆满完成镇村换届选举。按照省、市的部署要求，大力选拔年轻有为的优秀干部。换届后，全区镇级领导班子年轻干部、致富能手配备超额完成比例要求。不断加大基层党建投入。区财政年初专项预算2300万元，用于保障基层党建工作；社区党组织书记每月报酬超4530元，村党组织书记每月报酬超3550元，全区村（社区）工作经费和“两委”成员报酬待遇走在全市前列。

【党建引领发展】 “党建+幸福小区”稳步推进。把党建引领贯穿于小区治理全过程。全区已建立起215个小区党支部、967个楼栋或网格党小组。2021年，信州区有4个小区党支部荣获市首批“党建+幸福小区”五星级示范点。村级集体经济稳步发展。采取党建引领、夯实基础，因地制宜、突出特色，整合资源、形成合力等一系列措施，进一步探索发展模式、加强发展扶持，开展企业帮带弱村集中签约活动，确保经营性收入不少于10万元。实现所有村经营性收入10万元以上，其中：50～100万元的村5个、100万元以上的7个，超额完成了市委部署的工作任务。举办“信州区抓党建促乡村振兴培训班”，全覆盖对村（社区）“两委”干部、驻村第一书记、党建文化宣传员、“两新”组织党建指导员队伍开展了培训。强化工作考核，把乡村振兴工作纳入干部选拔任用、年度考核的内容，为落实各项措施提供坚强保障。

【中心工作抓“党建融合”】 坚持党建与疫情防控相结合。10月底突发新冠肺炎疫情后，信州区第一时间动员各基层党组织和广大党员投入抗疫战斗，建立334个临时党支部，推动了8600余名在职党员积极参战，构建起五级组织防疫体系，让党旗在疫情防控一线高高飘扬。坚持党建与项目建设相结合。坚持把支部建在项目上、党员用在火线上，全区在项目上建立临时党支部62个、党员工作队180余支，有效保障了58个市级重点项目、183个区级重点项目有序推进。坚持党建与基层治理相结合。把“党建+好商量”纳入党建“三化”体系、纳入党建专项述职评议，依托130个协商议事平台，召开协商议事活动450场，直接助推解决民生实事431件。纵深推进党建+物业管理工作，在完成10个小区物业管理试点工作基础上，推动所有小区实现物业化管理。社区网格化工作向深向实推进，西市街道荣获平安建设最高荣誉——“平安中国建设先进集体”，街道书记受到习近平总书记亲切接见。

【干部使用】 突出政治标准，深入疫情防控、重大项目、重点工程、乡村振兴等主战场识别干部。扎实做好职级晋升，对39名工作实绩突出、敢担当善作为的优秀干部和“老黄牛”型干部予以晋升职级；进一步拓宽事业干部进入公务员队伍的渠道，择优调任公务员6人次；选派5名优秀干部到群团组织和园区挂职锻炼。

【干部教育监管】 广泛开展新时代基层干部主题培训，举办镇（街道）新一届领导班子履职能力提升培训班、抓党建促乡村振兴培训班、村社区党组织书记、村（居）委员会主任培训班等，做到培训全覆盖。严格执行干部监督各项制度，坚持“凡提四必”要求，在干部选拔任用、监督管理中充分发挥“12380”等举报受理工作机制的重要作用。

【稳步推进事业单位机构改革】 根据管理权限，稳步推进全区188个涉改事业机构改革工作。改革后，区本级事业机构调整为79个，其中科级机构36个（正科级13个、副科级23个），股级39个，不定级4个，机构精简率达58%。有序推进涉改事业单位112名科级干部的安排和相关人员的转隶。

【规范干部档案管理】 全面落实档案工作标准化建设要求，配备智能密集架系统、空调、除湿机、灭火器、监控设备、报警系统、遮光窗帘、防霉防虫药等先进设备。顺利完成干部专项审核“回头看”和“全覆盖”工作，共审核干部人事档案5716卷，重新认定档案信息1876人，“全覆盖”认定信息688人。

（徐雯洁）

人才发展服务

【概况】 信州区人才发展服务中心成立于2021年6月，为区委组织部管理的正科级财政全额拨款事业单位，定编16人。设主任1名（正科级）、副主任2名（副科级）。区人才发展服务中心内设机构有人才服务股、招才引智股、远程教育股、信息档案股。主要职责为坚持和加强对人才发展服务工作的集中统一领导，开展招才引智、平台建设、培育提升、教育培训、服务落实等工作。

【强化人才招引效能】 通过“双招双引”，全年柔性引进高层次人才23人；通过“赴外引才”，全年引进教育、卫生行业人才17人，其中博士1人、硕士11人、副高职称5人；打造数字经济特色平台，吸引数字经济人才1000余人，引进数字经济急需紧缺人才68人，数字经济产业规模连续9年领跑全省县域经济，荣获“江西省数字经济集聚区（第一批）”称号，实现人才集聚与产业发展“同频共振”。

【深化本土人才培养】 重点实施“十大人才”培养工程，全年培育上饶工匠4名、“信美之花”157人、“信州技能大师”23人、社会工作师60人、新时代产业工人2000余人；指导协助43余名优秀人才申报省“双千计划”等人才评选，为200余名优秀学子开启“卓越少年”培养计划；全面构筑聚才育才用才新高地，建立省级平台9个、市级平台23个、区级平台2个；引导整合各类社会实用人才，统筹信州义警、西市格格等社会英才组织，打造超2万人的“英才联盟”服务基层社会治理品牌，构筑群英荟萃、群策群力的社会治理新格局。

【优化人才服务保障】 进一步提高人才政策兑现效率，人才资金发放比例逐年提升，累计兑现人才政策资金300余万元，对高层次人才、急需紧缺人才及其他领域重点人才，发放涉及就医、就学、就业、出行、金融服务等方面重点人才服务卡；组织开展人才大走访、重点人才体检，助力重点企业、人才疫后复工复产等活动，提升人才满意度；在市广播电视台投放《智汇信州》人才宣传片，增强人才认同感和归属感；优化人才就医、子女就学、家属就业、创业扶持、项目补助、购房补贴等方面服务，全方位涵养人才“生态圈”，构建科学、开放、实用的人才发展新格局。

【助力人才干事业】 组织人才助力乡村振兴，30余名农业科技专家和企业经营管理人才参与扶贫事业，开展“企业进村助力精准扶贫行动”。在上饶市广播电视台播出《新春人才贺岁广播》，在全区形成鼓励人才干事业、助力人才干事业的“悦者来”浓厚氛围。引导整合各类社会实用人才，打造“英才联盟”服务基层社会治理品牌，吸纳各行业优秀人才20000余人，在疫情防控、联防联控、巡逻防控、护校安园、创文创卫等工作中发挥了重要作用。

（谢利平）

宣传工作

【概况】 2021年，信州区宣传思想文化工作以学习宣传贯彻习近平新时代中国特色社会主义思想为首要政治任务，以庆祝中国共产党成立100周年为主线，深入贯彻落实党委意识形态工作责任制，牢牢把握举旗帜、聚民心、育新人、兴文化、展形象使命任务，推动各项工作再创亮点，为建设现代化魅力信州提供了坚强思想保证和强大精神力量。

【党史学习教育】 3月17日，信州区召开党史学习教育动员会。市人大常委会副主任、区委书记潘表光出席并做动员讲话，强调，要更加紧密地团结在以习近平同志为核心的党中央周围，传承红色血脉，继承革命精神，担当实干，奋勇向前，全力开创信州发展新格局，为党的百年华诞献礼！围绕“学史明理、学史增信、学史崇德、学史力行”的工作要求，牢牢把握“学党史、悟思想、办实事、开新局”的目标任务，精心组织，周密部署，确保党史学习教育有序开展。制定出台了《信州区党史学习教育实施方案》，成立由区委主要领导担任组长的党史学习教育领导小组，建立“双督查”、定期通报、领衔督办三个制度，为党史学习教育提供坚实制度保障。成立党史学习教育区委宣讲团和宣讲小分队，广泛开展党史学习教育宣讲进机关、进学校、进企业、进农村、进文明实践站、进红色教育基地“六进”行动，场次共5000余场，累计听众40余万人。深入开展“我为群众办实事”实践活动，全区35个重点民生项目全部办结，群众满意率100%，其他民生实事3967件完成率100%。编纂出版《信州百年》历史画册，整理《24个信州红色故事》作为基层宣讲课题，拍摄制作一部微党课《辰光》和两部信州党史微纪录片《恰是百年风华》《矢志初心启新程》，并举办红色文化藏品展、信州革命文物展，推出“童心向党”等主题的红色研学活动，切实发挥出信州红色资源引领作用。

【理论武装】 把学党史、悟思想、办实事、开新局贯穿始终，做到以理论学习来指导实践工作，以实践工作来检验学习成果。全年共组织区委理论学习中心组学习24次，并举办区委理论学习中心组集体学习暨党史学习教育专题读书班。下发《大宣讲大走访大化解实施方案》，区四套班子成员率先在分管领域、挂点镇街、所在支部围绕“讲党史故事”“上专题党课”作宣讲。依托信州区新时代文明实践体系，凝聚青年力量，开展百名“00后”大学生志愿者赴百个实践站宣讲党史故事文明实践活动，并获中宣部表彰。依托“微夜校”“信州资讯”公众号、“魅力信州”APP直播等平台推送《信州党史故事》20讲、“党史百年天天读”等宣讲作品百余件，点击量400余万人次。“微夜校”基层理论宣讲经验做法还获省宣《基层理论宣讲工作动态》刊发。

【网络舆情阵地建设】 落实涉饶涉区突发敏感舆情应对协调机制，加强网络舆情应对处置，与网安部门通力协作，开展“护苗”行动、“直播行业整治”等系列专项“净网”行动，全年共处置涉区网络舆情近400个，其中涉疫网络舆情80多个，推动网络空间进一步清朗。2021年，信州区没有发生一起网络安全事故。

【庆祝建党百年文化活动】 以网上网下双线并行的方式，广泛开展庆祝建党百年系列活动。组织文艺小分队，以街头巡演的形式进行建党百年主题表演和宣传；先后开展庆祝建党百年系列书画、雕刻、红色藏品展共7场；开展“百年信州绘辉煌”美术创作、“奋斗百年路启航新征程”书画征文等创作大赛活动；开展《音乐党史课》等庆祝中国共产党成立100周年系列演出并在“魅力信州”APP及抖音号上同步直播，线上受众近百万人；号召志愿文艺教唱队和文艺志愿义演队在各社区开展演出宣传共43场。

（叶舒）

精神文明建设

【概况】 2021年，信州区委宣传部扎实开展各项精神文明建设工作，着力让社会主义核心价值观深入人心，在全社会营造追求讲道德、遵法纪、守礼仪的氛围和风气，形成向上向善向好的强大正面力量。

招募千名“信州红管家”参与志愿服务启动仪式

【余滟钫荣获“中国好人”】 6月初，中央文明办在河南开封举办“中国好人榜”发布活动，发布2021年4月“中国好人榜”。江西省6人荣登榜单，其中，上饶市信州区沙溪中心小学教师余滟钫名列榜中，荣获“中国好人”称号。余滟钫，女，1990年2月出生，中共党员，上饶市信州区沙溪中心小学教师。2017年9月通过特岗教师招聘考试，成为一名乡村教师，一直担任语文教学及班主任工作。她用真心关爱学生，用真情教育学生，受到学生和家长的一致好评。2021年初，余老师在班级里开展的“抽奖红包”暖心活动被新华社、人民网、央视网、学习强国等媒体平台广泛报道。

【志愿服务工作】 信州区志愿注册人数有69896人，活跃度达51.36%，两项指标均排名全市第一，辖属各志愿服务队伍围绕四大重点领域积极开展各种形式的志愿服务活动近千场次。此外，为将志愿服务与文明创建有机融合，信州区招募千名“信州红管家”参与志愿服务活动，定期开展法治文化进社区、垃圾分类进社区、文明创建进社区等志愿者服务和社会公益活动，着力打造志愿服务特色品牌。

【文明评选工作】 信州区共创成全国文明村镇、文明单位各1个，逸夫小学新增为全国文明校园，9个单位被评为省级文明单位，38个村镇、单位和社区被表彰为第八届文明村镇和第九届文明单位，此外，沙溪中心小学余滟钫入选“中国好人”榜，东都花园居民郭小萍入选“江西好人”，先后8人被评为“上饶好人”、2人被评上饶市道德模范，上饶四中张懿萱同学被评为2021年度江西省“新时代好少年”，文明评选工作助力全区凝聚起向上向善向好的强大正面力量。

【未成年人思想道德建设】 在全区所有学校配备心理咨询师2名以上，心理健康辅导室做到全覆盖，并积极向社区4点半课堂延伸。乡村少年宫建设丰富多彩，各校都能够按照一校一品的要求积极开设特色课程，如，沙溪中心小学开设书法课、朝阳中心小学开设竹杠舞课，灵溪中心小学开设太极拳课，朝阳农业中学开设街舞课等，有效丰富农村留守儿童课余生活。

（叶舒）

区融媒体中心

【概况】 2021年，区融媒体中心履行新闻报道与观点引导等媒体职责，继续传递信州正能量、引领信州好声音，为建设现代化魅力信州提供坚强思想保证和强大精神力量。

【融媒体中心平台建设】 紧紧围绕区委、区政府中心工作，开设“学党史践初心”“创文在行动”“疫情防控”等专题专栏，组织新闻采访分队深入一线挖掘题材，刊发一批接地气、有分量的稿件。同时加大在中央与省级大报大刊的上稿力度。各融媒体传播矩阵影响力也不断扩大：魅力信州 APP 下载量突破 17 万，注册量、阅读量均位居全市前列；信州资讯微信公众号 11 月排名提升至全省第二、全市第一；“魅力信州”抖音平台较年初涨粉 21.8 万，综合排名跃居全省 30 名内。

【大报大网上稿】 大报大网上稿数量与被采用率进一步提高。《解码新时代党群关系“方程式”》《以“网格化”助力基层社会治理》《“长护险”让养老更有保障》《网上“超市”让中介服务在阳光下运行》等一批报道在光明日报、新华每日电讯等媒体上刊登。新冠肺炎疫情防控期间，一批信州抗疫主题稿件在信州孕育，在全国传播，如新华社刊发、制作的《江西上饶：95 后“阳光小姐姐”投身疫情防控一线》《上饶抗疫插上高科技“翅膀”》《江西上饶：同心协力抗疫情　众志成城护家园》等；江西日报刊播《疫情挡不住温情，冒雨送来“救命药”》等。

【特色选题申报】 围绕本土民俗文化、人文艺术等特色领域，信州区报送了一批“文化走出去”“采访线”工程的报道选题，内容共计 8 条，涉及：传统曲艺——信州串堂，传统音乐——《姚金娜民歌》；地方民间艺人：赵春喜脸谱艺术展；地方博物馆文化——林和顺博物馆等。

（贺驰宇）

统战工作

【概况】 2021 年，信州区委统战部在区委区政府和市委统战部的正确领导下，强化政治引领，服务中心大局，圆满完成了区委区政府交办的各项任务。

【提升政党协商效能】 2021 年，六个民主党派均举行换届选举，进一步优化基层民主党派组织结构。通过建立与相关部门的部际联席会议制度，专题研究协调和解决党外干部培养选拔问题，全区党外副科级以上干部已达 53 人，其中党外县处级干部 8 人，正科级干部 13 人。在上饶市政协五届二次会议、信州区政协六届二次会议上，来自信州区各民主党派的提案共 84 件。

【开展换届推荐】 区委统战部贯彻落实《中国共产党统一战线条例》关于党外代表、委员的配备要求，大力推荐党派人士担任人大代表、政协委员。区政协配备党外政协委员 158 名，较上一届增加 49 名，占政协委员总人数的 61.7%。

【民族宗教工作】 通过搭建政策服务平台，充分发挥东市、西市、北门三个街道办“外来流动少数民族服务管理工作站”的作用，及时掌握辖区流动少数民族人员基本信息和经商、生活等各方面情况；认真做好本地少数民族高考考生的民族成分审核和外来少数民族流动人口子女入学工作。依法管理宗教场所事务，开展民族宗教政策法规宣传月、宗教活动场所规范化制度化建设、“四进”宗教场所等活动，实现“宗教团体、宗教活动场所、宗教活动”三规范的工作目标。严格按照《宗教事务条例》《江西省宗教事务条例》的有关规定，落实宗教事务属地管理原则，坚持镇（街）对宗教活动场所的日常巡查制度，做到了长效管理。

【团结非公有制经济人士】 区委统战部制定《关于加强新时代民营经济统战工作的实施意见》，积极筹建“区非公有制经济发展中心”。召开综合评价工作推进会议，举办业务培训班，对 100 余名非公经济人士进行综合评价。贯彻落实《关于推进廉洁信州建设的实施意见》，推进民营企业廉洁建设。贯彻落实《关于 2021—2025 年推动新的社会阶层人士统战工作发展的实施意见》。推进落实区党政领导列名联系新的社会阶层人士制度。

【服务侨属侨眷】 加强年节期间和不定时走访，入户走访 43 人次；为符合条件的华侨侨眷子女办理“三侨考生”高考身份认定，审批转报 1 人次；深入践行“我为群众办实事”实践活动，将孤寡侨眷邝国胜列为重点服务对象，经常关注她的生活起居，6 月为老人庆贺 90 岁生日，7 月联系社区和社区共建单位为老人免费做了白内障手术，愈后良好；配合市侨联进行全市侨情普查，

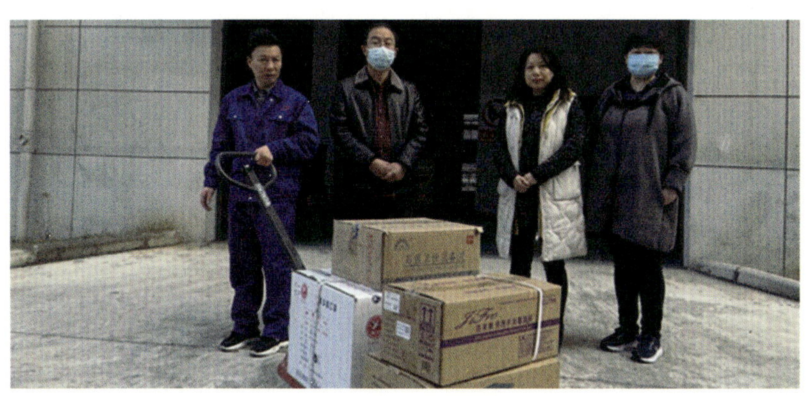
服务侨资企业暖冬行

根据普查结果显示，信州区有海外对象235人，其中华人华侨91人，港澳同胞92人，留学生52人；国内对象华人华侨眷属200人，港澳同胞眷属150人，留学生眷属150人，归侨25人。

【各项中心工作】 全员投入到抗疫一线的各个岗位工作中，全区统一战线成员累计捐款捐物100余万元。区委统战部助力挂点朝阳镇青金村乡村振兴工作，组织全体干部与朝阳镇青金村67户脱贫户进行结对帮扶。联合书院路社区创建文明城市，每周到社区开展创文各项活动，帮助社区整改车辆乱停乱放、乱扔烟头等情况，共计反映解决社区不文明事件200余件。落实开展交通劝导行为，对不文明交通行为进行劝阻。

（陈启慧）

政法暨平安建设工作

【概况】 2021年，信州区社会大局持续稳定。全区重大涉稳问题和苗头性隐患问题的排查、预警、稳控、化解机制进一步健全。在“全国两会”“建党一百周年”“十九届六中全会”“省、市、区各级换届”等重大政治敏感时期，全区未发生一起重大涉稳事件。扫黑除恶斗争持续发力，全年共立刑事案件2484起，破获刑事案件958起。深入开展“断卡”“断流”“春风”“赣鄱百日缉毒”“打击传统盗抢”等专项行动，社会治安秩序平稳。全面完成“两中心”（综治中心和社区网格化中心）整合建设工作，社区网格化积极创新，打造“信州义警”“党建+幸福小区”“北极星”“西市格格”等一批特色品牌，推动新时代“枫桥经验”在信州落地。结合政法实际，推出34条“我为群众办实事”具体举措，切实增强群众获得感、幸福感、安全感。

2021年，信州区荣获了2017—2021年度“平安江西建设示范县（市、区）”荣誉称号，西市街道被评为“平安中国建设先进集体”，北门街道被评为“江西省平安建设先进示范镇街”，沙溪镇被评为“江西省平安建设先进集体”，信州义警获得“江西省市域社会治理试点创新实践案例奖”，信州区扫黑办被评为“江西省扫黑除恶专项斗争先进集体”。

【开展政法队伍教育整顿】 根据第一批政法队伍教育整顿工作的部署，信州区政法委认真对标对表，强化落实。政法干警主动报告“6+N”问题共1847条，查实处理74人，建立完善60余项长效机制，高质高效完成了教育整顿各项工作任务和后续整改工作。

【筑牢社会稳定基石】 围绕建党100周年，落实维护社会稳定各项措施。开展“4.15”国家安全教育主题宣传活动，推动总体国家安全观进企业、进机关、进校园、进社区。开展“敲门行动”，持续开展对邪教人员去存量、控增量、防变量的教育转化工作，提前完成省委下达的邪教人员教育转化清零目标任务，全年没有发生一起重特大邪教活动事件。进一步完善社会稳定风险评估工作机制，落实稳评责任，全年入库第三方稳评机构31家，接收稳评备案40件。加强信访矛盾源头治理，调整重点信访积案及突出信访事项县级领导包案，开展集中治理、化解专项活动。全面完成国家信访局交办的一批重复访事项，化解率达到100%。开展矛盾纠纷化解“百日攻坚”行动，化解息访22件。在庆祝建党100周年期间，启动敏感期信访维稳联勤指挥机制，每日会商涉稳动态，共发出预警信息35次。

【常态化推进扫黑除恶】 2021年是常态化扫黑除恶开局之年，信州区委、区政府将扫黑除恶斗争列入党委、政府的重点工作内容，严格执行“7+X”工作机制，坚决落实责任、工作、问题三项清单，压实全区各级各部门推动扫黑除恶斗争的工作责任。调配精干警力加大涉黑涉恶案件办理力度，专案组倒排工期、挂图作战，“5+2、白+黑”连续作战，提请检察机关提前介入引导侦查，加大侦办力度，所有涉黑涉恶案件财产执行案件全部执结，实现案件清结目标。信州区相关部门规范下发“四书一函”文书103份，处置并核结各类线索744条，核结率为100%。在建筑砂石、矿产资源、违章建房、食品药品、特种设备等领域开展专项整治行动30余次。在村居“两委”换届期间，严格落实“十不选”要求，联审取消了29名候选人参选资格，选强配优一批党性强、作风正、素质高、口碑好、致富能力强的基层党组织带头人。

【打击违法犯罪】 信州区成立了反电诈合成作战中心。2021年共打击处理各类涉诈人员305人，破现案218起，止付涉案资金18000余万元，为受害人挽回损失193万元，劝返滞留缅北人员38名。同时，相继组织开展了“赣鄱百日缉毒”“打击传统盗抢”等专项打击行动。

【治安防控】 在全市率先成立“信州义警”，创新推出义警爱心激励与爱心传递等机制，常态开展护校安园、法治宣传、平安创建等活动，走出了一条具有信州特色的市域社会治理现代化新路子。信州义警队伍有义警1068名，平安志愿者16344名，有效缓解了基层警力不足的压力。将“平安智慧小区”建设纳入了党史教育“我为群众办实事”重点项目，计划用两年时间推进全区154个小区的智能化安防建设，2021年已完成进度的50%。

【推进综治中心实体化建设】 加快推进了“两中心”整合建设工作，全区共建成综治中心129所，其中区级1所，镇（街道）级8所，村、社区120所，共进驻镇（街道）政法委员8名。村、社区换届之机，选优配强了网格员队伍。在8个镇（街道）共划分成610个网格，22个具有行政调解和公共服务职能的区直单位，全部下沉到网格服务工作圈中。配备了网格员610人、网格专干169人、网格管理员163人。自开展社区格化服务管理工作以来，上饶公众APP（公众版）群众注册用户92115户，共接收上报事件151600件，办结151418件，办结率99.87%。

【公共法律服务】 信州区共组建人民调解组织140个，配备人民调解员598名。建成了区级公共法律服务中心1个，乡级公共法律服务工作站9个，村级公共法律服务工作室120余个，共受理各类法律援助案件201件，比去年同期增长25.3%。开展了“美好生活·法典相伴”民法典主题宣传活动，持续开展了“服务大局普法行”活动，重点宣传普及刑法、行政处罚法、生物安全法、长江保护法、退役军人保障法、未成年人保护法、江西省乡村振兴促进条例等“六法一条例”。 （朱泉）

政策研究室

【概况】 区委政研室紧紧围绕全区工作中心，充分发挥参谋助手、组织协调、督促检查和后勤保障等职能，保证和促进了区委和全区工作的快速高效运转。

【办文办会】 精准办文办会。严格按照精简会议文件的要求，精简率均达到30%的工作目标。文秘工作规范有序，2021年计接收文件1430个，发文223个，文件传阅12000余次，做到了零滞留；召开信州区2021年党委办公室系统业务培训会、区委办法规、信息、保密、基层减负工作布置会、区委办主题教育征求意见座谈会，进行收发文等业务指导、答疑解惑。做好密级文件管理，全年规范处理1000余份。办会工作精细高效，高标准、高质量地完成第五次党代会、区委全会、常委会、专题会等会议的保障工作。精心起草文稿。共起草区委及区委主要领导有关材料150余

赴区民政局开展社区“万能章”调研

篇，约53万字，服务召开区委常委会22次，起草会议纪要22期。围绕区委中心工作开展了农业农村产业、宅基地制度改革等20余次调研，收文办理事项1339件。向省市上报信息200余条，省委办信息处采用11条、省委改革办采用5条。

【督查检查务实有力】 加强督检考实效。重点做好区委书记批示文件的督办工作及疫情防控督查工作，全年共编发《信州督查》11期、《督办与落实》2期、《疫情防控工作督导通报》30期。做好为基层减负督查工作。对全区接受上级督查检查情况和本区开展督查检查情况进行每月一调度、每月一汇总、每月一分析，与上年同期情况进行对比、研判，制定解决方案。全年共制作督查检查情况统计表12份。

【深化改革成效显著】 及时召开区委第四次全面深化改革委员会；下发了《工作要点》《工作计划》《重大改革项目领衔清单》，统筹推进8大领域、31个方面、163项改革任务。各地、各部门对标对表改革任务，项目化、清单化、责任化推进改革工作，全年完成146项改革工作任务，完成率89.6%；全面完成35项重点民生项目，办理民生实事4000余件。获得2020年度全市深化改革先进县（市、区）荣誉。

【机关党建+】 对照党建“三化”建设体系，全年召开党员大会4次、民主生活会1次、组织生活会1次、开展主题党日活动4次，按照要求开展“创文”、疫苗接种、乡村振兴、结对攻坚等活动。疫情防控期间，支部党员在疫情防控指挥部、隔离点、居住社区，参与文案撰写、卡点值守、核酸检测等工作，充分发挥党员先锋模范作用。支部获区委表彰先进党组织，两名党员获区委表彰优秀共产党员（党务工作者）、两名党员获区直机关工委表彰优秀党员（党务工作者）称号。

【机要保密工作安全有序】 通信保障安全畅通。严格落实24小时专人值班制度，精心做好密码电报特别是疫情防控期间大量紧急的重要电报译传办理工作，从严抓好值班值守、运行维护、电报办理等各项制度的落实，确保零差错、零事故。共办理中央类文电4份，省、市级密电1287份，明电1442份，传真35份，保障加密视频会议80余次。加强保密宣传检查工作。召开全区保密工作会议，对涉密人员进行保密知识宣传教育，提高保密意识；充分利用全区各类会议平台，传达微信泄密案例的通报文件精神。组织开展全区2021年度保密检查及涉密单位非涉密计算机安全专项检查。全年共检察机关单位13个，累计检查计算机21台和移动存储介质19个，督促各部门、各单位建立保密工作台账。

【民声通道】 共受理省委民声通道核办件、分流转办件36件，市委民声通道饶督函办件11件，接听群众来电反映电话35起，办理人民网地方领导留言件29件，全部在规定时限内快查快结，办结率100%。

【国安工作】 开展“4月15日国安教育宣传日”工作，按照要求及时上报《信州区国家安全月度评估报告》12篇，报送国安信息24篇。在万达广场播放国家安全宣传灯光字幕秀4天，向社区居民发放国安宣传册2000余册，微夜校宣讲覆盖10万余人次。信州区参加省委国安委组织的助力国家安全活动人数达7万人次。

【档案的报备和整理】 法规档案和对台工作开展有序。加强与市法规部门沟通，做好规范性文件月报备工作，全年共报备13份规范性文件。做好脱贫攻坚档案的收集整理归档，推进档案数字化工作。

【社区结对共建】 把社区帮扶共建与创文、疫情防控、“我为群众办实事”实践活动等工作内容有机结合，为水南社区办理民生实事7件，参与创文志愿服务活动200余人次，在水南社区发放创文宣传册200余册。

【严格抓好疫情防控工作责任】 疫情防控期间，每天服务区委领导组织召开指挥部全体会议2~3次；每日汇总研判疫情形势，累计完成信州区疫情防控汇报材料16篇。疫情防控期间累计收发文件273份，其中疫情有关文件134份。11月4日起，区委办在职党员到挂点的秦峰镇占村村、包保的水南街道水南社区，参与核酸检测、社区防控、宣传引导等工作，区委办驻守的129卡点得到水南社区居民撰写《上饶用力抗疫有感》点赞。

【脱贫攻坚的帮扶工作】 区委办定点帮扶秦峰镇占村村41名困难村民，共计入户走访60余人次，圆满完成脱贫帮扶工作。

（陈熹昀　陈丽梅）

信访工作

【概况】 2021年，区委信访局开展“集中治理重复信访、化解信访积案专项工作”“矛盾纠纷化解百日攻坚”等活动，深入推进领导接访、下访、包案，较好地完成了建党100周年大庆、全国“两会”、十九届六中全会、省十五次党代会等重大会议期间信访稳定工作。

【集中整治农民工欠薪行动】 为有效执行《保障农民工工资支付条例》，高效处理春节前后的拖欠农民工工资问题，区委信访局联合信州区人社局、区住建局等部门抽调业务骨干，开展了集中整治欠薪专项行动。从1月11日开始，区委信访局累计接待了33批次讨薪群众。该行动得到《江西日报》《上饶日报》等多家媒体广泛宣传。

【巩固接访机制】 信州区坚持施行领导干部接访制度。保证每天至少一名县级领导在区人民来访接待中心值班接访，区委、区政府主要领导亲自带头接访，以上率下，成效显著。区委信访局联合区直各职能部门在区人民来访接待中心开展联合接访，直接接待调处信访问题，形成了信访接待“一站式”、信访办理“一条龙”的工作模式。

【重复访治理专项行动】 2021年，信州区坚持推进重复访治理，信访积案化解，切实维护群众合法权益。按照国家信访局交办的“集中治理重复信访，化解新房积案专项工作”部署要求，对国家信访局第一批交办信州区的重复访事项，信州区化解率达到100%。重访治理期间，全区组织了4次全面梳理大排查。提请区领导对全部重访事项进行包案处理。针对每个信访事项逐个分析、因案施策，会商会办，共召开156次协调会。为有效地实现“控增量、去存量、防变量”的目标，开展“大督查、大接访、大调研”、规范集中治理重复访培训等系列活动。

【信访维稳保障工作】 时刻紧绷维护社会稳定这根弦，先后印发了《2021全国“两会”期间信访稳定工作通知》《关于切实做好庆祝建党100周年期间信访维稳保障的通知》，敏感时期成立信州区联勤指挥中心，统筹全区维稳工作，切实做好源头预防、排查化解、信息预警、疏导稳定、驻京劝返、应急处置和信息报送等工作。在“庆祝建党100周年”期间，共发出、调处预警信息35次，下发交办函19份，圆满完成了十九届六中全会、省十五次党代会等重要时间节点的信访维稳任务。

【开展“我为群众办实事”实践活动】 “我为群众办实事”实践活动开展以来，区委信访局联合区纪委制定相关方案，深入开展多项联合活动。全年累计开展信访举报宣传活动164场，发放资料18000余份，接受咨询1700余人次；开展领导干部大接访活动，定期到区委信访局接访，深入社区、农村、企业、学校等接待信访群众，带案下访。全力化解信访突出问题。4月，市委信访局排查并交办信州区一批信访突出问题。信州区结合党史学习教育“我为群众办实事”活动，落实包案领导、责任部门通过召开案件分析会、实地走访等方式，找准问题症结，及时调查处结，设身处地为群众解决实际问题。至年末，信州区已全部化解市委信访局交办的信访突出问题。

【建立“四联一通”工作机制】 区纪委区监委机关与区委信访局联合出台了《关于推动全区信访工作的若干意见》，建立联合接访、联合会商、联合约谈、联合问责、信息互通的机制，健全信访监督体系。该项机制及成效被《中国纪检监察报》《农民日报》等中央媒体刊发推广，“学习强国”平台也予以了推送宣传。

（李羿秋）

老干部工作

【概况】 区委老干部局推进信息化精准化规范化建设，不断推进老干部工作在围绕中心、服务大局中作示范、勇争先。

【九九重阳游园活动】 10月12日，在九九重阳节来临前夕，信州区委老干部局组织副县级以上离退休干部开展九九重阳游园活动。

【落实离退休干部政治待遇】 信州区各级党组织坚持离退休干部阅读文件、通报情况、参加重要会议和重大活动、就近就地参观考察等制度，按规定落实老干部政治待遇。信州区召开“两优一先”表彰大会，区委领导为参会的党龄50周年以上的离退休干部颁发了“光荣在党50年”纪念章；区第五次党代会、区六届一次人大、政协会议，邀请部分老干部代表参加。

【“三项建设”】 全国“两会”召开后，信州区委老干部局通过离退休干部党支部书记微信工作群，引导各离退休干部党支部组织开展时政学习和交流讨论。组织老干部在“离退休干部工作”微信公众号上收听收看“七一”专题宣讲报告会。2021年是“示范党支部”建设工作推进年，区委老干部局通过走访调研、以会带训、以学促建的方式指导、推动支部建设工作有条不紊的开展。信州区财政局和北门街道离退休干部党支部被评为市级“示范党支部”。信州区政府办、农水局、人社局、轻工集团、东市街道和水南街道离退休干部党支部被评为区级“示范党支部”。

【离退休干部生活待遇】 确保离休干部离休费按时足额发放、医药费实报实销。5月，根据饶组字【2021】23号文件精神，为每位离休干部增发一个月基本离休费；审核上报4名符合条件的抗战副县（处）级待遇离休干部按副省（部）长级标准报销医疗费的申请；为3位符合文件规定的离休干部办理增加病残护理费的审批手续，确保其每月3000元的病残护理费执行到位。

【离退休干部服务管理】 2021年看望生病住院老干部30余人次。关爱帮扶特困离退休干部，走访12位家庭困难或遭逢变故的老干部，每人送上慰问金1000至2000元。5月组织全区离休干部和享受副县待遇的退休干部100余人到市立医院体检。

【宣传工作】 信州区委老干部局继续跟进“银耀赣鄱”信息化平台的推广和使用工作；及时报送有深度、有价值的信息；认真做好老干部统计报表的报送工作，促进信息数据库建设；依托江西省委老干部局主管主办的《老友》《老干部工作专辑》、“赣鄱老干部微讯”“银耀赣鄱”小程序等载体，借助上饶市委老干部局网站、“上饶老干部”微信公众号等媒介主阵地宣传信州区老干部工作和先进典型事迹。

【老干部活动阵地建设】 上半年完成事业单位改革的相关工作，做好信州区老干部服务中心挂牌、公章刻制及人员转录工作。“七一”前夕，信州区老干部服务中心与茅家岭街道离退休干部党支部等部门联合举办“歌唱共产党 点赞新时代”文艺汇演。

【关心下一代工作】 2021年，信州区关工委持续开展防溺水工作，各镇街及其下属的社区、行政村关工委举办防溺水知识培训，建立防溺水工作群，天气炎热季节组织“五老”及志愿者在主要河流、山塘、水库巡逻，劝阻下水游泳洗澡。做好教育基地培育工作，累计成立挂牌教育基地28个。

（廖淑雯）

巡察工作

【概况】 2021年，区委巡察办全年开展2~3轮巡察，其中组织1轮专项巡察或“回头看”巡察，巡察6~9个单位，在完成四届区委任期内巡察全覆盖，巡察率100%的基础上，形成重点领域再震慑，其中常规巡察1~2轮，巡察9~18个单位，为五届区委巡察工作开展开好头。集中巡察时间均为60个工作日左右。

【主体职任履行】 聚焦“六个围绕、一个加强”开展监督检查，加强对巡视巡察整改情况的监督检查。同时，将巡察与纪检监察六个专项治理结合起来（“形式主义和官僚主义”集中整治、违反中央八项规定精神突出问题专项治理、扶贫领域集中治理、群众身边腐败和作风问题专项治理、工程建设领域突出问题专项治理、扫黑除恶专项斗争监督执纪问责）。

【政治巡察】 推进“压实区级领导主管责任”制度、“新提拔科级干部和后备干部参与1~2轮巡察”制度、整改报告真实性承诺制度、强化派出人员监督管理制度、深化常规巡察、积极探索“机动式”巡察、“巡驻审”联合巡察、巡乡镇（街道）带村（社区）等灵活多样的方式方法，提升巡察工作精准度。

【完善巡察工作机制】 压实被巡察党组织主体责任和党委（组）书记第一责任人责任，督促被巡察党组织建立问题清单；按照“谁分管、谁负责”原则，制定责任清单；落实细化、量化、具体化要求，制定操作性强的任务清单，做到牵头领导、责任单位、时间进度、目标要求、保障措施“五明确”。建立督查台账，对巡察发现的问题线索严格实行台账管理，采取定期回访、跟踪督查、专项督查等方式，推动问题整改见底见效、落实落地；用好问责武器，曝光一批整改不力、敷衍整改、虚假整改的典型案例。对巡察反馈问题的整改，剖析原因、举一反三、建章立制。建立健全区委巡察工作联席会议制度，督促各成员单位在3个月内反馈办理情况；及时将巡察发现的普遍性问题进行通报，结合开展专项整治，做到解决一个问题、堵塞一批漏洞、完善一套制度。建立定期通报制度，对巡察成果在第一时间进行广泛宣传。

【巡察机构队伍建设】 在巡察组建立临时党支部，加强党员干部日常教育管理，建立符合巡察干部队伍特点的激励约束机制；实行巡察后评估制度，将巡察干部参与巡察情况进入个人档案并通报派出单位；重视巡察安全问题，确保谈话对象安全、巡察干部自身安全和巡察材料的保密安全；加强警示教育，对苗头性、倾向性问题抓早抓小，对违纪违法行为严肃查处。严把“入口”，选优配强组长、副组长、巡察专员和联络员，优化巡察干部年龄结构、知识结构；组织开展巡察业务知识学习和培训；畅通“出口”，对巡察工作成绩突出的干部要向组织部门推荐使用，对不能胜任的干部要及时调整。

（徐太生）

党史方志工作

【概况】 2021年5月，中共上饶市信州区委党史办公室整合并入信州区地方志办公室工作职能，更名为中共信州区委党史党建研究中心（地方志编纂中心）。为区委区政府直属的正科级财政全额拨款事业单位，核定全额拨款事业编制16名，参照公务员管理。核定领导职数：主任1名（正科级）、副主任2名（副科级）。内设办公室、党史编研科（资料征管科）、宣教科、方志年鉴科等4个机构。2021年，中心牢牢把握党史工作正确方向，认真总结研究信州经济社会发展历史，充分发挥党史资政育人作用，让红色基因标注信仰与方向。启动编纂《信州百年》（1921——2021）历史画册；启动《信州年鉴2021》编纂工作；组织建党100周年系列活动，组织承办了信州区首次上饶美术家党史主题创作工程，承办了《信州百年绘辉煌》党史主题美术创作作品展，组织拍摄《恰是百年风华》《矢志初心启新程》两部信州党史主题微视频；为信州区纪录小康工程和创文指挥部提供大量党史资料和文字图片史料。中心被评为全市党史系统先进集体称号。

【党史编研与地方志编纂】 2021年，启动编纂《信州百年》（1921——2021）历史画册，图文形式纪录中国共产党在信州区的光辉历程。组织拍摄《恰是百年风华》——（信州党组织建设发展篇）《矢志初心启新程》——（信州解放与政权建设篇）两部信州党史主题微视频。在区委中心组学习会上及两会期间进行播放，通过新时代文明实践中心、区融媒体中心平台、1057所微夜校等网络平台进行党史宣教。该项工作被省党史学习教育简报作为典型事例刊发。组织编纂出版《信州年鉴（2021卷）》，本书按照方志体例横分门类，以类目、分目、条目三个层次为框架结构，以条目为主要载体。目录置于书首，书后设索引。全书37大目、134小目，加上特载、专记、人物、大事记、重要文献等共计295页张51万字，收录反映政治经济、城镇建设、社会民生方面的照片57张。

【中共建党100周年系列活动】 2021年，中心结合庆祝中国共产党百年华诞和党史学习教育活动，承办了"信州百年绘辉煌"——庆祝建党100周年党史主题美术作品创作与创作作品展，十万党员干部、青年学生线上线下打卡观展。百名上饶籍美术家对16个信州党史重大历史事件创作百余幅信州党史题材作品。以百年党史学习宣传为契机，做好红色经典美术作品的研究与阐释。以文艺精品创作讴歌党、讴歌英雄、讴歌人民，迎接建党100周年。在上饶广播电台开设《追述红色信州，赓续革命精神》专栏，24个信州红色党史故事，每周通过FM934上饶新闻综合频道播出，向上饶人民传播红色经典。编撰《信州小红色故事》，为区委四套班子领导和全区各单位开展党史宣教提供史料支持。2021年，中心主任徐炜肩负全区党史学习教育领导小组办公室材料简报组组长职责，为全区党史学习教育的简报编发，上传下达地方党史领导小组事务及外宣提供有力的支持和保障。作为信州区党史专家接受江西卫视、上饶电视台关于信州第一个党组织的专访，录制专辑；担任上饶市党史知识电视大赛、信州区党史知识电视大赛现场点评嘉宾。

党史主题美术创作工程启动工作会

【中心工作】 2021年，中心扎实开展巩固脱贫攻坚成果，全面推进乡村振兴的结对帮扶工作。向帮扶的4户脱贫户和1户边缘户宣传党的历史，冬送温暖夏送清凉。疫情防控期间，全体党员解放干部闻令而动，协助茅家岭街道解放社区各核酸检测点工作，为居住小区卡点轮岗巡逻，为高龄老人送菜买菜。全员投入茅家岭街道定期开展路巡工作，规范车辆停放。

（康琪）

党校工作

【概况】 2021年，信州区委党校开创党校各项工作新局面。取得了科研成果"微夜校"调查报告获省领导批示；疫情防控期间利用视频课宣讲党的十九届六中全会精神的做法被市党史学教办上报至省党史学教办；2016—2020年全市普法工作先进单位；精品课程入选上饶市第二届干部教育培训"好课程"20强、获全市党校系统第七届优质课评比一等奖；2016—2020年全省党校系统办学质量评估评为优秀等级；2021年度全区宣传思想文化工作——理论学习工作先进集体、“学习强国”推广使用工作先进单位等较好成绩。

【教学工作有特色】 狠抓主业主课，在教学中体现新气象。加大教研投入，专门拨出课题经费安排教师周克霜到浙江和本地农村调研，形成了《学习浙江经验 推进乡村振兴》课程，此课程入选上饶市第二届干部教育培训“好课程”20强，并获全市党校系统第七届优质课评比一等奖。

【科研工作有成效】 调查报告获省领导批示。组织科研团队与市委党校科研团队结对，总结和反映信州区工作的好做法和经验，带动提升区委党校的咨政水平。周克霜、王兴旺、徐嫣团队与市委党校石勇团队合作的《“微夜校”：打造指尖上的文明实践新平台——关于上饶市信州区“微夜校”发展情况的调查报告》，对信州区宣传思想工作的特色亮点进行了全面及时地总结，刊发在省委党校校刊《领导论坛》2021年第16期上，获省委常委、副省长任珠峰批示。在全市党校系统理论研讨会获奖。论文《党的领导是人民当家作主的根本保证》《打赢脱贫攻坚战彰显中国共产党的制度优势》荣获全市党校系统庆祝中国共产党成立100周年理论研讨会优秀论文三等奖。

【培训教育】 顺利完成干部教育培训工作。全年共举办各种班次8期，培训学员2204人。其中：3月份发展对象培训班1期（272人），4月份入党积极分子培训班1期（338人），5月份村（社区）党组织书记、村（居）委会主任培训班1期（127人），7月份镇（街道）新一届领导班子履职能力提升培训班1期（97人），10月份抓党建促乡村振兴培训班2期（710人），12月份第二期发展对象培训班1期（160人）、信州区党员教育培训示范班1期（500人）。学员对党校教学质量满意度为99.8%，对培训组织工作整体满意度为98.87%。丰富培训方式。根据常态化疫情防控要求，区委党校在12月份举办的信州区党员教育培训示范班和第二期发展对象培训班上，借助“钉钉”平台开展“云办班”直播，采取“主会场+分会场”的方式多点位培训，“线上线下”教学同步开展，搭建了立体学习平台，解决了后疫情防控期间办班的问题，获得区委组织部的认可。

【宣讲工作】 党的十九届六中全会胜利闭幕之际，正值上饶市疫情防控决战决胜的关键时期。为宣传好、学习好全会精神，信州区委党校在参与疫情防控志愿服务的间隙，录制了一堂《学习贯彻党的十九届六中全会精神》视频课。11月15日，信州区委宣传部、信州区委党校利用全区1057所新时代文明实践“微夜校”这个线上理论学习平台视频授课，共10万人参加了此次线上宣讲。区党史学教办、区政协也向全区党员干部、政协委员推送这堂视频课。

【党史学习教育】 信州区委党校支持区中心工作，派出副校长王小仙、徐丰、王兴旺三名同志到区党史学教办工作。把党史教育作为2021年干部教育培训的重点内容，累计讲授党史专题课60余场，听取宣讲的党员干部和群众达4000余人。组织人员赴上饶集中营调研，推出了《学党史、知党情、践初心》《改革开放的伟大历程和辉煌成就》《学党史、悟思想、办实事、开新局》《伟大的征程——中国共产党百年奋斗史》《百年党史 百年辉煌》《学习“七一”重要讲话精神专题辅导》《不朽的丰碑——上饶集中营记忆》《我心中的英雄——新四军》《方志敏与闽浙赣皖根据地斗争史》《四渡赤水出奇兵》等十余门课程。

【办学质量评估工作】 高度重视江西省委党校开展的2016—2020年县（市、区）党校办学质量评估工作，指定专门人员负责材料收集、整理和汇总归档工作，并根据评估指标进行了全面的分析评价，力求使评价结果详细完整，真实可靠。经市委党校考评组考评，最终得分167分，达到优秀等级。

【新党校建设工作】 区委区政府把新建党校列入区党代会报告，多次召开区委常委会、区政府常务会，听取汇报，研究部署党校工作。经研究决定，新党校选址地块位于上饶市信州区三江片区，处于叶挺大道东侧、上饶集中营扩建地块南侧，总投资约为18969.84万元，地块用地面积约25亩，建筑面积约24000平方米，其中：计容建筑面积约18000平方米，地下建筑面积约6000平方米。主要建设包含教学办公楼、图书馆、学员宿舍、学员餐厅、运动场所、地下停车场等，预计2024年5月完成竣工验收。

【做好巩固拓展脱贫攻坚成果同乡村振兴有效衔接工作】 党校在职人员10人，在秦峰镇秦峰村一共帮扶22户，平均每人2户，其中2人帮扶3户。落实“爱心美德公益超市”运行经费22000元，及时向秦峰村拨款，确保2021年爱心超市的平稳运行，并向帮扶村提供村级资金20000元。

（林谋俊）

档案工作

【概况】 信州区档案馆在职档案工作人员6人，设综合股、保管利用股。共保存档案103个全宗共计90613卷、233052件，资料9763册。

【档案安全管理工作切实加强】 3月初，区档案馆对馆藏档案进行专业消毒杀虫及整体库房全密闭消毒工作，5月底完成全面消杀工作。6月4日，区档案馆召开了项目验收会，邀请市、县、区档案馆的领导和专家对项目工作进行检查验收，验收合格。

【档案接收及宣传工作】 2021年共接收进馆档案6821件，资料3册。在微信公众号《信州档案》及时更新本单位工作动态，加强档案政务服务建设。

【档案资源利用工作有序进行】 全年共免费接待各类查档人员2602人次，提供档案服务查阅2767卷次，其中工作参考查阅708卷次，工改查阅766卷次，独生子女查阅85卷次，婚姻查阅1030卷次，下放查阅178卷次，为信州区职工参加养老统筹、核实工龄、工作调动、婚姻登记及各单位工作参考等方面提供大量翔实的原始资料。

【纸质档案数字化建设】 推进档案数字化建设，按照省、市档案业务部门要求，对接利用政务内网和全省区域性数字档案管理集成与共享利用平台，对原信州区手管局、原信州区规划局、原信州区爱卫办等单位馆藏档案进行著录电子目录，共计输入条目35469条。

【党史学习教育工作】 做好学党史、树新风“我为群众办实事”实践活动，提供优质便民服务。充分发挥利用档案提供凭证、维护权益、化解矛盾、促进社会和谐稳定的基础性作用。优化扩展档案服务功能。推进区民生档案“异地查档、便民服务”，采用信函、电话、网络等方式，提高电子档案利用率，让“数据跑”代替“群众跑”，减少群众出行，节约时间成本，为民查档提供更多便利。

【乡村振兴结对帮扶工作】 按照区委区政府统一安排部署，全馆帮扶干部到茅家岭街道解放村入户走访，核实2021年度脱贫户、“三类人户”收益确认表，了解“两不愁三保障”落实情况，为10户脱贫户和1户边缘户发放了结对帮扶连心卡，完善连心牌相关信息。

（郑文晨）

机构编制工作

【概况】 2021年，信州区委编办研究并拟定信州区事业单位改革以及机构编制管理的规定和实施办法，指导并协调事业单位管理体制改革，承担信州区各类事业单位的登记管理工作，指导和实施机关、信州区委编办直接管理机构编制的群众团体统一社会信用代码赋码工作，监督检查信州区各单位行政管理体制和机构改革以及机构编制管理的执行情况，工作对标对表、有序进行。

【深化事业单位改革试点】 信州区委编办稳妥有序推进深化事业单位改革试点工作。按照改革试点工作要求，除学校、医院、功能区等机构外，信州区共有188家事业单位涉改，其中科级机构66个（正科级17个、副科级49个），股级机构122个。改革后，信州区本级事业机构调整为74个，不含上饶信州中等专业学校

（教师进修学校），其中科级机构36个（正科级13个、副科级23），股级机构39个，不定级机构4个。撤并整合职能相似相近或设置交叉重叠的14事业单位，并进行优化整合，重新确定主要职能和机构名称。清理撤销规模过小或职能弱化的36事业单位。6月10日，信州区委编办迎接上饶市深化事业单位改革试点信州区实地评估，工作得到评估工作组的肯定。

区委组织部副部长、编办主任汪美华与深化事业单位改革涉改单位进行协调座谈

【机构编制核查工作】 9月15日，信州区委编办在信州区委编委的领导下，结合信州区工作实际，制定实施方案，并于9月下旬组织信州区各部门（单位）开展机构编制核查工作专项培训会。本次核查为全口径核查，包括机构编制管理范围内的全区各类机关和事业单位（共249家）。核查内容为机构批复和实际设置、编制核定和实有人员、领导职数核定和配备情况及实名制数据等。

【事业单位登记管理】 9月下旬，信州区委编办组织信州区各部门（单位）开展专项业务培训会，对于深化事业单位改革中整合、撤销的涉改事业单位，督促并指导其进行法人注销登记。对于新成立的事业单位，从是否独立建账、是否确定宗旨和业务范围等几个方面考虑，建议并指导其办理设立登记。对于需要办理变更的事业单位，指导其依照不同变更事项所需的材料进行办理。2021年适逢深化事业单位改革，相关业务受理数量大幅增长，变更、设立、注销等业务受理数量同比增长约50%，办结率实现100%。

【机构编制管理】 2021年适逢换届和深化事业单位改革，编制调动和人员转隶，日常上编、下编等工作尤为繁重，与2020年相比，2021年上编下编总量同比增长约15%。

【机关及群众团体统一社会信用代码赋码工作】 信州区委编办优化机关及群众团体统一社会信用代码赋码工作办理流程，通过推行电子政务在线办理各项业务，实现“最多只跑一次”的高效模式。2021年适逢换届，多数党政机关负责人变更，与2020年相比，变更受理数量同比增长约160%，办结率实现100%。

【教育系统编制统筹管理工作】 根据上饶市委编办《关于核定全市公办普通总小学教职工编制的通知》，信州区委编办核定信州区公办普通中小学教职工编制2897名，4月26日经信州区委编委研究同意，对公办幼儿园教职工编制进行适时调整，促进编制资源合理配置，提升用编效能。

（陈通）

信州区人民代表大会

综　述

2021年，区人大常委会召开常委会会议11次、主任会议18次，听取审议专项工作报告18项，作出决议决定6项，开展执法检查、视察调研、监督检查33次，配合省市人大开展立法调研、执法检查、视察调研14次，任免国家机关工作人员59人次。

坚持党的全面领导，牢牢锚定正确政治方向。圆满完成了区、镇两级人大换届选举任务，依法选举产生新一届区人大代表227名、镇人大代表300名。

聚焦经济高质量发展，听取审议计划执行、地方政府债务管理、数字经济发展、优化营商环境、松材线虫病防控等工作情况报告，对旅游新业态、林业工作、农资化肥市场经营管理、镇村都市休闲农业经济发展情况开展调研。聚焦预决算和国有资产管理，听取审议财政决算、预算执行、审计、审计查出问题整改、预算调整、上级财政转移支付资金安排使用情况等工作报告。聚焦保障和改善民生，听取审议老旧小区改造、巩固脱贫攻坚成果防止返贫致贫、义务教育均衡发展、退役军人事务管理等工作情况报告，开展“环保信江行”“食品药品安全赣鄱行”“赣鄱农产品质量安全行”等活动，检查调研防汛及河长制工作落实情况，开展反电信诈骗、民间传统武术传承情况调研。聚焦法治建设，对《安全生产法》和《安全生产条例》《农产品质量安全法》《土壤污染防治法》《固体废物污染环境防治法》5部法律法规实施情况开展执法检查，听取审议区人民法院、区人民检察院关于未成年人检察工作情况的报告。做好人大信访工作，累计接待群众来信来访100余人次。

高质量办理人大代表建议，人大代表在区五届人大六次会议期间提出的74件建议全部办理完毕，办复率100%，满意率95%以上。增强人大代表履职活动成效，积极组织人大代表收集群众意见建议800多条，为群众办实事600多件。制定强化人大代表能力提升与履职尽责的工作意见，组织50多名人大代表赴江苏等地参训。

聚焦高质量发展和民生热点问题撰写调研报告17篇。借助各级各类媒体力量讲好人大故事，2021年在各级各类媒体上稿300多篇，其中，在省级以上主流媒体上稿20多篇。组建农业农村委员会和人大代表联络中心，规范化设置区人大4个专门委员会、常委会“一办三工委”。健全常委会领导挂点联系镇（街道）人大工作制度、镇（街道）人大工作联系会制度，指导4个镇（街道）规范开展人大预决算审查监督工作。

（徐文积）

选举和任免

【依法开展选举任免工作】　区人大常委会在人事任免过程中，严把提请关、初审关、表决关、任免关、任后监督关，加强任免前与党委组织部门及提请机关的联系协调，任命前对拟任人员进行认真审查，全面了解其现实表现情况；要求被任命人员就任期工作思路、目标、措施等在常委会会议上做出承诺，接受监督；开展任命人员向宪法宣誓活动。全年共任免国家机关工作人员59人次。依法选举产生新一届区人大代表227名、镇人大代表300名，代表结构进一步优化、整体素质普遍提高。

监督工作

【经济工作监督】 听取审议计划执行情况报告。听取审议地方政府债务管理工作情况报告，推动积极稳妥防范化解地方政府债务风险。听取审议数字经济发展情况报告，提出坚持规划引领、加强税收监管、加快数字化人才培养等建议。听取审议优化营商环境工作情况报告，提出深化“放管服”改革、加强基础设施建设、落实惠企政策等建议。对旅游新业态、镇村都市休闲农业经济发展情况开展调研，促进信州区旅游产业发展。听取审议松材线虫病防控工作情况报告，视察调研信州区林业工作，推动林业产业发展。开展农资化肥市场经营管理情况调研，保障春耕生产，助推农业现代化。

【预决算和国有资产监督】 听取审议财政决算、预算执行、审计、预算调整、上级财政转移支付资金安排使用情况等工作报告，审查批准区本级决算和预算调整方案，发挥预算联网监督平台实时在线全程监督作用，推动政府改进预决算编报和预算管理。听取审议审计查出问题整改情况报告，推动审计发现的38个问题基本整改到位，整改涉及金额近1.2亿元。持续加强国有资产监督，审议国有资产管理综合报告，听取审议国有自然资源资产管理专项报告，摸清“家底”，交出“明白账”，促进国有资产保值增值。

鄱农产品质量安全行”等活动，推动解决一批水污染和影响湿米粉、豆制品等食品质量安全的问题。检查调研防汛及河长制工作落实情况，开展反电信诈骗宣传和调研，保障群众生命财产安全。调研民间传统武术传承情况，促进传统文化继承发展。

【法律监督】 对《安全生产法》《安全生产条例》《农产品质量安全法》《土壤污染防治法》《固体废物污染环境防治法》5部法律法规实施情况开展执法检查，促进了安全生产、环境保护等热点问题的逐步解决。听取审议区人民法院关于人民法庭“双达标”工作情况的报告，推动提升人民法庭建设水平和基层司法能力。听取审议区人民检察院关于未成年人检察工作情况的报告，要求加大未成年人法治宣传力度，凝聚工作合力，提升未成年人检察工作质量。认真做好人大信访工作，接待群众来信来访100余人次，并加强跟踪督办。

“聚焦豆制品食品安全，守护群众饮食健康”主题食品药品安全赣鄱行动

【民生保障监督】 听取审议老旧小区改造工作情况报告，推动群众居住品质提升。听取审议巩固脱贫攻坚成果防止返贫致贫工作情况报告，确保脱贫群众脱贫不返贫、逐步能致富。听取审议义务教育均衡发展工作情况报告，要求政府及有关部门加大投入力度，优化学校布局，加强教师队伍建设。听取审议退役军人事务管理工作情况报告，维护军人军属合法权益。开展“环保信江行”“食品药品安全赣鄱行”“赣

【强化监督举措】 完善“一年三问”和满意度测评监督机制，全年对5个单位开展了“一年三

问”，对5个单位专项工作或综合工作、4个单位审计查出问题整改情况进行了满意度测评，问出了人大权威，测出了政府部门工作实效，有力推动了依法行政和各项目标任务落地见效。

重要活动

【理论学习】 建立“第一议题”学习制度，开展各类理论学习活动15次，撰写心得体会70多篇。

【以鲜明立场强化政治自觉】 坚持把党的领导贯穿于依法履职的全过程、各方面，坚持重大事项、重要工作请示报告制度，确保人大工作正确政治方向。坚持在党委领导下依法行使决定权，及时依法做出决议决定，切实将区委重大决策部署通过法定程序转化为全区人民的共同意志和统一行动。坚持党管干部原则与人大依法任免相统一，确保党组织推荐的人选通过法定程序成为地方国家机关领导人员。严肃换届纪律，圆满完成了区、镇两级人大换届选举任务，选举产生了新一届区、镇两级国家机关领导人员。

【以使命担当增强行动自觉】 坚持党委有号召、人大有行动，在疫情防控阻击战、歼灭战中，常委会县级领导每人都包干了两到三个集中隔离点的防控工作，4名机关干部被抽调到集中隔离点参与疫情防控，其余全部下沉社区参与卡点值守、核酸检测等工作。

【党的建设】 扎实开展党史学习教育和“我为群众办实事”实践活动，领导干部带头讲党史专题党课8次，组织观看红色电影3场，赴红色基地开展主题党日活动2次，帮助群众解决“急难愁盼”问题24件，机关党员干部理想信念进一步坚定，初心使命意识持续增强。

【调研报告】 深入实际开展调研，聚焦高质量发展和民生热点问题撰写调研报告17篇。办好人大官网、官微、内刊，借助各级各类媒体平台讲好人大故事，全年在各级各类媒体上稿300多篇，其中省级以上主流媒体20多篇。

【基层基础持续巩固】 落实深化机构改革部署，组建农业农村委员会和人大代表联络中心，规范化设置区人大4个专门委员会、常委会“一办三工委”，人大工作力量进一步增强。健全常委会领导挂点联系镇（街道）人大工作制度、镇（街道）人大工作联系会制度，指导4个镇（街道）规范开展人大预决算审查监督，推动镇（街道）人大工作提质增效。

代表工作

【高质量办理人大代表建议】 人大代表在区五届人大六次会议期间提出的74件建议全部办理完毕，办复率100%，满意率95%以上，一大批人大代表关注、群众关心的难点、堵点问题得到有效解决。

【增强人大代表履职活动成效】 组织人大代表参与疫情防控，全区各级人大代表第一时间下沉社区，冲锋在抗击疫情第一线。组织开展“我为群众办实事”“六个一”活动，各级人大代表深入选区、深入人大代表联络站收集群众意见建议800多条，为群众办实事600多件。组织开展“代表活动日”活动，200多名区人大代表参与视察调研、集中学习、座谈交流，为镇街经济社会发展建言献策、把脉开方。

【优化人大代表履职服务保障】 健全完善人大代表学习培训、联系选民、日常履职、活动平台、履职档案、履职宣传等6个方面的工作制度，并提交区委常委会会议审议通过。组织50多名人大代表赴江苏、湖南、内蒙古、山西等地参训，有效提高人大代表履职能力素质。

（徐文积）

重要会议

【区第五届人民代表大会第六次会议】 2月23日至2月24日在区国际会议中心召开，应到代表182名，实到170名，列席人员345名。会议听取和审议了区人民政府工作报告、区人大常委会工作报告、区人民法院工作报告、区人民检察院工作报告，审议了信州区生态文明建设和生态环境状况的报告（书面），审查了信州区国民经济和社会发展第十四个五年规划和二〇三五年远景目标纲要草案（书面）、信州区2020年国民经济和社会发展计划执行情况与2021年国民经济和社会发展计划草案的报告（书面）、信州区2020年财政预算执行情况与2021年预算草案的报告（书面），并通过了上述报告的决议。大会表彰了2020年度全区人大工作先进单位和先进个人，会议期间还收到代表建议、批评和意见74件。

【区五届人大常委会会议】 2月18日至9月15日，区五届人大常委会召开了第33至第41次会议。

第33次常委会会议于2月18日召开。会议审议通过了人事任免事项、补选区人大代表资格的审查报告、代表辞职事项，审议通过了2020年度各项先进名单、授予“五星级”人大代表联络工作站的决定，审议通过了《信州区人大常委会关于召开信州区第五届人民代表大会第六次会议的决定（草案）》，审议并原则通过了《信州区人大常委会工作报告（审议稿）》。

第34次常委会会议于3月26日召开。会议审议通过了人事任免事项、代表辞职事项，审议并原则通过了《区人大常委会2021年工作要点（审议稿）》，听取审议了区政府关于信州区退役军人事务管理工作情况的报告。

第35次常委会会议于5月17日召开。会议审议通过了区人大常委会关于重新确定镇人民代表大会代表名额的议案，确定信州区4个镇新一届人民代表大会代表总额为300名，其中沙溪镇83名、灵溪镇68名、朝阳镇75名、秦峰镇74名，要求各镇人大严格依法做好新一届镇人大代表选举工作。

第36次常委会会议于6月29日召开。会议审议批准了区人民政府关于信州区行政区划调整的议案，听取审议了区人民政府关于信州区优化营商环境工作情况的报告、区人民检察院关于信州区未成年人检察工作情况的报告。

第37次常委会会议于7月28日召开。会议审议通过了区选举委员会、镇选举委员会和街道选举指导组成员名单，听取审议了区政府关于信州区老旧小区改造工作情况的报告、关于信州区巩固提升脱贫攻坚成果防止返贫致贫工作情况的报告、关于2020年度全区国有资产管理情况的综合报告和2020年度全区国有自然资源资产管理情况的专项报告，书面审议了区政府关于2020年度区本级上级财政转移支付资金安排使用情况的报告。

第38次常委会会议于8月5日召开。会议审议通过了人事任免事项。

第39次常委会会议于8月10日召开。会议审议通过了《信州区人大常委会关于区镇两级人民代表大会换届选举时间的决定（草案）》。

第40次常委会会议于9月1日召开。会议审议通过了人事任免事项。

第41次常委会会议于9月15日召开。会议听取和审议了区政府关于区五届人大六次会议代表建议办理情况的报告，审议通过了区人大常委会代表资格审查委员会关于区六届人大代表资格的审查报告、区六届人大一次会议议程（草案）、主席团和秘书长名单（草案）、议案审查委员会名单（草案）、列席人员名单，审议并原则通过了《区人大常委会工作报告（讨论稿）》。

【区第六届人民代表大会第一次会议】 9月24日至9月26日在区国际会议中心召开，应到代表227名，实到217名，列席人员369名。会议听取和审议了区人民政府工作报告、区人大常委会工作报告、区人民法院工作报告、区人民检察院工作报告，并通过了上述报告的决议。大会选举吴武华为上饶市信州区第六届人民代表大会常务委员会主任，刘祖宏、柴莉萍、黄玉华、蒋德贤、徐叶黎为副主任；王莹等21名同志为区六届人大会常委；选举余华阳为上饶市信州区人民政府区长，徐艺华、刘均勇、陈河龙、丁成军、龚桃、吴丽辉、刘理国为上饶市信州区人民政府副区长；选举邓登勇为上饶市信州区监察委员会主任；选举肖连华为上饶市信州区人民法院院长；选举胡腾峰为上饶市信州区人民检察院检察长（须报经市人民检察院检察长提请市人大常委会批准任命）。会议期间还收到代表建议、批评和意见123件。

【区六届人大常委会会议】 12月16日至12月30日，区六届人大常委会召开了第1至第2次会议。

第1次常委会会议于12月16日召开。会议审议通过了代表资格审查委员会组成人员名单、代表资格审查报告、区人大常委会人事任免工作办法、人事任免事项、代表辞职事宜；审议通过了区政府关于2021年上半年国民经济和社会发展计划执行情况的报告；审议通过了区政府关于2020年区本级财政决算和2021年上半年预算执行情况的报告，批准了2020年区本级决算；审议通过了区政府关于2020年财政预算执行和其他财政收支的审计工作报告；听取审议了区政府关于信州区松材线虫病防控工作情况的报告。

第2次常委会会议于12月30日召开。会议开展了“一年三问”年末问结果；听取审议了审计查出问题整改情况报告，并进行了满意度测评；审议通过了区人大常委会《关于着力围绕“六个一”强化人大代表能力提升与履职尽责的工作意见（讨论稿）》；听取审议了区法院关于人民法庭“双达标”工作情况的报告，区政府关于信州区义务教育均衡发展工作情况的报告；审议批准了区政府关于信州区2021年度预算调整的方案、2021年度新增一般债券资金调整的议案；审议通过了区六届人大二次会议议程（草案）、列席人员名单、主席团成员和秘书长名单（草案），审议并原则通过了《区人大常委会工作报告（讨论稿）》；审议了区政府关于信州区数字经济发展情况的报告、关于地方政府债务管理情况的报告；审议通过了区人大农业农村委员会关于“2021年信州区赣鄱农产品质量安全行”活动情况的报告、区人大常委会城建环资工委关于“2021年环保信江行”活动情况的报告、教科文卫工委关于“2021年食品药品安全赣鄱行”活动情况的报告。

（徐文积）

信州区人民政府

综　述

2021年，区政府团结带领全区人民，从容应考、沉着应战，打赢了一场坚决果断的疫情防控阻击战、歼灭战，交出了一份经济社会高质量发展的合格答卷。全年完成地区生产总值387.4亿元，增长8.7%，总量全市第二；财政总收入34.6亿元，增长14.6%；一般公共预算收入19.4亿元，总量全市第三，增幅全市第二；社会消费品零售总额221.0亿元，增长17.6%；固定资产投资增长11.6%；金融机构人民币存款余额1328.0亿元，增长10.3%；金融机构人民币贷款余额1388.3亿元，增长9.2%；城镇居民人均可支配收入45699元，增长7.2%；农村居民人均可支配收入21830元，增长8.5%。其中，外贸出口、规上服务业营业收入、金融机构存贷款余额、城乡居民人均可支配收入等7项指标总量全市第一；一般公共预算收入、工业投资、地区生产总值等9项指标增幅位列全市第一方阵。

疫情防控取得胜利。两周内全面遏制住疫情扩散蔓延势头，做到了“六个未发生”，成效得到国务院联防联控机制工作组高度肯定。坚持党建引领，筑牢“红色网格”防控体系615个，发动市区2万余名党员干部参与联防联控，拉起了“防外溢、防扩散”的生命防线，“最美背影”被新华社、人民网等主流媒体报道。有效应对疫情影响，迅速出台“复工复产28条政策措施”，建立了“四下四上”机制，助力企业在一周内全面复工复产。严格执行“12211”工作机制，保持常态化防控指挥体系和机制高效运转，坚决做到防控不松懈、疫情不反弹。

产业发展量扩质提。粮食播种面积、产量实现“双增长”，西园生态园成为信州区首个省级4A级乡村旅游点。新引进光电产业园、上饶建筑装配式（工业化）基地2个“5020”项目，华辉铜业、广悦电子、浩钰铜业、正峰科技等一批项目建成投产。规上工业总产值和营业收入首次突破百亿大关，分别达到115.6亿元、116.4亿元，增幅达97.5%、94.2%，营业收入增幅位居全省第一。发放财园信贷通、财政惠农信贷通贷款7.32亿元，惠及136户中小型企业和318户新型农业经营主体。天虹购物中心建成开业，喜来登酒店集团、云端时光夜经济街区加快建设，三江文化综合体成功引进。举办了80余场促消费活动，直接或间接拉动消费约1亿元。百灵草山庄成功创建省级3A级乡村旅游点。实施数字经济“一号工程”，成功引进全国区块链龙头企业南京纯白矩阵有限公司；数字经济新引进企业60家，共446家，占全市总量三分之一，纳税6亿元；其中，规上企业49家，营收155亿元，增长158%，夺取规上企业总数、营收总量、同比增幅三个全市第一，产业规模连续9年领

跑全省县域经济。信州区信息技术服务产业园入选江西省数字经济集聚区清单（第一批）。

发展后劲显著增强。启动六大领域“项目大会战”，实施投资额500万元及以上重点项目183个，增长31.7%，累计争取到上级资金项目19个，争取资金1.03亿元，获得上级转贷新增专项债券8.8亿元。投资活力全面激发，2个省重点项目、10个省大中型项目、28个市重大项目均超额完成年度投资进度。“百日攻坚”成效显著，推动磨湾棚改安置小区、老师范宿舍、四个中心项目、御景新苑11号地块顺利完成征迁签约。按照“干一年、谋三年”的原则，提前部署谋划了各行各业485个项目、总投资455亿元。

环境面貌焕然一新。全力做好58个为市服务项目，全年征收房屋面积近40万平方米，征收土地5000多亩；完成4个安置房地块的历史遗留问题扫尾清零，2个问题楼盘的化解取得实质性进展。深入推进全国文明城市创建，完成145个创文项目。全域实施城市精细化管理，城市管理工作获住建部通报表扬；主动承接物业管理下放，完成10个无物业小区物业化管理；完成23条里弄小巷改造，加装既有住宅电梯23部；完成24个老旧小区改造，改造体量达80万平方米，占全市一半。三江片区全域推进美丽城市示范区建设，快速推进了市立医院三江总院、三江雨污水管网改造、茅家岭邻里中心、区应急救援中心等项目建设，四中三江总校投入使用，叶挺大道全面改造提升，三江片区功能与品质大幅提升。三镇片区启动了1个全域美丽乡镇、8个美丽村庄、59个新农村点建设，成功创建省级“四好农村路”示范区（县），获得全省城乡环境综合整治考评第二名、入选全省第二批“美丽宜居示范县（区）”；投入3.2亿元启动城乡供水一体化工程，惠及3镇10万多人。生态环境持续改善，全区空气优良率97.3%，同比上升0.3%；乡镇集中式饮用水源达标率100%。朝阳镇荣获“省级生态乡（镇）”称号。茅家岭街道茅家岭村、塔水村、车头村、周田村荣获“市级生态村”称号。

改革创新活力迸发。完成8大领域、31个方面、163项改革任务，承接11项国家省市试点改革。深入实施“一网一门一次”改革，553项政务服务事项实现“只跑一次”，304项政务服务事项实现“一次不跑”。“赣服通”“赣政通”应用平台打通了群众办事“最后一公里”。“人生十件事”一站式联办率先在信州区落实落地。大力开展“三请三回”“饶商回归”工程，实现外贸出口18.5亿元，是全年任务数的1.69倍。全年财政预算对科技总投入增长18%；新增4家高新技术企业，本土培育的巨网科技入选省级“瞪羚企业”，荣登“中国互联网综合实力前百家企业”。

民生事业结出硕果。民生投入持续增加，民生支出占一般公共预算支出85%。建设安置房1万余套，分房9000余套；增加学位5800多个，占中心城区新增数近六成；增加车位近7000个，占全市新增的五分之一；新增医院床位335张、养老点位9个，医疗、养老的人均床位数都位居省市前列。城乡低保水平稳步提升，发放城乡低保金5920万元。持续推进三大保险扩面征缴，33万余人参加养老保险和工伤保险，基金征缴收入7.16亿元。注重就业政策落地，城镇登记失业率3.19%，控制在4.5%以内。巩固拓展脱贫攻坚成果，安排4936万元专项衔接资金，新建47个扶贫产业项目，带动户均增收1100元。严厉打击欺诈骗保行为，追回医保基金273.88万元，追回社保基金287.02万元。高度重视残疾人事业，为53名残疾儿童开展抢救性康复服务，救助资金72.13万元。积极推进中医药事业发展，荣获2019—2021创建周期全国基层中医药先进工作单位。区总工会全省首创的24小时不打烊爱心驿站，荣获“全国最美工会户外劳动者服务站点”称号，选送的《辰光》微视频荣获江西省第三届职工网上艺术节一等奖。上饶市合力万胜商业管理有限公司团总支荣获“全国五四红旗团支部”称号。

社会治理频现亮点。西市街

道荣获全国“平安中国建设先进集体”。水南街道金山社区荣获“全国民主法治示范社区”。创新基层社会治理，在全市率先试点成立“义警协会”，并入选中央政法委全国基层社会治理创新一百例典型经验。社区网格化工作向深向实推进，“西市格格”“北集心”“指南针”“东方红”成为网格工作靓丽品牌。坚决守住安全生产底线，全年没有发生较大以上生产安全责任事故。信访维稳形势向好，进京访、赴省访、赴市访、赴区访实现“四连降”，化解处理了一批信访积案。常态化、长效化推进扫黑除恶专项斗争，成效持续保持在全省县级排名前列。

政府效能全面提升。严格按照法定权限和程序行使权力，自觉接受人大、政协和社会监督，办理市、区两级人大代表建议197件、政协提案71件，办复率100%。“三公”经费持续压减，财政评审效果显著，净审减资金9859万元，净审减率6.9%。助推廉洁信州建设，57个工程项目全部实行“报价承诺法”，涉及资金35.12亿元。党史学习教育“百名大学生赴百个实践站宣讲”活动获中宣部表彰。

（李冬平）

重要会议

会议之内容为会议纪要原文，皆已发文给各单位。

【五届政府第六十九次常务会】

1月12日，区长叶文华主持召开区政府第69次常务会议。会议专题讨论研究了2021年经济社会发展主要预期目标及任务分解情况，会议就做好2021年各项工作，确保完成经济社会发展主要预期目标任务进行了部署，会议审议并原则通过了《叶文华同志在区委经济工作会议上的讲话（送审稿）》。

【五届政府第七十次常务会】　2月2日，区长叶文华主持召开区政府第70次常务会议。会议传达学习了中央、省、市关于做好根治拖欠农民工工资工作会议精神，会议传达学习了全省工业和信息化工作会议精神并原则同意我区贯彻落实意见，会议传达学习了《江西省县级以上人民政府重大决策程序规定》文件精神。

【五届政府第七十一次常务会】

2月7日，区长叶文华主持召开区政府第71次常务会议。传达学习《关于我省6起违反中央八项规定精神典型问题的通报》（赣纪通〔2020〕7号）精神，会议传达了全省发展和改革工作会议精神并原则同意我区贯彻落实意见，会议审议并原则同意《关于表彰2020年度平安建设（综治工作）先进单位的报告》，审议并原则通过《关于上饶市信州区2020年国民经济和社会发展计划执行情况与2021年国民经济和社会发展计划草案的报告》《关于上饶市信州区2020年生态文明建设和生态环境状况的报告》。审议并原则通过《信州区第十四个五年规划和2035年远景目标纲要（送审稿）》。

【五届政府第七十二次常务会】

3月6日，区长叶文华主持召开区政府第72次常务会议。传达学习习近平总书记在全国脱贫攻坚总结表彰大会上的重要讲话精神，会议传达学习了《江西省乡村振兴促进条例》主要精神，会议传达学习了国家、省、市安委会办公室“两会”安全防范工作视频会议精神，研究部署全国“两会”期间信州区安全防范工作。

【五届政府第七十三次常务会】

3月29日，区长叶文华主持召开区政府第73次常务会议。听取省委第二巡视组巡视反馈问题涉及区政府主要问题整改工作进展情况汇报，传达学习全省统计工作会议精神，审议并原则同意我区贯彻落实意见，审议并原则通过《信州区2021年工业和开放型经济工作（含数字经济）考核办法（送审稿）》《信州区2021年工业高质量发展目标及措施（送审稿）》《信州区2021年开放型经济工作实施意见（送审稿）》《信州区2021年商贸发展实施意见（送审稿）》《信州区2021年数字经济发展实施意见（送审稿）》《2021年信州区“开拓市场万里行”活动实施方案（送审稿）》等六个文件。

【五届政府第七十四次常务会】

4月27日，区长叶文华主持召

开区政府第74次常务会议。传达习近平总书记反“电诈”工作重要指示、李克强总理重要批示和国家、省、市相关会议精神并部署我区工作，传达学习国务院《防范和处置非法集资条例》和《江西省地方金融监督管理条例》文件精神并部署我区工作，会议听取了《关于景德镇市“4.17”较大火灾事故的紧急通报》文件精神并部署我区工作，审议并原则通过《关于实现巩固拓展脱贫攻坚成果同乡村振兴有效衔接的实施方案（送审稿）》《关于全面推进乡村振兴加快农业农村现代化的实施意见（送审稿）》。

【五届政府第七十五次常务会】 5月20日，区长叶文华主持召开区政府第75次常务会议。通报辽宁营口新冠疫情防控处置不力问责情况，并听取我区新冠疫情防控布置和疫苗接种情况汇报，传达学习《马森述同志在饶调研讲话精神》，听取经济发展环境审计查出问题整改落实进展情况。传达学习《江西省省级储备粮管理办法》及我区贯彻落实意见，传达上饶市2021年生态文明建设领导小组第一次会议暨推动长江经济带发展领导小组第二次会议精神及我区贯彻落实意见。

【五届政府第七十六次常务会】 6月17日，区长叶文华主持召开区政府第76次常务会议。传达学习习近平总书记关于安全生产重要指示、省市领导批示及省安委办相关文件精神，听取我区安全生产工作情况汇报并原则同意我区贯彻落实上级指示、批示的意见，听取第二轮中央环保督察期间反馈件交办落实情况汇报，传达学习全省政务公开重点工作推进会议精神及我区贯彻意见，听取省委第二巡视组反馈问题整改落实情况汇报，听取经济发展环境审计反馈问题整改落实情况汇报。

【五届政府第七十七次常务会】 8月11日，代区长余华阳主持召开区政府第77次常务会议。传达学习习近平总书记对当前疫情防控工作的重要指示精神，并听取我区疫情防控工作汇报和贯彻落实意见，传达学习中共上饶市委全会会议精神及我区贯彻落实意见，传达学习省、市安全防范会议精神和第一次全国自然灾害综合风险普查工作视频会议精神及我区贯彻落实意见，审议并原则同意《名筑建工集团有限公司“3.30”起重伤害一般事故调查报告（送审稿）》和《上饶市众旺生猪定点屠宰有限公司“5・7”触电一般事故调查报告（送审稿）》，审议并原则同意《信州区2021年生活垃圾分类工作方案（送审稿）》，审议并原则同意《关于确定公共租赁住房准入条件及审核程序的通知（送审稿）》。

【五届政府第七十八次常务会】 8月24日，代区长余华阳主持召开区政府第78次常务会议。传达学习新修订的《安全生产法》并听取省安委会专项巡查上饶涉及我区问题整改情况报告，传达学习《上饶市纪委市监委关于加强政治理论学习监督的工作意见》，审议并原则同意《上饶市环球港城市综合体项目投资协议（送审稿）》

【五届政府第七十九次常务会】 9月3日，代区长余华阳主持召开区政府第79次常务会议。传达学习习近平总书记在中央党校（国家行政学院）中青年干部培训班开班式上重要讲话精神、省委书记刘奇在全省县委书记座谈会上的讲话精神、省长易炼红专题调研“五型”政府建设工作讲话精神，传达学习习近平总书记关于统计工作的重要批示精神、近期统计工作相关意见、规定、选编内容及通报重大统计违法案件。

【五届政府第八十次常务会】 9月10日，代区长余华阳主持召开区政府第80次常务会议。听取《区政府工作报告（送审稿）》内容汇报。

【五届政府第八十一次常务会】 9月14日，代区长余华阳主持召开区政府第81次常务会议。传达学习习近平总书记近期关于农村厕所革命的重要指示精神及听取我区贯彻落实意见，传达学习中办、国办《关于建立健全审计查出问题整改长效机制的意见》，传达学习《江西省政府投资管理办法》及听取我区贯彻落实意见，传达学习市委办、市政府办《关于统筹发展和安全防范化解重大风险的实施方案》，听取中央、省生态环保督察反馈问题整改工作情况汇报，听取《信州区“大工业”工作方案（送审稿）》《信州区“大农业”工作方案（送审稿）》《信州区“大旅游”工作方案（送审稿）》汇报。

【五届政府第八十二次常务会】 9月18日，代区长余华阳同志主持召开了区政府第82次常务会议。会议听取了《关于对老上广公路维修项目内容的汇报（送审稿）》，会议听取了《信州区城市精细化管理项目（送审稿）》《信州区“大农业”“大工业”“大旅游”三大工作项目（送审稿）》汇报。

【六届政府第一次常务会】 10月14日晚上，区长余华阳同志主持召开了六届区政府第1次常务会议。会议传达学习了习近平总书记在纪念辛亥革命110周年大会上的重要讲话精神，会议传达学习了习近平总书记关于粮食安全重要论述并听取粮食购销领域腐败问题专项整治工作及地方粮油储备工作有关事项的汇报，会议传达学习了省委书记刘奇同志在全省开发区主要负责同志座谈会上的讲话精神，听取了我区贯彻落实意见汇报，听取《信州区奋力争先进位加快实现六个“走前列”目标实施方案（送审稿）》汇报

【六届政府第二次常务会】 11月24日上午，区长余华阳同志主持召开了六届区政府第2次常务会议。会议传达学习了中国共产党第十九届中央委员会第六次全体会议精神，会议审议了《信州区关于有效应对疫情稳定经济增长推进复工复产28条政策措施（送审稿）》，会议审议了《信州区干部挂点帮扶重点项目和企业复工复产工作安排（送审稿）》，会议审议了《关于做好当前重点项目和企业复工复产安全生产工作的通知》。

【六届政府第三次常务会】 11月30日晚上，区长余华阳同志主持召开了六届区政府第3次常务会议。会议传达学习了中国共产党江西省第十五次代表大会精神，会议传达学习了《中共江西省委办公厅、江西省人民政府办公厅关于建设更高水平平安江西的若干措施》，会议传达学习了《2021年度江西省高质量发展综合绩效考核评价实施意见》和省委、省政府领导讲话精神及我区工作贯彻落实意见。会议听取了2021年信州区巩固拓展脱贫攻坚成果工作情况和后评估工作汇报。会议听取传达了《江西省安委会办公室关于赣江新区新祺周管理处“11.22”房屋坍塌事件情况的通报》。

【六届政府第四次常务会】 12月21日晚上，区长余华阳同志主持召开了六届区政府第5次常务会议。会议传达学习了习近平总书记在中央全面深化改革委员会第二十三次会议上的讲话精神。会议听取了《信州区打击治理电信网络诈骗犯罪工作情况汇报》并审议《“校区联动”反诈宣传活动方案（送审稿）》。会议通报了江西省住建厅转发《住房和城乡建设部关于广州市大规模迁移砍伐城市树木有关问题的通报》。会议传达学习了《江西省安全生产委员会关于印发江西省安全生产工作职责暂行规定的通知》精神。会议审议了《2021年信州区政府工作报告（送审稿）》。会议审议了《信州区2021年国民经济和社会发展计划执行情况与2022年国民经济和社会发展计划（送审稿）》。会议审议了《信州区2022年政府投资项目（送审稿）》。会议审议了《关于上饶市信州区2021年生态文明建设和生态环境状况的报告（送审稿）》。

（徐力城）

办理人大代表议案、建议和政协委员提案

【概况】 2021年，政府系统共办理市、区两级人大代表建议197件、政协提案71件，各建议及提案均在规定时限内办理完成，办复率100%，满意率99%。

【高位推动落实】 区政府领导高度重视建议、提案办理工作，多次强调要把代表和委员提出来的事情办好办实。在收到区人大、区政协转过来的建议和提案后15天内，区人大、区政府、区政协共同组织召开了人大代表建议、

政协委员提案交办会，研究部署办理工作。对于事关改革、发展、稳定大局和人民群众普遍关注、反映强烈的重要问题，以及代表、委员多次提出的问题，区政府主要领导亲自挂帅，集中力量，重点突破，千方百计让问题得到最大限度的解决和落实。

市人大常委副主任、区委书记潘表光主持召开区生态文明建设领导小组会议

【规范程序建章立制】 健全办理工作网络。区政府办负责建议、提案办理的督促、检查和协调工作，并明确了分管领导对口负责以及具体抓落实的职能科室。各承办单位也完善了一把手负总责，分管领导具体抓，办公室、有关业务科室具体经办的办理工作机制，使办理工作层层有人抓、件件有人管。督促各承办单位要将办理工作纳入单位的日常工作，依照方案抓落实，使办理工作更加制度化、程序化和规范化。对答复文稿进行多级审核，每一份答复函从格式到内容，从文号到分类等均严格把关，确保了办理工作质量。

【督促检查增强办理实效】 把督促检查作为提高建议办理质量、增强办理实效的重要手段。在交办会后及时向各承办单位下发了办理工作要求，明确办结时限。做到答复前电话沟通或当面协商，通过与代表和委员进行直接交流，寻求解决问题的最佳途径。对暂时不能解决或因其他因素一时难以解决的，要求有关承办单位做好周到详细的解释工作。

（杨骏）

区政府办公室工作

【概况】 2021年，区政府办公室班子团结和带领全办干部职工，以“创一流服务，争一流机关”为目标，发挥承上启下、协调左右的职能，攻坚克难、砥砺实干，较好地完成了年初既定的各项目标任务。

【办文办会】 把“快节奏、高效率、零差错”作为办文办会的基本准则。针对上级来文来电，及时收发、分类登记、快速送签、统一管理。全年共办理各类公文3600余件，下发文件、通知500余件。按照“主题鲜明、结构严谨、文字精练、表述准确”的总体要求，严格把好文稿的政策关、文字关和格式关，确保文稿的权威性和可操作性。无实质性内容、可发可不发的文件坚决不发，能合并发文的尽量合并发文，能以会议纪要、批复、函件、信息、电话等形式通知的，不以文件形式印发。2021年政府性发文221个，同比减少19.6%。会议精简。遵循“删、短、精”的原则，提倡开短会、开小会，开解决实际问题的会。

【金融服务保障】 牵头组织全区各金融机构，在人员密集处开展防范和处置非法集资、打击整治养老诈骗等违法犯罪行为的宣传活动。针对涉非法集资、伪金交易场所、非持证企业等开展了风险排查和专项整治工作，精准处置信州区民间融资登记公司风险问题。坚持金融服务实体经济为导向，多次走访园区，引导金融机构加大对信州区企业的融资支持。开展企业“映山红”行动，开展上市后备企业调查摸底工作。支持中小微企业发展，构建具有特色的信贷通，与11家银行签订合作协议。

【政务服务】 2021年，信州区持续推进“一网、一门、一次”改革，全面改进政务服务质量，优化营商环境，让企业和群众获得感明显增强。开展“一次不跑”改革。聚焦高频事项，砍环节、减材料、优流程、压时限，推动政务服务事项全流程网上办、邮递办。共梳理公布“最多跑一次”事项857项，其中“一次不跑”事项304项，“只跑一次”事项553项。推进“人生几件事”改革。按照“一件事”办理操作规范，各相关单位有序开展“一件事”服务工作，“身后一件事”“低保救助一件事”“军人退役一件事”“医保一件事”“就学一件事”“退休一件事”“个人创业一件事”“出生第一件事”共计办理11787件。

【督查督办】 以问题导向、效果导向，以“四不两直”形式多次深入项目现场、窗口一线开展督查工作，全年累计交办各类问题2000余件，办复率100%。做好人大代表建议、政协委员提案跟踪督办工作，共办理市、区两级人大代表建议197件、政协提案71件，各建议及提案均在规定时限内办理完成，办复率100%，满意率99%。

【政务公开】 2021年信州区人民政府政务公开工作，共发布21384条主动回应信息，内容涉及新冠肺炎疫情防控、复工复产、义务教育、食品安全、社会治安、交通出行、防汛救灾等群众关心关注的热点；区长热线通过电话、网站、信箱、手机APP等渠道接到群众求决、咨询、投诉、意见建议共10853件。其中，网上市长热线受理有效来函8981件（含省长热线），区长热线受理来函1512件，区长信箱受理来函219件，“党风政风”受理来函141件。

（汤哲卿）

【区长热线办理】 区长热线办全年共接受市民群众投诉、举报、建议、咨询、求助等问题10684件。做到件件有着落，事事有回音。其中，市长热线网上交办件8981件。占84%；区长热线电话交办件1343件，占12.6%；“党风政风热线”交办件141件，占1.3%；协同政务区长信箱交办件219件，占2%。为了不断提高政务服务热线办理工作的按期回复率和群众满意率，于12月23日组织各承办单位具体受理承办人员（操作人员和审签领导）在区政府五楼大会议室举办区政务服务热线工作业务培训交流会。

（姚立翔）

综合管理

【概况】 2021年全区实现生产总值387.4亿元，增长8.7%；财政总收入34.6亿元，增长14.6%；一般公共预算收入19.4亿元，增长11.39%；固定资产投资增长11.0%；社会消费品零售总额完成212.3亿元，增长12.9%；金融机构人民币存款余额1377.8亿元，增长15.0%；金融机构人民币贷款余额1389.9亿元，增长7.5%；城镇居民人均可支配收入4.57万元，增长7.4%；农村居民人均可支配收入2.18万元，增长8.5%。社会消费品零售总额、城乡居民人均可支配收入、农村居民人均可支配收入等经济指标总量一直稳居全市前列。

【壮大主导产业】 工业经济增速喜人。全年全区62家规模以上工业完成工业增加值同比增长11.4%；完成工业总产值112.0亿元，同比增长102.44%；完成营业收入110.0亿元，同比增长94.5%；实现利润1.8亿元，同比增110.0%；完成工业技改同比增长400.0%；完成工业固定资产投资同比增长30.0%；完成工业用电量26682万千瓦时，同比增长32.9%；全年新增规上工业企业16户，净增12户。数字经济扬优扩势。截至11月底，入园企业达429家，营收132亿元，同比增长38.59%；纳税4.81亿元，同比增长81.5%；预计全年营收180亿元，纳税6亿元，连续9年保持全省县域数字经济排头兵位置。引进投资1.6亿元的南京纯白矩阵公司，填补区块链研发的空白。农业主导产业更加鲜明。精准发展蔬菜、水果、农旅等三大主导产业，重点扶持一批成长性好、潜力大的农业经营主体，新增蔬菜、果业经营主体21家，新增规模基地3000余亩。

【项目建设】 启动“项目六大会战”，实施投资额500万元及以上重点项目183个，同比增长31.7%；计划投资154.32亿元，同比增长20.5%。列入省大中型项目10个，同比增长11.1%；列入省重点项目2个，同比增长100%；列入市重大项目28个，同比增长7.7%。水南历史文化街区、喜来登大酒店等项目顺利推进，恒大养生谷成功创建国家级3A景区，百灵草山庄成功创建省级3A级乡村旅游点，西园生态园提升为省级4A级乡村旅游点。

【促进消费升级】 先后举办了“2021相约春天消费季之踏青欢乐购”、上饶“五一消费黄金季”系列活动之“饶品网上行”暨2021上饶双品网购节、“十一黄金周”暨“饶帮菜”系列评选发布仪式等系列活动，直接或间接拉动消费约1亿元。四角亭便民邻里中心正式营业。建成物流镇级配送站12个、村级物流网点80余个。

【城市功能建设】 启动4个棚户区改造，大力推进棚改项目扫尾，完成征迁约10万平方米；完成25个老旧小区、15条里弄小巷改造，既有住宅加装电梯33台；加快推进叶挺大道提升。同心一期安置房建成分房、汪家园二期安置房全面竣工，文通、东晖、梨树坞、汪家新苑安置房建设项目序时推进；市立医院三江总院、信州区应急救援培训中心、汪家园邻里中心等公共服务设施项按序建设。

【新农村建设】 争取国开行4.2亿元乡村振兴项目贷款，启动1个全域美丽乡镇、8个美丽村庄、59个新农村建设。持续打好蓝天、碧水、净土“三大”保卫战，全区主要河流断面水质达标率为93.3%；乡镇级集中式饮用水源达标率为100%。空气质量优良率为96.7%，同比上升0.3%；PM2.5浓度均值为26微克/立方米，同比持平。

【城乡一体化建设】 大力推进中心城区排水系统改造提升三年攻坚行动、城镇污水管网和处理设施项目建设；完成信州区“十四五”供水保障规划和信州区城乡一体化规划。常态化做好城区深度保洁，实施垃圾分类投放工作，巩固提升创国卫成果，全力参与全市争创全国文明城市、国家生态园林城市。

【引进投资】 开展“三请三回”“三企入饶”“饶商回归”工程，引进投资总额20亿元以上项目2个、2000万至1亿元项目7个、亿元以上项目7个。

【“一网一门一次”改革】 深入实施“一网一门一次”改革，“最多跑一次”事项857项，其中：“一次不跑”事项304项，“只跑一次”事项553项。“好差评”系统实现事项、对象、渠道全覆盖，非常满意率100%。“出生一件事”改革再提速，经验做法在全市推广，高龄补贴“一次不跑”改革事项快速推进，全省率先开展“退役一件事”改革试点。

【激发创新创业活力】 区信投集团成功发行全省首单3.5亿元的养老产业专项债券。全区专利授权总量101件，全市第一。培育有潜力的25家科技型企业成长为高新技术企业，高新技术产业增加值占规上工业增加值比重32.4%。

【增进民生福祉】 2021年，各项社会事业工作稳步推进，民生领域支出29亿元，占公共预算支出82%。优化教育资源布局，新改扩建十所小学、迁建七小，建成四中三江总校；加快补齐农村办学条件短板，新建秦峰中心小学及幼儿园、改扩建秦峰东塘小学、沙溪东风小学及幼儿园。巩固拓展脱贫攻坚成果，制定出台工作实施方案，安排各级财政专项衔接资金4936万元，项目135个。其中：安排产业项目资金2224.8万元，新建47个产业基地。加强区疾病防控和卫生应急能力，与市疾控中心共建PCR实验室，投入200万元用于购置核酸检测仪器，完成了37.49万人疫苗接种任务。保障和改善城乡困难群众基本生活，开工建设5家嵌入式养老院，3家建成投入运营，水南街道书院路、铁一社区芳华明都居家养老服务中心加快建设，提前完成农村“党建+幸福食堂”布点。强化兜底保障，130万提标提补资金发放到位。推进三大保险扩面征缴，全区基本养老、工伤、事业保险参保达33万余人，基金征缴收入达71587万元，为3.5万农民办理职工养老保险缴费，发放失业补助金329.7万元，发放创业担保贷款6202万元，落实一次性创业、求职补贴共计131.9万元，开展政府补贴性职业技能培训5887人次，累计开发公益性扶贫专岗634个。

【平安信州建设】 安全生产总体形势保持平稳。连续13年获得全省春季森林防火平安区。扫黑除恶常态长效，斗争成效持续保持在全省县级排名前列。深入开展“断卡”“断流”“春风”等行动，严厉打击缅北诈骗犯罪集团，劝返滞留缅北窝点人员24人；大力开展反诈宣传，创新推出“十进”工作举措，民警、社区干部逐一进村入户，有效守护群众“钱袋子”。不断完善农民工工资保障制度，实现工程建设领域实名制监管和农民工工资专用账户全覆盖。精准处置民间融资登记公司风险问题，确保金融秩序稳定。强化地方政府债务管理，防范财政金融风险，信州区债务风险等级评定结果为最低等级绿色。进一步做大区信投集团资产规模，获评2A级信用等级，成功通过发行债券参与资本市场直接融资。开展矛盾纠纷化解“百日攻坚”专项行动，在十九届六中全会、省党代会等大型会议召开期间，达到“北京不去、省内不聚、外地不串、网上不炒”的底线要求。

（张晓庆）

政务服务中心

【概况】 2021年，区政务服务中心紧紧围绕“我为群众办实事”实践活动要求，以加快“五型”政府建设为抓手，聚焦企业和群众反映强烈的突出问题，持续推进“一网、一门、一次”改革，全面改进政务服务质量，优化营商环境。信州区政务服务中心荣获2021年度县（市、区）高质量发展政务服务考核先进单位。区本级政务服务大厅窗口共办理行政权力事项253527件，公共服务事项3811124件，镇（街道）综合便民服务中心办理各类事项52227件。

【提升线上服务水平】 做实“赣服通”本地特色应用服务。本级政府、部门或公共服务单位开发应用的网上和手机端服务事项，原则上都汇聚到“赣服通”统一提供服务。在企业服务、异地通办、惠企政策兑现等服务中利用“赣服通”开辟好专属通道，真正做到“赣服通”“手机一开、说办就办”的便捷服务。做好中介服务事项的录入、机构进驻、资质审核、日常运行管理工作。截至12月底，93家项目业主，64家中介服务机构进驻网上中介服务超市，515个项目在网上中介服务超市中选取出中介服务机构。

【优化公开审批流程】 进驻政务服务大厅各窗口前台摆放服务指南，全面公开办事条件、收费标准和办理审批的所有流程和时限，做到“一目清”；严格落实一次性告知制度，对不合乎办理条件的耐心做好解释工作，做到“一口清”；从办事群众办事便捷角度出发，最大限度简化审批流程，压缩办理时限，能提前办结的一律提前办结，能让群众少跑一趟的就少跑一趟，能不提供的办事条件一律取消，做到“一手清”。

【持续推进“异地通办”工作】 区政务服务中心同浙江省温州市鹿城区行政服务中心、衢州市柯城区行政服务中心、宁波市奉化区政务服务办签订了“跨省通办”政务服务战略合作协议，解决企业和群众异地办事“多地跑”“折返跑”等堵点难点问题。围绕公安、教育、医疗、社保、民政、交通、住房等重点领域，全面梳理办事频率高、需求量较大、群众获得感强的事项，成熟一批推出一批，公布一批。截至2021年12月底，共包括社保、公安、商事登记等51项可实现跨省通办。

【推进“一件事一次办”改革】 信州区从企业和群众心头的事、身边的事、创业的事、最难的事入手，创新推出“一件事一次办”改革，让企业和群众办事不跑腿、少跑腿成为常态。按照“一件事”办理操作规范，实行“一窗理”。围绕出生、就学、个人创业、退休等“人生十件事”，梳理了9个部门的36个相关事项，编制办事指南，实施线下“一窗受理”，线上互联通办。整合优化各联办部门的申请表，实现多表合一，要素信息“一表清”，事项情形一次勾选、申报材料一单呈现，办理事项“一次结”。在推进“人生十件事”联办中，信州区改变“一个事项多个材料、多个部门、多次反复”等现状，跑动部门由13个减少为6个，效能提升53.85%；提交材料由48份减少为21份，材料精简率达56.25%；2021年，“身后一件事”办理38件，“低保救助一件事”办理11件，“军人退役一件事”办理101件，“医保一件事”办理1052件，“就学一件事”办理7619件，“退休一件事”办理109件，“个人创业一件事”办理115件，“出生第一件事”办理799件，共计办理9844件。

【推进政务服务“免证办理”】 改进传统服务方式，简化办理手续，办事群众通过“刷脸”“扫码”“亮码”任意一种方式，政务服务平台进行自动比对认证授权，服务窗口自动关联调取相关证照数据，自动生成相关材料，实现“免证办理”。区城管局、区教体局、区社保中心等三个窗口单位12项事项实现“免证办理”。

【开展“我为群众办实事”暖心活动】 自开展党史学习教育以来，区政务服务中心立足本职，推行“一站式”办理、“一条龙”服务，践行“微笑办、马上办、暖心办”的帮办代办理念，采取重点项目全程办、企业有需求跟踪办、群众有需要上门办、电话网上预约办等方式，为企业和群众提供全方位的帮办代办服务。在政务大厅醒目位置设置办不成事窗口、投诉箱、放置意见本、公示投诉电话，充分发挥群众监督作用，努力达到零投诉目标。开展“服务怎样我体验，发现问题我整改”活动，组织班子成员和党员干部以企业和群众的身份全过程经历一次、体验一次办事流程，查找疏通政务服务中的痛点、难点、堵点，并进行优化和完善。中心强化线下大厅服务功能，畅通线下服务渠道和人工服务，解决老年人等特殊群体使用智能技术难的问题，为其提供全程陪办、帮办、代办服务。

（郑志军）

应急管理工作

【概况】 上饶市信州区应急管理局，内设8个股室，核定行政编制9名、工勤编制1名；由原上饶市信州区安全生产监督管理局、原上饶市信州区防震减灾局、原上饶市信州区专业森林消防队、原上饶市信州区防汛抗旱指挥部办公室、原上饶市信州区煤炭经营监督管理办公室等单位合并组成；2019年1月底正式挂牌成立，2019年3月开始集中办公（位于五三大道30号原区税务局办公楼）。截至2021年12月，区应急管理局在编在册人数共计55名。

【应急救援】 6月28日上午八时许，信州区应急管理局接到北门街道凤凰社区来电反映，受强降雨影响，小区内出现严重积水，多名群众被困。区应急管理局立即派出专业森林救援队一中队立即赶往现场救援。经过近3个小时的紧张救援，小区内30名被困群众全部被安全转移。

【参与疫情防控工作】 11月上饶市疫情来临之际，局领导亲自带队，主动认领“亚朵酒店隔离点”防疫工作，带领10余名干部驻扎在隔离点。专业森林消防大队为全区搭建各类帐篷50多顶，应急管理局支援各个隔离点参与疫情防控工作累计300余人次。其余居家党员同志全部到所在社区报到助力疫情防控。

救援北门街道凤凰社区被困群众

【森林防灭火联动机制】 建立健全完善统一指挥、部门配合、协同作战、运转高效的森林防灭火联动机制，完善森林防灭火组织体系，全区全年共召开森林防火会议50余场次，及时安排，严格按照四部门联合下文的《关于进一步完善森林防灭火工作职责分工和协同工作机制的意见》饶森防火办［2021］13号文件精神，做好森林防灭火工作，做到分工明确，责任清楚。全年信州区未发生一起森林火灾和森林火警，被省政府评为“全省春季森林防火平安区”，已连续13年获此荣誉。

【森林防灭火隐患排查】 开展森林防火“平安春季行动”。及时发现漏洞，补齐短板，消除森林火险隐患；开展森林防火督查检查和联防联控。不定期开展森林防火明察暗访，清明、中秋、国庆等重点时期深入林区一线督促检查23次，并利用无人机、4G火场传输设备等技术手段，实现对全区主要通道沿线和重点敏感区域的全时监控。与广信区、广丰区、高铁新区、玉山县签订森林防火联防联控协议17份；提升森林防火专业队伍素质，累计开展理论学习300余课时，专业技能训练500余课时，体能训练700余课时；组织人员参加全市组织的重点区域森林防火勘察活动6次，参加省、市、军分区组织的各类防火、防汛、应急救援集训11次100余人次。

【应急救援队伍】 更新增加各类装备物资（现有风力灭火机30台、高压细水灭火机2台、背负式高压水雾喷射器10台、油锯20台、红外预警负载无人机〈可夜用〉1套，卫星电话2部，对讲机30台，火场4G图传设备1套、二号工具100套、个人单兵装备50套），建立专人定期保养制度和应急装备和物资储备与调运机制，确保储备到位、调运顺畅、及时有效。

【更新应急避难场所】 明确了市民公园及现代城社区国际公馆两处应急避难场所，为地震等自然灾害事件发生时，快速有序地疏散安置居民提供了可靠的应急避难空间指示。信州区中心城区建有5处公园应急避难场所，总面积78.38万平方米。人均避难场所1.94平方米，已达到文明城市测评体系“加强公共安全保障”中“建成区人均避难场所面积1.5平方米”的指标要求。

【应急宣传】 在微信公众号“信州应急管理”上，推送134篇信息，通过聊天会话、朋友圈、历史消息、朋友在看、搜一搜等形式累计阅读量9000余次，累计分享700余次。多次被上饶日报等主流媒体报纸刊登转载。开展应急宣传系列活动，先后开展3场安全生产月宣传活动、6场“5.12”防灾减灾日宣传活动。区森林防灭火指挥部和各镇街共召开森林防火会议50余场次，签订了森林防火双向目标责任书100余份，电视宣传10余次，群发短信5万余条，制作横幅30余条，刷写标语1.5万余条，发放森林防灭火宣传单10余万张，防火宣传车和村民敲锣宣传200余次。全区受教育面达96%以上。

【防灾减灾演练】 为全面提升信州区森林火灾处置、火灾扑救能力，信州区应急管理局组织全区各镇、街森林防灭火半专业骨干开展为期两天的全区森林防灭火半专业骨干培训班，培训内容涉及森林火灾的安全扑救与火场紧急避险等知识，现场演示风力灭火机等工具的使用方法等。4月份参加了上饶市应急管理局联合弋阳县、广信区、婺源县、信州区应急管理局组织的应急管理系统通信保障演练。

【严格落实值班值守】 严格落实应急管理值班备勤要求，将24小时领导带班和干部值班作为一项刚性制度不折不扣执行。区专业森林消防大队在重要时段、敏感时期，始终保持人员、器材、装备24小时待命状态，确保一有险情能够及时响应、迅速出动。2021年全年，区应急管理局机关累计安排领导带班365人次、干部昼夜值班730人次。做好自身应急值守工作的同时，要求相关高危企业落实24小时值班值守，特别针对恶劣天气情况的应急值守及相关预防处置情况进行了不定时的抽查。

【完成学习任务】 “学习强国”平台管理。按照上级组织要求，每日调度学习情况，确保全局46名学员日平均达40分以上；截至年底，全局49名学员的学习总时长2453小时31分，平均学习时长50小时。

（刘耀威）

机关事务管理和接待工作

【概况】 2021年机构改革后，上饶市信州区委区政府接待事务办公室更名为上饶市信州区机关事务服务中心（对外合作交流中心），为正科级参公事业单位，重新拟定了工作职责，把公共机构节能、党政机关公车、公房管理等工作进行了明确和固化。制定《信州区党政机关办公用房、公务用车管理实施细则》，进一步加强对全区公务用车和办公用房的监管，着力抓好机关事务管理和公务接待保障工作，圆满出色地完成各项工作任务。

【对办公用房、公务用车使用管理巡查】 3月1日，信州区机关事务服务中心下发了饶信息管字【2021】1号《关于开展信州区办公用房和公务用车使用情况大检查活动的通知》，对信州区公务用车、办公用房使用情况进行一次全面核查、摸清底数，确保公务用车和办公用房的合规使用。摸排“僵尸”车、过期服役车、安全隐患车，对维修费超高、无法正常使用、油耗超高的车辆通过拍卖和报废进行及时处置。全年共拍卖公车10辆，报废公车1辆，共处置金额186000元，全部上缴国库。区机关事务服务中心对区级办公用房的使用情况进行一次全面核查、摸清底数，确保办公用房的正常使用。2021年共审批了森林消防大队、国资事务中心等8家单位办公用房维修申请。

【公共机构节能降耗】 6月，信州区机关事务服务中心对28家机关单位上报市里的申报材料进行指导和把关。8月份，开展全国第31个节能宣传周活动，组织干部职工进入社区通过悬挂横幅、发放宣传手册等多种形式，宣传节能减排知识。同时倡导单位机关食堂坚持“光盘行动”。8月23日至25日组织信州区各单位观看2021年全国公共机构节能宣传周启动仪式、京津冀及周边地区公共机构节水论坛和“继续发扬勤俭节约传统积极践行绿水青山理念”云党课。

【机关大院后勤保障】 在疫情防控常态化的管理上坚持每天做好公共区域的消杀工作，特别是电梯轿厢、按钮等每天至少消杀三次，对进入大楼人员进行健康码核验、测体温等。安保人员对大院车辆有序停放做好监督和巡查。维护好大院的基础设施，对路面破损、井盖损坏的及时维修和更换，对大楼的水电进行了维护，对路灯、水龙头等损坏的及时更换，处理临时性故障300余次。有序地安排完成了大院白蚁防治，病媒生物防治，绿化用水设施设备的维修更换等。定期检查大院的电瓶车充电设施，避免电动车充电的安全隐患。2021年对信州区政府大院绿植进行了4次修剪、4次打草，每天捡拾草坪白色垃圾，及时补种了枯死绿植，对大院所有树木进行石灰水粉刷。

【服务会议保障】 保障了信州区委区政府各项一类会议240余场、区直单位各项二类会议210余场的胜利召开，保障了每年的人大、政协两会和五年一届的党代会的顺利召开。完成了区委宣传部门每年10余场次的重大演活动和六一儿童节的各类演出活动。共计服务参会人员约5.5万人。

【做好公务接待工作】 严格落实中央八项规定精神，全年共计完成了商务、公务接待共233批次，5800余人，其中公务接待30批次；商务接待203次。

【完善食堂管理】 加强机关食堂制度管理和日常监督检查管理，保证进出机关食堂的食品饭菜达到食品卫生要求（并且食品留样备检）。改造机关食堂排污设施及更换大部分食堂设备。食堂采用4D管理模式进行管理，改变食堂脏乱差现象。不定期推出不同种类有当地特色和网红特色的菜肴。

（洪道林）

中国人民政治协商会议信州区委员会

综　述

2021年，信州区政协始终坚持以习近平新时代中国特色社会主义思想为指导，以党史学习教育为主线，围绕区委“1235”战略部署，坚持在建言资政和凝聚共识上双向发力，加强自身建设与提升履职质量协同推进。

强化政治理论学习。通过细化7大专题24项具体举措，推动党史学习内化于心、外化于行。组织委员及机关干部赴青岛全国政协培训基地培训2批21人次；组织《伟大的征程——中国共产党永葆初心使命的百年奋斗史》专题讲座；组织机关干部赴韶山开展“追寻伟人足迹”主题党日活动；组织新一届委员前往方志敏干部学院，进行2天集中封闭培训，切实把“委员学习培训”“专题党课”“红色观影”“主题党日”“我为群众办实事”等活动融入党史学习教育中，着力提高委员为民履职水平。

聚焦主业助推发展。围绕“优化营商环境”“三江新城发展”等系列议题开展协商调研；关注群众所盼，聚焦“完善我区居家养老服务”“基层医疗卫生能力建设”“提升农村人居环境”“加强学校对学生身心健康的管理”等群众关切的多项课题协商建言，为经济社会高质量发展和民生所向献智出力。积极开展提案办理协商，组织提办双方赴抚州市金溪县考察学习，就“逐步推行我区城镇公交化一体化”提案进行深度协商，形成的《关于加快我区镇村公交化改造工作进程的建议》，得到区政府主要领导批示，报送社情民意信息被中共江西省委采用。基层协商走深走实。充分发挥“赣”事好商量协商议事平台作用，推进基层协商民主常态化长效化。全区130个“好商量”平台开展各类协商议事活动535场，助推解决了电动车充电、道路硬化、垃圾转运等群众的烦心事揪心事508件。创新开展“一座城一条心——文明城市创建及疫情常态化防控‘云’端好商量”协商议事活动，一批群众关心的问题得到解决。文史编撰凝聚人心。编撰整理出版《信州文史》丛书第五辑·抗战、第六辑·人文、第七辑·记忆，注重以文化人，以史资政。加强政协新闻宣传工作，“信州政协”微信公众号声量指数在2021年11月荣登人民政协网“商靓榜”第16位；《一座城一条心‘云’商量助抗疫》报道先后被新华网、人民政协网、江西政协公众号、《江西政协报》刊载；社情民意工作取得历史性突破，位列全省第8、全市第1。开展委员履职为民活动。区政协教科卫体委组织科技界别委员开展“送科技下乡”活动，助力乡村振兴；经济委围绕建党100周年庆祝活动，持续开展“教育扶贫——政协委员在行动”主题义捐活动，帮助28户困难党员家庭的43名贫困学子“圆梦求学”；文史委将历史文化街区保护工作列为2021年度“为群众办实事”重要调研课题，多次组织委员深入相府路17号民宅、夏言故居、太子庙、汪家巷和花大门进行调研，积极为申报历史文化街区鼓与呼。

参与中心工作。助力疫情防控。面对突发疫情，区政协召开“云”会议3次，组织动员全体委员和机关干部积极参与疫情防控。政协领导班子成员主动担责，挂点中高风险小区4个、隔离酒店12个，指挥督导疫情防控工作。机关干部全员参与卡点值守、核酸采样现场维护、样品转运。全体政协委员累计开展各类志愿活动2000余人次，捐款捐物40余万元。组织开展线上秀厨艺活动，收到6000余个参赛作品，数千个家庭参与其中；组织政协委员创作上饶话防疫“三字经”，累计转发量超5000人次，居家群众心理得到疏导。助力乡村振兴。坚决贯彻落实区委乡村振兴工作部署要求，主席会议成员挂点帮扶建档立卡户21户，走访调研指导14个定点帮扶村，帮助协调解决实际问题56项。机关干部主动参与沙溪镇李家村脱贫攻坚与乡村振兴有效衔接工作，积极扶持沙溪镇牧农水果基地、肉鸽养殖产业扶贫基地，助力开展专业技术培训、拓宽肉鸽销售渠道、打造特色农业产业。助力创文攻坚。聚焦全国文明城市创建，凝聚合力，政协委员和机关干部积极参与“联点共建”活动，下沉村居，打扫卫生死角，开展文明交通劝导行动，参与“红管家”志愿服务近1000次，用实际行动助推文明城市创建。

完善规范政协工作制度。修订了《政协信州区委员会工作规则》《政协信州委员会常务委员会工作规则》《政协信州区委员会主席会议工作规则》等17项规章制度，推进政协工作制度化、规范化、程序化，确保政协工作有章可循。加强委员队伍管理考核。将六届区政协24个界别的委员分别纳入5个专门委员会，完善了《关于加强委员服务管理和履职考核的实施办法》，建立通报表扬、宣传典型、评优结果运用等机制，加强对“入委”委员的服务和管理，引导委员积极投身凝心聚力、决策咨询、协商民主具体实践。机关建设扎实过硬。强化机关干部学习培训，坚持开展机关“周二学习日”活动，完善政协机关内部运行管理制度14项。

重要会议

【区长与政协委员协商办理重点提案会议】 1月7日晚上，信州区委副书记、区长叶文华组织政协委员与政府相关部门，围绕“推进主导产业高质量发展”议题，开展协商交流。区政协主席程茹主持会议。区政府副区长龚桃，区政协副主席柴莉萍、张莉出席会议。相关职能部门、各镇（街道）主要负责同志，以及部分区政协委员和企业代表参加会议。

【区政协五届四十六次主席会议】

2月2日下午，区政协召开五届四十六次主席会议，专题传达学习省政协十二届四次会议精神，研究贯彻落实意见。区政协主席程茹主持会议。

【区政协五届四十七次主席会议】

2月18日上午，区政协召开五届四十七次主席会议，听取和审议区政协五届六次会议有关文件和事项。区政协主席程茹主持会议。会议审议通过了《关于召开区政协五届六次会议的决定（草案）》等会议材料。

【区政协五届十九次常委会议】

2月18日下午，区政协召开五届十九次常委会议。区政协主席程茹主持会议。区政府副区长赵建颖受邀出席，区政协常委会组成人员参加会议。围绕《区政府工作报告》，与会人员进行了协商讨论，并听取了区政府办关于区政协五届五次会议以来提案办理情况的通报；审议通过了《关于召开区政协五届六次会议的决定（草案）》等会议材料。

【区政协五届委员会第六次会议】

2月22日至23日，中国人民政治协商会议信州区第五届委员会第六次会议在信州区召开。区政协主席程茹主持开幕大会，区政协副主席翟安军向大会作政协信州区第五届委员会常务委员会工作报告，区政协副主席张莉向大会作五届五次会议以来提案工作情况的报告。会议审议通过了

《政协信州区第五届委员会第六次会议提案初步审查情况报告》《政协信州区第五届委员会第六次会议决议》；表彰了区政协五届五次会议以来优秀提案和提案办理先进单位、2020年度区政协委员履职先进个人。

【区政协五届二十次常委会议】 2月23日上午，区政协召开五届二十次常委会议，审议通过区政协五届六次会议闭幕大会相关事宜。区政协主席程茹出席。区政协副主席翟安军主持会议。

【区政协五届四十八次主席会议】 3月23日下午，区政协召开五届四十八次主席会议。区政协主席程茹主持会议。审议了区政协2021年度调研协商计划、工作要点、提案情况和全区基层协商民主建设平台奖补资金分配工作。

【区政协党史学习教育动员会】 4月9日上午，区政协召开党史学习教育动员会。区政协党组书记、主席程茹出席会议并讲话。

【区政协党史学习教育专题学习会】 5月12日下午，区政协举行党史学习教育专题学习会，区政协党组书记、主席程茹主持，区政协主席会议成员、机关全体干部参加学习会议。会上，区政协主席程茹带领大家学习了新民主主义革命时期党的历史，观看了《复兴之路——峥嵘岁月》纪录片。5月26日下午，区政协举行党史学习教育第二次专题学习会，区政协党组副书记、副主席翟安军主持会议。会上，翟安军带领大家学习社会主义革命和建设时期党的历史，观看《开国大典》纪录片。6月10日下午，区政协举行党史学习教育第三次专题学习会。会议由区政协党组成员、副主席苗天红主持。会上，苗天红带领大家学习改革开放新时期历史，观看《必由之路·第二集——关键抉择》纪录片。6月22日下午，区政协举行党史学习教育第四次专题学习会。会议由区政协党组成员、副主席缪红芳主持。会上，缪红芳带领大家学习伟大飞跃新时期历史，观看《辉煌中国·第一集——圆梦工程》纪录片。7月7日下午，区政协党组书记、主席程茹主持召开区政协党史学习教育第五次专题学习会。会上学习习近平总书记在庆祝中国共产党成立100周年大会的重要讲话精神及刘奇同志在江西省庆祝中国共产党成立100周年大会讲话精神。

【区政协五届五十次主席会议】 7月22日上午，区政协召开五届五十次主席会议。区政协主席程茹主持会议。会议传达学习了习近平同志在中央政治局第二十七次集体学习时的讲话精神，省纪委办公厅《关于深化专项治理严防吃喝送礼歪风变异回潮的通知》文件精神，区纪委《关于一起违反中央八项规定精神问题的通报》《关于我区3起党员干部、公职人员酒驾典型问题的通报》文件精神，观看《中国有了共产党》专题片。

【区政协机关党支部党史学习教育专题组织生活会】 8月5日下午，区政协机关党支部召开党史学习教育专题组织生活会。区政协党组书记、主席程茹和副主席们以党员身份参加。

【区政协五届五十二次主席（扩大）会议】 9月3日下午，区政协召开五届五十二次主席（扩大）会议。区政协主席程茹主持会议，区政协党组书记、六届区政协主席提名人刘山钰出席并讲话。区政协主席会议成员、六届区政协副主席提名人和各委办正副主任参加会议。

【区政协党组（扩大）会议】 9月9日下午，区政协召开党组（扩大）会议。区政协主席程茹出席并讲话。区政协党组书记、六届区政协主席提名人刘山钰主持会议。区政协主席会议成员、六届区政协副主席提名人参加会议。会议协商了六届区政协委员、常务委员人选，审议了表彰五届优秀政协委员、优秀提案建议名单。

【区政协五届五十三次主席（扩大）会议】 9月17日上午，区政协召开五届五十三次主席（扩大）会议。区政协主席程茹主持会议。区政协党组书记、六届区政协主席候选人刘山钰出席。区政协主席会议成员、六届区政协副主席候选人参加会议。会议审议了政协信州区六届一次会议的相关事宜。

【区政协五届二十一次常委会议】 9月17日上午，区政协召开五届二十一次常委会议。区政协主席程茹主持会议。区政协党组书记、六届区政协主席候选人刘山钰出席。区政协常务委员会组成人员、六届区政协副主席候选人参加会议。会议听取了区委组织部有关政协信州区第六届委员会委员安排的人事说明、区政府办关于区政协五届六次会议以来提案办理情况的汇报，审议了召开区政协六届一次会议的决定，六届一次会议主席团成员、主席团会议主持人和大会秘书长建议人选，六届一次会议议程（草案）、日程（草案），区政协常委会工作报告，区政协提案工作报告，研究了表彰优秀政协委员、优秀政协提案名单和有关人事任免，观看了政协工作专题片。

【区政协六届一次会议临时党委会暨召集人会议】 9月22日下午，区政协六届一次会议临时党委会暨召集人会议召开，区政协党组书记刘山钰出席会议，区政协党组副书记邱模恺主持会议，区政协党组成员方表福，区政协党组成员吴吉江及临时党委成员、各党支部支委和各联组召集人参加会议。会上宣布了区政协六届一次会议临时党委及临时党支部组成人员名单，各联组召集人名单（草案）。

【区政协六届委员会第一次会议】 9月23日至25日，中国人民政治协商会议信州区第六届委员会第一次会议在信州区召开。刘山钰主持开幕大会。程茹代表政协信州区第五届委员会常务委员会做常委会工作报告。张莉在会上做中国人民政治协商会议信州区第五届委员会常务委员会关于提案工作情况的报告。在闭幕会前举行的选举大会上，刘山钰当选为政协信州区第六届委员会主席，邱模恺、章淑英、王芳、张莉、胡涛、方表福、郑耀龙当选政协信州区第六届委员会副主席。吴吉江当选政协信州区第六届委员会秘书长，冯秀云等32人当选政协信州区第六届委员会常务委员。

【区政协六届一次主席会议】 9月27日，区政协主席刘山钰主持召开区政协六届一次主席会议，区政协副主席邱模恺、章淑英、王芳、张莉、胡涛、方表福，区政协秘书长吴吉江参加会议，各专委办主任列席会议。会议研究了区政协领导工作分工等事宜。

【区政协六届二次主席（扩大）会议】 10月14日上午，区政协六届二次主席（扩大）会议召开，区政协主席刘山钰主持会议。会上，审议了举办区政协六届委员培训班相关事宜，研究了乡村振兴区政协挂点、帮扶相关事宜。

【区政协六届三次主席（扩大）会议】 10月28日上午，区政协六届三次主席（扩大）会议召开，区政协主席刘山钰主持会议，传达了市政协五届一次会议和市政协五届一次常委会议精神，并部署了下一步工作。

【区政协六届一次常委会议】 11月24日，区政协利用“学习强国”云平台，以网络视频会议的形式召开了六届一次常委会议，区政协主席刘山钰主持会议，区政协副主席与区政协常委及各镇（街道）政协工作联络组长参加会议。会议传达学习了习近平总书记在中央政协工作会议暨庆祝中国人民政治协商会议成立70周年大会上的讲话精神、中共十九届六中全会精神、市政协五届一次会议精神。

【区政协六届四次主席会议】 12月15日上午，区政协召开六届四次主席会议，区政协主席刘山钰主持会议。会上，审议了《关于开展“一座城一条心——文明城市创建及疫情常态化防控”赣事好商量协商议事活动方案》等。

【区政协六届五次主席会议】 12月23日上午，区政协召开六届五次主席会议，区政协主席刘山钰主持会议。

重大活动

【参观“百年辉煌·继续奋进”中国共产党建党100周年书画展】 1月6日上午，区政协文史委组织部分委员赴区博物馆参观“百年辉煌·继续奋进”中国共产党建党100周年书画展。区政协主席程茹、副主席缪红芳等参加活动。

【调度信州区居家和社区养老服务建设项目推进工作】 1月7日上午，区政协主席、区推进居家和社区养老服务建设工作领导小组组长程茹调度指导信州区居家和社区养老服务项目建设推进工作。区政协秘书长吴吉江、区民政局局长唐筱虎和相关街道社区负责同志陪同。

**【开展政协委员进社区征集社情民

意活动】 1月22日上午，区政协组织部分委员来到水南街道下滩头社区征集社情民意，听取居民意见，了解居民诉求，受到社区居民的一致认可和好评。区政协主席程茹、区政协副主席柴莉萍出席。水南街道党工委副书记、办事处主任杨清主持座谈会。

【“后疫情时期企业发展”委员交流座谈会】 2月23日下午，区政协、区委统战部联合召开“后疫情时期企业发展”委员交流座谈会。区政协主席程茹，区委常委、统战部部长汪东军出席并讲话，区政协副主席翟安军主持会议。与会人员就整合资源、共渡难关等诸多问题畅所欲言，共同为推进疫情时期企业发展出谋划策。

【区政协委员捐赠抗疫智能晨检机器人】 3月9日上午，区政协委员施卫星向沙溪镇幼儿园捐赠一台价值3万元的智能晨检机器人，用于快速测温及晨检，助力学校防疫工作。区政协主席程茹、副主席苗天红出席捐赠仪式。沙溪镇、区政协教科卫体委、区教体局等相关同志参加活动。

【开展基层协商民主建设考核工作】 3月12日上午，信州区召开基层协商民主建设考核工作会议，听取各考核组关于考核情况汇报。区政协主席程茹出席并讲话，区政协副主席翟安军主持会议。前期，为全面检视基层协商民主建设工作，全区抽调区委督查专员、各镇（街道、园区）政协联络工作人员及其联系指导的政协干部组成7个考核小组，分别由区政协7位副主席带队，通过听取汇报、实地查看、翻阅资料、座谈交流等形式，对全区130个“赣事好商量”协商议事平台进行交叉考核。

【市政协调研组来信州区视察调研历史文化街区】 3月23日上午，上饶市政协副主席毛敏珍率领由市政协文史委主任艾涛、市住建局副局长陈廷笔、市自然资源局四级调研员杨桂豫等组成的调研组，到信州区开展历史文化街区相关工作视察调研。区政协主席程茹，区委常委、宣传部部长刘山钰，区政协副主席缪红芳陪同调研。

【区政协组织部分政协委员、干部赴青岛参加学习培训】 4月13日至18日，信州区政协组织部分政协委员、干部共15人赴青岛参加了全国政协第15期地方政协干部（委员）培训班，区政协副主席王红林、胡频萍带队。这是区政协首次组织政协委员、干部参加全国政协的培训活动。学习培训围绕“学懂弄通做实”习近平总书记关于加强和改进人民政协工作的重要思想、变动中的世界格局安全、经济形势与财政货币政策运用、中共党史等内容展开。

【区政协常委会举办党史学习教育专题讲座】 4月21日上午，信州区政协常委会举办党史学习教育，特邀市委讲师团副团长周燕平作了题为《伟大的征程——中国共产党永葆初心使命的百年奋斗史》的专题讲座。区政协主席程茹，副主席翟安军、柴莉萍、苗天红、缪红芳、王红林、胡频萍、张莉出席，翟安军主持讲座。区政协常委、各镇（街道、园区）政协工作联络组负责人以及区政协机关干部50余人参加。

【传达全市基层协商民主建设调研座谈会精神】 4月21日上午，信州区召开会议传达学习全市基层协商民主建设调研座谈会议精神。区政协主席程茹，副主席翟安军、柴莉萍、苗天红、缪红芳、王红林、胡频萍、张莉，秘书长吴吉江出席会议。会议由翟安军主持，各镇（街道、园区）政协工作联络组负责人、区政协机关全体干部约30人参加会议。会上，吴吉江领学了市政协副主席谢柏清在全市基层协商民主建设调研座谈会上的讲

区政协举办政协信州区第六届委员培训班

话精神，传达了市政协关于下步推进基层协商民主建设的工作要求，并部署了贯彻落实意见。

【省市调研组来信州区调研基层协商民主建设工作】 4月26日，省委党校科社教研部主任、教授、省政协委员高莉娟率省市调研组到信州区调研基层协商民主建设工作，并与部分基层代表就基层协商民主建设进行座谈交流。上饶市委党校常务副校长刘伟明，市政协农业农村委主任张丽萍，区政协主席程茹，区政协副主席翟安军、张莉等陪同。

【开展政协委员“送科技下乡”活动】 5月24日上午，由区政协教科卫体委与区科协、区科技局联合举办的“信州区2021年科技活动周科普进校园暨政协委员送科技下乡活动”启动仪式在上饶市还农生态农业科普基地举行。区政协主席程茹出席并宣布活动启动，区政府副区长邓跃跃致辞，区政协副主席苗天红主持。启动仪式上，朱国强、施卫星、张灵莉、鄢印根、廖怀相等5名区政协委员为学生捐赠800余册科普书籍，随后现场开展了垃圾分类科普知识讲座和科普知识竞赛活动。

【走访慰问老党员和困难党员】 6月28日上午，区政协主席程茹先后深入沙溪镇东风村和油麻坞村，走访慰问老党员和困难党员，为他们送去党的关怀和温暖，并向他们致以节日的问候。区政协秘书长吴吉江、沙溪镇党委书记刘理国等陪同。

【老干部党支部举行“光荣在党50年”纪念章颁发仪式】 6月28日上午，区政协老干部党支部举行“光荣在党50年”纪念章颁发仪式。区政协党组书记、主席程茹，区政协党组成员、副主席缪红芳，区政协党组成员、区政协秘书长吴吉江，老干部党支部老党员代表出席。区政协老干部支部书记郭秋华主持仪式。颁发仪式上，缪红芳宣读了《致“光荣在党50年”纪念章获得者的一封信》。程茹代表区政协党组为徐孚贵、王飞、谢昌文、潘水香、朱强良5位老党员颁发“光荣在党50年”纪念章。

【党史学习教育专题党课】 6月28日下午，区政协党组书记、主席程茹以《悟思想、强担当，推动政协工作迈上新台阶》为题讲授党史学习教育专题党课。区政协党组副书记、副主席翟安军主持，区政协党外副主席柴莉萍、王红林、胡频萍、张莉，区政协党组成员、秘书长吴吉江和区政协机关全体党员干部参加。

【集中收听收看“七一勋章”颁授仪式】 6月29日上午，庆祝中国共产党成立100周年“七一勋章”颁授仪式29日上午在北京人民大会堂金色大厅隆重举行。区政协组织全体机关党员干部集中收看“七一勋章”颁授仪式直播。

【文史委召开2021年度调研、协商课题座谈会】 7月2日区政协文化文史和学习委召开了“三江新城发展现状”调研课题及“群众文化数字化探索”协商专题座谈会。区政协副主席缪红芳出席会议，区政协文化文史和学习委成员及相关负责同志参加座谈会。

【赴抚州市金溪县学习考察镇村客运公交化工作】 针对近年来政协委员多次提出的“大力发展农村公交”的建议，7月7日至8日，区政协副主席柴莉萍率队带领由提案承办单位、提案委员等组成的学习考察组，赴抚州市金溪县学习考察镇村客运公交化改造工作并座谈交流。抚州市金溪县政协副主席胥盛华及相关职能部门负责人陪同。

【开展学习贯彻“七一”重要讲话精神专题研讨交流会】 7月13日下午，区政协召开学习贯彻“七一”重要讲话专题研讨交流会，区政协主席程茹主持并讲话。

【市政协来信州区调研“推动落实惠企惠民政策，全面优化经济发展环境”工作】 8月3日下午，市政协主席杨文英来信州区调研“推动落实惠企惠民政策，全面优化经济发展环境”工作。市人大常委会副主任、区委书记潘表光，区政协主席程茹，市政协经济委主任周军，市发改委副主任王菊萍等陪同。

【人资环委召开“充分利用‘互联网+养老护理’，完善我区居家养老服务”专题调研座谈会】 8月3日下午，区政协城乡建设和人口资源环境委员会邀请部分政协委员、课题专家组成调研组，召开“充分利用‘互联网+养老护理’，完善我区居家养老服务”专题调研座谈会。

【举行建党100周年帮扶困难党员家庭子女就学义捐活动】 8月6日上午，区政协在国际会议中心举行“教育扶贫——政协委员在行动”之建党100周年帮扶困难党员家庭子女就学义捐活动，现场资助28户困难党员家庭的43名贫困学子99000元助学金。区政协主席程茹出席并讲话。区政协副主席翟安军主持仪式。

【市政协调研组到信州区开展全市政务服务管理机制体制建设工作专题调研】 8月13日，市政协调研组到信州区开展全市政务服务管理机制体制建设工作专题调研并召开座谈会。市政协人资环委主任邱岩带队，区政府副区长邓跃跃、区政协副主席翟安军陪同调研及座谈。信州区委编办、区政务服务中心、区商务局、区市管局、区发改委、北门街道、沙溪镇，以及广丰区、广信区、铅山县、弋阳县、横峰县、上饶经开区、高铁经济试验区相关政务服务管理单位负责人参加座谈会。扎实推进巩固拓展脱贫攻坚成果与乡村振兴有效衔接。

【举办政协信州区第六届委员培训班】 10月15日至17日，区政协在方志敏干部学院举办政协信州区第六届委员培训班。区政协主席刘山钰，区政协副主席邱模恺、章淑英、张莉、胡涛、方表福，六届区政协委员、区政协机关干部等180余人参加培训。

【举办疫情防控期间线上秀厨艺比赛活动】 11月19日，区政协发布《关于举办疫情防控期间线上秀厨艺比赛活动的通知》，得到了广大市民的踊跃参与，仅微信公众号点击量就超过1.3万，截至2021年11月21日20时，累计收到6000余个厨艺作品，数千个家庭参与其中。为缓解社会民众心理压力、疏导情绪、更好地配合疫情防控工作起到了较好效果。

重要建议

【“群众文化的数字化探索”专题协商】 在协商调研的基础上，建议提高思想认识，坚持数字化时代群众文化工作的正确方向，处理好继承与创新的关系、普及与提高的关系、引领与包容的关系。创新信息手段，提高数字化时代群众文化工作的质量层次，把握数字时代文化传播的新方式，构建以新媒体建设为核心的现代文化传播战略体系。加强公共文化数字资源建设，加强公共文化数字技术人才队伍建设。

【“优化营商环境”专题调研】 《优化营商环境·助力我区经济高质量发展》报告中提出优化营商环境要进一步提高政府服务效能，继续深入推进“放管服”改革，可借鉴浙江衢州“无差别全科受理”改革，全面启动政务服务信息化建设。同时需要加强政策宣讲，提高政策的知晓率、透明度；通过增加设立城市商业银行和农业合作银行，缓解融资难、融资贵等问题，切实减轻辖区内企业负担。建立政企联系制度，定期组织召开政企、银企见面会制度及政府主要领导要定期深入企业调研等制度，拓宽政企交往的渠道，推动建立政府与企业直通车，健全企业家与领导干部座谈交流机制。

【“三江新城发展现状”专题调研】 《信州区三江新城发展现状的调研报告》中针对信州区三江新城发展现状和存在的困难，建议理顺市区两级管理机制，归口管理，提高实效；建议加强相关职能部门联动，突破瓶颈，化解矛盾，在政府组织下，指定牵头部门，召集涉及项目验收办证的住建、安监、税务等部门联动配合，理顺办证矛盾，破解三江新城发展瓶颈。建议置身更高层面发展格局，积极融入，借力发展，重新审视市场发展前景，重新规范发展定位，重新调整产业布局，以全新的发展目标及业务结构融入三江片区乃至全市数字经济发展的大格局中，避免过度重复发展，争取弯道超车。

【“整合应急救援资源，提高综合救灾能力”专题调研】 通过实地调研形成调研报告，并提出：凝聚政府应急主力，建立全区应急救援核心力量，全面建设以综合性消防救援队伍为主、军队非战争军事行动力量为突击、专业救援队伍为协同的政府应急力量，形成“政府主导、一专多能、反应迅速、保障有力”的综合应急救援体系。凝聚企业应急专力，加快基层专职应急救援队伍建设，结合园区“五个一体化”建设，依托沙溪、朝阳产业园区现有应急队伍，整合镇专职消防救援队和其他企业应急救援力量，探索建立以企业安全为重点的区域性专职应急队伍。凝聚社会救援助力，推动社会救援力量良性发展，将社会应急救援力量纳入全区应急救援体系，加大培育扶持力度，加强业务指导和管理，不断引导社会救援力量向正规化发展。

【“城乡公交一体化”协商调研】

针对近年来政协委员多次提出的“大力发展农村公交”的建议，通过外出考察、实地调研、座谈交流等方式形成《关于信州区城乡公交推进一体化的建议》，提出实施“城镇客运一体化，逐步推行城镇公交化，把城市和乡村公交交通纳入同一幅发展蓝图”，建议重点抓好运行实施过程，在运行过程中选好主体，并明确运营主体；逐步推进，分阶段进行，先开通成熟公交线路；进行适价收购，根据经营期限及车辆评估残值、人员安置费三点作为评估的前提条件；规定车型、核定票价，政府给予经营性亏损补贴等。

（王琦）

纪检监察

综　述

2021年，全区纪检监察机关的各项工作取得新进展，为全区经济社会高质量发展提供了坚强纪律保障。

政治监督践行“两个维护”。结合换届工作开展政治谈话。印发《关于开展对新任领导干部政治谈话的实施方案》，区委常委率先对挂点镇街和分管部门党政“一把手”开展政治谈话，各级党组织分层分类逐步推进。对146名新提任科级领导干部开展集体谈话，把“一岗双责”、主体责任和监督责任谈深谈透，从源头上树牢责任意识。围绕“国之大者”强化监督。开展粮食购销领域专项整治工作，发现问题17个，处置问题线索3件，立案1件。压紧压实相关部门监管职责，既提出“当下改”的举措，又完善“长久立”的机制，切实保障国家粮食安全。面对疫情，区纪委、区监委机关闻令而动、全员上阵，沉一线、点对点精准发现问题，清单化、强问责推动问题整改。共发现各类问题并当场反馈整改460余个，报送督查监督情况26期，发出问责通报3期，工作提示函18份，处理11人，处理党组织1个，为全区打赢疫情防控阻击战、歼灭战提供坚强纪律保障。将落实巡视巡察整改、执行报价承诺法、开展违建治理、矿产资源开发等工作纳入干部党风廉政意见研判重要内容，干部任前党风廉政意见回复232人次，评先评优等党风廉政回复73批3052人次，对14名拟提拔或评先评优人选提出否定意见，坚决防止干部“带病提拔”“带病表彰”。

开展党史学习教育和“我为群众办实事”实践活动。紧扣主责主业，细化19项具体措施，逐步推动解决了多个楼盘长期无法办理产权证、部分安置小区逾期交付、部分停车场乱收费等30个老百姓反映强烈的突出问题。重拳打击欺诈骗保行为，追回医保基金295.07万元，有效保护老百姓的“救命钱”。监督推动全区非法违规建房专项整治，摸排发现并推动解决问题40宗，涉及面积8.75亩，严肃查处怀玉谷小区违章搭建典型问题，对履行监管、监督责任不到位的9名党员干部进行追责。深化镇（街道）纪（工）委“两化”建设。规范镇（街道）纪（工）委工作流程，完善考评体系，加强挂点纪检监察室指导力度，逐步提升镇（街道）纪（工）委履职能力。全年8个镇（街道）纪（工）委共处置问题线索64件，立案28件，同比增长27.3%，以整治群众身边反映突出问题的新成效不断增强群众对党的信心、信任和信赖。

狠抓作风建设，持之以恒开展中央八项规定精神落实情况和餐饮浪费问题监督检查工作，部署开展严防吃喝送礼歪风变异回潮专项整治行动，查处问题21起，处理21人，给予党纪政务处分13人。持续深入整治“怕慢假庸散”作风顽疾，查处形式主义、官僚主义问题3个，处理3人。深化“小金库”治理，对70个预算单位做到

"教育、自查、规范、查处"等关键环节全覆盖，立案3件，涉案金额30万元，给予党纪处分3人。开展优化营商环境专项监督，反馈并推动整改问题84个。推动勤俭治区，树牢过"紧日子"思想。紧盯"三公"经费支出加强监督，实现全区因公出国、公务接待、公务用车同比分别下降15.17%、11.84%、24.12%。围绕辖区内批而未供（用）土地消化情况开展专项监督，推动产生用地计划指标330余亩，消化批而未供（用）土地20%。推动廉洁采购与廉洁医卫深度融合，对55个20万元以上医疗设备采购项目全程监督，有效节约资金770.47万元。针对信州区"创文"项目多、里弄小巷改造频繁等特点，印发《关于开展里弄小巷整治提升工程建设过度化等问题专项治理的实施方案》，重点整治违规将项目纳入整治提升工程和里弄小巷整治提升工程中重复建设、过度化建设等问题，精准发现4大类23个问题，现已全部督促整改到位。

把监督作为首要职责，深化"一清单一报告两档案"运用机制，做实日常监督、创新监督。区委和区纪委、区监委同向发力，区委主要领导率先垂范，带动区四套班子自觉接受监督，在民主生活会和组织生活会上带头进行批评和自我批评。常态化落实了区纪委副书记列席区委常委会议有关要求，推动各镇（街道）、各区直部门主要负责同志在纪委全会、集体廉政谈话会上述职述廉。综合分析研判存在的共性问题，向区委、区政府发送纪检监察建议书2份，并持续跟踪整改。加强信访举报情况综合分析研判，对检举控告数量大、增长快的镇（街道）和部门及时发函提醒，督促压实属地责任。坚持严管厚爱结合、激励约束并重，既用监督加压，也用信任加力，运用"四种形态"批评、教育、帮助和处理333人次，第一二种形态占比92.5%。用好问责利器，实施问责13起，查处"两个责任"落实不到位问题19人，问责党组织3个。不断深化基层监督。关注热点难点问题，下村监督走访1691人次，发现并解决问题248个。开展两轮"三务"公开督导，共发现问题109个，逐条推进整改。在朝阳镇开展"三务"公开数字化试点工作，以智慧监督推动基层监督持续升级。

巡改并重。推进四届区委巡察工作"回头看"，实现区本级巡察覆盖率和延伸巡察村（居）党组织覆盖率两个100%，圆满完成巡察全覆盖任务。发现问题85个，移交问题线索28件，立案13件。认真对照中央巡视指导督导倾向性问题通报自查自纠，主动认领问题6项，制定并完成整改措施23条，健全协作配合、成果运用、内部管理等制度4项，有效提升巡察工作政治属性和精细化水平。全面压实整改政治责任，发出整改督办函13份，督促被巡察单位党委（党组）"一把手"为整改报告签字背书，推动巡视巡察反馈问题整改落地见效。

保持惩治高压态势。共处置问题线索291件，同比增长81.88%，立案75件，给予党纪政务处分66人，其中科级干部14人，留置1人。深入推动政法队伍教育整顿走深走实，加大对全区政法系统腐败惩治力度，立案9件，给予党纪政务处分7人，第一种形态处理17人。审慎稳妥处置党员领导干部酒驾醉驾违法行为，立案21件，处分21人，通报曝光6人，第一种形态处理77人。抓好违规办学、违规补课问题的整治工作，拓宽师德师风问题举报渠道，处理违规补课和在外兼职的教师2人，通报曝光1人，对4名相关学校责任人进行了约谈。在保障上饶特色"报价承诺法"刚性执行的基础上，采取"人防+技防"和大数据比对等措施，有力推动了标前、标后智能化监管，并取得良好效果。全年57个工程项目全部实行"报价承诺法"，涉及金额35.12亿元。协力推进"双减"治理工作，督促区教体局制定"双减"政策落地工作方案，对全区70家校外培训机构进行关停并加快转型或剥离学科类业务。做实"一案一整改、一案一警示"。分析梳理出共性、个性问题，向相关主管部门发送"两书一函"7份，督促整改并长期坚持。编印《信州区村级干部警示教育汇编》，实现对换届后村、社区"两委"干部警示教育全覆盖，基层反响强烈。督促区住建局领导班子召开“汲取郑常忠案教训”专题民主生活会，举办科级领导干部配偶“廉内助”培训班，有序推进“廉洁家庭”评选。全年开展警示教育37场次，15000余名党员干部接受了警示教育。

纪检队伍建设。区纪委常委会始终坚持以上率下，制定《中共信州区纪委常委会工作规则》，认真执行集体领导下的分工负责制。由班子成员领题，开展“沉浸式”调研，形成针对性、指导性、操作性强的解决方案，推动作风大转变、工作大提升。深化全员培训。常态化开展周五集体学习、跟班学习和专题党课，实行每月一讲堂，每季一测试，全面提升纪检监察干部党性修养、政治素养、为民情怀和业务水平。严管与厚爱并重。累计开展政治家访67人次，政治谈话82人次，增强对纪检监察干部八小时外的关怀和监督。以换届工作为契机，选优配强基层纪检监察干部队伍。加大干部推荐使用、轮岗交流力度，提拔重用了10名科级领导干部。运用典型案例在全区纪检监察系统深入开展警示教育，全面梳理纪检监察工作风险点，堵塞制度漏洞。坚持刀刃向内，严防“灯下黑”，处置纪检监察干部问题线索6件，立案2件，给予党纪政务处分2人。

（王泳）

监　察

【概况】 全区纪检监察机关在市纪委、市监委和区委的坚强领导下，忠诚履行职责使命，充分发挥监督保障执行，促进党风廉政建设和反腐败斗争取得新成效。

【保持惩治腐败的高压态势】 实行信访举报件办理动态跟进制，促进信访件办结时效和质量双提升，全年受理信访举报件251件，同比下降31.61%。始终保持惩治腐败的高压态势，共处置问题线索291条，同比增长81.88%，立案75件，给予党纪政务处分66人，其中科级干部14人，留置1人。坚持惩前毖后，治病救人，精准运用“四种形态”处理333人次，第一、二、三、四种形态分别占比80.2%、12.3%、3.3%、4.2%。加大对全区政法系统腐败惩治力度，立案9件，给予党纪政务处分7人，第一种形态处理17人。审慎稳妥处置党员领导干部酒驾醉驾违法行为，立案21件，处分21人，通报曝光6人，第一种形态处理77人。

【扎牢制度“笼子”】 织密扎牢制度“笼子”，在保障上饶特色“报价承诺法”刚性执行的基础上，推动《施工企业预选库管理实施细则》等一系列制度落地见效。采取“人防+技防”和大数据比对等措施，推动了标前、标后智能化监管。特别注重对全区“创文”工程与乡村振兴项目的跟进监督、全程监督，严格落实“三重一大”事项等制度。截至2021年年底，57个工程项目全部实行“报价承诺法”，涉及金额35.12亿元。

【警示教育】 把警示教育向基层延伸，编印《信州区村级干部警示教育汇编》，实现对换届后村、社区“两委”干部警示教育全覆盖，基层反响强烈。运用郑常忠案在全区住建系统召开警示教育大会，举办科级领导干部配偶“廉内助”培训班，有序推进“廉洁家庭”评选，传承好家风，传递廉洁之音。全年开展警示教育37场次，1900余名党员干部接受了警示教育。

【廉洁信州建设】 制定《信州区纪委区监委推进廉洁信州建设2021年重点工作任务分工方案》，推进17项重点工作，深化廉洁信州建设。通过压实牵头单位和12个职能部门主体责任，每月调研督导工作进展，建立联席会议机制，实现全区“三公”经费支出稳步下降。全区“三公”消费400.80万元、公务接待303.70万元、公务用车97.10万元，同上年比分别下降15.17%、11.84%、24.12%。印发《关于开展里弄小巷整治提升工程建设过度化等问题专项治理的实施方案》，重点整治违规将项目纳入整治提升工程和里弄小巷整治提升工程中重复建设、过度化建设等问题，精准发现4大类23个问题，全部跟踪整改到位。推动廉洁采购与廉洁医卫深度融合，对55个20万元以上医疗设备采购项目全程监督，有效节约资金770.47万元。制定《信州区纪委区监委关于监督推动廉洁教育建设的工作意见

（试行）》，在彻底解决了“条子生”“关系生”问题的基础上，推动实现149个超大班额全部化解。

【提升巡察监督的实效】 研究制定《信州区委巡察工作五年规划（2021—2026）》，完善巡察领导体制和工作机制，稳步推进五届区委第一轮巡察工作。对照中央巡视指导督导倾向性问题通报自查自纠，主动认领问题6项，制定并完成整改措施23条，健全协作配合、成果运用、内部管理等制度4项，提升巡察工作政治属性和精细化水平。压实整改政治责任，要求被巡察单位党委（党组）“一把手”为整改报告签字背书，落实整改台账管理制度，整改一个、验收一个、销号一个。

（王丽丽）

作风建设

【政治监督】 信州区纪委强化政治监督，印发《关于开展对新任领导干部政治谈话的实施方案》，通过采取个别谈话或集体谈话方式，扎实开展政治谈话工作。印发《关于开展吃喝送礼歪风变异回潮的监督检查方案》，组织监督检查组，围绕违规吃喝、违规收送礼品礼金、餐饮浪费等七个方面突出问题开展督查。印发《关于集中整治群众身边腐败和不正之风突出问题的实施方案》，集中力量查处涉及群众身边腐败和不正之风突出问题，推动行业领域专项治理，努力推动党风政风监督工作高质量发展。

聚焦政治监督，压紧压实“两个责任”。参与做好疫情防控监督工作，成立5个专项督查监督小组和1个驻点督查监督小组和1个问责组，高频率、全覆盖、分层次开展督查监督工作。坚持突出问题，分类监督，直奔防疫一线，对大封控区、9个封控区、4个管控区、21个隔离酒店全部实行派驻监督员制度，全天候重点督查监督。截至2021年11月25日，共出动监督检查组300余组次890余人次，对290余个重点区域和330余个密集场所实地监督检查，累计发现各类问题450余个，向指挥部报送监督情况23期，发布典型问题通报3期、工作提示函14件。问责党组织1个，处理10人。下发《关于开展对新任领导干部政治谈话的实施方案》，通过采取个别谈话或集体谈话方式，在全区范围内开展对新任领导干部进行全覆盖的一轮政治谈话，各镇（街道）党（工）委参照对村（居）两委和站（所）负责人开展谈话。截至2021年11月15日，已全部完成对8个镇（街道）“一把手”计14人、区直单位“一把手”计26人、各单位提任副科98人以及全区122个村（居）800余名村（居）干部和站（所）负责人的政治谈话，基本实现政治谈话全覆盖。印发《关于监督推动勤俭治区的工作意见（试行）》《〈关于监督推动勤俭治区的工作意见（试行）〉分工方案》，明确监督推动勤俭治区工作职能单位和对口监督部门及其职责分工。组织领导班子带队对区医保局、区卫健委、区机关事务管理局等单位工作重点进行实地督查，对发现制度漏洞、台账不全等问题及时反馈，要求立即整改。

新任科级干部集体廉政谈话会

【专项整治】 开展专项整治，严防吃喝送礼歪风变异回潮。组织全区8个镇（街道）、63个区直单位共计6500余名党员、干部学习了省纪委《通知》文件精神。下发《关于开展吃喝送礼歪风变异回潮的监督检查方案》，组织4个监督检查组，围绕违规吃喝、违规收送礼品礼金、餐饮浪费等七个方面突出问题，抽查区财政局、区工信局和区住建局等8个区直单位和8个镇（街道）。通过监督检查，发现各类问题22个，对其中15个问题当场责令进行整改。

【整治腐败和不正之风】 聚焦群众利益，集中整治群众身边腐败和不正之风问题。印发《关于集中整治群众身边腐败和不正之风突出问题的实施方案》，重点聚焦教育医疗、养老社保、生态环保、食品药品安全等领域，集中力量查处突出问题，开展行业领域专项治理，切实解决好群众“急难愁盼”问题。集中力量查处涉及8类16项的群众身边腐败和不正之风突出问题，推动行业领域专项治理。严格落实常态开展扫黑除恶“惩腐打伞”工作，坚持从强化组织领导、精准依法严打、精细源头治理、一体长效常治和贯通协作配合五个方面推进开展常态化扫黑除恶“惩腐打伞”工作。一年来，发现黑恶问题线索7条，查结4条、暂存1条，另2条正在核查中，立案查处涉腐败和充当“保护伞”2起2人。印发《非法违规建房专项整治工作实施方案》，督促建立了联席会议制度，形成了由自然资源、农业农村水利、城管部门召集，相关单位及镇（街道）分管同志参加的部门协商协调的工作机制，及时沟通情况，研究协调专项整治过程中出现的各类问题。印发《关于开展里弄小巷整治提升工程建设过度化等问题专项治理的实施方案》，重点整治违规将项目纳入整治提升工程和里弄小巷整治提升工程中的重复建设、过度化建设等问题，整治重点发现4大类23个问题，已要求针对性制定整改措施并及时整改到位；7月，联合区财政局、区发改委、区审计局、区住建局等单位对整治工作重点进行监督检查，抽查了25个2018年至2021年全区里弄小巷施工项目，检查发现13个问题，已及时反馈区城管局进行督促整改。

（王森播）

反腐败体制机制创新

【概况】 2021年需要重点推进落实的纪检体制改革举措共5大项18个小项，已全部完成。

【内控监督制约机制】 严格执行《监督执纪工作规则》《监察法》等党纪法规，严抓监督检查、审查调查等关键环节，健全内控监督制约机制，镇（街道）纪（工）委严格执行“两为主一报告”制度，派驻（出）机关严格执行“三为主”和“三个零报告”制度。实行问题线索处置、谈话函询、初步核实、立案审查、处置执行、涉案款物管理等重点环节痕迹化管理，加强上级纪委监委对下级纪（工）委、派驻（出）机关对派驻机构领导的管理，确保“两个责任”落地落实，严格依规依纪依法审查调查，有效防止执纪违纪、执法违法现象发生。

【“四风”问题专项监督】 紧盯元旦、春节、五一、国庆等节假日关键节（点），及时开展监督检查工作，综合运用明察暗访、随机抽查、突击检查等方式，对全区各单位、各大商超、酒店饭店等进行全覆盖式监督检查。组织开展“四风”问题专项监督监查5次，对发现作风问题10余个已及时督促整改，发现问题线索6条，已按规定转分流分办处理。查处违反中央八项规定精神问题线索19条19人，纪律处分11人、组织处理8人；查处形式主义、官僚主义3起3人，党纪政务处分2人，组织处理1人。针对重要节假日（点），在全区下发违反中央八项规定精神问题及酒驾通报3批次6起6人，营造了风清气正、文明节俭的良好社会氛围。

【二元证据体系试点工作】 积极探索二元证据体系试点工作。制定试点工作方案和优先解决问题提纲，多次邀请专家教学，组织相关科室开展线上线下研讨，剖析以往案例10余件，形成违反中央八项规定精神案等问题台账、建立自认案件办理流程等，并将相关研讨材料与思考及时向市纪委进行报送。其中提出的“探索建立指导性典型案例制度”的意见被上饶市纪委、市监委采纳，并列入全市《优先解决问题提纲》。

【整改专项督查】 认真对照中央巡视指导督导倾向性问题通报自查自纠。主动认领问题6项，制定并完成整改措施23条，健全协作配合、成果运用、内部管理等制度4项，有效提升巡察工作政治属性和精细化水平。做实巡察“后半篇文章”，防止整改过程中出现“穿靴戴帽”、虚多实少问题，启动巡视巡察反馈意见整改专项督查计划，以“查、访、问”为主线，派出督查组对整改工作进行拉网式督查。全面压实整改政治责任，要求被巡察单位党委（党组）“一把手”为整改报告签字背书，落实整改台账管理制度，做到整改一个、验收一个、销号一个，有力推动巡视巡察反馈问题整改落地见效。

（王群）

民主党派

中国国民党革命委员会上饶市信州区总支部委员会

【概况】 中国国民党革命委员会上饶市信州区总支部委员会（简称民革信州区总支）由教育支部、文卫支部、综合支部3个支部组成，现有党员52名，平均年龄39岁；其中男党员28人、女党员24人；本科以上学历28人（其中博士2名、研究生1名），占56%；高级职称14名，中级职称20名，中级以上职称占78%；党员中担任市、区人大代表、政协委员19人次，担任科级职务的8人。

【参政议政】 发挥民革的界别特色，就经济体制改革、法治信州建设、城乡一体化发展、政府职能转变、社会事业改革创新、生态文明建设、两岸合作发展等内容建言献策。

【提高提案质量】 在区政协五届五次会议上，民革党员提案无论是在数量上和质量上均表现突出。其中信州区总支撰写的《关于在信州区开展“亩产论英雄”改革试点的提案》、管媛媛、李琼委员撰写的《关于加强城市管理，提升城市品质的建议》的提案被评为五届以来优秀提案，管媛媛委员被评为五届优秀委员。

【开展社会服务】 利用优秀的教育资源主动与秦峰镇路底小学结成长期帮扶对子，促其教育水平显著提高，使得学生人数不断增加。到秦峰中心小学开展“法制进校园、普法入人心”活动，邀请律师为学生普及法律知识；开展“关爱儿童口腔，预防龋齿发生”活动。新冠疫情防控期间，组织党员在一线值守，为抗击疫情贡献民革力量。此外，还组织民革党员参与市儿童福利院公众开放日、到养老院慰问孤寡老人等活动。

【参与区委各项中心工作】 积极参与区委的各项中心工作，按照区委统战部的统一部署，机关两位副主委积极下沉到社区，全力投入双创工作，全年共计发放宣传资料50余次，组织开展交通志愿服务50余人次，开展“啄木鸟”行动60余人次。民革党员们纷纷发挥自身优势，兢兢业业，为信州建设贡献了民革力量。

（管媛媛）

中国民主同盟上饶市信州区总支部委员会

【概况】 中国民主同盟上饶市信州区总支部委员会（简称民盟信州区总支）由综合支部、四中支部、三中支部、退休支部4个支部组成，共有盟员103人。盟员中担任副县级领导干部2人，正科级领导干部1人，副科级领导干部6人，担任市、区两级政协委员8人，市人大代表1人。

【思想建设】 结合中共成立100周年、民盟成立80周年，开展中共党史及盟史学习教育，在思想上政治上行动上同以习近平同志为核心的中共中央保持高度一致。一年来，总支开展了系列党史学习教育主题活动。5月，总支机关干部赴铅山县石塘镇开展“学党史、践初心、强信念、跟党走”主题活动。

7月，三中支部赴望仙沙洲村红军街旧址开展“缅怀党的丰功伟绩，展现祖国美好未来”红色教育活动。

【组织建设】 2021年，推荐1名盟员参加民盟全省参政议政骨干培训班，1名盟员参加上饶市社院第16期党外科级干部培训班并获评“优秀学员”，1名盟员被授予“全省优秀盟员”称号。研究审核通过考察合格的新盟员有3人，平均年龄32岁，均为本科以上学历，盟员队伍年龄结构和知识结构进一步改善，基层支部更具生机和活力。8月2日，总支胜利召开换届大会，选举产生第二届基层委员会，中青年盟员进入总支领导班子。

【参政议政】 总支认真履行参政党职能。2021年，撰写政协提案9篇，集体提案3篇，提交大会书面发言7篇，这些提案、发言都反映了经济社会发展中的难点、热点，反映了群众的呼声，为区委、区政府科学、民主决策提供了富有价值的参考，为促进信州区的经济发展、社会进步、民主政治建设尽心尽责。

【社会服务】 8月，兼职副主委、员额法官付林源在水南街道书院路社区开展“我为群众办实事——送法进社区”活动，切实为居民提供法律服务。12月，在秦峰二中开展送教下乡活动，促进优质教育资源城乡共享。总支逢节日开展相关走访慰问活动，向40余位教师盟员及退休老盟员送去节日问候和美好祝福，让他们深切感受盟组织的关爱。

【同心抗疫】 11月，信州区疫情突发，总支第一时间号召盟员企业——江西启能心理咨询服务公司联合民盟市委会在全市范围内开展“携手助力抗疫·心理援助与你同行”公益活动，为广大民众提供心理援助服务。帮助20余位居民走出心理困境，开展了5个社区的心理防疫微课，处理了1起社区群体性的心理危机事件。此项公益活动得到了社会的广泛好评，并被“学习强国”平台登载。整个疫情防控期间，40余位盟员积极响应号召，主动请缨参与到抗疫大战中，信州区政协副主席、盟员张莉迎难而上，逆险而行，在友邦一号小区及明淑花苑小区现场指导封控工作，11月8日~11月26日，先后在多个酒店带队负责统筹安排外地驰援上饶的一线医护人员的后勤保障工作，连续18天一直在驻点酒店和大家并肩作战。医卫界盟员饶文洁20多天始终坚守“抗疫”一线，前后共参与了8轮区域全员集中核采，累计采样12000余人次，随后进驻管控区进行核样，累计采样8000余人次，最后奔赴任务艰巨的封控区上门采样2000余人次。总支委员金华剑得知铅山县抗疫物资紧缺，第一时间组织在饶浙商捐款捐物，价值累计超百万元，并连夜送赴抗疫一线。三中、四中支部近20位教师盟员在坚持“停课不停学”网上授课的课余时间，深入社区参与全员核酸检测志愿者服务工作。

【参与乡村振兴】 上半年，总支积极响应区委安排，派出业务精湛的盟员入驻解放居委会参与“精准扶贫”工作，并如期完成脱贫任务。下半年，为巩固拓展脱贫攻坚成果，全面推进乡村振兴，民盟信州区总支挂点帮扶朝阳镇青金村，每人结对帮扶两户脱贫户。区总支按照每户每年1000元共计6000元捐赠给帮扶村，确保“爱心美德公益超市”的正常运营。

（陈玉）

中国民主建国会上饶市信州区总支部委员会

【概况】 中国民主建国会上饶市信州区总支部委员会（简称民建信州区总支）由机关支部、文卫支部、经济支部、综合支部4个支部组成，2021年有会员97人，分布在党派、经济界、教育、医卫、政府机关等界别。民建会员平均年龄为56.3岁，大专以上文化程度65人，经济界会员占65%，非公经济人士占14%。市政协委员2名，区人大代表3名，区政协委员7名。全年新增入会人员2名。

【换届工作平稳有序】 8月，总支开展换届选举工作，做到平稳有序，部分年轻会员成为新的班子成员，顺利完成了政治交接。

【主题教育】 区总支认真学习贯彻《习近平总书记在庆祝中国共产党成立100周年大会重要讲话》《中共中央关于党的百年奋斗重大

成就和历史经验的决议》，新修订《中国共产党统一战线工作条例》精神，积极引领全区会员牢固树立“四个意识”，进一步坚定“四个自信”。

【中共党史学习教育扎实有效】 区总支认真按照上级组织的部署要求，积极开展中共党史和民建会史学习教育，以抓好“关键少数”，带动“绝大多数”，进一步提升了会员的政治站位。通过深入开展中共党史、民建会史学习教育，激发了民建会员爱国、爱党、爱会的情怀。

【参政议政】 民建区总支每半年召开一次以上社情民意培训活动，就社情民意的意义、采集、选题、应该注意的问题以及案例等多方面进行系统培训。广大会员立足本职工作，发挥民建组织联系工商界的特点，组织撰写有见地、接地气、可操作的提案。共有区政协委员8名，区人大代表3名，市政协委员3名，市人大代表1名。在区政协五届六次会议上，区总支提交提案12余篇，4篇提案作为大会书面发言。会员李璇撰写的《关于加快信州区养老服务体系的建议》被评为优秀提案。

【围绕中心服务大局】 2021年上半年，民建区总支如期完成了挂点秦峰镇岩坑村的脱贫攻坚工作。8户建档立卡户全部脱贫，顺利完成国家普查。今年下半年积极做好脱贫攻坚与乡村振兴工作的有效衔接，在朝阳镇青金村结对4户村民。在开展创卫生城市、文明城市活动中，总支人社区创文计50人次。面对疫情，区总支组织和动员广大会员第一时间主动投入疫情防控工作中去。同时，部分信州区民建会员不惧危险，到铅山疫区捐款捐物，开展志愿服务。据不完全统计，捐资捐物共计100余万元。

（缪斌）

中国民主促进会上饶市信州区总支部委员会

【概况】 中国民主促进会上饶市信州区总支部委员会（简称民进信州区总支）由综合支部、教育支部、四中支部和常青支部4个支部组成。全区民进会员共有45名，全年新增2名。会员主要来自教育、文化、出版等行业。其中，大专以上文化占93%；持中高级职称31人，占68.89%；会员中副县级干部1人、正科级干部2人。

【思想建设】 2021年，民进信州区总支在新一届机关班子的带领下学习中共党史、新中国史、改革开放史、社会主义发展史“四史”以及民进会史，深刻领会《中国共产党统一战线工作条例》等有关内容。积极参加各类红色学习教育，组织会员参加6月21日的“上饶社科大讲堂”揭牌仪式，并聆听了首场讲座《追忆革命先烈，传承红色基因——“斧头将军”黄开湘》；10月11日的“健康中国，健康人民”讲座等。全年组织参加各类学习活动10余次。对接市、区宣传平台，宣传报道区总支开展的各项活动，在各类市级平台上稿20余篇，省级平台上稿近10篇，《团结报》、民进中央网站等中央平台上稿3篇。开展系列学习实践活动，让会员在参与实践活动中，增强使命感和社会建设参与感。4月29日，到秦峰镇开展送教下乡暨1%工程爱心传递活动；积极对接“同心·彩虹行动”活动，在信州区朝阳中心小学建立开明书屋，并捐赠了价值三万元的书籍。

【组织建设】 2021年9月22日~2021年9月25日，政协信州区第六届委员会第一次会议代表大会召开。区总支俞慧当选常务委员，张炳波、何郁静、郑建华等8名会员推选为区政协第六届委员。10月19日，推荐了张炳波等会员参加2021年民进江西省机关专职干部、信息工作骨干会员培训班的学习。2021年12月6日~2022年1月5日，推荐了俞慧等会员参加上饶市第16期党外科级干部培训班的学习。区总支推荐会员参加挂职锻炼，两名会员在区直单位担任主要领导。区总支做好老会员工作。收集完善了最新的会员《通讯录》。10月14日重阳节，区总支主委俞慧带队走访慰问了会内退休会员。

【参政议政】 2021年，区总支参政议政工作取得新突破。区总支主委俞慧撰写的提案《关于信州区老旧小区改造的几点建议》被评为区优秀提案，有6篇提案被市政协采用。区政协五届六次会议上，会员共提交提案10件。区总支做好社情民意信息工作，向上级上报社情民意2篇。

【社会服务】 帮助灾后重建的公益活动，开展了7·26“凝聚爱心力量”行动，民进信州区总支携手会员所在单位发起爱心捐款活动，支援河南灾区。开展6·29民进“‘同心·彩虹行动’——上饶市开明书屋捐赠活动”。民进信州区总支开展“学党史、践行动、传爱心”活动，为信州区秦峰第二初级中学送去优质课程和红色党史书籍等学习用品，同时带领部分学生代表帮扶孤寡老人和贫困家庭，做好爱心传递工作，让孩子们心中树立起爱心帮扶的意识。积极参与10月底突发的新冠疫情的防控工作，区总支主委俞慧深入人员力量薄弱、条件相对艰苦的秦峰镇霍村核酸检测点位开展工作。区总支副主委张炳波被抽调到区医学隔离观测点连续32天无休奋战在疫情防控一线、兼职副主委徐富坤积极参与核酸采样运输工作。

【机关运作】 区总支完善整理了《民进信州区总支加强自身建设相关制度》《民进信州区总支宣传思想工作制度》等一系列制度并上墙。加强机关文化建设，组织专干参与落实民进中央开展的“庆祝中国共产党成立100周年——多党合作·民进记忆”活动，积极开展“多党合作·民进记忆”相关史料收集整理工作。

（张炳波）

中国农工民主党上饶市信州区总支部委员会

【概况】 中国农工民主党上饶市信州区总支部委员会（简称农工党信州区总支）由上饶市立医院支部、综合支部2个支部组成，共有党员63人，分布在医卫、科技、政府机关等界别。其中硕士1名，本科学历55名，本科以上学历占88.8%。党员芦茜曾任省人大代表，3人任市政协委员，6人任区政协委员。

【换届改选】 2021年农工党信州区总支换届工作如期、顺利、圆满完成，总支委产生均通过无记名等额选举高票当选，周宏伟当选主委。

【思想建设】 区总支组织农工党员通过多种途径及时收听收看习近平总书记在庆祝中国共产党成立100周年大会上重要讲话现场直播，并召开学习贯彻习近平总书记“七一”重要讲话精神座谈会。2021年农工党区总支获评农工党省委会“优秀基层组织”，主委周宏伟被授予农工党省委会“优秀党务工作者”称号。

【参政议政】 全年，区总支向市、区政协提交了大会发言材料3篇、个人提案6件，向市委会报送社情民意信息12条。

【社会服务】 面对疫情，区总支第一时间组织党员们参与到防疫一线岗位。党员周宏伟主动申请运送核酸样本并抽调在抗疫指挥部，党员郑曼华在卡点值班，党员柯姗在核酸检测点志愿服务，市立医院支部的农工党员医务工作者更是昼夜不休参与核酸样本检测工作，在实验室里一待就是几个小时。乡村振兴，区总支挂点帮扶朝阳镇青金村，每人结对帮扶两户脱贫户。

（柯姗）

九三学社信州区基层委员会

【概况】 九三学社信州区基层委员会（简称九三学社信州区委）2021年有社员28人，平均年龄44.8岁，分布在教育、医卫、科技、行政机关等界别，从整体上保持以科技界中高级知识分子为主的特点。其中上饶市政协委员2人，信州区政协委员9人。九三信州区委打造有“书香九三”“九三医馆”。

【思想建设】 组织社员通过手机、电脑等各种形式参加学习竞赛。其中，参加九三学社中央举办的庆祝建党100周年中共党史学习教育知识竞赛95分以上占比40%，在九三学社江西省委会举办的《中国共产党统一战线工作条例》知识竞赛、党史知识竞赛参赛率100%。6月，组织社员赴铅山县石塘镇开展“同心学党史·永远跟党走”主题教育。自建立“社员之家”以来，每月定点组织社员开会、学习、交流、开展活动、展示才艺，让社员找到“家”的感觉。

【参政议政】 在2月区政协召开的第六次会议中，九三学社信州区基层委员会提交的提案《关于巩固我区脱贫攻坚成果的建议》被评为政协信州区第五届委员会优秀提案。副主委兼秘书长李心雨提交的社情民意《关于优化民政局在特定日期办理婚姻登记事务服务》被上级采用。

【品牌建设】 在上饶市新华书店四楼“悦读吧”开展书香九三——“讲好党的故事，唱响红色主旋律”朗诵会。以开展诗歌朗诵公益讲座的方式，将全民阅读推广与中共党史学习教育结合起来。10月重阳节期间，组织社员们前往信州区福利院开展“敬老助幼·情暖重阳”敬老爱幼志愿活动，为老人和孩子们送上节日慰问与祝福。

【同心抗疫】 疫情防控期间，由主委潘有歆，副主委吴雪珍、李心雨带领，联合社员徐兰英、陈文武、王正元等深入社区、交通要道卡点开展志愿服务。社员沈佩雷和入社积极分子曹仙英奋战在上饶市医疗卫生一线。社员陈文武结合自身抗疫经历创作了怀玉砚雕系列作品《送瘟神》，并将作品义卖售出的收益全部捐给上饶市红十字会，助力疫情防控。

（李心雨）

群众团体

区总工会

【概况】 信州区总工会（简称区总工会）内设4个部室，即办公室（财务资产部）、经济工作部、组织宣传部、权益保障部，下属上饶市信州区职工服务中心（工人文化宫）1个事业单位。

【首创驿站不打烊】 在全省首创推出24小时“不打烊”爱心驿站，为户外劳动者提供休息、应急、饮水等基本功能服务，从原来的“朝九晚五”变成了现在的24小时“不打烊”的全天候服务。工作在一线的户外劳动者们随时可以进入驿站，享受“冷可取暖、热可纳凉、渴可喝水、累可歇脚”的24小时零距离服务。在区五三大道信州区总工会职工服务中心旁、水南街道国网信州区供电分公司服务大厅旁和滨江西路西市街道三官殿社区、叶挺大道邮政信州分公司旁、北门街道天佑大道建成5家并投入使用，计划在全区范围内继续合理布局打造30家左右。已累计服务5000余人次，“学习强国”“江西改革”与《工人日报》《江西工人报》等进行了报道，取得了良好的社会反响。其中，信州区总工会本级爱心驿站被评为全国“最美工会户外劳动者服务站点”，西市街道三官殿社区爱心驿站和邮政信州分公司爱心驿站被评为全省“最美工会户外劳动者服务站点”

户外劳动者24小时“不打烊”爱心驿站

【多举措服务劳模】 联合信州区委、区政府创新开展了“逐一上门面对面”的特色授奖和授牌仪式。建立劳模档案制度。为全区421名各级劳模建立专属档案，做到每一位劳模都有一份专属档案。全面掌握劳模的有关信息，动态化管理，内容及时更新，形成一套完整的劳模档案管理制度。2021年，信州区委、区政府四套班子主要领导4次走访慰问全区各级劳动模范代表。各级领导及区总工会分批次在传统佳节为全区各级劳模送上了节日祝福和慰问品，实现劳模走访慰问的全覆盖。开通绿色就医通道。5月，联合区卫健委在市立医院、市中医院等9家医院率先为劳动模范开通就医绿色通道，挂号、就诊、取药更加快捷。12月中旬，组织两批区管各级劳动模范和先进工作者代表分别前往江西省总工会庐山温泉工人疗养院、江西省总工会宜春温泉工人疗养院开展疗休养活动。

【弘扬劳模精神】 始终把宣传劳模事迹、弘扬劳模精神作为劳模管理的一项日常性工作。在微信公众号上推出《声音》栏目，由劳模和一线职工，用最质朴的声音讲述自己的故事，分享最真实的情感。已推出21期《声音》，邀请抗疫、教育、经济、扶贫、重点项目等领域的劳模进行分享，累计阅读量10万余人，并在信州产业园、街道社区开展了2期“永远跟党走·奋进新征程”劳模宣讲进基层活动，扩大了劳模精神在全社会的影响力、辐射力。以志愿服务树榜样。组建了劳模志愿服务队伍，邀请了以全国人大代表、省劳模许小英为代表的各级劳模加入。疫情防控期间，劳模志愿服务队参与核算样本转运工作，累计转运核算样本管一万余支。

开展职工讲堂之《长津湖》职工观影分享活动

【活动场所建设】 全力推动工人文化宫建设和区域共享职工之家建设，经过审批同意在三江片区A31地块建设信州区工人文化宫，建设规模不少于15亩，建筑面积不低于1.8万平方米，打造功能设施齐全的职工文化娱乐阵地，继续推动缺乏活动场所、职工人数较少的基层工会通过整合资源，共同打造区域共享职工之家。

【提升职工素质】 开办“职工大讲堂”。探索以“讲堂”为阵地，以职工喜闻乐见的内容为导向的学习平台，努力提升全区职工思想素质及文化底蕴。全年举办“职工大讲堂”8期，累积线下参加职工干部1000人次，线上直播观看人数超10万余人。开展以“庆建党百年、展职工风采”为主题的征文、书法、美术、摄影作品展活动。共计收到原创作品307件，另特邀作品5件，经专家评委会评审后，共遴选获奖作品79件，获奖人次69名，并于6月25日在信州区国际会议中心免费开展1个月；举行了工会“开放日”活动。邀请部分基层工会干部代表、人大代表、政协委员、劳模代表参观了5个极具品牌特色的基层工会并召开了座谈会。

【基层工会组建】 成立了非公企业、新经济群体建会入会工作领导小组，联合相关职能部门对全区企业名单和未建会企业情况进行核查，扩大基层工会组织覆盖率。2021年，新建工会48家，发展会员3539人，其中非公企业建工会33家，发展会员3100人。

【推进新时代产业工人队伍建设改革工作】 为深入推进新时代产业工人队伍建设改革工作，信州区委、区政府高位推动成立区推进新时代产业工人队伍建设改革协调小组，区总工会牵头抓总，将上饶市宇瞳光学有限公司作为上饶市产业工人队伍建设改革示范点。

【走访慰问职工】 春节前夕，与信州产业园联合工会一起为园区内的65名春节留饶企业职工送上新春大礼包。春节期间，为170余名职工送温暖，共发放物资170余份，慰问金额累计9万余元；医疗救助11人，累计救助金额2万余元。“六一”儿童节前夕为15名困难职工孩子送上文体用品。端午节前夕开展端午佳节走访活动，为200名职工代表送上节日大礼包。7月全面启动“送清凉”活动，对230名一线职工、户外劳动者和企业职工进行走访慰问，送上清凉物资。8月金秋助学，为3名困难职工子女，发放助学金9千元。全区15893人参加职工互助保障计划，缴纳互助保障费69.5万元，理赔会员32人，理赔资金33万元。9月，发放困难职工专项补助7万余元、困难劳模专项补助5万余元。开展女职工“维权行动月”系列活动，推进了女职工专项合同的签订。11月围绕“关爱职工健康行”的主题，为100名女职工免费开展“两癌”筛查；组织开展关爱乡村教师健康行动，为乡村教师免费健康体检。12 月组织了 30 名一线职工赴宜春工人疗养院进行疗休养，让职工实现了“休息疗养、健身休闲”的目标。

（黄慧）

共青团信州区委员会

【概况】 共青团信州区委员会（简称团区委）内设办公室、学少部、组织宣传部、青工青农部 4 个部门。基层团组织 358 个，团员 9022 名。2021 年，上饶市合力万胜商业管理有限公司团总支被授予 2021 年“全国五四红旗团支部（团总支）”称号，共青团信州区委被评为 2021 年度全市共青团工作先进县（区），刘彦毅等 105 名少先队员被授予 2021 年上饶市少先队“红领巾奖章”个人三星章称号，上饶市第三中学等 19 个少先队组织被授予 2021 年上饶市少先队“红领巾奖章”集体三星章称号。

【中国少年先锋队信州区第一次代表大会胜利召开】 1 月 5 日，中国少年先锋队信州区第一次代表大会开幕。来自全区中小学的 169 名少先队员、少先队辅导员、少年儿童工作者代表和 30 名列席代表齐聚一堂。会议听取并审议了潘瑶代表团区委向大会作题为《高举队旗跟党走，红色基因代代传，为建设“大美上饶、魅力信州”时刻准备着》的工作报告；选举产生了第一届信州区少先队工作委员会。潘瑶、余凌红同志当选信州区第一届少工委主任，卢剑、陈乾程、徐媛同志当选信州区第一届少工委副主任。

【开展学党史、祭英烈系列主题教育】 4 月，全区各级共青团、少先队组织寻访红色基地、开展清明祭扫、演讲红色故事、观看红色电影、学唱红色歌曲、开展红色专题讲座、开展党史知识竞赛、制作手抄报、组织网上互动学习等多种活动。

【开展全省“新时代赣鄱乡村好青年”选树工作】 4 月，区委组织部、团区委在全区 56 个行政村展开全省“新时代赣鄱乡村好青年”选树工作。经党组织摸底排查、村党组织提名推荐、乡镇党委审核考察、乡镇党委综合比选、区级联审择优推荐，最终确定区级正式人选 59 名、市级推荐人选 6 名、省级 1 名，并先后召开“新时代赣鄱乡村好青年”培训会以及举办青马工程培训班。

【开展全区五四青年党史教育趣味知识竞赛】 5 月 4 日，在万力时代广场开展“五四青年党史教育趣味知识竞赛”活动，通过寓教于乐的方式，调动全区青年干部学习党史的积极性和自觉性，提高了青年党团员学史明理、学史增信、学史崇德、学史力行的意识。

五四青年党史教育趣味知识竞赛

【举办全区青年党史学习教育宣讲会暨新任村（社区）团组织书记培训班】 5 月 26 日下午，在茅家岭街道大会议室举办信州区青年党史学习教育宣讲会暨新任村（社区）团组织书记培训班，镇（街道）团委副书记及相关负责同志、区“新时代赣鄱乡村好青年”市级推荐人选及全区村（社区）团组织书记共计 140 余人参加培训。

【开展信州区青年党史学习教育宣讲队走基层宣讲活动】 6 月 18 日，在沙溪镇中心小学组织开展“学党史、强信念、跟党走”——信州区青年党史学习教育宣讲队走基层宣讲活动（第三场）。江西省青年讲师团成员、沙溪镇党委委员、组织员赵俊玮为参与活动的团员青年、少先队员们做《新中国十大元帅的故事》主题宣讲。沙溪镇中心小学校长祝建华、沙溪镇中心小学各中队辅导员、沙溪镇中心小学少先队员共计 150 余人参加此次活动。

【创办初心公益服务站】 8月4日，初心公益服务站揭牌仪式在万力时代广场举行。初心公益服务站本着“不忘初心、牢记使命”的信念，于每周末开展公益义诊、心理咨询、法律援助、亲子教育四个专业领域的免费公益咨询服务。

【开展青少年理想信念教育】 深入推动“青年大学习”工作，着力抓好“网上团课”学习，把10个课时学习作为发展团员的第一入口关，信州区“青年大学习”在全市名列前茅。

【开展“社区青春行动”】 积极响应团省委号召，在北门长塘社区实施“社区青春行动”项目，作为全市唯一试点社区，引领广大青少年在社区中提高参与意识、加强实践锻炼、增长本领才干。开展大学生暑期“三下乡”社会实践活动以及寒假“返家乡”社会实践活动，引导信州区广大返乡学子积极参与政务、企业、社区等岗位的实践锻炼。

【开展“请党放心，强国有我”主题团/队课】 国庆来临之际，组织全区各级团、队组织集中开展“向国旗敬礼——请党放心，强国有我”主题团队日活动，进一步引导广大青少年传承红色基因、坚定理想信念、展现青春风貌，以饱满的精气神向中华人民共和国成立72周年献礼。

【开展“守护信江碧水·河小青在行动”志愿服务活动】 组织成立了一支以团员、入团积极分子为核心的“河小青”志愿服务队，将入团前完成20小时的志愿服务要求与“河小青”生态志愿服务体系建设结合起来，构建团组织、志愿者之间的动员和参与机制，常态化开展志愿服务。

（蔡鸿伟）

区妇联为“三八红旗手”“最美家庭”获奖者颁奖牌

区妇女联合会

【概况】 区妇联扎实开展党史学习教育，筑牢广大妇女思想根基，拓展广大妇女建功舞台，深化妇联组织改革，促进妇女系统全面发展。

【王秀红家庭被评为全国五好家庭】 1月2日，全国妇联在北京召开的第十二届全国五好家庭暨家庭工作先进集体、先进个人表彰和2020年全国最美家庭揭晓电视电话会上，表彰了999户全国五好家庭。江西有33户家庭获评全国五好家庭，其中上饶市信州区的王秀红家庭被评为全国五好家庭。王秀红与丈夫郑慧益居住在信州区沙溪镇五里村，平时以网络直播为主业。32岁的郑慧益身患直肠癌4年多，在这样艰苦的情况下，郑慧益依然心存大爱，积极为疫情防控作贡献。他在妻子的协助下，在2020年1月底的短短几天时间里，为上饶的部分医院、派出所等单位及群众捐赠了5万只医用口罩，而且大多数是KN95、A9801型口罩，价值30余万元。除此之外，重病的郑慧益还坚持网络直播，与粉丝互动，呼吁和鼓励更多的人参与到疫情防控阻击战中来，将爱心传递下去，用自己的力量回馈社会。2020年9月15日，郑慧益不幸病逝，临终前他还向公益慈善事业进行捐赠。

【开展党史学习教育】 带领全区妇女干部30余人赴铅山县参观红色旧址、缅怀革命先烈、合唱红歌《唱支山歌给党听》，采取现场交流研讨等形式共同开展“学党史 祭英烈 传承红色基因”党史主题教育。在村社区开展“党史知识宣讲”活动，向妇女群众阐述中国共产党100年艰苦卓绝的风雨历程，引领妇女群众知史爱党、知史爱国，坚定不移听党话、跟党走。举办“党在我心中”党史故事汇暨亲子诵读比赛，通过全区各学校组织初赛、全区总决赛形式，动员全区广大家庭积极参与活动。亲子诵读、讲党史故事，让家长和孩子学在其中、悟在其中、乐在其中，活动共吸引14300多名小学生和家长参加，较好引领广大家庭爱读书、读好书风尚，促进儿童健康成长和家庭幸福和谐。

【强化妇女典型示范引领】 信州区涌现一大批先进集体和先进个人，有4人被授予2020年度上饶市三八红旗手荣誉称号，2个单位（集体）被授予2020年度三八红旗集体荣誉称号。做实做好先进典型示范宣传工作，持续推动党的创新理论走到妇女群众身边、走进妇女群众心里。

【妇女儿童维权服务】 结合购买的保障妇女儿童权益的服务项目，在电话维权热线的基础上完善微信公众号“信州她世界”的网上维权服务，进一步畅通了全区妇女群众的信访渠道，为她们提供了便捷、可靠的维权服务。据统计，截至2021年12月底，信州区妇联系统共接待处理群众来信来访来电52件次，都得到妥善处理。

【多方维护贫困妇女权益】 持续开展“两癌”救助工作，经过深入摸底调查，已上报5名农村两癌患者，8名城镇两癌患者。为她们进一步争取救治机会，帮助改善其生存条件尽责尽力；精心部署城镇困难家庭两癌免费检查工作，切实把惠民政策做实做好，通过张贴宣传海报、推送公众号方式广泛宣传，建立待检人员工作台账，明确按区域划分检查时间等提高工作的推进力度，及时为广大妇女送关爱、送健康。

【开展“春蕾计划”助学活动】 充分利用区直妇委会、镇（街道）妇联、村（社区）妇代会三级妇女组织网络，积极摸底、调查符合条件的女高考（中专）生、贫困女童（留守女童），共资助贫困女高考生（3000元每人）3人，贫困女童（留守女童，500元每人）25人。对情况特殊的2名女大学生积极协调区红十字会的大力资助，帮助她们更好完成学业；“99”腾讯公益日携手上饶花样天使公司发起“春蕾计划”网络捐款，积极动员更多的社会力量参与，为女童健康成长贡献一份力量。

【开展多种形式校外活动】 区妇女儿童活动中心开设了美术、足球、音乐、舞蹈等兴趣班，开展安全教育进校园暨未成年人保护、青少年成长沙龙、新年微心愿等各类活动累计423场次，其中防溺水开课32节，受益儿童900余人次，加强儿童自护自救教育，教育孩子提高安全防范意识和自护自救能力。

【开展“民法典进社区”活动】 与时空律师事务所联合开展“民法典进社区”活动，为社区妇女群众授课，通过采用生动、形象的案例引导妇女同志知法、懂法、守法、用法。

【开展“家风课堂”巡讲活动】 为大力推动家风家教建设，依托社会购买服务力量在全区8个镇（街道）开展“传承优良家风，建设廉洁信州”主题巡讲活动，邀请律师为现场家长分享优良家风故事，讲述优良家风重要性，聚焦推动践行新时代家庭观，落实立德树人家庭教育。

【开展评优学优活动】 在全区范围内开展寻找“最美家庭”活动，并择优推荐1户江西省“最美家庭”和8户上饶市“最美家庭”。贯彻落实省、市妇联关于“清洁家庭”创建的相关文件精神，推选80户上饶市“清洁家庭示范户”和10户上饶市“绿色清洁家庭”，并持续在全区范围内评选表扬“清洁家庭”示范户，通过表扬奖励的形式激发群众的参与热情。

【开展家庭教育双减征集活动】 举办线上线下家庭教育微课作品和“双减”生活征集活动，引导广大家庭踊跃展现良好家庭教育和健康学习理念，努力推动学校、家长减轻中小学生课业压力。据统计，全区共有300余家庭上报作品。

【举办“廉内助”培训班】 根据区纪委、监委统一安排，对履新的科级领导干部配偶加强廉政教育，要求配偶当好家庭“纪委书记”，做到“纪委设家中，常敲廉政钟”。全体人员参观了家风馆、聆听了纪委领导和专家授课，组织了廉政签名，发放了《致领导干部家属一封信》，进一步推进了廉洁信州建设，在全区形成了良好的反腐倡廉思想观念。

【推进“创业创新巾帼行动”】 对信州区妇女的技能培训和就业服务，积极开展特色培训、综合培训；组织受培训妇女参加2021年上饶市“振兴杯”家政服务行业职业技能竞赛，并于本次竞赛勇创佳绩，团体获优秀组织奖和个人获奖多项。

【组织来料加工户到兄弟县区参观学习】 与信州区驻朝阳青金村财政工作队，组织区部分来料加工经纪人赴广信区来料加工示范基地参观学习，为打造“巧手经济”、做好妇女就业工作夯实基础。

【织密“妇联网”】 抓住镇（街道）、村（社区）换届契机，同步推进同级妇联组织换届，进一步夯实镇、村、组三级基层妇联组织基础。各镇（街道）现有妇联主席30人，执委203人；村（社区）现有妇联主席206人，执委700余人；农村妇女小组长400余人。

【巧干“娘家事”】 11月初，新冠疫情突发后，积极联系对接爱心社会组织善德公益、上饶润泰装饰公司为社区捐赠100箱棉被、100箱食品，为抗击疫情提供物资保障。疫情过后，为帮助生活困难的家庭渡过难关，联合爱心企业龙晟商贸有限公司及爱心人士，为10户家庭发放12000元补助金，帮助他们走出困境，回归生活。努力做好创文资料归集、社区包保、交通劝导等志愿活动。

（章莉）

区归国华侨联合会

【概况】 区归国华侨联合会（简称区侨联）。2021年，信州区有印度、缅甸、马来西亚等地归国华侨25人，侨资、侨属企业12家。区侨联充分发挥“桥梁作用”和“服务功能”，开拓创新，扎实工作，全力服务于信州经济社会发展，使全区侨务工作稳步推进并完成全年各项工作。

【开展党史学习教育】 组织本单位党员干部开展集中学习和自学相结合，学习党史类书刊，记笔记，开座谈，下基层调研撰写调研材料、走红色路线，感受当年党的建设的艰苦历程和革命先辈的丰功伟绩。

【全力做好防疫工作】 全体党员干部积极响应，主动担当作为，日夜值守在防疫一线。侨联干部按照全区统一布置，积极到结对社区开展上门宣传防疫知识，动员疫苗接种，逐一登记排查，对进出社区群众进行体温测量，协助社区开展核酸检测，为及时有效防止疫情的蔓延尽心尽职。

【走访慰问困难侨胞】 按照区委、区政府统一部署，区侨联承担了朝阳镇全镇的城市扶贫工作及对接茅家岭街道四吉村8户脱贫联系户任务，圆满完成2021年度城市脱贫攻坚工作。积极帮助困难归侨，解决他们在生产生活中遇到的各种问题。帮助困难归侨黄晓成列入2021年度省侨联困难归侨走访对象。

【做好创文创卫工作】 积极响应市委和区委号召，与接对共建社区干部一起，宣传发动环境整治、垃圾清运、交通劝导等各项工作。

【组织归侨侨胞参加系列活动】 在“七一”庆祝中国共产党成立一百周年之际，组织全区归侨侨胞集中观看了庆祝大会。端午中国传统佳节，区侨联组织了30多名侨胞群众在吉阳山“侨胞之家”开展了侨胞群众包粽子连心活动。组织侨胞群众参加中国侨联在茅家岭烈士陵园举办的庆祝建党一百周年“百年航程、赤子侨心”活动。

（苏珊梅）

区工商业联合会

【概况】 信州区工商业联合会（总商会）（简称区工商联）实行“两块牌子，一套班子”的体制，共有党组书记1名，主席1名，副主席2名（秘书长由副主席兼任）。第五届执行委员会共有执委80名，兼职副主席7名，兼职副会长3名。

【优化营商环境工作】 5月，按照区委、区政府部署，通过线上平台宣传“为企业办实事”走访活动，通过微信群、办事窗口收集企业（个体工商户）对信州区营商环境的意见和建议，共收集意见和建议50条，实际解决问题39个，顺利完成了年度营商环境企业评价工作。区工商联联合区检察院印发了《关于成立信州区人民检察院非公企业维权工作办公室》（信检会〔2019〕01号）、区司法局联合区工商联印发了《关于司法行政机关与工商联建立联系协调机制的通知》（饶信司字〔2019〕15号），有效保障信州区非公有制企业权益。筹建信州区新生代企业家联合会及信州区女子企业家联合会，促进信州区女企业家和新生代企业家更好地发展，拓宽了非公经济发展平台。

【光彩行动】 引导非公经济人士投身光彩事业，在广大非公经济人士中广泛开展“致富思源，富而思进”和“回报社会感恩行动”。11月，疫情防控期间，非公有制经济人士、兼职副主席廖怀相，常务委员刘银祥，执委张跃文、王宏伟等人士深入抗疫一线，转运核酸、参与封控区送物资上门服务、核酸检测服务等，一直抗疫在一线，不能与家人团聚。副会长许丽英向铅山县防疫一线的公安干警、交警、执勤点干部群众捐赠总价值3万元的防疫物资。区工商联积极引导非公经济人士把企业发展与产业扶贫、智力扶贫、劳务扶贫、捐赠扶贫相结合，引导其参与精准扶贫工作。

【思想政治引领】 组织非公经济人士开展主题突出、特色鲜明、形式多样的学习活动，确保党史学习教育全年不断线、持续往深走。组织总商会执委中党员代表开展“学党史祭英烈、传承红色基因”理想信念教育活动，追随着革命先烈的步伐，感受着革命精神的洗礼；召集优秀非公经济人士代表参与“解放思想大讨论”座谈会，围绕企业可持续发展、政银企衔接等问题展开研讨。

【服务会员】 引导非公人士参与市工商联建党百年系列庆祝活动。6月28日，区工商联推荐张鹏参与了市联举办的庆祝建党100周年“学党史、讲党史、颂党恩、跟党走”主题演讲比赛，并获得三等奖；7月，推选作品参与市联组织的庆祝建党100周年的“感恩党·奋进新征程”全市民营经济人士书画作品展，推选的作品中获得一等奖一个，优秀奖三个。围绕当前企业及基层商会的发展进行深入调查和分析，开展课题调研，形成了《信州区乡镇商会建设情况调研报告》。紧紧围绕“两个健康”这一主题，通过组织召开工商联主席（会长）办公会议、举行优化营商环境调研座谈会等活动，倾听企业家声音，为企业排忧解难。

（*颜晶莹*）

区残疾人联合会

【概况】 信州区残疾人联合会简称（区残联）秉持以残疾人为中心的工作理念，开展残疾人康复、就业、扶贫等各项工作。截至2021年12月底，信州区共有持证残疾人8521人，其中按残疾程度划分：一、二级重度残疾3515人，三、四级残疾5006人。按残疾类别划分：视力残疾903人，占10.6%；听力残疾736人，占8.6%；言语残疾216人，占2.5%；肢体残疾4292人，占50.4%；智力残疾909人，占10.7%；精神残疾1206人，占14.2%；多重残疾259人，占3%。

【康复救助】 实施《信州区残疾儿童康复救助实施细则》，保障残疾儿童在康复的黄金期能够早发现、早诊断、早干预，减轻家庭负担。全年共转介残疾儿童53名，对39名残疾儿童给予了56.73万元康复训练补助经费。构筑残疾儿童康复网络。根据机构准入标准，将上饶市道源康复医疗中心、上饶市康语启聪特殊儿童康复科技有限公司分别纳为信州区残疾儿童抢救性康复定点机构。打造残疾人“家门口的康复”。根据调查摸底和现场勘查，建立沙溪镇东风村和北门街道莲花山社区两个残疾人康复示范点，配置残疾人康复器材等设施近60万元。实施残疾人辅具补贴制，出台《信州区残疾人适配基本型辅助器具补贴办法（试行）》，并依托上饶市中医院对全区1500余名三级以上肢体残疾人的辅具需求开展详尽的专业性评估，其中为全区400多名肢体残疾人提供了20余万元的辅助器具及假肢补贴。

【参加疫情防控】 积极配合做好包保社区全员核酸检测、路口卡口值班等各项管控措施，选派三名职工干部参加区指挥部一线防控工作。通过展板、横幅、微信群等多种渠道向残疾朋友宣传疫情防控知识。会同市残联领导联合走访看望盲人按摩机构和畅通公司残疾人收费员，指导康复机构做好防控工作。

【开展“我为群众办实事”活动】 联合上饶市联通公司开展“我为群众办实事，让聋哑人士无声变有声”的公益活动，对于符合条件的残疾人士，给予6个月的免费使用期，此次活动区残联共为334名残疾人补贴资费1.67万元。上门服务，对符合残疾条件的人员进行现场办证，全年共上门服务31人次。组织30余名盲人到葛源红色教育基地开展“我是你的眼·带你去旅行”公益活动。

【落实惠残政策】 配合民政部门做好补贴人员的核对和申报工作，建立数据定期共享比对的工作机制，确保两补发放更加精准，迎接省政府残疾人两项补贴工作第三方评估检查，全年共为5230余人次残疾人发放“两项补贴”资金530余万元。残疾人阳光家园托养项目。依托江西南丁格尔护理服务有限公司为80名重度肢体残疾人提供形式多样的居家托养服务。残疾人家庭无障碍改造项目。从调查摸底、确定对象到组织实施，均制定个性化实施方案，惠及残疾群众30户。落实好残疾人大中专生资助活动。与区教育部门联系，掌握即将升入大中专院校就读的残疾人信息，做到应报尽报，不漏一人，全年共为4名残疾大学生发放资助金2.6万元。

【参与中心工作】 做好结对帮扶工作，选派联络员，配备工作经费，并下拨了1.7万元经费用于下潭居和塔水村“爱心美德公益超市”贫困户凭积分兑换商品捐赠活动。利用节日走访脱贫户，给予慰问金。组建信州区残疾人无障碍环境义务监督队，聘请20余名肢体、视力、听力等残疾人到行政服务中心、机场、景点等公共场所，对轮椅坡道、无障碍卫生间等进行实地调查，向有关部门提出工作建议100余条，为上饶创建全国文明城市贡献力量。

【推进残疾人就业工作】 通过政府购买残疾人专职委员公益性岗位安置残疾人就业92名。通过加大对残保金的征收力度，促进残疾人就业，全年已成功安置残疾人就业100余人。向全区在营盲人按摩店每店发放2000元的疫情补贴，确保全区盲人按摩业健康发展、平稳运行。为200名农村残疾人开展了实用技术培训。与市国资委下属的市畅通停车服务有限公司对接，不断拓展适合残疾人就业的岗位，与市城盛物联网有限公司联合积极安置残疾人就业等，安置并稳定近60名残疾人就业，基本消灭中心城区残疾人代步车非法载客现象。

【开展残疾人文化艺术活动】 按照市残联工作安排，区残联具体承办了“感党恩　听党话　跟党走”上饶市庆祝建党一百周年暨第三十一次全国助残日残疾人专场文艺汇演，市、区四套班子有关领导出席了晚会。残友们先后用舞蹈、歌曲、乐器、情景剧等丰富多样的表演形式，展现残疾人生命顽强之美和对党的热爱，为庆祝全国助残日和建党一百周年，献上了最诚挚的祝福。

【提升服务效率】 对残疾人证办理便民事项，制定了残疾人证办理流程图，编制残疾人证办证指南，推行一次性告知、一次申请、一套资料、一窗办结。区残联在赣政通平台配合其他业务部门做好低保一件事、身后一件事等服务事项，精简了程序，提高了效率。将《残疾人证》申请表及鉴定表发放至各镇（街道）便民服务中心，避免残疾群众来回奔波。针对部分特殊对象，积极开展预约、上门办证等活动，每季度上门办证一次。

（占晓英）

区科学技术协会

【概况】 2021年，信州区科学技术协会（简称信州区科协）切实履行职责职能，为创新驱动服务、为提高全民科学素质服务。上饶市一小、上饶市二十小、北门街道东都花园社区、信州区现代农业示范园被市科协评为上饶市科普教育基地。上饶市逸夫小学科普教育基地、上饶市五小科普教育基地到期评估认定为省级科普教育基地。上饶市第七中学在江西省青少年机器人竞赛中荣获二等奖。上饶市沙溪中学在江西省青少年机器人竞赛中荣获WER教育积木机器人普及赛——环保卫士项目三等奖、在第十九届江西省中小学机器人技能提升能力中荣获优创未来项目一等奖、在上饶市中小学机器人竞赛中荣获优创未来项目一等奖。

【科普宣传活动】 5月，启动“科普信州”微信公众号开展防灾减灾科普知识宣传工作，提高公众知晓率。邀请科普志愿者在北门街道吉阳山社区开展应急救护科普知识培训。在秦峰镇还农生态科普基地开展“信州区2021年科技活动周、科普进校园暨政协委员送科技下乡活动”。区政协委员为秦峰中心小学赠送各类科普书籍800余册。同时，举办垃圾分类科普知识讲座，开展垃圾分类知识竞赛等。9月，在沙溪宋宅中学举行“2021年信州区全国科普日暨沙溪宋宅中学科技节启动仪式”，现场为学生讲解防溺水和心理健康科普知识。在北门街道东都花园社区开展防电信网络诈骗科普知识讲座，在沙溪镇龙头村举办了乡村振兴农民科学素质提升行动——农业种植技术培训，在朝阳镇朝阳村开展科普进乡村科技志愿服务活动，为居民免费测量血压，向居民讲解常见疾病的预防手段、日常饮食注意事项等知识。现场发放种植、养殖科普书籍300余册，科普宣传用品300余件。

【青少年科普活动】 5月，在市五小举办“百年历程铸辉煌、科技创新颂华章”科技活动周、“奋勇小海燕、探索大宇宙”第20届科技节。9月，在沙溪宋宅中学举办科技节。举办科技作品大赛、科幻画比赛、科技实验竞赛以及无人机表演等。12月，在市一小举办“为‘双减’注入‘科技’活力第10届科技节”，组织学生收看“天宫课堂”，倾听中国航天员在中国空间站的精彩太空科普课。

【为基层群众办实事】 将党史学习教育与乡村振兴有效结合，积极开展“我为群众办实事”活动。邀请省（市、区）专家深入各镇，推广示范先进适用农业技术、新技能和市场新信息，开展实用性和实践性强、多层次和多形式的农民培训教育，助力农户增产增收。4月，到沙溪、秦峰、朝阳镇走访调研，实地察看、了解种植、养殖户技术需求、收入情况、带动贫困户脱贫增收。7月，到北门街道东都花园社区、上饶市二十小调研科普工作，了解科普基础设施建设情况及科普需求。9月，在全国科普日期间，在沙溪镇龙头村举办了乡村振兴农民科学素质提升行动——农业种植技术培训，现场为农户解决生产中遇到的实际问题。

沙溪宋宅中学科技节无人机表演

【扶贫帮困】 科协干部结对帮扶6户贫困户。全年过节走访慰问，发放慰问金1800元，发放被子6条以及防暑降温物品、防疫物资等，为挂点村北门街道沽塘村“爱心超市”提供运行经费3000元。积极助力村级产业扶贫，为帮扶村秦峰镇占村村提供项目资金5.5万元。

【创文及疫情防控】 组织党员干部到创文包保单位北门街道莲花山社区、防疫包保单位北门街道紫阳社区以及党员所在社区参加创文宣传、疫情防控宣传、核酸检测、卫生清扫、值班值守等工作。选派一名干部长期到集中隔离点参与疫情防控工作。

【服务企业】 以信江刺鲃渔业院士工作站为平台，做好院士专家联系服务工作，帮助企业扩大生产、增扩销路。该企业的鱼苗供不应求，远销浙江、福建、赣州等地。

（卢红）

区红十字会

【概况】 2021年，信州区红十字会认真履行各项职责，重点围绕“三救三献”深入开展各项工作。全年共募集款物188万元（资金111万元，物资77万元）。红十字基层组织20个（新增4个），完成了镇（街道）全覆盖，现有团体会员29家（新增4个），个人会员注册455人。救护员培训1046人，普及培训7174人。实现器官捐献三例，眼角膜一枚。

【基层红十字会组织】 2021年新增基层组织四个，分别是上饶市立医院、乐豆家便利店、爱心药房、上饶银行。信州区第三幼儿园红十字会结合红十字博爱周活动主题，自创红十字急救童谣，组织教师在幼儿饭前、睡前为幼儿教唱红十字急救童谣。在博爱周期间，三幼红十字会组织、发动全体员工幼儿、家长开展以“小小急救员”为主题的大型幼儿急救活动，教师们通过多种方式对幼儿进行急救知识教育。

【文明驿站树文明新风】 文明驿站是红十字救护站的升级版。结合信州区的创文工作，与区委宣传部联合成立了文明驿站。资金由创文办拨付，红十字会负责文明驿站的运营管理。区红十字会选取各个行业的代表，如乐豆家便利店、爱心药房、上饶银行、中石化、徐氏中医连锁门店，成立了66家文明驿站。文明驿站设有四大功能板块：应急救护、人道救助、便民服务和志愿者招募。室外悬挂醒目的灯箱，室内设置急救箱，放置急救药品，六类人道救助登记本，便民用品以及志愿者服务登记本。驿站初期要求2/3的工作人员取得救护员证，已经开展了三期的专场培训，还将通过学员复训、技能竞赛等方式，提升驿站志愿者对急救技能的掌握程度。

【“博爱”系列活动】 结合党史学习教育“我为群众办实事”实践活动，在全区开展“博爱”系列活动。1月，发放了23.5万余元的棉被、大米等生活物资给参与了“腾讯99”公益日活动的单位，用于各单位开展扶贫走访工作。8月召开了“博爱助学”发放仪式，现场为优秀贫困学子发放33.7万元助学金，资助了38名贫困学子。

区委副书记、代区长余华阳出席2021年度世界急救日AED揭牌仪式

【救命神器AED发放】 募集5台应急救护AED，发放的地点分别是紫阳公园、上饶幼儿高等专科学校、信州区行政服务中心等人流密集的场地。信州区红十字会每年争取到财政的专项工作经费是26万元，同时，应急救护培训纳入了区级的综治和文明考核当中。

【宣传红十字】 2021年是信州区红十字会的“宣传年”。区红十字会开展各种宣传日活动，利用“12·1”世界艾滋病宣传日、“5·8”世界红十字纪念日、“无偿献血日”“全国爱牙日”等宣传日，先后开展了以发放宣传资料、展示红十字知识图片、培训等为内容的宣传工作，发放《中华人民共和国红十字会法》《中国红十字会章程》《省红十字会条例》《红十字会运动基本知识》《红十字急救常识》等2万多条册。2021年度上饶电视台共播放3次红十字会工作新闻。

（王丽芸）

区文学艺术界联合会

【概况】 信州区文学艺术界联合会（简称区文联）下设9个协会（信州区摄影家协会、信州区音乐家协会、信州区美术家协会、信州区舞蹈家协会、信州区作家协会、信州区书法家协会、信州区戏剧曲艺家协会、信州区越剧票友协会、信州区收藏家协会）和信州诗词学会、信州书画院共11个群团组织。区文联编制4名（参公），在职人数4人，退休人数2人。

【贺新春送春联公益文化活动】 1月，联合书法家协会，信州书画院，组织多位书法名家在万力、茅家岭等多地举办多场“送春联送万福”公益活动，将美好的祝愿带给信州区市民。

【《五女拜寿》经典越剧演出】 2月中旬，与信州区越剧票友协会共同在万达广场主办“五女拜寿”庆祝建党百年新春越剧节目展演，收到众多好评。

【“谷雨诗会”庆党百年】 4月30日，在信州区新时代文明实践站新农站，举办庆党100周年“谷雨诗会”，此次诗会共在全国范围内征集作品600余篇，并将获奖作品出版成册，反响热烈。

【“唱支山歌给党听”演出庆党百年】 5月2日，在万力广场一楼与信州区越剧票友协会共同举办建党一百周年唱支山歌给党听文艺活动，观者众多，反响热烈，好评如潮。

【庆祝建党一百周年红色实物展览】 五月初，与信州区收藏家协会通过邮寄、现场收取等方式征集了百余件建党以来红色实物作品，并举行了庆祝建党一百周年红色实物展览，参观人员络绎不绝。

【“走出殿堂　走进山野”千名文艺家文艺汇演】 7月15日，和上饶文联、上饶市文艺志愿者协会共同举办“走出殿堂·走进山野”千名文艺家走进新时代文明实践秦峰所文艺汇演活动，为秦峰当地居民奉上精彩的演出。

【参与一线疫情防控】 自新冠肺炎疫情发生以来，党员干部积极行动。区文联主席谢飞被抽调至疫情集中留置隔离点值守，他坚守岗位，认真负责，圆满地完成任务。

（李璇）

区社会科学界联合会

【概况】 2021年，信州区社会科学界联合会（简称区社联）紧扣区委“1235”战略目标，找准“小切口”调查研究，献计出力，为区委、区政府提供有价值的决策参考意见。

【开展社会科学课题研究】 着重围绕信州区特色商贸服务、都市旅游、发展数字经济、重点项目推进等一系列决策部署，深入开展调查研究并形成5份分析报告。

【做好意识形态领域工作】 2021年，区社联深化理论惠民宣讲，通过举办6场“信州社科大讲堂”等宣讲活动，让习近平新时代中国特色社会主义思想深入基层，深入人心。积极参与百年建党诗歌作品创作活动。琚玺副主席在“庆建党百年　展职工风采”信州区职工征文书法绘画摄影作品展中荣获优秀奖，在全市讴歌“百年建党　辉煌伟业”诗歌大赛中荣获三等奖，在全市抗疫征文比赛中荣获二等奖。

【开展党史学习教育】 区社联扎实开展党史学习教育活动。结合实际制定《区社联党史学习教育实施工作方案》，以总体方案为引领，确保规定动作不走样，自选动作有特色。

【抓好党风作风建设】 区社联狠抓党风廉政制度建设，促进党风廉政建设取得实效。2021年单位三公经费与2020年持平。进一步做好扶贫专项资金使用，让每一分扶贫专项资金都实实在在地用在了贫困户身上。

【为中心工作服务】 疫情防控期间，社联全体党员干部在党组织的引领下，轮流上岗、日夜坚守。疫情结束后，又深入社区继续做好创卫创文工作。除此之外，区社联继续做好7户城镇脱贫户和挂点村——四吉村7户农村已脱贫户的防返贫工作，解除疫情对他们生产和生活带来的负面影响，想方设法帮助他们找到合适的岗位、致富的路径，有效避免返贫现象的发生。

（琚玺）

国防建设

区人民武装部

【概况】 2021年，信州区人民武装部（简称区人武部）紧紧围绕新时代的强军兴武目标，不断强化思想政治建设，夯实基层基础设施建设，大力推进练兵备战，圆满完成年度各项工作任务。6月，信州区人武部党委被军委国防动员部表彰为“先进旅团级单位党委”。

【贯彻落实全军开训动员令】 1月4日，区人武部召开党委会和军人大会传达学习开训动员令，组织人武部干部职工、文职人员、全体专武干部以及民兵应急分队开展20公里战斗体能训练，期间开展奔袭、通过染毒地带等科目训练。

【召开区委常委议军会暨区武委会、国动委会议以及全区党管武装工作会议】 1月14日，在信州区国际会议中心召开2021年信州区委常委议军会暨区武委会、国动委会议以及全区党管武装工作会议。区委常委，区人武部党委委员，各镇（街道）党（工）委书记、镇长（主任），区直武装部第一部长，区武委会成员单位主要领导以及全区专武干部和部分民兵连长代表共计150余人参加了会议。会议由区委书记、区人武部党委第一书记潘表光同志主持，区委副书记、区政府区长叶文华同志传达习近平关于国防和军队建设重要论述，区委常委、区人武部部长徐建饶同志传达了中央军委《二〇二一年开训动员令》，宣读民兵教导员和第一部长任职通知，区人武部政委邱树梁同志传达了军委国防动员部、省军区和军分区三级党委全会会议精神，组织了民兵教导员、区直武装部第一部长、基层武装部部长代表现场述职。会议研究审议并通过了《2021年度信州区党管武装和国防动员先进单位和先进个人表彰通报》和信州区人武部《关于贯彻落实军委开训动员令和军分区党委七届二次全会精神具体措施的请示》。

【省军区首长莅临检查指导】 7月19日，省军区副司令员吴学军带队到信州区人武部，对战备工作、军事训练、民兵工作三项内容进行综合检查考评，组织装备维修连集结点验；9月3日至9月5日，省军区副司令员吴学军带队来到信州区人武部围绕战备工作、军事训练、民兵工作三项内容进行专项督导帮带，全市12个人武部主官和有关工作人员参加。

【完成公寓楼建设】 10月1日，由信州区人民政府出资并采取“交钥匙”工程方式建设的信州区人武部公寓楼完成全部建设和内部装饰工作。

【征高征优兵员】 认真落实“两征两退”政策，在城区广场、三江公园以及乡镇主要交通干道同步开设9个征兵咨询站，印制了20000份EMS宣传单免费分发各大院校、商场，连续3个月设立5条主干线20辆公交车征兵广告，6次进入3所高校现场宣传，全面落实大学毕业生“四优先”政策，连续3年开展大学生集中训练管理和役前训练，圆满完成年度兵员征集任务。

【持续深化脱贫攻坚工作】 与秦峰镇老坞村建立结对关系。2021年先后选送2名老坞村应征青年到部队参军报国。按照帮扶协议落实肉鸽养殖第一批产业分红。10月，区人武部政委邱树梁实地到老坞村检查调研，为帮扶助学学生送上1500元的助学金，与秦峰镇党委书记岳贤猛、村委书记及委员一班人，共同考察了秦峰镇拟计划拓展的“红美人”柑橘和“金银花”种植产业。

【开展庆祝中国共产党成立100周年系列活动】 围绕庆祝中国共产党成立100周年，举办“百幅图片贺百年”的红色主题图片巡回展，先后接受军地党政军民学等2000余人次的参观学习。组织机关全体党员唱响红歌，拍摄“唱支山歌给党听”MV，展示党的奋斗历程和伟大成就。

工作，为符合政府安排工作条件的35名退役士官妥善安置工作，为165名现役军人悬挂“光荣牌”，为退役军人家属集中发放“光荣牌”。

【思想政治建设】 部队党的政治建设全面加强。选举产生新的中共信州区人民武装部委员会、纪律检查委员会和机关支部委员会。围绕庆祝中国共产党成立100周年这条主线，全面推开党史学习教育，巩固深化“两项重大主题教育”。组织全区专武干部和人武部机关人员到上饶集中营开展“重温入党誓词、共谈入党初心”现场教学活动，举办“庆祝中国共产党成立100周年”红色主题大型图片巡回展，选派优秀选手参加军分区“第三届讲红色故事”比赛，制作“中国共产党人精神谱系”PPT，全面落实15项“我为群众办实事”计划。

【国防动员工作】 落实军委军事训练会议精神和开训动员令。协调200余万元专项经费补充完善民兵应急连和8个镇（街道）民兵应急排民兵战备拉动器材和民兵专业分队携行物资，建立辖区内“政治、经济、文化、交通”等13个重要目标三维地图影像数据库。编实25支906人基干民兵分队，全力抓好实战化军事训练工作，参加“精武上饶—2021”群众性练兵比武，2名专武干部分别取得综合成绩第一、第三名的成绩，1名文职人员取得总评第三名的成绩。认真落实“两征两退”政策。

（程龙　李志红　苏雪飞）

为退役军人家属集中发放“光荣牌”

【落实军人军属优抚政策】 2021年，先后协调39名军人子女优先择校入学，为45名立功受奖的现役军人“喜报送上门”，为5名转业军官安置平职或实职

区公安消防大队

【概况】 2021年，信州区公安消防大队（以下简称区消防大队）共接警1068起（含特勤）、火灾扑救446起、抢险救援306起、社会救助197起、公务执勤67起、其他出动52起，共出动车辆1818辆次、抢救被困人员259人。大队共检查单位669家次，发现火灾隐患或违法行为605处，督促整改586处，下发改正通知书409份，下发行政处罚决定书28份，临时查封11家，责令“三停”（停止施工、停止使用或停产停业）单位3家，罚款170100元，录入并核查“九小”（小学校或幼儿园、小医院、小商店、小餐饮场所、小旅馆、小歌舞娱乐场所、小网吧、小美容洗浴场所、小生产加工企业）场所商户6892家，每万人常住人口录入商户数为159家。推动明珠商业广场、民主农

贸市场两家重大火灾隐患整改销案，切实做到了监督检查措施有力，隐患整改督促指导成效显著。2021年内，大队通过省级“青年文明号”复评，获评“省级文明单位”，被总队评为先进基层大队，解放路消防站团支部获评“全市五四红旗团支部”，解放路消防站灭火救援一班获评“全市工人先锋号”，在全市两项知识竞赛暨队列会操比赛中，荣获团体第二名，赵博被总队评为“优秀共产党员”，覃庆泽被支队评为“优秀共产党员”，周国俊被支队评为“优秀党务工作者”。

【党史学习教育】 党史学习教育卓有成效，全体指战员认真学习4本指定教材，积极参与5个课题研讨，主动参加党史学习教育读书班，大队党委召开党史学习教育主题民主生活会2次，大队部党支部和消防站党支部分别组织召开组织生活会，推出党史学习教育易企秀宣传短片10期，更新党史学习教育简报16期，印制百年党史大事记100册，购买党史学习相关书籍50册，制作宣传板报1期，上饶消防视频号录用大队快问快答视频1期，中央级媒体上稿13篇。大队立足本职，制定为群众办实事计划5项，为基层办实事计划8项，已全部落实到位。

【党建成效突出】 始终严格落实从严管党治队，不断强化党风廉政建设，积极推进收送红包专项整治、执法领域微腐败治理、后勤装备领域专项整治等工作。开展纪律作风整顿“回头看”、条令纲要学习月、安全隐患集中排查整治等活动，紧盯“人车酒、婚恋贷、黄赌毒、网电密”等重要环节，切实把牢人员管控。

【消防救援队伍建设】 根据消防员管理规定，修订印发《上饶市信州区消防救援大队政府专职消防队员及聘用人员管理教育规定》，强化政府专职队员、消防文员及外聘人员管理，共签约政府专职队员71人，文员5人，外聘人员2人。建成东市小型站、北门小型站、城南小型站、灵溪政府专职队、沙溪政府专职队、朝阳政府专职队、朝阳产业园区小型站和秦峰政府专职队，全部投入执勤。

人防疏散演练

【智慧消防建设】 结合信州区实际，积极推进“政府+市场”运维模式，委托第三方耗资百万搭建智慧消防远程监控平台，同时承担智慧消防远程监控平台日常运营管理、系统设备维护、大数据统计及综合分析等任务。着力构建“多资源共享互通、智能化分析预警”的消防物联网体系，实现消防安全网上动态化监测、精准化防控。2021年共安装消防物联网NB-IoT终端连接数15214个，泛连接点25201个。

【消防培训宣传】 全方位推进“一警六员”培训工作，除重点单位全体员工的培训外，还着重对乡镇、社区、公益救援组织、“九小”场所等开展培训工作，全年共培训5184人，完成年度任务的108%。

（周嘉伟）

人民防空

【概况】 2021年，信州区人防办紧紧围绕“战时防空、平时服务、应急支援”的使命，各项工作稳步推进。人防工程维护管理明确各镇（街道）98个人防工程巡查监督责任。人防宣传取得新进展，在省人防网站投稿新闻12篇，省、市、区微信公众平台投稿新闻14篇，“我与人防的故事”主题征文活动获得省级三等奖1名、优秀奖3名、优秀组织奖1名，获得市级一等奖1名、二等奖2名、优秀奖多名。“智慧人防”项目建设稳步推进。

【人防工程维护管理】 年初，

下发《关于2020年度考评工作方案》，组织人员对8个镇（街道）人防工作站进行了实地年度考评。9月，与有维管任务的镇（街道）签订了人防维护管理工作巡查监督责任书。

【人防宣传教育活动】 开展人防专题宣传，传播人防声音。3月1日国际民防日宣传进社区，5月12日防灾减灾日人防宣传进校园，结合人防工作平时开展“为民办实事”活动。通过发放宣传手册、学校开展人防知识卷测试、现场活动问答、防空袭疏散演练等活动，提高居民应对突发事件的自救互救能力。7月，区人防办联合社区开展防空袭城市人口紧急疏散联合演习暨“我为群众办实事”主题活动。邀请民间民俗文化艺术团，通过民歌宣传增强社区居民人民防空意识。10月，“我与人防的故事”主题征文活动中组织全区征集优秀作品40余篇。在信州所辖社区64个宣传点开展人防知识进社区、学校活动，向过往群众宣传人民防空71周年的发展历程和人防知识。信州区人防办联合信州区教体局开展为期一个月的“勿忘国耻 吾辈自强 居安思危 共筑人防——‘九一八事变’90周年人防主题教育系列活动”，在近3400名参赛的师生中初步评选出“我与人防的故事”主题征文、“人民防空为人民”儿童画和“勿忘国耻 吾辈自强 居安思危 共筑人防”主题班会的优秀作品。12月，向信州城区、农村和民办学校八年级111个班共5400余名师生免费发放了《中学生防空防灾知识》教材，将人民防空知识内容纳入各学校的年度教育任务中。

（俞城渡）

法　治

公　安

【概况】 2021年，上饶市公安局信州分局共立刑事案件2458起，其中杀人案6起，放火案1起，伤害案21起，强奸案20起，绑架案0起，抢劫案4起，盗窃案838起，抢夺案1起，诈骗案1338起，电信诈骗435起，毒品犯罪17起，经济犯罪33起，其他案件179起，补立年前案件4起。破获刑事案件934起，破获年前案件19起，破获外省市案件0起。全年死亡4人，受伤17人，其他受害人213人，财物损失12407.09万元。受理治安案件3366起，查处治安案件3126起，其中扰乱公共秩序35起，妨害公共安全12起，侵犯他人人身权利、财产权利3094起。查处违法人员1015人，处罚989人，其中警告6人，罚款290人，拘留699人，其他20人。查处单位9家。提请逮捕384人，刑事拘留678人，抓获违法犯罪人员1693人，罚款13.26万元，没收赌资39.63万元，没收毒资0元。分局党委将关心爱护民警作为重要工作常抓不懈，全年走访慰问困难民警8人，发放慰问金8000元，对2021年度荣立集体、个人三等功、个人嘉奖的民警进行表彰奖励，共计发放金额13万元。

反电诈集中宣传推进会

【举行首个“中国人民警察节”升旗仪式】 1月10日清晨，庄严举行升警旗仪式，庆祝首个“中国人民警察节”。分局党委班子成员及除值班备勤外全体民警参加了升旗仪式。

【反电诈集中宣传】 根据省、市关于开展全民反电诈集中宣传“春风”行动的有关要求，3月11日上午，全区反电诈集中宣传推进会在区国际会议中心召开，各镇（街道）主要负责人及综治工作分管负责同志，信州区打击治理电信网络新型违法犯罪工作局及联席会议成员单位分管负责同志等参加会议。5月26日，信州区召开打击治理电信网络新型违法犯罪工作调度会。市人大常委会副主任、区委书记潘表光出席会议并讲话，会议通报了信州区打击治理电信网络新型违法犯罪工作进展情况，并对相关工作进行了部署。

【召开警示教育大会】 3月24日，警示教育大会召开。局长丁成军出席会议并讲话，政委董锦波主持会议并解读《违反干预司法“三个规定”》。会议以电视电话会形式开至基层派出所。分局党委班子成员及除值班备勤外全体民警参加会议。

【政治轮训班圆满结业】 3月26日，为期6天的信州公安队伍教育整顿轮训班圆满结业。轮训班分为2期进行，并依托视频会议系统设置各派出所分会场，确保全警全覆盖。分局党委班子成员及全体民、辅警共计800余人参与本轮政治轮训。

【陈光明深入分局督导队伍教育整顿工作】 5月13日，省公安厅党委委员、副厅长陈光明一行深入信州公安实地调研督导队伍教育整顿工作。督导组一行认真查阅了分局队伍教育整顿相关工作台账，仔细查看了民警撰写的原创心得体会，对分局台账的全面规范给予了充分肯定。在随后的座谈会上，督导组详细听取了分局队伍教育整顿工作汇报，并就相关工作进行了深入交流。

【信州区义警协会成立大会暨第一次会员代表大会召开】 7月22日上午，信州区义警协会成立大会暨第一次会员代表大会在信州公安分局隆重召开。副区长、公安分局局长丁成军出席会议并讲话。分局党委副书记、政委董锦波，区民政局及分局相关部门负责同志和应邀代表等共计140余人参加会议。会上，宣读通过了协会《会员大会选举办法（草案）》《章程（草案）》《财务管理暂行办法》等制度章程，选举产生了协会会长、副会长、秘书长及副秘书长。

【“移动警务室”驻点】 8月，分局“移动警务室”正式驻点街头。8月18日晚，副区长、公安分局局长丁成军一行来到特警大队万达商圈“移动警务室”，看望慰问执勤民、辅警。

【召开“万警千车下基层”联系学校、医院动员部署会】 9月14日晚，召开“万警千车下基层”联系学校、医院动员部署会。会议详细解读了《上饶市公安局信州分局“万警千车下基层”工作方案》，并对定点联系的学校、医院警力进行了部署安排。

【参战“长风2号”暨“攻坚月”打击涉电信诈骗“两卡”犯罪全国集群战役】 8月份以来，组织全局民警、集中优势警力，先后开展两次集中打击治理“两卡”犯罪专项行动，共刑拘涉诈犯罪嫌疑人129人，快速侦破了一批涉诈案件。自9月16日起，结合省、市公安机关“长风2号”集中打击电信网络诈骗专项行动，以及全市打击治理电信网络诈骗犯罪“攻坚月”活动部署，在全区范围研判落地“卡头”9个、“卡贩”13个、“卡农”36个，涉及收贩卡团伙6个，人员涵盖上海、浙江、广东、福建、云南、上饶6个省市。10月16日，“长风2号”行动暨“攻坚月”打击涉电信诈骗“两卡”犯罪开始实施。区委常委、政法委书记张军华，副区长、公安分局党委书记、局长丁成军，坐镇一线，靠前指挥。信州公安300余名警力、16个抓捕组雷霆出击。16日晚至19日，共抓获涉诈嫌疑人68人，刑拘47人，打掉涉“两卡”“跑分”等电信网络诈骗犯罪团伙及上下游灰色产业链犯罪团伙2个，初步核破案84起，缴获手机及电脑等作案设备76台、银行卡177张、手机卡82张，查扣涉案资金6.5万元。

（董哲皓）

检　察

【概况】 2021年，信州区人民检察院聚焦中心大局，聚力主责主业，促进法律监督协调发展，推动各项工作高效完成。在全省政法机关公众满意度排名中，信州区人民检察院名列全省检察院前列，全市基层检察院第一名。

【强化政治引领】 深学细研习近平新时代中国特色社会主义思想和习近平法治思想。教育引导干警把讲政治自觉融入司法办案、日常工作，全面有效承担起检察机关的政治责任、法治责任和检察责任，努力实现办案“三个效果”有机统一。

【维护社会安全稳定】 认真履行批捕、起诉等法定职责，严厉打击危害社会和谐稳定和人民群众生命财产安全的刑事犯罪。全年共受理提请逮捕案483件610人，案件量同比上升23.85%；受理审查起诉案737件921人，案件量同比上升16.8%。其中，起诉涉嫌故意杀人、绑架、强奸等严重暴力犯罪60人，起诉涉嫌“两抢一盗”和诈骗等多发型侵财犯罪179人。严厉打击电信网络诈骗犯罪，办理、审查、逮捕涉“两卡”犯罪81件117人，提起公诉95件117人。

【常态化开展扫黑除恶斗争】 建立常态化办案团队，全年受理逮捕涉黑涉恶案7件7人，审查起诉1件1人。

【优化营商法治环境】 践行“法治是最好的营商环境”要求。严厉打击破坏市场经济秩序犯罪，批捕生产销售伪劣商品，扰乱市场秩序等犯罪9件11人，起诉31件60人。加强涉企案件政策适用，服务民营经济发展，对涉嫌犯罪的民营企业人员依法不捕1人、不诉14人，做到“能不捕的不捕，能不诉的不诉”。

【参与市域社会治理】 践行新时代“枫桥经验”，依托12309检察服务中心、公开听证室依法及时解决群众诉求。落实检察长带头包案要求，全年院领导包案办理疑难复杂信访案件19起。制发社会综合治理检察建议5份，督促纠正解决问题11个。累计接待群众来访120余人次，处理群众信访87件，立案监督7件。为42人申请国家司法救助，发放司法救助金33.53万元。开展检察听证18次，以公开促公正、增公信。

【助力疫情防控】 制定《检察院疫情防控应急工作方案》，迅速组织全体干警下沉社区参加防控，协助做好全民核酸检测、隔离酒店管控、交通卡点值守、防疫知识宣传等工作，全员累计执勤500余人次，协助辖区内居民开展核酸检测9000余人次。主动服务保障企业复工复产，立足检察职能制定“八项措施”，为企业提供法律帮助。

“检爱同行，共护未来”主题检察开放日活动

【刑事检察】 积极落实“少捕慎诉慎押”刑事司法政策，依法不批捕案149件212人、不起诉案192件263人，不捕率34.8%、不诉率28.6%，努力做到打击犯罪与保障人权并重、惩处社会危害与修复社会关系并举。持续做好认罪认罚从宽工作，做到能用尽用，依法适用846人，适用率86.5%，推进量刑建议精准化，确定量刑建议采纳率100%。加强刑事诉讼活动监督，监督立案2件，监督撤案1件；纠正漏捕1件，纠正遗漏同案犯3人；提出抗诉2件。积极开展违法违规办理“减假暂”问题专项检察活动，核查监外执行罪犯的社区矫正全过程，建议司法机关发出撤销缓刑建议书2件2人。办理监外执行机构及公安机关监管剥夺政治权利人员违法违规案件30件30人。

【民事检察】 强化民事审判活动监督，办理生效裁判监督案13件，向市检察院提请抗诉3件，向区法院发出再审检察建议并采纳1件，法院再审改判6件；办理民事案件审判违法监督案2件，向广丰法院提出检察建议2件；办理民事执行监督案2件，向区法院提出检察建议1件；办理行政执行监督案2件，并实质性化解。针对彭某某涉嫌虚假诉讼案，向法院发出再审检察建议，法院再审判决撤销原调解书，驳回原告诉讼请求，有力维护司法公信力，该案入选省检察院正面典型案例。

【公益诉讼】 贯彻“双赢多赢共赢”理念，积极履行公共利益保护职责，发出行政公益诉讼诉前检察建议44件，召开诉前磋商会议6次；提起刑事附带民事公益诉讼2件，判决2件。通过发送检察建议等形式推动相关部门对追缴环境保护税、搅拌站规范管理等7个问题进行有效治理。推动市、区两级城管部门完成问题窨井盖整治600余座。依法打击破坏生态环境刑事犯罪，批准逮捕并提起公诉1人。建立健全“河长+检察长”“林长+检察长”生态文明建设工作联动机制，发出检察建议9件，推动修复生态、治理河道水库项目。

【未检工作】 全年受理未成年人审查逮捕案43件67人、审查起诉案43件63人，办理附条件不起诉案13件13人，有效维护未成年人合法权益。创新未检工作模式，打造“海虹”未成年人关爱中心，构建未成年被害人“一站式”救助体系。筑牢校园入职准入“防线”，会同教育、公安等有关部门加强落实入职查询制度，相关做法被高检院网站报道。

【监督治检】 主动向区人大常委会报告未成年人检察等工作，虚心听取人大代表意见和建议。邀请人大代表、政协委员、人民监督员及案件当事人参加听证、座谈等各类活动200余人次。举办“检爱同行，共护未来”主题检察开放日活动，邀请50余名师生走进区检察院，近距离了解和监督检察工作。持续深化检务公开，及时发布案件信息1335条，公开法律文书543份，在“信州检察”公众号、官方网站等相关媒体平台发布检察新闻183篇。严格落实司法责任制，常态化开展案件质量评查，累计追究司法责任10人次。

【素质强检】 开展“两强化两提升”专项业务活动，提升核心业务指标和办案质效。区检察院60项核心业务中有32项进入全省第一方阵；2名干警分别荣获全省行政检察、未成年人检察业务竞赛第1名，并被授予“全省检察业务标兵”称号。

（熊遂南）

审 判

【概况】 2021年，信州区人民法院扎实推进执法办案、为民司法、基层基础建设和队伍教育整顿等工作，忠诚履职、攻坚克难、砥砺奋进，圆满完成党和人民赋予的职责任务。立案庭被省妇联授予“江西省巾帼文明岗”称号，10余人次获评全省争创一流工作业绩先进个人、全省法院扫黑除恶工作先进个人等荣誉，1个案例入选最高院《中国法院2021年度案例》。

【受理情况】 全年共受理各类案件11303件，新收案件10830件，结案11067件，同比分别上升13.96%和13.98%，一审服判息诉率90.83%，民事一审简易程序适用率92.83%，员额法官人均结案340.6件，案件体量排名全省第18位、全市第3位，案多人少矛盾较为突出。共受理各类民商事案件6743件，审结6479件。审结涉及婚姻家庭纠纷等案件528件。处理债务、赔偿、相邻权等案件3549件，审结信用卡、金融借款等纠纷2402件。受理行政案件45件，审结44件。新收各类执行案件3954件，执结4010件，执行到位金额约9.71亿元。“3+1”核心指标中，有财产可供执行案件法定期限内执结率99.8%，无财产可供执行案件终本合格率100%，执行信访办结率100%，执行案件执结率99.85%。积极开展“猎狐—2021”“春雷行动”“惠民暖心”等专项集中执行行动，拘传253人，拘留24人，搜查8起，强制扣押32起，罚款5人次5000元，出动警力2132人次，2495人列为失信被执行人，3000人被限制高消费，移送公安机关追究拒执罪6起案件，立案5起，为农民工追讨欠薪265万元。发布拍卖公告253个，涉及标的物157件，成交82件，成交金额8506万元，溢价率40.82%，为买受人节省佣金397.55万元，网拍各项工作继续保持全市法院前列。共受理刑事案件561件，结案534件，判处非监禁刑181件221人，封存未成年人犯罪记录21件29人，其中，审结涉黑案件1件，涉恶案件4件，移送有关案件线索1条，发出司法建议2条。审结电信网络诈骗案件2件，2人被判处有期徒刑十年以上刑罚。审结电信网络诈骗关联的帮助信息网络犯罪活动罪案件52件76人，全部适用速裁或者简易程序审结，绝大部分判处实刑且并处罚金。

【助力疫情防控工作】 疫情防控期间，第一时间组织干警投入防控工作，尽锐驰援抗疫一线，抽调隔离点、分布社区、卡点值班值守、协助开展核酸检测工作，众志成城筑牢安全屏障，为疫情防控贡献党员力量、法院力量。

云开庭

【法治信州建设】 扎实推进平安信州、法治信州建设，围绕优化营商法治环境、破产审判、矛盾纠纷多元化解、切实解决执行难等工作，进一步深化府院联动机制。审结破产案件1件，盘活资产4亿元，重整企业2家。开展“扶企助企”主题活动，深入走访企业29人次。打造基层司法前沿阵地，助力乡村治理和乡村振兴，努力做好乡村振兴的“守护者”“建设者”“加速者”。在灵溪镇举办依法治村法治讲座、在沙溪镇政府为镇村干部专题宣讲民法典相关内容、在乡村开设巡回法庭、直接将法庭设在村委会。

【助推市域社会治理】 网上立案583件，引进各行业特邀调解组织5家，特邀调解员75名，调解各类纠纷3120件，其中诉前调解2436件，占一审立案数的43.34%，调解成功2718件，成功率87.65%。开展“我为群众办实事”实践活动。推出全院全员参与导诉等“十大便民举措”，开展送法进校园、进企业、进乡村等活动，用典型案例宣讲民法典，举办“法治校园建设”专题法律知识讲座、开展“诚信教育进校园”主题宣传活动，弘扬社会主义核心价值观。将“我为群众办实事”实践活动和“一站式多元解纷和诉讼服务体系”建设有机融合，为群众减免诉讼费约1458万余元。

【智慧法院改造】 深化智慧法院建设，推进现代科技在审判执行工作中的深度应用，加大“收转发E中心”“法官E助理”和“审判E管理”的应用力度，推广庭审语音输入，提高法官办案效率。新冠肺炎疫情发生以来，通过网络依法及时高效审理各类案件90余件，实现疫情防控期间“审判执行不停摆、公平正义不止步”。贯彻落实最高人民法院“六专四室”规范建设相关要求，对羁押场所、审判庭、专用车库、专用卫生间、监控室等进行标准化改造。

【法院队伍教育整顿】 把政法队伍教育整顿作为重大政治任务，贯彻落实省、市、区委对政法队伍教育整顿工作部署，研究制定工作实施方案。聚焦“六+N”顽瘴痼疾整治，对自查排查发现的问题，认真落实“减存量、控增量、防变量”要求，建立问题台账，立查立改，精准整治。开展违反防止干预司法“三个规定”整治工作，召开警示教育大会，运用本地案例向全院干警宣讲“自查从宽、被查从严”政策，并组织干警三轮填报《自查自纠报告》。出台《关于申请执行时无需提交生效证明的通知》《关于新入职、岗位调整和离任人员管理暂行办法》等20项政策举措。组织专题学习19次，集中研讨3次，开设党课6次，核查2018年以来重点案件16件，根据中央第八督导组反馈意见问题，梳理查找8项问题表现，刀刃向内查纠整改顽瘴痼疾150个，建立、完善各类规章制度57条，开展“我为群众办实事”实践活动195次；教育整顿期间组织处理干警3人。

【正风肃纪】 发挥好赣法民意中心作用，针对性完善相关制度。赣法民意中心信州分中心受理工单298件，已全部办结，群众回访满意率98%。分类分级精准培训干警92人次。健全司法责任制。完善审判委员会制度，落实院庭长监管职责，制定权力清单、职责清单、岗位廉政风险点及防控措施，深入推进执行领域突出问题集中整治。

【主动接受监督】 广泛听取社会各界对法院审判执行及队伍建设的意见和建议，邀请人大代表、政协委员、企业家、人民陪审员、律师、当事人等各方面代表共计60余人次来院召开征求意见座谈。通过微信公众号公布市级政法队伍教育整顿指导组举报电话及邮箱信箱。到8个镇（街道）走访征求意见，建立社情民意联络员制度。邀请全国、省、市、区人大代表视察、调研法院工作6人次，区人大常委会专题听取人民法庭“双达标”建设工作开展情况汇报。支持检察机关法律监督，审结抗诉案件3件。人民陪审员共参审案件588件，邀请50余名各界人士参与旁听庭审、见证执行等活动。

（叶晔）

司法行政

【概况】 2021年，信州区司法行政系统充分发挥司法行政工作职能，扎实开展政法队伍教育整顿，精心谋划，狠抓落实，为推动信州区经济社会发展提供了法律服务和法律保障。

【开展普法依法治区工作】 开展“美好生活·法典相伴”主题宣传活动，开展公益普法，推动民法典融入日常生活、融入基层治理、融入法治实践，真正让民法典走到群众身边、走进群众心里。加强年度重点普及法律法规宣传解读。2021年在全区公民中重点宣传普及《刑法》《行政处罚法》《生物安全法》《长江保护法》《退役军人保障法》《未成年人保护法》《江西省乡村振兴促进条例》“六法一条例”及上饶市颁布实施的地方性法规。持续开展“服务大局普法行”活动。加强国家安全、消防、保密、密码、档案、宗教、禁毒、优化营商环境、电信网络诈骗、维护农民工合法权益和生态环境保护等法律法规的宣传普及。

【审核行政执法主体】 开展行政执法主体资格清理确认工作。对各镇（街道）、区直各单位的行政执法主体资格进行了清理确认并予以公告（第一批22个，第二批1个，第三批2个，第四批2个），会同各执法部门进行行政执法主体代码编排工作。全面应用行政执法“两平台”，实现区直部门、镇（街道）执法大队执法办案监督全覆盖，通过平台同步抽查检查事项378项，录入检查人员314名，检查对象53660名，日常巡查321件，累计完成年度检查任务45次。

【提升合法性审查效能】 已对规范性文件审查2件、合同协议审查3件和法制审核41件，完成规范性文件清理工作6件（其中配合区商务局进行规范性文件清理1件）。

【参与市域社会治理现代化建设】 发挥人民调解在矛盾纠纷化解中的基础性作用，最大限度把纠纷解决在基层。全年各级调解委员会共调处各类矛盾纠纷683件，调解成功672件，调成率98.4%。其中，调处婚姻家庭、邻里、宅基地等常见性、一般性纠纷546件，占总数的79.9%；损害赔偿、生产经营、征地拆迁等新型、易激化纠纷137件，占总数的20.1%。充实人民调解专家库。组织并选聘了陈燕红等9名同志为第三批的全区人民调解专家，西市街道人民调解委员会主任侯含受聘为第三批市级的人民调解专家。建立人民调解组织和人民调解员名册。信州区共建有人民调解组织140个，人民调解员598名，其中镇（街道）级人民调解委员会9个，人民调解员68名；村（居）级人民调解委员会130个，人民调解员521名；区妇联成立了以调解婚姻家庭纠纷为主的人民调解委员会1个，人民调解员9名；8个镇（街道）人民调解委员会还分别配备2名专职人民调解员，共18名。

【公共法律服务建设】 建成了区级公共法律服务中心1个，乡级公共法律服务工作站9个，实现了区、乡两级公共法律服务中心（站）全覆盖，建成村级公共法律服务工作室120余个，占村（居）总数的98%。共配备工作人员12人，投入建设资金5万元。2021年，10个实体平台提供服务录入数据1580件，共受理各类法律援助案件201件，其中刑事191件，民事案件10件，比上年同期增长25.3%。结合政法队伍教育整顿和“我为群众办实事”工作，组织专职律师、法律工作者、法律援助志愿者上街道、下乡镇开展法律援助宣传活动，累计向广大群众发放法律教育书籍和相关宣传产品4000余张，发放法律援助联系卡1000余张，接待法律咨询5060人次，下社区、村、学校、企业法治宣传共计15次。规范热线服务行为。信州区法律服务热线平台在原12348法律援助热线的基础上进行升级改造，设一个座席（全市三个座席之一），实现座席的省级服务统筹，通过社会购买的方式，成立由13名专业律师组成的公共法律服务值班律师热线服务团队，共投入建设资金5万元。2021年，12348公共法律服务热线提供服务5682件，回访满意率达99.9%。

【法律服务行业执业能力提升】 信州区东方红律师事务所、涵易律师事务所开展了“万所联万会”工作，两个律师事务所分别与上饶泉州商会和上饶鹰潭商会签订共同发展协议。全年共代理民事案件432件，刑事案件44件、行政诉讼案件4件，非诉讼案件33件，法律援助案件46件，法律顾问33家，营业收入达363.8万元。区司法局开展律师、司法鉴定行业突出问题专项治理工作，对信江法医学鉴定所存在的部分执业不规范行为进行了整改。2021年上饶信江法医学司法鉴定所办理鉴定案件83件，业务收入74700元。减免困难群众鉴定费1400元。

组织律师事务所进小区开展法律援助宣传活动

【司法行政队伍建设】 制定《岗位风险防控标准化工作图册》，建立起岗位风险早发现、早预警、早处置、早纠正的风险防控机制。强化社区矫正工作人员日常管理，做到“六不准”，做到了廉洁规范执法。开展律师、公证、司法鉴定行业专项治理，结合律师、法律工作者年度注册开展教育和培训，对全区律师事务所、法律服务所进行了规范整顿，教育引导律师、法律工作者严守职业道德和执业纪律，规范执业行为。

【党建引领司法行政工作】 发挥机关党建带头示范作用，成立了司法局党总支部和涵易律师事务所党支部，坚持党建引领行业，推动司法行政工作实现新突破。开展党史学习教育，先后组织全体干部开展党委书记讲党课、红色基地上党课、党员互相讲党课等各类形式党课16场次，进一步提升全体党员干部的思想意识。组织全局党员干部冲锋战“疫”一线。展示“我是党员我先上”的铿锵誓言，用行动诠释了大战大考面前司法行政队伍“冲得出来、豁得出去”的使命担当。

（郑宇丽）

农林水利

综 述

信州区辖3镇5街道40村80个社区（居），耕地面积10.13万亩，其中水田7.58万亩，旱地2.55万亩，水库64座，山塘955座，堤防18.4千米。省级农业龙头企业3家，市级农业龙头企业7家，规模以上种养基地60个。在市管部门登记注册的农民专业合作社286家，其中国家级农民专业合作示范社1家，省级农民专业合作社2家。在市管部门登记注册的家庭农场24家，其中省级示范农场1家，市级示范农场2家。

对标对表中央、省、市一号文件，拟定并下发了《关于全面推进乡村振兴加快农业农村现代化的实施意见》《关于实现巩固拓展脱贫攻坚成果同乡村振兴有效衔接的实施方案》《信州区“十四五”时期乡村振兴战略工作安排》等文件，明确了全区“三农”工作的时间表、路线图、任务书。

（郭占军）

【扛牢抓实粮猪生产任务】 全年完成粮食播种面积9.21万亩，产量达4.13万吨，基本确保稳产。信州区2021年的耕地土壤污染治理工作任务为8654亩，其中安全利用类7510亩、严格管控类1144亩。全面完成安全利用类的耕地防治，全面严格管控类耕地的产业结构调整。全力推进复产增养行动，全区全年出栏生猪4.8万头；家禽饲养量50万羽，其中出笼家禽30.5万羽；肉类总产0.46万吨，肉牛出栏450头，肉羊出栏780头。全年共预防接种免疫生猪5.35万头，牛、羊0.39万头，家禽50万羽，使用免疫证5.5万张。强化农业血防达标监测，对4个镇17个行政村的耕牛、羊展开了普查，检测结果全部合格。

【推进精品特色农业发展】 围绕蔬菜、水果、水产，大力发展信州精品特色农业。农业三大主导产业持续保持增产，全区蔬菜及食用菌播种面积4.97万亩、产量10.47万吨；园林水果播种面积7686亩、产量1664吨；瓜果类播种面积1570亩、产量913吨，水产养殖面积1.3万亩，水产品总产量0.45万吨；加大了绿色农产品、有机农产品、地理标志农产品认证工作力度。重点扶持了一批成长性好、潜力大的农业经营主体，不断完善“公司+基地+农户”的联结机制。

【推进农村集体产权制度改革】 重点深化农村产权制度改革，抓实农村“三资”管理。分两期开展培训，累计参训人员近100人。支持农民专业合作社发展，开展了2021年度中央财政支持农民专业合作社发展项目建设主体的推荐申报工作，2家市级农民专业合作社示范社推荐文件及实施方案已报市局审核。已确定农技推广示范基地2个、103个农业经营示范主体、20个农技员。农民教育培训2021年任务数也如期完成。

【推进乡村建设】 统筹推进农村人居环境五年提升、户厕问题摸排整改、美丽宜居示范县创建等多项行动。共实施新农村建设点59个（省级新农村建设点29个，区级自建点30个。其中，信州区内省建点23个，自建点30个。高铁新区灵溪镇省建点6个），投入1670万元，用于“七改三网”内容查漏补缺，村庄“四建三治一管护”等内容提升。拟投入184万元建设村庄环境长效管护平台，把全区农村人居环境整治引向深入。建立了整改台账，扎实推进农村厕所革命“回头看”。

【推进河长制责任落实】 召开2021年区总河长会议，全区各级河长全面使用省级河长制地理信息平台系统app开展巡河履职；市人大常委会副主任、区委书记潘表光同志签发了1号总河长令，区级河长签发河长令（督办函）4份，区河长办下发督办函5份。有序推进“清河行动”，建立问题清单20个，全部处理完成。及时更新完善“一河一档”，更新“一河一策”。开展了河长制进党校宣教活动、《江西省实施河长制湖长制条例》宣传活动等一系列河长制宣教活动。

【开展水利工程建设与水旱灾害防御工作】 顺利推进河湖圩堤管理范围内房屋整改摸排工作，排查房屋总数367栋，全部分类处置；督促沙溪镇加紧推进沙溪镇防洪工程建设任务。基本完成8.1千米的堤防除险加固建设任务。完成信州区“十四五”供水保障规划和城乡一体化规划；推进城乡供水一体化项目前期工作，完成2021年农饮工程的维养任务。落实防汛抗旱值班要求，完成水旱灾害防御年度任务。

在秦峰镇下湖督导河堤应急加固工程进度

【开展水资源管理与水行政执法】 开展节约用水知识宣传进校园活动，把水土保持工作纳入区高质量发展综合考评，新增水土流失治理面积3.73平方公里，运用水土保持信息化手段，实行“天地一体化”区域监管。建立水土保持方案审批专家不见面打分和“一票否决”制度，办理水土保持方案报告书审批行政许可事项34件、报告表审批行政许可（承诺制）事项25件。开展河湖卫士水土保持专项执法行动，建立生产建设项目监督管理台账。开展打击非法采砂专项行动和信州区河道非法采砂专项整治行动，全年巡查30余次，出动执法人员120余人次，出动执法车辆30台次。

（郑灵恩）

水产业

【概况】 2021年，信州区渔业经济平稳运行。水产品总产量达11893吨，较上年增长2.09%，其中养殖产量达11758吨，较上年增长3.22%。水产养殖面积为18097亩。特种水产品总产量达2610吨，增长4.74%。水产苗种繁育量稳步增加，繁苗量达到1.14亿尾，鱼种产量1162吨，提高了投放鱼种的自给率。渔业灾害主要表现为洪涝、旱灾及病虫害，致使水产养殖业损失较为严重，受灾养殖面积达701亩，损失水产品产量701吨，直接经济损失达900万余元。

【开展“雷霆1号”行动】 12月11日至12月14日，为保障信州区的信江河、丰溪河流域的水生态环境，推进水上非法捕捞整治工作，确保信州区打击非法电捕鱼生态破坏问题专项整治工作取得实效，区农业农村水利局牵头组织市公安局信州分局、市管局及各镇（街道）开展了全流域整治的“雷霆1号”行动，集中整治行动共收缴地笼1000余条、三层刺网150条，非法电捕鱼工具3套，非法改装渔船发动机两台，对非法渔具进行了集中销毁处理。

（翁福纯）

“雷霆一号行动”

【渔政】 2021年，信州区农业农村水利局（区河长办）、市公安局信州分局、区市管局联合出台了《信州区非法电捕鱼生态破坏问题大排查整治行动工作方案》，召开集中整治工作会，落实镇街属地巡查机制，建立工作联系微信群，及时排查和上报问题线索，对发现问题及时联动处置，实现“水上不捕、市场不卖、餐馆不做、群众不吃”工作目标。印发了江西省农业农村厅、江西省公安厅《关于严厉打击电力捕鱼违法犯罪行为的通告》、上饶市人民政府《关于依法严厉打击非法捕捞水生生物破坏野生动物资源违法犯罪行为的通告》及江西省农业农村厅《关于天然水域禁止使用电、毒、炸等三十二种渔具和捕捞方法的通告》1000份，在沿河所有镇（街道）村（居），重要渔区、城区及各镇（街道）农贸市场，部分餐饮场所张贴，营造非法捕捞整治工作氛围。对全区渔民进行全面摸底登记，掌握渔民动态。通过初步登记梳理，全区现有渔民56人，其中专业渔民29人，副业渔民27人。区农业农村水利局渔政站多次召集渔民开会，宣传相关法律法规，明确禁止渔民使用非法渔具及从事非法捕捞活动，进一步加强渔民教育管理，提高了渔民知法守法意识。加强信江、丰溪两河巡查监管，建立常态化巡查监管机制，组织镇（街道）对河面非法渔具进行集中清理，及时调度指导相关部门及镇（街道）工作开展。区市管局依法对流入市场的“生鲜”野生水产物进行排查管理，对渔具销售门店进行排查。公安部门全力配合相关单位，对重要问题线索进行排查，收缴非法渔具。各镇（街道）落实属地责任，加强巡查监管力度。日常工作建立通报机制，实行每日调度，做到联防联控。通过各单位共同努力，全区非法捕捞现象得以有效控制。

畜牧业

【概况】 信州区畜牧兽医局于2011年4月8日由信州区畜牧兽医站更名成立，2013年2月26日由区编办批准为副科级全额拨款事业单位。2021年9月因事业单位机构改革畜牧兽医局撤销并入区农水局下属科室。

【畜牧业生产】 受禁养区内畜禽养殖场的拆除关停和受非洲猪瘟的影响，全区实施了复产增养行动，畜禽养殖波动明显。2021年，全区生猪饲养量7.77万头，比上年的5.9万头增31.6%，其中出栏生猪4.8万头，比上年的3.58万头增34%；家禽饲养量37.18万羽，比上年的45.11万羽减17.5%，其中出笼家禽25.83万羽，比上年的28.56万羽减9.56%；肉类总产0.45万吨，比上年的0.312万吨减44%；肉牛出栏707头，比上年的486头增45.4%；肉羊出栏1078头，比上年736头增46.4%。

【重大动物疫病防控】 为进一步深入贯彻执行《动物防疫法》《江西省动物防疫条例》等法律法规，全区严格按照“政府保密度、部门保质量”总体要求，分别于3月和9月召开春、秋两季重大动物防疫防控会议，全面部署和落实了各项防控措施。通过春、秋两季集中防控和常年补针工作，动物防疫工作基本上做到了“四个百分百”和“五不漏”，全区未发生一例重大动物疫病，有效防止了重大动物疫病的发生和传播。据统计，全年共预防接种免疫生猪7.77万头，牛、羊0.48万头，家禽37.18万羽，使用免疫证5万张。

【农业血防达标监测】 依照“人畜同步”防治原则，农业部门每年都会与区血地办强化沟通与协作，认真开展耕牛血吸虫病普查普治工作，对于发现的疑似病例，采取类孵检查法实行二次监测，并及时进行普治，努力确保每一头易感家畜不感染，有感染也不传播成灾。农业血吸虫病防治工作自2011年通过省、市部门阻断达标验收与2019年消除达标验收以来，连续十年组织开展监测工作，全区农业血防工作的重点为开展耕牛血吸虫病采血化验和疑似病例防治工作。通过召开专题会议，组织培训等措施，工作人员对朝阳镇、沙溪镇、灵溪镇、秦峰镇的17个行政村的耕牛、羊展开了普查，共普查耕牛335头，羊42头，检测结果全部合格。

【畜产品安全生产】 全区以动物防检工作为重点，以动物防疫工作为中心，重点打击非法使用和销售假劣兽药、饲料和违禁药品与饲料添加剂的行为，果断处理突发动物疫情等各项工作。据不完全统计，一年来，共开展“瘦肉精”检测300多批次，抽取和检测生猪尿样1680份；开展畜禽疫病流行病学调查12次，采集与检测畜禽血清样品2400份；开展兽药经营市场违禁药品专项检查工作6次，抽取兽药样品200份，饲料抽样送检100份；处理突发动物疫情3次，无害化处理病死生猪15头。

（何田华）

水　利

【概况】 2021年，信州区负责创建的工程有24座（处），其中小型水库20座，乡村管理堤防2处，农饮工程2处；常态化管理的工程有47座。五河治理项目沙溪镇防洪工程，批复投资8001万元，治理堤线长度8.12千米，自2020年元月底开工，完成中央投资4000万元，完成堤防加固约8.12千米。

【农业水价综合改革】 作为2020年度农业水价综合改革整体推进县之一，属第二批整体推进县，改革总面积5.58万亩。按照《江西省信州区农业供用水计量体系规划报告》的要求，基本完成取水、分水、配水、用水四级农业供用水计量体系建设。明确农田水利工程（包括骨干工程和田间工程）的“四个主体”，即责任主体、维养主体、运行主体和监管主体。农田水利工程责任主体为各镇（街道）政府（办事处）；运行主体为工程所在地村（居）委会；维养主体为第三方物业公司；监管主体为信州区农水局。

【水旱灾害防御】 2021年，信州区降水量为1990.1毫米，其中4~6月主汛期降水量为1308.6毫米，较历年平均864.1毫米偏高51.44%。7月~9月降雨量为329.6毫米，其中7月降雨量为88.9毫米，较历年平均155.9毫米偏低42.98%，但仅7月1日一天，24小时降雨量就达到47.5毫米，占7月降雨量的53.43%，极端强降雨以及汛期多个集中降雨造成了直接经济损失5993万元，其中农业损失2407万元，基础设施损失1104万元，工贸业损失1811万元，水利设施直接损失550万元。区农水局成功应对7月1日晚上游强降雨对信州区沙溪堤、秦峰堤险情处置。信江最高水位是6月28日65.77米低于警戒水位0.23米。主汛期过后，加大水毁项目及提灌设备修复养护；加强旱情监测和水资源的统一调度；密切关注天气预报，做好人畜饮水及农业抗旱保障。

【水利工程建设】 五河治理项目沙溪镇防洪工程。沙溪镇防洪工程批复投资8001万元，治理堤线长度8.12千米，2020年元月底开工，2021年底完成中央投资4000万元，完成堤防加固约8.12千米。信州区城乡供水一体化工程。2021年上半年，信州区编制了《信州区“十四五”供水保障规划》和《信州区城乡供水一体化规划》，经省水利厅审查通过，报区政府审批通过后进行实施。规划总投资2.8亿元，5月21日区委、区政府联合印发了《信州区城乡供水一体化工作实施方案》（饶信字〔2021〕17号），明确了信州区城乡供水一体化工程的建设任务及时间节点。截至2021年年底，以上饶市空港水厂为水源完成了朝阳镇中心镇区和盘石村、狮山居、下潭村、中潭村四村的主干管网及入户管网的铺设，解决了1.8万人的饮水安全问题。

【水政、水资源、水土保持】 区农水局认真贯彻落实《江西省水安全保障规划》，推进新时代水生态文明建设五年行动计划，落实水生态365行动计划。加强智慧水政建设，坚持网络化、数字化、智慧化发展方向。严格水资源、河道水库、水土保持、水利工程管理，推动制度治水、制度管水，全面提升水利行业管理能力。坚持以改革促发展激活力，持续深化价税、水权交易、水利放管服等改革。联合区河长办在市中心广场组织开展了世界水日、中国水周法律宣传启动仪式，向广大市民发放水法律宣传手册、宣传画报等宣传资料，开展了节约用水知识、水土保持知识进校园进社区宣传活动，在全区村（社区）党组织书记、村（居）委会主任培训班上开设了水土保持法律知识讲座课。在县级以上媒体（网站）宣传报道4篇，制作永久性标语3块，发放宣传水杯、雨伞、环保袋等800件，悬挂横幅20条，张贴宣传画300张，散发宣传书籍2000册，为依法行政营造了良好的法治环境。

【“天地一体化”区域监管水土保持】 创新水土保持监管方式。推行“天地一体化”区域监管，运用卫星遥感、无人机等高科技技术对生产建设项目进行监管，全面掌握辖区范围内土地扰动情况。认真对水利部、省水利厅下发信州区的卫星遥感图斑进行复核，及时对“未批先建”“未验先投”“未批先弃”的生产建设项目进行查处。2021年水利部、省水利厅下达的卫星遥感图斑162个，复核中发现“未批先建”生产建设项目10个，及时下达了《责令限期改正通知书》，监督其全部整改到位，查处整改率达100%。规范开展水行政许可和规费征收。按照法律法规和技术规范水行政审批，2021年度审批生产建设项目水土保持方案73个，生产建设项目水土保持设施验收9个，审批洪水影响评价报告9个，办理取水许可5个，征收水行政规费110余万（税务征收未统计）。

（邵文霖）

农产品

【概况】 2021年，信州区坚决贯彻落实习近平总书记“四个最严”指示要求，围绕农业高质量发展，聚焦风险隐患、品牌建设、责任落实、制度建设等方面加强监管力度，推行食用农产品合格证制度试行，落实农产品质量安全主体责任，不断提升农产品质量安全水平，增强绿色优质农产品供给，切实保障人民群众“舌尖上的安全”。

【完成各项监测任务】 认真落实农产品质量安全属地管理责任制和生产主体责任，加强农产品质量安全抽样监测。2021年，累计完成蔬菜、猪尿、猪肉及淡水产品定量检测500批次，完成蔬菜速测样品1007批次，完成生猪猪尿速测样品1672批次，合格率均达100%。配合上级有关部门加强农产品质量安全风险监测，累计从屠宰场、规模种养基地抽查农产品样品197批次，辖区内未发现农产品质量安全问题。

【农产品质量安全宣传教育】 结合食品安全宣传周等活动，采取多种形式、多种渠道开展农产品质量安全相关法律法规、农产品质量安全知识和技能的宣传教育，组织开展农产品快速检测以及合格证开具等相关情况的培训，不断巩固农产品质量安全监管工作的措施和成效，全年累计发放各类宣传资料2000余份。

【抓好“两品一标”认证】 信州区积极创建农产品标准化生产基地，强化“两品一标”农产品产地环境管理，加大绿色农产品、有机农产品、地理标志农产品认证工作力度，重点发展绿色食品，稳步发展有机农产品，以品牌创建促进企业健康发展。全区共有无公害农产品8个，无公害产地6个，绿色食品4个，有机食品2个。省级农业龙头企业3家，市级农业龙头企业7家，规模以上种养基地60个。在市管部门登记注册的农民专业合作社286家，其中国家级农民专业合作示范社

1家，省级农民专业合作社2家。在市管部门登记注册的家庭农场24家，其中省级示范农场1家，市级示范农场2家。

【推进农产品合格证开具】 通过印发方案、组织开展集中培训以及深入一线面对面指导等措施，区、镇两级联动宣传，全面推动全区农产品生产经营主体开展食用农产品合格证制度试行工作。完成对辖区内种植、养殖生产经营主体全面摸底调查，建立农产品质量安全监管对象数据库，增补新加入主体，剔除已退出主体，建立试行主体名录并及时进行动态更新。2021年，全区累计试行品类主体共计31家，共开具了合格证420张，带证上市的农产品数量125吨。为推进合格证开具常态化，将农产品生产记录台账和合格证开具纳入日常巡查检查中，并对附带合格证农产品开展质量安全监测，对试行主体监测覆盖率达100%。

【开展“三年行动”专项整治】 在春耕备耕期间，信州区以农资经营户为重点，开展农资打假专项行动，确保农资市场稳定。不定期以农业企业、合作社、家庭农场等农业生产经营主体、生猪屠宰企业为重点对象开展执法检查，全面要求建立完善农业投入品购买使用台账记录。开展食用农产品“治违禁控药残促提升”三年行动，出台实施方案，成立工作组，开展专项整治行动。自专项整治行动开展以来，信州区共出动监管执法人员60余人次，检查生产经营主体70家次，发放宣传材料500余份，指导安全用药教育培训120人次。

（桑雯）

乡村振兴

【概况】 信州区乡村振兴局成立于2021年6月，定编9人，其中，行政编5人，事业编4人，设主任1名（正科级）、副主任2名（副科级），下设乡村振兴工作服务中心。信州区辖4镇5街道，128个村（居），人口50万。全区有巩固脱贫攻坚任务村（居）65个，全区脱贫户2643户8079人，“三类”人员（脱贫不稳定户、边缘易致贫户、突发严重困难户）140户420人（其中已稳定消除风险的117户349人，未消除风险的23户71人）。

【信州区乡村振兴局成立】 6月15日，信州区乡村振兴局正式挂牌成立，区委副书记方森滨出席挂牌仪式并揭牌。经信州区委、区政府批准，原信州区扶贫办公室重组为信州区乡村振兴局，为区政府工作部门，正科级，财政全额拨款行政单位，定编9人，其中行政编5人，事业编4人，设主任1名（正科级）、副主任2名（副科级），下设乡村振兴工作服务中心。主要负责巩固拓展脱贫攻坚成果，统筹推进实施乡村振兴战略有关具体工作。乡村振兴局的挂牌成立，标志着全区“三农”工作重心正式从脱贫攻坚转向乡村振兴。

【严格落实驻村帮扶】 7月，根据区两办《关于向乡村振兴任务较重村持续选派驻村第一书记和工作队的实施方案》的要求，向脱贫村、“十四五”省定乡村振兴重点帮扶村、党组织软弱涣散村和乡村振兴任务较重村等共计16个村选派了第一书记和工作队。对帮扶单位、人员选择、驻村时间均做了具体要求，在区驻村工作领导小组统一领导下，7月25日前完成省、市、区驻村工作队的入驻工作，新、老驻村工作队实现顺利交接，确保新的工作队不到、老的工作队不撤，实现无缝对接。全区选派驻村干部共计48人，其中第一书记16人，其他驻村干部32人；选派工作组团共计142人（组长49人、组员93人），结对帮扶干部1494人。

【部门责任明确分工】 组织财政、农水、教体、卫健、医保、民政、人社、发改、住建、交通、残联、工商联等部门按照任务分工，积极研究部署本部门巩固拓展脱贫攻坚成果工作，先后出台《关于加强扶贫项目资产后续管理的实施意见》《关于巩固拓展健康扶贫成果同乡村振兴有效衔接的实施意见》《关于实现巩固拓展教育脱贫攻坚成果同乡村振兴有效衔接的实施意见》等文件，同时，加强政策措施的落实和监督检查，确保脱贫攻坚成果持续巩固。

【帮扶责任不松手】 明确结对帮扶县级领导、帮扶单位和帮扶方式，实现所有行政村（居）结对帮扶的全覆盖，确保帮扶力量不减，防止“一撤了之”和出现“空档”。结合信州区实际，分类实施对脱贫户和“三类”监测对象的结对帮扶，对一般稳定脱贫户继续保持帮扶干部“一对多”的帮扶，对“三类”监测对象实行帮扶干部“二对一”的帮扶（结对帮扶单位一名干部和镇村一名干部共同帮扶一户监测对象），按照发展需求和风险类别，做好精准帮扶。

【监管责任督促落实】 专门成立巩固拓展脱贫攻坚成果工作督导组，定期开展明察暗访督导，发现问题，督促整改。积极发挥牵头抓总和协调督促作用，深入开展全面排查整改工作，5月份在全区开展为期一个月的巩固拓展脱贫攻坚成果全面排查整改，8月份在全区开展了巩固拓展脱贫攻坚成果全面排查整改“回头看”工作。同时，围绕国家和省对市县脱贫攻坚考核反馈问题、省级市级巩固拓展脱贫攻坚成果暗访督查发现问题和审计发现问题、“12317”防止返贫监测和乡村振兴咨询电话投诉发现问题，责成相关部门、各镇（街道）进行整改，举一反三，建立整改台账，并做好销号表和佐证资料，确保整改彻底到位。

【完善教育帮扶】 对区属在籍在校符合资助政策的对象确保不漏一人，不错一人，实现教育资助“一分都不能少”；完善控辍保学工作体系，确保义务教育阶段学生不因贫失学，实现控辍保学“一个都不能少”；构建各种关爱服务体系，确保关爱全覆盖，实现关爱“一点也不能缺”，努力推动教育帮扶实现高质量、有特色、走前列。

【做好健康帮扶】 严格执行脱贫人口就医标准和先诊疗后付费、“一站式”即时结算服务，确保政策落实不走样。1~10月，信州区脱贫人口医保报销1492.80万元，医疗救助补偿339.61万元，康健工程补偿550.33万元，报销比例稳定在90%适度范围。2021年度，信州区脱贫人口15812人次享受门诊慢性病报销政策，发生医疗费用371.57万元，其中医保报销271.26万元，医疗救助补偿21.36万元，康健工程补偿46.88万元。实现贫困人口参保率、大病集中救治率、家庭医生签约率、慢性病患者履约率、慢性病证办理率5个“百分百”。

【做细住房安全】 对照省、市农村房屋安全隐患排查整治工作要求，从2020年年底开始对全区农村房屋安全隐患进行全覆盖排查工作，共排查农房27482户，经鉴定，信州区脱贫户和“三类人员”房屋全部为A级、B级，没有住C级、D级危房现象。

【保证饮水安全】 信州区农村安全饮水已转为城乡供水一体化，计划用三年时间投资3亿元实现农村与城市供水同质同价同服务，区委、区政府出台城乡供水一体化实施方案，计划在2022年彻底消除城乡饮水差别。截至2021年，区信投公司已申请专项债2.4亿元，2021年投资近4千万元，实现朝阳镇中潭、下潭、狮山、盘石4个村居民喝上自来水，涉及4个村脱贫户140户427人。在彻底消除城乡饮水差别之前，信州区严格落实农村饮水安全工作，确保所有农户喝上干净放心水，水质水量达标。

【做实产业帮扶】 培育发展蔬菜、果业、优质稻、水产、肉鸽等帮扶产业经营主体118家，进一步完善“农业龙头企业+合作社”“农业企业+脱贫户”等产业发展链接模式，鼓励脱贫户自主发展农业产业，进一步完善农业产业奖补政策，对从事农业生产的脱贫户，给予政策性奖补。

【提升消费帮扶】 出台了《信州区深入开展消费帮扶助力巩固拓展脱贫攻坚成果实施意见》，明确部门、镇（街道）主体责任，建立工作机制和保障措施。积极开辟帮扶产品“绿色通道”，广泛开展“买产品、献爱心、促巩固”消费帮扶活动。

【加大就业帮扶力度】 定期摸排就业帮扶对象培训需求，采取“送培训”下乡、“请上来”培训、以工代训等方式，提供家政服务、养老护理、面点制作等就业培训班，有146名脱贫人口、边缘户参训；开发“家门口”保洁环卫、乡村道路维护、水库管理、基层劳动就业等公益性岗位，一年来累计安置487名“无业可就、无法外出”脱贫人口、边缘户等重点群体就业，岗位补贴100.89万元。

【做牢兜底保障帮扶】 2021年农村低保保障线标准由每人每月470元提高到515元。农村特困人员集中供养和分散供养统一标准提高55元，达到每人每月670元，其中，农村特困失能、半失能人员供养标准提高80元，达到每人每月995元；信州区共将符合低保条件的农村困难对象202户317人按程序纳入低保范围，共清退不符合农村低保条件人员132户240人。

【持续激发内生动力】 把转观念、革陋习、激发群众内生动力作为巩固脱贫攻坚成果的硬仗打，创建村（居）民理事会60余个，召开群众会、座谈会100余次，通过完善村规民约，实现村里事、村民理、村民干；强化智、志相扶，开展“卫生光荣户”“思想先进户”“最美家庭户”评比和“红黑榜”激励行动，村民干中比、比中变。发挥爱心美德公益超市作用，对脱贫户在“环境卫生、致富兴业、乡风文明”等三大方面进行日常考核评分，脱贫户根据所得积分到爱心超市兑换生活用品，促进脱贫户做好庭院和个人卫生。

（吕佳倩）

现代农业示范区

【概况】 上饶市信州区现代农业示范区管理委员会为沙溪镇人民政府下属事业单位（饶编办发〔2019〕40号）。区农管委实行“两块牌子，一套班子”（信州区现代农业示范区管理委员会、信州区绿色农业投资有限公司）的体制，配管委会主任（正科级）1名，副主任（副科级）2名，编制数8名，下设办公室、产业科、财务室，在职工作人员7人。下设党支部1个，现有党员5人。

【主导产业情况】 以上饶市晨露农业发展有限公司、江西鲜禾生态农业发展有限公司沙溪基地、江西西园生态农业科技开发有限公司热带水果基地为依托，将园区打造为品牌突出、业态合理、效益显著、生态良好的优势特色产业。园区确定了蔬菜高效种植、菌菇规模生产、特色果蔬种植等主导产业发展方向。绿色蔬菜种植项目。东风高效设施农业示范园东风蔬菜基地位于示范区核心区内，项目占地30余亩，项目基础设施完善，30亩土地经过园田化改造，与农户签订13年土地流转合同；产业基础良好，实施蔬菜种植两年，有传统蔬菜种植的高效设施提升建设和现代农业展示中心建设。热带水果种植区。园区核心区智能温控大棚内，面积4000多平方米，为亚热带潮湿季风气候区该区域种植热带水果有台湾香水莲雾、金苞波罗蜜、珍珠番石榴、巴西嘉宝果、巴西黑玫瑰樱桃、巴西樱桃、神秘果、台湾释迦凤梨、马来西亚杨桃、红心火龙果等共10种。

【园区招商引资】 园区引导花森园艺企业开展家庭农场、研学项目，提高农业旅游收入；为保证农产品安全质量，与德普科技联手打造农产品安全检测中心，检测选优、保证质量，提高农产品竞争力。通过园区、镇（街道）、村（居）和企业自主流转模式，流转土地4000亩，进驻农业企业8家。2021年，园区入园企业生产产值1186.8万元，经营性收入547.8万元。引进稻虾养殖项目，新增新勇平稻虾养殖企业1个。

【园区农旅融合建设】 以沙溪经济发达镇为突破口，依托沙溪“千年古镇”为背景，结合园区规划，在做实做好传统农业的基础上，延伸采摘、休闲、观光、旅游、科普等功能，推动一、二、三产业融合发展，精心打造农旅一体化园区。已接待研学项目参观游客30批次共1万人次，为企业发展提供了优质服务。

（黄玮）

林　业

【概况】 上饶市林业和草原局信州分局于2020年8月组建，核定行政编制6名，设局长1

名、副局长2名。核定3个下属事业单位，分别为信州区睦州山省级森林公园管理委员会（副科级）、信州区林业产业综合服务中心、信州区林业执法大队。2021年，区林业和草原局坚持走生态优先、绿色发展之路，持续实施国土绿化倍增行动，坚决守护林地资源，为全区社会经济发展提供了良好的绿色支撑和生态基础。

（彭冶尘）

【贯彻落实林长制】 落实有关林长制工作的各项决策部署，推深做实林长制工作。建立并完善了巡护系统。信州区在4月份建立完成了林长制综合管控智慧云平台，平台系统包括护林员日常巡护监管、森林林地违法案件的上报和处理、森林林地现状的动态监测等。完善以镇级、村级林长，镇级监管员和专职护林员为主体的“一长两员”管理架构，压实了“一长两员”职责。加大了林长制工作宣传力度，多部以护林员巡林护林为主题的宣传片在省市媒体和“学习强国”上进行了报道。制定出台了护林员考核办法，按照人均每月1200元的工资标准，确定全区护林员月工资基数为1000元，每月对护林员的工作进行考核，根据工作表现优劣进行奖惩，金额从几十元到几百元不等。建成“林长+示范基地”四个，分别是秦峰镇下湖村低产油茶抚育改造基地、朝阳镇西园村生态园基地、沙溪镇宋宅村马家柚基地、朝阳镇石珑孔苗木基地。

市人大常委会副主任、区委书记潘表光，在秦峰镇东塘村植树点参加新春义务植树活动

【开展国土绿化】 全区各地各部门牢牢把握“只能增绿，不能减绿”的总要求，持续抓好人工造林、低产低效林改造、森林抚育等国土绿化工作。2021年全区共完成人工造林1980亩，其中森林“四化”1600亩，油茶新造380亩；完成退化林修复4020亩（其中油茶低改1200亩，退化林补植修复2820亩）；封山育林1220.74亩。超额完成了省市下达的年度任务。其中，重点区域森林“四化”建设首次实现零的突破，森林“四化”建设效果综合评价全市排名第一。

【开展“护绿提质2021行动”】 根据省市林业部门“护绿提质”的总要求，认真开展“打击毁林专项行动”“党政主要领导经济责任审计发现破坏森林资源问题核实整改”“森林督查问题整改”“矿山涉林生态环境问题排查整改”“中央环保督察信访件移交破坏森林资源问题整改”“自然保护地违建清查”等资源保护工作，整改工作共涉及问题图斑648个，涉及林地面积8037.75亩。区林业和草原局第一时间启动整改工作，成立整改工作组，采取内、外业并重的形式，对逐镇逐村逐问题图斑进行整改销号，对破坏、毁坏森林林地资源行为进行了严厉查处，各项问题整改工作进度和质量均处于全市前列。

（陈磊）

【森林防火宣传和病虫害的防控】 组织宣传森林防火“五进”活动；积极组织学校参加全市森林防火中小学生主题海报设计比赛，获特等奖1名、一等奖2名、二等奖5名；“江西新闻”官网对信州区重点防火期（国庆）森林防火工作进行了宣传报道；率先在全市完成森林火灾风险普查工作。信州区连续13年被评为全省春季森林防火“平安县”，秦峰镇获评“全省2018—2020年度森林防灭火先进单位”。推进松材线虫病防控。按照市政府下达的“2020—2021年松材线虫病防控目标责任书”要求，共清除病、枯死松树7.1万株，打孔注药1.0万株。信州区松材线虫病疫木清理综合评价结果在全市评分稳居前列。编制完成了2021—2022年度松材线虫病防控方案，经省市林业部门评审通过。

（黄宗波）

工　业

综　述

2021年，是“十四五”开局之年，也是信州区不断夯实工业经济根基和壮大产业基盘发展最快一年。面对复杂严峻的国际环境和国内疫情散发等多重挑战，扎实做好“六稳”工作，落实“六保”任务，全力以赴稳住工业经济基本面，力促全区工业经济提速增量、提质增效。工业经济呈现“稳中求进、进中突破、壮大总量、增强活力”的良好态势，实现“十四五”稳定开局。

2021年，信州区工业经济以前所未有的发展速度快速发展，其中规模以上工业产值总量、营业收入总量两项指标创历史新高100亿元，工业产值、营业收入增速出现爆发式增长，全年增速分别达97.5%和94.2%。62家区属规模以上工业企业全年完成工业增加值同比增长11.7%，增速位居全市第八；完成工业总产值115.6亿元，同比增长97.5%；实现营业收入116.4亿元，同比增长94.2%，增速位居全市第一；实现利润0.99亿元，同比增长1.5%；完成工业固定资产投资同比增长29.0%，位居全市第二；完成工业技改同比增长393.5%，占全部工业投资的88.4%，增速位居全市第一；完成工业用电量27568万千瓦时，同比增长29.64%，增速高于全市平均水平9.65个百分点，增速位居全市第五；新增规模以上工业企业17户，完成全年上饶市新增目标任务的113.3%；完成净增规模以上工业企业13户，完成全年上饶市净增目标任务的130.0%；截至2021年年末，全区区属规模以上工业企业达69家。宇瞳光学生产的YTOT牌光学镜头荣获“江西名牌产品”称号。

【信州区工业与信息化融合推进中心成立】 3月23日，上饶市信州区工业与信息化融合推进中心举行揭牌仪式。副区长龚桃出席仪式并揭牌，揭牌仪式由区工信局党组书记余磊主持，局班子成员及相关股室负责人参加揭牌仪式。新组建的区工业与信息化融合推进中心整合区墙体材料革新办公室、区工业企业服务中心、区中小企业贷款担保中心等单位及相关职能，副科级，由信州区工业和信息化局管理。

【规模以上工业企业挂牌】 3月，区政府首次对全区47家在库规模以上工业企业单位颁发“规模以上工业企业”牌匾，其中信州产业园规模以上工业企业34家，园区外规模以上工业企业13家。

【工业企业抗击疫情】 10月30日，上饶本轮疫情发生，信州区区域从11月4日封城至11月25日解封，部分工业企业生产所需的原材料供应暂时出现中断。全区区属规模以上工业企业62家，疫情防控期间处在正常生产企业19家、占规模以上工业企业数比30.6%，正常生产在岗人数2156人，在岗率79.38%；半停产企业17家，占规模以上工业企业数比27.5%，半停产在岗人数663人，在岗率 54.9%；停产企业 26 家，占规模以上工业企业数比 41.9%，停产企业留置人数 233 人，留置人数占停产企业总人数比 21.1%。疫情造成全区规模以上工业经济损失 6956.68 万元，其中直接损失 3153.09 万元，间接损失 3813.59 万元。经济损失涉及企业数 39 家，占规模以上工业企业数比 62.9%。区政府及时出台《信州区有效应对疫情稳定经济增长推进复工复产 28 条政策措施的通知》（饶信府发〔2021〕9 号）等稳企政策，力促全区工业经济提速增量、提质增效。成立物流专班、金融专班、调度专班，负责协调工业企业复工复产的现场查验、跟踪监督、帮扶服务等工作；建立了工业企业复工复产每日一调度制度，及时掌握工业企业复工复产进展情况、了解企业复产率、产能恢复率、员工到岗率和困难、问题，通过针对性措施加以解决，确保工业企业复工复产工作顺利开展。11 月 25 日，60 家规上工业全部复工；11 月 30 日，规上工业企业员工到岗率 100%；11 月 30 日，规上工业企业全部复产。

【工业经济恢复发展强劲有力】 2021 年，一至四季度信州区属规上工业总产值和营业收入增速分别为 44.4% 和 48.4%、75.0% 和 64.4%、63.7% 和 59.6%、97.5% 和 94.2%；一至四季度属规上工业增加值增速分别为 30.0%、18.2%、15.0% 和 11.7%；一至四季度工业用电量增速分别为 47.34%、25.83%、29.01% 和 29.64%；一至四季度工业固定投资增速分别为 97.3%、5.4%、8.6% 和 29.0%；经济显现了持续有力的恢复态势，展现出信州区 2021 年工业经济发展的强劲势头。

【亿元企业】 2021 年，信州区 62 家规模以上工业企业年营业收入亿元以上企业有 9 家，分别是江西华辉铜业有限公司 25.17 亿元、上饶市浩钰铜业有限公司 21.91 亿元、上饶市宇瞳光学有限公司 10.55 亿元、上饶市汇治再生资料有限公司 14.43 亿元、上饶市誉承铜业有限公司 9.29 亿元、上饶市天炬塑料有限公司 7.42 亿元、上饶市博泽铜业有限公司 3.61 亿元、上饶市大通燃气工程有限公司 2.37 亿元、上饶市邦宝塑料有限公司 2.29 亿元。涉及行业有色金属、光学电子、黑色金属、塑料粒子、燃气生产和供应 5 个行业。9 家亿元企业全年实现工业总产值 96.45 亿元，占比 83.43%，同比增长 135.3%；完成营业收入 97.02 亿元，占比 83.35%，同比增长 132.8%。带动全区工业经济增长 94.73 个百分点，对全区工业经济增长贡献了 97.19 个百分点。

【工业规模再创新高】 2021 年，信州区工业经济总体规模又上新台阶。在 2020 年超过 58 亿元后，又上一个新台阶，达到 116.4 亿元，同比增长 94.2%，高出全市平均水平 58.3 个百分点，增速在稳居全市第 1 位的同时，占全市经济规模比重由 2020 年的 1.6% 提高到 2021 年的 2.3%。

【新增规模以上工业企业】 2021 年，信州区新增规模以上工业企业 17 家，即上饶市誉承铜业有限公司、江西欧联电缆有限公司、上饶市圣邦光学科技有限公司、江西华辉铜业有限公司、上饶市才钧光学仪器有限公司、上饶市君瀚光学仪器有限公司、上饶市永鸿成纺织有限公司、上饶市露嫒皮革制品有限公司、上饶市忆安昇光学科技有限公司、江西省金洋铜业有限公司、上饶市三鼎茂纺织有限公司、上饶市浩瑞光学仪器有限公司、上饶市大羽胶粘制品有限公司、上饶市景通实业有限公司、江西佳扬实业有限公司、江西范美保罗全屋定制家居有限公司、上饶市世联金属结构有限公司。

【科技创新】 2021 年，获国家知识产权局授权的实用新型专利授权量 105 件，同比增长 38.2%，专利成果涉及产品创新、产品外观、产品检查、设备的技改创新等多个方面。其中，62 家在库规模以上工业企业中有 10 家获得国家知识产权局授权的实用新型专利授权量 70 件，分别是：上饶市宇瞳光学有限公司 14 件、上饶市威皓光学仪器有限公司 11 件、上饶市大通燃气工程有限公司 10 件、江西省帘邦窗饰制造有限公司 7 件、上饶市城投远盛建筑工业有限公司6件、上饶市忆诚光学仪器有限公司6件、江西邦德科技有限公司6件、上饶市汇硕光电有限公司5件、银之川金银线纺织（江西）有限公司3件、江西铜铍山环保科技有限公司2件；2021年，规模以下工业企业中有8家获得国家实用新型专利授权量35件，分别是：上饶市志远电力科技发展有限公司6件、江西省三倍光学仪器有限公司5件、上饶市浩瑞光学仪器有限公司5件、上饶市博浩光学仪器有限公司5件、上饶市君立世光学有限公司4件、上饶市益联光学仪器有限公司4件、江西正峰科技有限公司3件、江西新怡光学仪器有限公司3件。

有色金属产业

【概况】 2021年，信州区有色金属产业克服原材料价格从年初到年尾高位运行和国内多点散发及本地疫情等不利影响，把握国内和国际市场复苏机遇，积极调整发展策略，稳步推进有色金属产业结构调整和转型升级，积极引进新工艺、新技术、低排放项目落地，产业供给能力和水平持续提升，产业稳定复苏和跨越式发展态势明显。有色金属产业在一季度平稳恢复后，从二季度起进入高质量跨越式发展的态势，有色金属产业生产、效益好于上年水平。2021年，信州区有色金属企业共有5家（江西华辉铜业有限公司、上饶市浩钰铜业有限公司、上饶市誉承铜业有限公司、江西铜铍山环保科技有限公司和上饶市博泽铜业有限公司），年末从业人员共计409人（含高技能人才23人），实现工业总产值60.4亿元，占比52.2%，同比增长368.7%，增速比上年提升353个百分点；实现营业收入60.67亿元，占比52.1%，同比增长360.7%，增速比上年提升323.8个百分点；实现利润总额1343.9万元，同比增长73.5%，增速较2020年回落157.6个百分点。

【重点企业】 江西华辉铜业有限公司，成立于2020年9月，注册资本1.5亿元，法定代表人程世德。公司是2020年9月从山东招商引进的一家年产20万吨铜材加工项目，项目位于上饶市信州区沙溪镇沙溪园区麻都大道1号，厂区占地面积150亩，总建筑面积约6.5万平方米，该项目总投资约26亿元，项目在2020年10月开工建设，2021年2月完成一期主体建设，并完成主体设备进场，2021年4月一期投产。二期建设在两年内全部建设完成。公司经营范围以有色金属压延加工、有色金属合金制造、再生资源加工、电线电缆制造销售等为主。2021年末公司从业人员192人，2021年10月新增入统。2021年实现年营业收入25.17亿元；实现利税3.79亿元。

上饶市浩钰铜业有限公司于2017年3月入驻上饶信州产业园，2017年7月投产。项目由山东客商投资建设，总投资1.5亿元，一期租用厂房3000平方米左右，位于朝阳大道以东，建设年产1.2万吨铜米粒生产线，购置铜米粒加工设备两套；二期占地35亩，总投资1.05亿元新建年产5万吨精铜产品建设项目，2020年7月开工，于2021年5月竣工，2021年6月迁至信州产业园朝阳园区朝阳二路18号新厂房，有生产厂房面积23427平方米，办公、宿舍楼3000平方米，集生产加工、综合办公、科研服务于一体的综合性生产科研基地。公司有职工73人，专业技术人才10人，占职工总数的13.7%，企业拥有行业内丰富经验的技术专家。企业已建成年产5万吨精铜产品的流水线，极大地增强企业的综合实力和市场竞争力。企业所生产的铜杆、铜丝、铜米粒、铜排、棒等，均为国家发改委2017年1号文中确定的国家战略性新兴产业重点产品，主要应用于《有色金属工业发展规划（2016—2020年）》中确认重点支持发展的高端装备制造业。企业2021年营业收入21.9亿元，同比增长107.2%；实现利税23641.9万元，同比增长82.7%。

光学电子产业

【概况】 以上饶市宇瞳光学有限公司为龙头的光学电子产业集群，在信州产业园朝阳园区朝阳二路5号新建光电产业园，项目占地面积101亩，项目投资21亿元，总建筑面积110391.75平方米，标准厂房33栋。已入驻企业29家，其中宇瞳光学园入驻企业26家。新增入统光学电子企业5家，截至2021年年末，光学电子规模以上工业企业户数共计13家，信州区首位主导产业光学电子产业初步形成了产业集聚、特色领先、资源升级、多业并举的新发展格局。2021年，光学电子产业实现工业总产值14.17亿元，同比增长44.9%，增速比上年提升1.5个百分点；实现营业收入15.5亿元，同比增长36.4%，增速比上年回落0.6个百分点；完成利润总额8908.7万元，同比增长140.8%，增速比上年回落386.8个百分点。光学电子产业工业总产值和营业收入占信州区比重12.3%和13.3%，利润总额占比89.9%，对信州区工业经济的贡献率为7.5%。

【上饶市宇瞳光学有限公司】 成立于2014年，是一家从事光学镜片、光学镜头、光学仪器、光学机械研发、加工、生产和销售的企业。2017年投资建设宇瞳光学园，占地面积220亩。截至2021年年末，有从业人员668人，其中女性员工232人、中层及以上管理人员31人、专业技术人员55人、研发人员81人（其中管理人员4人，女性4人，全职人员55人，本科毕业及以上人员18人）。2021年，宇瞳光学“YTOT”产品获得江西省名牌产品证书、授权实用新型专利14项。累计已获得授权专利27项，发明专利1项，软件著作权5项，国内商标注册总数5个，国外商标注册4个，智能车间5个。通过产品更新换代和品牌效益提升，促进企业和产业升级，2021年，公司产品涵盖安防镜头、车载镜头、机器视觉镜头、头盔显示目镜等领域，其中安防领域为公司的主营领域，已形成通用定焦系列、高分辨率系列、星光级系列、黑光级系列、鱼眼系列、微型定焦系列、手动变焦系列、电动变焦系列、CS系列、一体机类等众多系列产品，全年生产各类型号镜头17911.19万个，同比增长79.22%。产品远销欧美、巴西、韩国、中国台湾、东南亚、中东等国家和地区，“YTOT”产品全球市场份额占比39.1%。2021年，实现工业总产值9.23亿元，同比增长40.3%；实现营业收入10.55亿元，同比增长26.8%；实现利税9377.07万元，同比增长112.93%，在信州区光学电子产业中排名第一。

纺织服装工业

【概况】 2021年，信州区纺织服装行业面对国际国内需求收缩、供给冲击、原料大涨、预期转弱、全球疫情肆虐之下五重压力，信州区稳步推进企业稳生产促发展，行业整体运行呈现“变中求稳”的态势。2021年，规模以上工业纺织服装企业共有21家，截至2021年年末，从业人员共计1003人。纺织服装产业完成工业总产值5.29亿元，同比增长-13.8%，增速较2020年回落8.1个百分点；营业收入5.37亿元，同比增长-9.2%，增速较2020年回升2.6个百分点；实现利润总额586.5万元，同比增长32.9%。2021年信州区纺织服装产业涉及苎麻棉织企业12家（上饶市富国纺织有限公司、上饶市宝丽纺织有限公司、上饶市祥润纺织品有限公司、上饶市和裕纺织有限公司、上饶市星华麻纺织品有限公司、上饶市芳达实业有限公司、江西源华麻纺织品有限公司、上饶市千瑞纺织品有限公司、上饶市熙盛实业有限公司、上饶市宏圣麻纺织品有限公司、上饶市华耐纺织有限公司、上饶市柏衫纺织有限公司），纺纱加工企业2家（江西博盛纺织有限公司、江西欧美佳纺织有限公司），服饰加工企业2家（上饶市拓客服饰有限公司、江西镇豪服饰有限公司），玩具饰品加工企业1家（上饶市杰安玩具有限公司），制鞋加工企业1家（江西利丰鞋业有限公司），手工夏布加工企业1家（上饶市亿兴实业有限公司），特种金银纱线加工企业1家［银之川金银线纺织（江西）有限公司］，户外旅游包生产企业1家（上饶市德瑞达户外旅游用品有限公司）。2021年受行业下行压力、国内多点散发和11月本地疫情三重影响，信州区纺织服装产业受到不同程度冲击，规模以上苎麻纺织服装工业发展参差不齐，呈现苎麻棉纺织、服饰加工、制鞋加工行业发展放缓，户外旅游包加工和特种金银纱线加工行业发展平稳，玩具饰品加工行业运营良好的现象。

【重点企业】 上饶市德瑞达户外旅游用品有限公司。成立于2007年9月，位于信州区沙溪镇镇南新区，占地面积10亩，厂房面积18000平方米，2009年12月在信州产业园朝阳园区占地面积33.25亩，投资5000万元兴建厂房进行生产规模再扩大。公司总占地面积有43.25亩，该企业是以专业设计、生产、销售军用枪套、枪包、防弹背心、战术背心、军用背包、睡袋等一系列军用装备的民营企业，年生产能力400万件，公司截至2021年年末从业人员310名，其中女性员工258人，男性员工52人，管理和专业技术人员30余人。产品主要销往欧、美、非等60多个国家和地区。2021年实现工业总产值6196.3万元，同比增长17.8%；实现营业收入6039万元，同比增长19.2%，实现利润总额74.7万元，同比增长17.8%，在信州区纺织服装行业中排名第一。

上饶市祥润纺织有限公司。成立于2019年4月，公司坐落在信州产业园朝阳园区朝阳四路5号，注册资本300万元，法定代表人王辉。2019年7月至2019年11月，由客商郑礼兵投资新建年产值棉麻纺织品1.2亿元的生产项目，项目总投资6000万元，项目总占地面积10亩，总建筑面积6666.5平方米，主要建设厂房、仓库、食堂、宿舍、办公楼。公司主要业务为化纤布、夏布、棉麻布、纺织品生产、加工、收购、销售。该项目达产达标后年产麻布、棉布和夏布共2800万米，年产值1.2亿元。公司购置各种先进喷水织机186台、整经机等设备200台，公司产品主要销往韩国、日本及东南亚等国家和地区。公司于2020年9月纳入规模以上工业企业统计口径，公司现有员工56名，高级管理人员和技术人员8人。2021年实现营业收入4203.8万元，同比增长14.9%，完成利税91.75万元。

精密机械制造业

【概况】 信州区持续为精密机械制造业推出多项扶持政策，有力助推了精密机械制造产业的发展。2021年，精密机械制造产业发展呈现积极恢复、稳中有进的运行态势，企业各项经济指标有所回升、全年精密机械制造业产值和营业收入运行态势“前高后低”，一季度高位运行，分别为19.9%和34.7%；二季度逐月下滑，分别为12.2%和24.8%；三季度回升不均分别为32.0%和18.1%；四季度出现回落，分别为15.5%和1.0%。2021年全区62家规模以上工业企业有5家精密机械制造企业，实现工业总产值1.98亿元，同比增长15.5%，增速较2020年回升25.8个百分点；实现营业收入1.96亿元，同比增长1.0%，增速较2020年回升10.4个百分点；截至2021年年末，从业人员共计216人。培育新增规模以上工业企业1家。

【重点企业】 江西拓诚线缆制造有限公司。创建于2011年3月，2016年10月由原上饶市拓诚实业有限公司更名为现公司名称，法人代表陈声礼，公司位于信州产业园朝阳园区朝阳七路5号。项目总投资1亿元，占地40亩，厂房面积13000平方米，年生产电线电缆能力35000万米。主要经营电话线、电脑线、网络线、透明线、电源线、音频线、铜包铝线等电线电缆专业生产，产品销售网络遍布中东、非洲、欧美等地区以及全国各地大、中城市。2018年和2019年公司获得国家授权的实用新型专利各2项。2021年，实现工业总产值6733.3万元，同比增长-19.8%；实现营业收入6722.3万元，同比增长-23.0%；截至2021年年末，从业人员共70人。

上德联合电气集团有限公司。2014年由信州区工信局招商引资项目，2014年11月15日注册落户于信州区朝阳工业园朝阳大道西侧，注册资本21880万元，法人代表张碎杰。公司总投资1.6

亿元兴建年产25万台电网配电装备、变压器等产业化生产基地项目，总用地面积30亩。原为德力西联合开关集团有限公司，2021年11月30日变更为上德联合电气集团有限公司。截至2021年年末，公司在岗职工共70人，其中女职工13人。历年来公司已获得专利权总数累计11项，发明专利1项，国内有效商标注册总数11个，2019年9月公司被授予国家“高新技术企业”称号。主要产品有输配电及控制设备、消防设备、仪器仪表、电工器材、电子元器件、电器开关、高低压开关柜按钮、电机车配件（矿区的专用车）、防爆电器、塑料制品、电线电缆、汽摩配件、银触头和银触点制造、电力变压器、水泵、变频器、照明电器加工、生产。自2018年9月纳入规上工业企业统计口径，2020年营业收入首次突破5000万元。2021年完成产值6750.19万元，同比增长30.5%，完成营业收入6552万元，同比增长30.8%。

汽配产业

【概况】 2021年，信州区汽配产业在上年的下行压力延续影响下，市场缩紧、订单减少、绿色低碳，加上全球疫情仍在肆虐蔓延和国内疫情多点散发，汽配产业困难重重，面对严峻挑战和重大困难的冲击，汽配产业积极作为，扎实推进产能恢复。总体来看，汽配产业表现好于预期，主要基于国家和地方政策大力的支持、行业企业自身不懈的努力和市场消费需求的强劲恢复，全区汽配产业销售经济比去年缩窄了2个百分点。2021年信州区有3家规模以上汽配制造企业，实现工业总产值0.76亿元，同比增长-5.3%，增速较2020年回落3.1个百分点；营业收入0.76亿元，同比增长-3.4%，增速较2020年回升2.0个百分点；截至2021年年末，从业人员共计264人。

【江西邦德科技有限公司】 成立于1996年，是专业生产汽车部件的厂家，2017年，信州区赴浙江招商引进并落户信州产业园朝阳园区，注册资本2000万元，企业法定代表人池邦新。2019年5月企业再次投入资金在信州产业园朝阳园区二路西侧新建年产120万台汽车散热器、35万台电池散热器的生产建设项目，项目总投资2.08亿元，项目建设占地面积32.77亩，总建筑面积34710平方米，其中生产车间建筑面积31638平方米、综合办公楼建筑面积3072平方米，2020年末，一、二期厂房主体建设完成，2021年5月，完成公司搬迁至新厂区并投入生产。主要生产“邦德”品牌的汽车散热器、中冷器、冷凝器、蒸发器四大系列一千多品种的部件产品。是一家集研发、生产、销售为一体的规模化企业。专业生产汽车散热器、中冷器、冷凝器、蒸发器。2021年度获得授权实用新型专利项目6件。截至2021年企业在技术领域中累计拥有授权发明专利1项、实用新型专利27项，已注册商标10项。2019年12月被授予“上饶市汽车散热器研发中心”称号，2019年11月被授予国家“高新技术企业”称号，2020年被授予“江西省专精特新企业”称号。在研发设计能力方面能够完全实现企业的所有产品，并成为地方同行业的领军企业。企业单独成立了产品研发部门、工艺技术部门及工装制造部门，完全满足现有企业80%产品零件的模具、夹具、检具的设计、制造、维修功能。企业已经取得ISO9001、ISO14001、ISO18001、API、CE和TS等各项国际质量体系认证。产品远销欧洲、中东、东南亚、南北美等国家和地区。2021年实现工业总产值4039.1万元，同比增长-1.6%；实现营业收入4039.1万元，同比增长-0.9%；截至2021年年末，企业从业人员共112人。

建材工业

【概况】 2021年，信州区混凝土与水泥制品行业持续稳定发展，成效显著，行业规模不断壮大，产业结构逐步趋于优化。在全区创文活动和改善人居条件、治理生态环境和发展循环经济中起重要作用。年初，受水泥市场成本大幅上升和面对绿色革命、能耗双控工作、推进“碳达峰”“碳中和”及实现减污降碳协同增效的要求影响，全年总体建材工业行业经济运行表现为“趋回落、尽恢复、促稳定、保增长”的特征。2021年信州区7家规模以上建材工业企业中涉及工业产值增长企业3家，增速分别为59.5%、24.7%、24.6%；涉及负增长企业4家，增速分别为-19.9%、-20.5%、-30.5%、-30.9%。建材工业行业累计实现工业总产值32617.7万元，同比增长-12.4%；实现营业收入34335.7万元，同比增长-13.6%；行业年末从业人员共计295人。

【重点企业】 上饶市恒达新型材料有限公司。2012年3月登记注册，原为上饶市友邦新型材料有限公司，2014年变更为上饶市恒达新型材料有限公司。公司法人代表王文兵，公司位于信州区朝阳镇稼轩大道以东（原磷肥厂边），占地面积41.4亩，厂房面积19370.4平方米，公司总投资5363万元，主要从事新型建筑材料生产、加工、销售，年产60万吨商品混凝土。公司截至2021年年末，从业人员34人，其中技术人员5人。2021年，企业呈现良性发展态势，各项经济指标全面提升，在全区建材工业行业中排名第一。2021年实现营业收入7765.9万元，同比增长24.8%，实现税收249.29万元。

江西饶电科技股份有限公司。由玉山饶电实业电杆有限公司更名扩建而成，创建于1986年，2011年5月在上饶市市场监督管理局登记注册落户在信州产业园朝阳园区示范区朝阳大道18号，注册资金4090万元，公司具有47年的砼电杆专业生产史，由客商陈小平投资，项目总投资8000万元，占地59.88亩，厂房面积86000平方米。2018年6月由原江西饶电电杆实业有限公司变更为江西饶电科技股份有限公司。公司主营业务是环形混凝土电杆研究、生产和销售，公司电杆产品以GB/T4623-2006标准为依据设计生产，年设计生产能力10万根，质量管理规范，检测手段完善，检测设备齐全，系列产品通过国家电力部及江西省电力电杆质量检测中心检测，获得了电力系统混凝土电杆使用许可证，产品广泛使用于全省周边省市电力220KV、110KV、35KV的农网、城网建设改造工程及通信光缆建设工程。2017年11月公司首次被授予国家“高新技术企业”，2020年12月重新被认定为“高新技术企业”称号。2019年4月22日公司股票成功在全国股转系统挂牌，证券简称：饶电科技，证券代码：873261。截至2021年年末，企业员工共65人，其中技术人员8人。2021年完成营业收入3063.6万元，同比增长131.1%，实现利润18.8万元，同比增长91.2%。

其他工业

【概况】 2021年，国内外新冠疫情及复杂多变的经济环境，给信州区塑料粒子行业带来诸多不利影响。信州区有3家规模以上塑料粒子企业，实现工业总产值10.1亿元，同比增长44.2%，增速较2020年回落7.2个百分点；营业收入10.5亿元，同比增长39.1%，增速较2020年回落25.3个百分点；实现利润433.8万元，同比增长874.8%。截至2021年年末，从业人员共计200人。

【上饶市天炬塑料有限公司】 成立于2012年8月6日，法定代表人邱国尧。2020年，公司总投资1亿元，在上饶市信州产业园朝阳园区朝阳四路公司内，实施年产10万吨塑料粒子加工扩建项目建设，项目总占地面积为16301.7平方米。扩建规模为聚丙烯（PP）塑料粒子、ABS塑料粒子，聚对苯二甲酸乙二醇酯（PET）塑料粒子、聚酰胺（PA）塑料粒子等共计10万吨塑料粒子。主要经营范围有废旧塑料回收，塑料造粒加工等；生产设施有大、中型设备60余台套，年生产能力达10万吨。现有130名员工。其中专业技术人员比例占22%，拥有先进电脑配色系统，建有设备齐全的材料物化性能分析测试室。具有产品设计、新品开发、技术攻关之能力，产品共计二大类十几个系列，产品销往国内外。2021年，实现工业总产值7.0亿元，同比增长39.3%；实现营业收入7.42亿元，同比增长32.8%；完成利税5451.84万元，同比增长，53.98%。

（周敬平）

电力工业

【概况】 国网江西省电力公司上饶市信州区供电分公司担负着信州区、高铁新区以及上饶市医疗旅游先行区的供电任务，供电范围包括沙溪镇、灵溪街道、朝阳镇、秦峰乡、北门街道、茅家岭街道、水南街道、三江片区、高铁新区、上饶市医疗旅游先行区，面积约为339平方公里，供电人口约39.48万人。2021年，信州供电分公司全面完成年度各项目标任务，公司整体呈现积极向好的发展态势。全年共完成固定资产投资2329万余元；完成售电量7.18亿千瓦时，同比增长22.54%；综合线损率2.48%，同比下降1.49%，网损率1.29%，同比下降0.2%，10千伏有损线损率3.19%，同比下降0.92%，0.4千伏线损率3.24%，同比下降0.56%；35千伏主变线路零跳闸，10千伏线路跳闸56次，同比下降42%；关键业务治理181项，追补电量210.72万千瓦时，全年挽回经济损失492.36万元；新增资产1.82亿元，固定资产总额达5.48亿元，增长40.81%；营业收入4.11亿元；概念收益1.5亿元，同比增长48.5%，高于售电量增幅26个百分点，概念收益增长率列全省第18位，其他概念收益完成1207.93万元；全口径劳动生产率396.98万元/人·年，同比增长27.76%；同业对标排名全省第23位，前进9位。

【安全局面保持稳定】 严格执行省公司2021年反违章管理规定，紧扣安全生产本质，多措并举保安全。聚焦“四防”，开展“二下二上”清单编制和“五查五严”风险隐患排查，共查出隐患118处，整改58处。促进“四个管住”，共查处违章123起，其中严重违章23起，一般违章100起，共处罚金8.08万元，约谈违章施工单位12次，停工整顿3次。开展安全准入性考试18次共314人次，完成“三种人”能力认证162人次。突出安全第一的价值导向，以事故应急“情景构建”为抓手，开展消防、防汛、高考保电等演练。利用公司“微夜校”“师带徒”、供电所自培等多种形式，持续开展各类培训8期261人次。出台《社会触电管理考核办法》，明确责任到人。成功应对年初长期低温雨雪、年中雷电和强降雨等恶劣天气，经受住了15.34万千瓦历史最高负荷考验。2021年，在遭遇疫情、汛情和大修技改、配网自主实施的大背景下，公司守牢了安全底线，确保了安全局面稳定。

【电网建设持续推进】 利用《加快推进上饶市电网高质量发展若干意见》，深化政企联动，促成召开电网建设协调会24次，推进电网规划有效融入政府空间规划。全年完成常规农网建设改造工程总投资2415万元，自主实施建设改造工程1159万元，共建成线路39.59千米，新建改造配变台区43台，低压线路50.13千米，完成10千伏溪口、数创两座开闭所的建设工作。110千伏车站变10千伏货场线和江天农博城开闭所的建成投运，极大优化了高铁核心区网架结构。溪口开闭所和苎麻Ⅰ线的建成投运，满足了沙溪苎麻产业园新增用电负荷需求。

【供电服务品质持续改善】 持续优化电力营商环境，实行“三省”“三零”办电服务，共节约用户接电成本60余万元。贯彻落实“碳达峰、碳中和”战略目标，新增分布式光伏电源28户，累计并网155户，容量1.6万千伏安。实施电能替代项目43个，替代电量4284万千瓦时。积极推进带电作业，极大缓解供电服务压力，累计完成带电作业60次，减少停电89641时户，增供12.6万千瓦时。助推乡村振兴工作，积极服务光伏扶贫项目，全年累计发电166万千瓦时，享受补贴72.33万元。着力提升服务品质，累计受理95598工单1211件，同比下降29.29%。百万客户投诉量7.42，全省排名第57位，2～12月实现零投诉。制定“奋战一百天、决胜四季度”和春节期间“六零”专项行动方案，激励一线员工向好争优。针对区域预警信息，制定《供电服务风险联动防控工作部署方案》，固化帮扶联动考核机制，推动全员齐抓共管。

结合各供电所实际情况，制定电网事故抢修应急预案。出台《公司业扩报装考核实施办法》，为每个新装增容用户制定科学合理的供电方案。加强设备隐患消缺，制定50条线路“一线一整治”方案，通过运维及业扩项目完善网架，完成重过载、低电压台区排查和整改工作，共计整改44台重过载及低电压台区，配网线路环网联络点达47处，联络率76.92%，自动化有效覆盖率36.8%。按照“一停多用、控制总量、能带不停、能转不停”原则，有效缩短台区平均停电时长，降至12.9，同比下降15.5%，位列十二县区公司第二名。完成迎峰度夏（冬）、中（高）考、各重要节假日、特殊时期的保供电任务及地方政府保电共计100余次，特别是在“新冠”疫情防控期间，圆满完成上饶新冠肺炎定点救治医院上饶市人民医院、第二人民医院和上饶核酸检测基地海普洛斯公司等重点保电单位的保供电任务，得到了地方政府和市公司的好评。

【经营业绩不断突破】　推进从“挖潜增收”向“提质增效”深化，持续开展供用电基础巩固提升行动，全年稽查成效492.36万元，完成全年目标值的175.8%，其中反窃查违类392.07万元，非反窃查违类100.29万元。联合区工信委、区应急局组织开展朝阳用电安全整治专项行动，规范朝阳镇用电秩序，对违窃用电行为起到了震慑作用。积极梳理线变关系，优化网架结构，按需调整负荷，综合线损大幅下降，减少电量损失1100万千瓦时。实行“一企一策”、分段式缴费方式，提升公司智能缴费水平，防范电费风险，按时完成年度电费“双结零”。完成其他概念收益1207.93万元。其中，政府给予电网建设规划贡献奖励500万元，高可靠性供电收入259万元，废旧物资处置和利旧108.89万元。

【党建引领】　发挥“党建+”优势，开展“党员身边无投诉、党员台区降损、党员线路整治、党员攻关”等示范点创建活动，形成党政合力抓服务的工作格局。积极履行“三大责任”，配合市公司组织援豫救灾保电突击队，驰援河南参与灾后抢修恢复供电工作；疫情防控期间，公司96名党员干部员工在54个社区、街道参加279次志愿任务，其中邹丽芳同志主动请缨转运核酸检测样本11次，得到市公司领导表扬。打造服务群众“最后一公里”民心工程，建立全省首家供电部门24小时服务爱心驿站。聚集监督执纪问责，狠抓重点领域和关键环节管控，圆满完成省公司专项巡察迎检工作。助力乡村振兴，在龙头村帮扶点发展红美人柑橘等种植产业，采购扶贫产品共计10.54万元，全年走访慰问贫困户392次。

（胡心睿）

园区建设

信州产业园

【概况】 信州产业园前身是成立于2009年6月的上饶经济技术开发区朝阳产业园。2018年5月，经省政府正式批准设立省级上饶信州产业园。2019年12月，信州区委、区政府决定，将沙溪苎麻产业园并入信州产业园，由信州产业园管委会统一领导管理、统一建设招商，统一规划发展，形成了“一区两园”工业发展新格局。2011年，被科技部、商务部分别授予“国家级光学高新技术产业基地”和“第四批国家科技兴贸创新基地（光机电）”的称号，2013年，被江西省工信委命名为“省级苎麻纺织产业基地”，2020年，被评为江西省“十佳优化营商环境园区”，2021年，被江西省商务厅评为“省级外贸转型升级基地（光学产业）”。规划面积约8.3平方千米，已建成面积约4.8平方千米。落户企业126家，“5020”项目4家，规上企业53家。有省级以上科技创新平台1个，2021年，新增省级以上科技企业孵化器2个，新增有效发明8个，新增省级以上科技创新人才1名，新增高新技术企业5家，高新技术产业工业增加值占工业增加值比重达32.4%。2021年，园内企业主营业务收入首次突破百亿，同比增长136%；主营业务收入和税收均实现翻番。朝阳园区：信州产业园主园区，产业定位为光学电子；规划面积5.83平方千米；已建成面积约3.6平方千米，落户企业116家，其中规上企业47家。沙溪园区：位于沙溪镇向阳村，产业定位为精密机械制造、新材料；规划总面积约2.45平方千米，以浙赣铁路为界分南北两区；落户企业10家，其中规上企业6家。

【发展跨越提升】 2021年，园区营收103.62亿元，首次突破百亿，同比增长136%；实现税收6亿元，同比增长138%，营收和税收均实现翻番；财税收入入库1.23亿元，完成计划任务的108%；全年对接服务企业落户18家，其中“5020”项目2个，即光电产业园、工业化基地投资亿元以上项目2个。

【盘活土地供应】 推行园区所有工业企业亩产效益综合评价体系制度，提质增效，集中精力对评价为D级的企业和存量“僵尸企业”实施“腾笼换鸟”。加快市城投收购的原沃普思厂房地块、江西索密特、碧胜米业、兆辉电子、市政安畅等11家企业计632亩土地“腾笼换鸟”。通过对接沙溪、朝阳两镇加大征地拆迁，强化招商引资供地，沟通自然资源部门规划调整以及对边角零星地块调整等措施，加大对“批而未供”土地清理核销，实现现有“批而未供”土地计63处，75.8公顷为批而可供。

【党建引领各项工作】 制定《党工委议事规则》，成立“项目招标采购领导小组和监督小组”，优化《聘用职工管理办法》，实施《理顺园区体制机制促进创新发展工作方案》，修订《干部职工考勤考核办法》，股室合并、人员精简、力量整合，干部精神面貌焕然一新；强化非公党建工作，积极开展“党建+”服务，“党建+工会”指导企业组建工会组织，产业工人改革试点有序推进，宇瞳光学班组被授予“全国工人先锋号”称号；“党建+好商量”，推进涉企纠纷调解；“党建+法庭”，设立“庭园工作室”，提供司法服务；一年来，累计开展为企业办实事53件，解决一批企业和职工“急难愁盼”问题。

【统筹推进重大项目建设】 重点服务宇瞳光学扩容、宇瞳光学倍增、光电产业园一期、工业化基地一期、广悦电子、上德联合开关等重点工业项目，促进项目早开工、早投产；扎实推进污水处理厂二期、尾水管网、西塘溪线、公交首末站、标准厂房、弱电改造、康庄路、地块土石方平整等重点项目，提升园区平台和基础设施建设。项目顺利有序推进，其中有3家园区工业企业被列为2021年度全市经济实地巡查项目。

【突出常态疫情防控】 在园区设立临时疫苗接种点，园区5000多名员工做到应接尽接。积极应对11月发生的疫情，落实区委、区政府防疫、复工、惠企政策落实等工作部署，设立了两个核酸检测点，做到防疫、生产两不误。落实常态化疫情防控措施，强化省外返岗员工，春节期间设立核酸检测点，服务企业，方便员工，保障春节期间顺利复工。

【强化服务提升】 推行“五个一”服务模式。提升营商环境和服务能力，对每一家企业建立“一名班子成员、一名中层、一名干部、一位干警、一套机制”的“五个一”服务模式，“五个一”服务小组在企业醒目位置公示，方便企业有需求服务时可以直接对接联系。在现有赋权办证服务的基础上，进一步提升“一站式”服务能力，对接协调自然资源、税务、供电等部门派驻企业服务中心窗口办公，真正做到“一站式”服务。收集入园企业从注册到投产及兑现政策等涉企档案资料，实现企业档案与行业主管部门资源共享，避免行业部门反复到企业调取企业资料，做到“无事不打扰”。整合生产经营数据，进行产业分析、能源管控、环境检测等，向企业提供“5G+”工业互联网服务，及时掌握企业生产经营情况，为服务企业提供第一手资料。实行企业“需求点单”、部门服务“定制上门”，减少服务部门与企业需求因信息不对称造成多头服务。

【园区企业环境集中整治】 深入推进园区精细化管理水平，打造“干净、整洁、文明、有序”的园区和企业环境，企业按照“一月一考评、一季一通报、一年大变样”的思路，制定《关于开展企业环境卫生整治暨检查评比工作方案》，出台《信州产业园企业环境卫生整治检查评比细则》，每季度通报10家“季度最整洁企业”和不少于5家“季度不整洁企业”，对评选为“季度不整洁企业”且拒不整改的，联合行业主管部门或执法部门，采取相应整改措施。

（林策群）

信息服务产业园

【概况】 2021年，信州区信息服务业产业管理中心围绕区委四届十一次全体（扩大）会议“1235”战略部署，踔厉奋发，笃行不怠，再创信州数字经济发展新的佳绩。全年，入园数字经济企业446家，占全市总量三分之一，纳税6亿元，同比增长23.7%，营业收入180亿元，同比增长76.5%，其中规上企业49家，营业收入155亿元，同比增长158%。夺取了数字经济规模上企业的总数、营收总量和同比增幅三个全市第一，产业规模连续9年领跑全省县域经济。

【产业结构日益优化】 以产业布局为导向，先后赴上海、杭州、宁波、南京、南昌等地进行了21个批次的专题招商活动。引进了营业收入超50亿元企业1家——由全国人力资源服务前三强企业上海佩信集团控股的江西速到信息科技有限公司，引进了由蚂蚁金服控投的全球区块链最大的开发者流量入口中间键技术企业——南京纯白矩阵，在信州区打造全省首个区块链国际创新中心。全年新引进数字经济企业60

家，涉及数字文娱、直播电商、移动出行、区块链、人工智能等多个领域。

【平台建设搭配齐】 信州区数字经济产业园投入使用。首批入驻的企业有区块链国际创新中心、上饶米多科技有限公司和江西省赛鸽信息科技有限公司等，业态涵盖了区块链、数字呼叫、数字文娱。与占地1050亩的上饶呼叫城和建筑面积13000平方米的上饶数字经济服务园共同形成定位精准、产城融合、功能互补、搭配齐全的“一城两园”三大产业集聚平台。该园2021年被授予“首批上饶市文化园区”的称号，获评“首批江西省数字经济集聚区”。

【服务企业】 为12家企业提供了贷款帮助，减租政策共惠及30家数字经济企业，为达标企业减免租金共计61万元，其中为上饶数字经济园内24家达标企业减免租金39万元，为上饶呼叫城内6家达标企业减免租金23万元。为16家企业解决了生产用工。为10家企业17名高管子女解决入学问题。为园区内企业排查解决漏水、用电等各类安全生产隐患50余次。组织全区各数字经济企业相关信息化工作人员近100人参加互联网企业网络安全暨登记保护2. 0培训会，提高工作过程中对网络信息的安全防护能力和应急处理能力。为园区内30余家企业2000余人次组织开展了2剂4个批次的集中疫苗接种。

【创文与防疫】 组织党员、干部职工进社区开展“创文巩卫”志愿服务进社区活动10余次，开展卫生大扫除和健康知识宣传、创文宣传等活动；到结对帮扶社区推进新冠病毒疫苗接种工作10余次；在上下班高峰出行时段到城区重点交通路口开展志愿服务8次累计40天。疫情发生后，组织党员、干部深入抗疫一线，参与隔离点、社区卡点值守、核酸检测秩序维持等工作；组成区疫情防控指挥部数据比对工作组赴指挥部、海普洛斯基地、区公安局等地进行每轮核酸检测人员信息比对工作。

（谢丽琴）

财政　税收

财政管理

【概况】　信州区财政局坚持以习近平新时代中国特色社会主义思想为指导，认真贯彻落实区委、区政府决策部署，统筹推进疫情防控和经济社会发展，迎难而上、真抓实干，全面完成年度目标任务。被授予“第十六届省级文明单位”等荣誉称号。2021 年度全区财政总收入 34.6 亿元，增长 14.6%；一般公共预算收入 19.4 亿元，总量居全市第三，增幅居全市第二。

【统筹兼顾服务基层】　为巩固拓展脱贫攻坚成果同乡村振兴有效衔接提供有力财政支撑，2021 年，投入财政衔接资金 5110.5 万元，其中区级资金 1650 万元；局机关 36 名干部帮扶朝阳镇溪边村 36 户脱贫户，选派 3 名干部到村任驻村工作队员，推深做实驻村帮扶工作。持续增加助企惠民、民生投入，民生支出占财政总支出的 85%，极大增强全区百姓的获得感；发挥财政资金“四两拨千斤”作用，有效缓解市场主体融资难题，全年累计发放“财园信贷通”和“财政惠农信贷通”贷款 7.32 亿元，惠及 136 户中小微企业和 318 户新型农业经营主体。全力保障基层运转，全面落实社区运转经费、党建工作经费、服务群众经费等支出，拨付党建工作专项经费 1320 万元；落实财政对社区建设投入逐年递增机制，对全区 64 个社区安排工作经费 832 万元；落实社区、村居工作者薪酬 4643.07 万元，统筹集聚人力物力财力等各种力量资源不断向基层倾斜。

【深化财政改革】　支持经济高质量发展，坚持普惠性减税和结构性减税相结合，全年减免小微企业和个体工商户 122 户，减免金额 143.04 万元；推进更为明显的降费，清理规范地方收费项目，全年累计减税降费规模达 14877 万元。支持打好三大攻坚战，加强政府债务风险防范，全面规范融资行为，信州区综合债务率为绿色等级，处于安全范围内。合理安排乡村振兴、污染防治项目资金，保障乡村振兴有效衔接，城乡环境明显改善。支持财税体制改革，全面实施财政资金绩效管理；完成全区 180 余家预算单位系统上线；财政评审效果显著，净审减资金 9859 万元，净审减率 6.9%；狠抓制度建设和执行，管好用好财政资金和国有资产；坚持市场化改革方向，深化国资国企改革。

【强化思想作风建设】　强化思想引领，以政领财、以财辅政，不断提高把方向、谋大局、定政策、促改革的能力，发挥党组理论学习中心组领学促学作用，推进理论学习常态化、制度化、规范化，推动各项决策部署在财政部门落地落实。强化干部队伍作风建设，执行中央八项规定，整治“怕慢假庸散”作风顽疾，支持驻局纪检监察组监督执纪问责；着力锻造优秀年轻干部，举办“信财杯”业务知识竞赛活动，增强干部业务能力。强化财政监管，将绩效理念和方法深度融入预算编制、执行、监督全过程，提高资金使用效益，把财政资金用好、用在刀刃上。

【践行“我为群众办实事”实践活动】 以党史学习教育为契机，开展“我为群众办实事”实践活动，聚焦群众“急难愁盼”的民生项目。结合“身后一件事”联办事项清单和工作实际，对区直机关事业单位人员死亡一次性抚恤金发放工作进行业务流程再造，实现“一网通办”，真正让群众“只跑一次”甚至“一次不跑”。围绕乡村振兴、扶贫解困、创文创卫等工作，做到党建工作与业务工作同谋划、同部署、同推进，以“主题党日必修课”为载体，在教育、医疗、社保、民政等与群众紧密相关领域不断增强业务工作水平、提升服务群众本领，让党组织存在“最关键、最需要”时。

【服务保障抗疫工作】 发挥财政职能，全力服务保障抗疫工作，第一时间启动应急响应机制，开辟抗疫资金预算安排、资金拨付、政府采购等绿色通道；筹集3亿元资金，强化兜底保障，确保不因资金问题影响医疗救治和疫情防控；全局166名干部约800余人次先后分批入包保社区、进封控区、赴隔离酒店等参与抗疫。

（童於足）

税　收

【概况】 2021年，国家税务总局上饶市信州区税务局（以下简称区税务局），内设股室13个，共有在职干部职工162人，负责信州区近3万户纳税人和近30万户缴费人的征收服务工作。2021年，区税务局被评为“第十六届全省文明单位”“信州区平安建设先进单位”“信州区公共机构节能先进单位”。区税务局第一税务分局被评为“江西省工人先锋号”和“第七批上饶市学雷锋活动示范点”，沙溪税务分局党支部被评为“信州区先进基层党组织”。

【服务经济社会发展】 统筹做好“减”与“收”工作，激发活力和保障财力互促共进。坚决守住不收“过头税费”底线，2021年，税收收入29.47亿元，同比增收3.89亿元，增长15.22%，总量位列全市第4。全年社会保险基金收入10.19亿元，同比增收4.81亿元，增长89.62%；全年非税收入9239万元，同比增收1818万元，增长24.5%。始终抓好减税降费，与区工商联协同开展“春雨润苗”专项行动，惠及辖区内600余户纳税人。落实缓缴税费政策，筛选612户缓税对象，累计办理缓税2563万元。全年共落实减税降费优惠政策减免税费21183万元，有效激发市场主体活力。

【优化税收营商环境】 连续8年开展便民办税“春风行动”，提升纳税服务质效，创新“党建+纳税服务”品牌，建立专家服务团队，将“龚全珍工作室”与办税服务厅后台流转区有机融合，解决办税缴费疑难杂症；实现退税全流程电子化，降低办税成本；与不动产交易登记相关部门合作对接，实现不动产交易网上办税；进一步拓展“非接触式”事项清单范围，梳理9大类293项业务，全面引导宣传电子税务局、微信公众号、手机App、邮寄等“非接触式”办理渠道；加大宣传，确保政策直达快享。累计制作发放税收政策、“春风行动”“春雨润苗”宣传折页20000余份。举办纳税人学堂5次、线上直播云课堂1次，利用微信、12366短信平台推送税收政策，覆盖纳税人30000人次。完善网格化管理平台，扎实推进增值税专票电子化每日辅导工作，辅导纳税人2000户次。柔性执法，加强群众权益保护。落实“首违不罚”制度，同时配合说服教育、提示提醒等非强制性执法方式，让执法既有力度又有温度。

【深化税收征管改革】 认真贯彻落实中办、国办《关于进一步深化税收征管改革的意见》和省委办公厅、省政府办公厅《实施方案》，奋力实现征管质效的稳步提升。承接了纳税人分类分级管理、构建“五员”管理体系改革试点任务。完成2400多户纳税人的管户迁移，解除税源管理股管户职责，集中精力负责中风险应对和土地增值税清算、股权转让等特定事项管理。抽调骨干力量成立审核审批组，负责审核审批事项的扎口管理和集中审核审批工作，力争实现大部分审核审批事项在办税服务厅内的“一站式”办结。推行增值税专用发票电子化改革，新办纳税人顺利“开出票”、接受方准确“接到票”；推进增值税消费税与附加税费申报表整合，落实财产行为税等“十税”合并申报；着力做好非税收入划转工作，顺利完成水土保持费和国有土地使用权出让收入的平稳划转。进一步规范实名办税、严格发票领用、强化税负预警、严控注销清算、强化日常巡查。加强与公安、检察、人民银行等部门的沟通协调，强化数据共享，建立健全常态化的联合办案机制。

（郑慧青）

贸　易

贸　易

【概况】　2021年，面对错综复杂的经济形势及新冠疫情的影响，区商务局坚持狠抓落实，迎难而上，促消费、保供应、强招商、稳外贸，实现了信州区商贸经济社会持续高质量发展。信州区商务局完成财税23207万元，总量在全区经济主管部门中排名第一；全区社会消费品零售总额221.16亿元，同比增长17.6%，总量持续保持全市第一，增幅排名第九，进入全市第二方阵；全年全区共完成外贸出口18.5亿元人民币；完成实际利用外资1.12亿美元；完成利用省外资金2000万元以上项目29个，实际进资62.2亿元；全区共新签约工业项目18个，投资总额58亿元，其中10亿元以上项目2个，亿元以上项目7个。

【党建基础夯实组织建设】　局党组以党组织“三化”建设为抓手，不断提升基层党组织建设。局党员干部在各项重点工作岗位上率先垂范，主动作为。国庆节期间局全体党员干部放弃休假，全身心投入2021上饶小吃美食荟、家居购物节开幕暨“十大饶帮菜”系列评选发布仪式活动中去。党员干部开展“走出去，请进来”招商活动、主动承担疫情防控物资运输保障工作任务，大力帮助企业复产复工、积极参加各项志愿服务等活动。强化党建工作责任，严格落实党建工作“一岗双责”制度，抓实书记第一责任人的党建工作述职制度，将党建包干联系制度的工作责任落到实处。局党组认真研究制定干部职工考核方案，激发职工工作的积极主动性，切实转变干部的工作作风；通过开展“党课开讲啦”、商务系统党史知识竞赛、每月的党日主题、学习强国学习评比等活动，在全局形成赶超比学的浓厚学习氛围，学习强国分值在全区排名前十，形成了风清气正的政治学习生态氛围。

【疫情防控与消费物资保障】　面对突如其来的疫情，积极组织、沉着应对，在疫情防控期间努力服务帮助企业，共同面对疫情带来的影响和困难。从11月1日起，安排工作人员，每日到嘉百乐、步步高等30多个大型商超、加油站（便利店）现场查看了解物资储备和销售情况，积极协调有关部门，确保疫情防控期间物资运送车辆的正常运营，敦促企业多措并举组织货源保障供应，避免因疫情引起物品哄抢、货品短缺等问题，确保市场生活必需品储备供应充足，价格平稳，满足市民日常生活必需品的消费需求。

【消费促进活动持续升级】　2021年，指导和举办各类促消费活动50余场，投放各类消费券210万元，直接或间接拉动消费近亿元。同时，积极组织本地企业走出上饶。组织“信州春”酒业、“雄鹰酱油”等信州本地老字号企业赴上海参加“2021第十五届中华老字号博览会”，两家企业现场销售近5万元商品，同时签订了总价40万元的意向合同；组织信州区一品筒骨粉、大众食品等3家企业参加“第一届中国米粉节”，现场成交额2万余元，协助鱼鹰酱油与煌上煌旗下徐妈妈粉业签订30万每年销售合同。积极开展电子商务企业线上促销活动，组织企业参加省、市各项活动，以及“饶品网上行”“饶品两上三进”“五一”线上直播等各种活动，通过线上直播带货、线下洽谈对接，进一步拓展产品的销售渠道，促进产业转型提质和商贸消费升级；评选出10家综合实力强、品牌知名度高、社会信用度好的米粉餐饮企业，授予“江西米粉统一标识”并揭牌。各项活动的开展，极大地提升了信州品牌的知名度，助力信州区老字号企业加快发展。

【大力打造品牌特色商业经济】 积极贯彻落实市、区两级政府关于着力打造品牌带动战略的工作要求，先后推动万达广场、万力时代广场引进星巴克、海底捞零售品牌开设分店，积极帮助天虹购物中心打造天虹金街，支持万达广场引进了“中国李宁”“杰克琼斯”“半天妖”等著名品牌。有力地带动了信州中心城区商业品质提升。

【规范商务行政服务】 按照区审改办要求，完成商务行政权责事项清单录入江西政务网工作，做好全省迎检准备，实现公共服务事项的网上运行。编制了信州区商务局政府部门行政权力清单，编制了公共服务事项办理指南并绘制流程图，将商务局7个商务公共服务事项全部实现网上公布，服务中心窗口“一窗”办理，逐步实施商务行政服务“只跑一次”和“一次都不跑”。

浙江绍兴城投工业公司到信州产业园沙溪园区现场考察

【招商引资工作成效显著】 全年共签订入园协议项目18个，总投资额58亿元（其中“5020”项目2个，亿元以上项目7个，2000万至1亿元项目11个），投入生产项目8个，开工建设项目10个；全区各镇（街道）、部门、招商小分队累计外出招商210批次（其中县级领导外出招商45批次），走访、考察企业483家；接待、服务来访客商289批次。制定了《2021年信州区开放型经济工作实施意见》《信州区2021年工业和开放型经济工作考核办法》等文件，进一步明确了10亿元以上及20亿元以上项目责任单位和个人。建立了区长每月调度、分管领导半月调度、商务局日常调度的长效工作机制，制作招商宣传片、PPT、工业招商手册、招商画册等，认真编制“招商简讯”公众号，全方位、多视角地对全区招商引资工作进行宣传。开展“走出去、请进来”大招商活动，协调、组织辖区内外贸企业参加第129届广交会，第31届华交会、光博会等境内外、线上线下展会30余场；在深圳、上海、浙江等地，开展多次专项招商推介会，吸引国内外企业来信州考察投资。根据省、市有关要求，积极开展“三请三回”活动，协调各镇（街道）、部门，收集整理“三友”（乡友、校友、战友）在外信息，及时更新商会资源库、在谈项目库、签约项目库、开工项目库等“四库”动态。

【社零消费不断增长】 全年新增入库企业72家，全区社会消费品零售总额221.16亿元，同比增长17.6%。落实政府财政扶持政策。制定了鼓励和加快限额以上商贸流通企业发展实施意见，对首次入统、大个体转法人、分公司转法人的商贸企业，财政予以一次性补贴5万元。全年共发放企业统计人员补贴14.62万元，发放新增入统企业补贴200万元。

【高端酒店项目有序推进】 2021年，负责对接服务的上饶鑫邦喜来登酒店开工兴建、有序推进。上饶鑫邦喜来登酒店由上饶友邦房地产开发有限公司投资开发，总投资7.5亿元，占地面积20亩，总建筑面积48007.6平方米，楼高99.8米，共27层，地下2层，有249个停车位，300个客房，按五星级酒店标准兴建的集住宿、餐饮、会务、康乐健身于一体的豪华商务型酒店。

【国际贸易持续发展】 2021年，信州区外贸出口184984.3万元人民币，完成年计划109489万元人民币的168.95%，总量排位第一；同比增长127.48%。进出口完成187267.03万元人民币，同比增长113.11%。

【安全维稳工作】 积极妥善地处理企业改制、产权过户、劳动人事、医保社保、项目建设等历史遗留问题。同时，加强中心城区商贸综合体和局属各市场消防安全工作，强化安全生产管理，完善安全生产工作制度，开展日常消防安全隐患的排查整改工作，有效防止安全事故的发生。

（叶琦）

区供销合作社联合社

【概况】 2021年，信州区供销合作社联合社（以下简称区供销社）完成营业总收入1.38亿元，净利润总额70万元。其中，日用消费品销售收入1412万元，利润13万元；再生资源销售收入6234万元，利润27万元。

【做好供销系统党建工作】 按照区委党史学习教育部署，于3月份开始开展以“学党史、悟思想、保供给、惠民生，供销人在行动”为主题的“我为群众办实事”实践活动。党委结合重点工作和实际开展了“疫情防控”“创文明城市”“党员进社区”“支部书记讲党课”等一系列党员主题日活动，充分调动党员的积极性。

【深化供销合作社综合改革】 根据《区委全面深化改革委员会专项小组2021年工作计划》及《区委全面深化改革委员会2021年工作要点》要求，主要改革事项是持续深化供销合作社综合改革，加快完善供销合作社“三会”体制机制，推进冷链物流、第四方物流工作，根据改革要求，全面落实供销社的社员代表大会、理事会、监事会“三会”治理机构，供销合作社已更名为供销合作社联合社，设立了监事会机构并配备了一名副科级监事会主任职务。完成了信州区“互联网+第四方物流”供销集配体系建设，有助于实现农村物流双向流通，城乡高效配送，助力乡村振兴。

【服务中心工作】 党委认真落实区委《关于强化党建引领、创建无疫小区的通知》文件精神，号召全体机关党员干部积极投身到疫情防控一线，第一时间向居住地社区报到。机关全体干部职工和党员们组成核酸检测采样点行为规范组，根据分工，深入社区，积极参与核酸筛查工作，积极投身到抗击疫情工作中去，发挥了党员的先锋模范作用。认真吸取安全生产责任事故的教训，认真落实安全生产工作“两个”主体责任，由区供销社主要领导带队，针对系统消防、易燃易爆物品等开展了安全检查工作，确保系统安全生产形势的稳定和不出安全生产责任事故。组织机关干部职工积极开展“创建文明城市”活动，通过在社区派发有关电信诈骗、网络诈骗等一系列的宣传册、开展文明交通劝导志愿服务活动等各种方式，参与共建文明城市。区供销社于10月下旬展开了新一轮的结对帮扶，帮扶茅家岭街道的同心居，并认领了10户。积极完成消费扶贫任务，共采购贫困户扶贫产品11600元。

（吴秀萍　赖雪琴）

烟草专卖

【概况】 信州区烟草专卖局（分公司）全年完成卷烟销售18258箱，同比增加632箱，增幅3%；“金圣”销售5511箱，同比增加272箱，增幅5%。销售额8.36亿元，同比增长6.6%。被授予“江西省第十六届文明单位”“全区2021年度先进基层党组织”称号，取得全市系统营销网建工作第三名、宣传舆论竞赛二等奖、党建工作优秀单位第三名、党风廉政建设工作第三名的成绩。

【现代终端建设提质量】 按照终端建设方案，严格考核，通过客户经理、市场经理、分管领导进行三级复查，对抽查发现有不达标的终端，严格绩效考核，责任到人。始终坚持质量优先，始终保持终端“含金量”。全区正常运行的有效现代终端600户，现代终端占所有客户比例28.2%，一星终端289户，二星终端133户，三星终端15户。

【严格行政许可】 2021年，重新修订《烟草制品零售点合理布局规定》，加强新办证申请的审查审核，严格规定时间办结行政许可事项，强化行政许可审批权力监督。围绕建设“服务型窗口”的目标，深化“最多跑一次”改革，推行真情服务，认真做好群众咨询、事项办理，并强化政务服务平台“好差评”制度落实，主动接受群众监督，提高办事效率，提升群众满意度。全年新办238份零售许可证，退出146户，净增92户，全区持证户共2137户，持证率3.92‰。

【净化卷烟市场】 组织开展元旦春节、劳动节、端午节、国庆中秋“双节”专项整治行动。开展保护未成年人免受烟侵害“守护成长”专项行动和“创文”行动，张贴禁止向未成年人销售卷烟、电子烟警示标识2000余份，深入宣传贯彻新修订的《未成年人保护法》，严查各类涉烟违法行为，依法保障和维护未成年人身体健康和合法权益。认真梳理排查辖区内电子烟经营户，全面登记造册，深入推进电子烟监管工作。紧盯重点区域、重点环节、重点对象，加大物流寄递环节专项打击力度，并把“控大户、打击非法大户”作为市场监管重点，摸排大户情况，建立和完善非法大户黑名单，做到打击一户、震慑一片，同时做好屡次违法零售户的取缔工作，提升市场净化率。全年共查获各类违法案件104起，查缴卷烟6211.6条，其中，万元以上案件29起，五万元以上案件17起，共停业整顿零售户10户，依法取缔2户。

（徐志强）

人力资源和社会保障

综　述

信州区人力资源和社会保障局内设8个职能股室，分别是办公室、人力资源市场股、人事管理股、专业技术人员管理股、社会保障股、劳动关系股、内部审计股、绩效管理和表彰奖励股。区人力资源和社会保障局下辖区就业创业服务中心、区社会保险管理中心、区劳动保障监察局、区人社服务中心。

高效推进人社服务。推行“无差别一窗受理”，设立11个服务窗口，满足群众便利办事需求。结合“我为群众办实事”实践活动，推进“出生一件事”的社保卡申领，“身后一件事”的“死亡待遇一次性支付”和“军人退役一件事”的“退役军人社保转移”及“退休一件事”“个人创业一件事”等事项联合办理，全年共办理“出生一件事”207件，办理“退役一件事”78件，办理“就医一件事”1328件，办理“退休一件事”300余件。作风建设常抓不懈，为民服务意识稳步提高，在区直单位群众满意度测评及全区机关事业考评中连续多年位居前列。

持续推进稳就业。2021年，针对新开发公益性扶贫岗位87个，优先安置10名“双困”家庭大学生。城镇新增就业0.59万人，完成目标任务数的165%；新增转移农村劳动力3700人，完成目标任务数的123%。

做好全区社保经办管理工作。2021年，企业职工养老保险参保13.33万人，机关事业单位养老保险参保1.08万人，城乡居民养老保险参保14.01万人。

扎实做好人才培养和输送。2021年评选第二届“信美之花”85人、第二届“信州技能大师”10人，激发了本土人才活力，提高了信州区人才工作服务水平。通过市外引才，上饶市第四中学引进高层次人才19名，上饶市立医院引进高层次人才8名。完成106名中小学教师和16名卫生专业技术人员招聘工作，完成53名信州区事业单位人员招聘笔试工作。

全力保障劳动者合法权益。在全国根治欠薪线索反映平台共收集欠薪线索362条，完成核处回复344条，核处率95%。全年开展专项检查3次，对违反相关规定的8家用人单位做出行政处罚。

持续打造“五型”人社，积极推进社保卡“一卡通”应用。积极推进惠民资金发放、医疗卫生、社会保障、公共交通等民生领域公共服务功能中社保卡的广泛应用，通过与文广、退役军人事务局、政务服务管理办公室等单位对接协作，实现了部分社保卡的场景应用。

人力资源市场

【概况】　依法规范当前形势下职业中介、劳务派遣等劳务中介活动，在全区范围内开展劳务中介专项整治行动。2021年，区人社局审批通过16家人力资源服务机构，许可到期未办理延期手续和注销许可证机构20家，信州区有人力资源服务机构共55家，全年营业收入总额为15.53亿元。

【做好许可及备案工作】 对辖区内提出申请行政服务许可的公司，严格按照省人社厅《江西省人力资源服务行政许可、备案、变更、注销、设立分支机构、年度报告公示等事项办理指导手册（试行）》文件要求，规范操作，把控人力资源服务企业准入标准及流程。

人才队伍建设

【概况】 2021年，紧扣全区人才工作任务，逐步加大引才力度，扩大人才增量，把握好高层次人才、专技人才、乡土人才队伍建设工作。通过人才“外引”和“内培”，激发人才队伍干事创业热情，大力营造有利于人才脱颖而出的成长环境。

【人才招聘和引进】 2021年招募“三支一扶”大学生志愿者24名，安置“三支一扶”期满转正人员20名。先后3次参与省、市引智活动，取得引才成效的有2次，共引进高层次人才15人。分别是5月参与“2021年上饶市部分事业单位赴广西师范大学引进高层次人才活动”，为上饶市第四中学引进硕士研究生7人；7月参与“2021年上饶市部分事业单位（医疗卫生类）公开招聘高层次人才”活动，为上饶市立医院引进高层次人才8人，其中硕士研究生3人，副高职称5人。

【人才培养】 2021年，以区委人才领导工作小组《关于创新人才发展体制机制实现人才强区的若干意见》为指导，牵头组织实施的第二届“信美之花”“信州技能大师”两大本土人才培养工程，有效地激活本土人才队伍干事创业、能力提升。第二届“信美之花”人才培养工程共评审通过85人，含学历深造（硕士研究生）6人，正高（专业技术资格）人员15人，副高（专业技术资格）63人，高级工（职业技能资格）1人。第二届“信州技能大师”评选通过10人，涵盖了美容、美发、紫砂制壶、雕刻、烹饪餐饮、养殖等行业。验收了13个由首届“信州技能大师”领衔组建“信州技能大师”工作室后开展技术创新和技能人才培养的成果，按青年技能人才产出情况拨付每个工作室3万元，共计39万元的经费支持。

【人才流动服务】 为更好地服务大学生就业创业，落实《关于加快推进流动人员人事档案信息化建设的指导意见》（省人社厅发〔2018〕102号）及省、市人社会议精神，区人社局人力资源和社会保障服务中心于3月份通过招标形式委托中标企业开展人事档案信息化建设工作，逐步实现省、市、区三级联网，信息共享，更方便、快捷服务群众。建立了面积为400平方米左右的档案室，160平方米左右的办公室，硬件设施基本完善。通过第三方服务公司完成4500卷档案的数字化，积极响应了省、市关于流动人员人事档案信息化工作的要求。全年共收录档案2341份。其中，2021届毕业生档案2170份，事业单位编制人员档案32份，退伍军人档案116份，新招募“三支一扶”人员档案23份。转出档案937份，包含大中专毕业生个人档案452份，充分保障了人才的正常流动，并按照区委组织部关于干部人事档案归口管理、分类整理等相关工作要求，分流至区卫健委的干部档案292份；分流至区委组织部的干部档案193份。出具各类档案相关证明258份。在中心管理的人员档案共计20104份：大中专毕业生档案16612份、事业单位编制人员1544份、三支一扶服务期人员档案43份、聘用干部档案370份、工人档案97份、退伍军人档案1438份。

人事劳动管理

【概况】 严格遵照劳动保障法律法规，强化特殊工时制度审批工作。在特殊工时制度审批上，严格把好“事前审查、事中检查、事后监管”三道关口，做到与职工代表见面，与劳动合同、工资表、考勤表见面，与审批岗位职工见面，对不符合审批条件的企业和岗位坚决不予审批，避免“血汗工厂”的出现。

【劳资关系管理】 全年共受理劳动者投诉案件228起，共为1070名劳动者追讨工资2593万余元。其中，农民工欠薪投诉65起，追讨工资2361万余元。向公安机关移送涉嫌拒不支付劳动报酬案件1起。全年开展专项检查3次，对违反相关规定的5家用人单位做出行政处罚。全年共受理劳动仲裁案件118件，劳动争议案件按期结案率100%，为123位劳动者挽回经济损失824万余元。

权益保障

【概况】 信州区在劳动保障法律法规宣传、劳动维权、根治欠薪等方面做了大量工作，劳动者权益保障工作取得积极成效。

【全力保障农民工资支付】 对新建项目严格执行农民工工资保证金差异化缴存制度，推行保函代替现金缴存，充分发挥保障金制度的预防、约束、应急和保障作用，同时减轻企业负担。全年共为220家企业办理农民工工资保障金差异化缴存，差异化缴存率100%，共收取新建项目农民工工资保障金3008.08万元，其中以保函形式收取1040.45万元，完成退付农民工工资保障金2620万元。严格执行《保障农民工工资支付条例》中工程建设领域特别规定，督促用人单位与招用的农民工依法签订劳动合同并进行用工实名登记。要求施工总承包企业在工程项目部配备劳资专管员，健全基础资料和资金往来资料。明确用人单位对农民工的工资支付责任以及建设单位按月支付人工费的责任。工资的发放要求用人单位与民工本人核对签字，同时劳动部门通过电话抽查和考勤信息比对做二次核对。对未按月支付工资的用人单位，先整改，拒不整改的依法进行处罚。2021年，对因违反《条例》2家建设领域用人单位下达行政处罚。通过严格执法，在全区用工企业中营造“不敢欠”“不能欠”“不想欠”的用工氛围。

就业创业

【概况】 2021年，新增转移农村劳动力就业3695人，完成目标任务数的112%，其中省内新增2698人，完成目标任务数的108%；城镇新增就业5891人，完成目标任务数的165%，困难群体就业人数252人，完成目标任务数的112%；职业技能提升行动培训任务数6200人次，完成目标任务数的121.56%，创业培训3327人，完成目标任务数的272.7%，失业保险参保人数20505人，完成目标任务数的105.13%；发放创业担保贷款11084万元，完成目标任务数的103.59%，其中个人创业贷款发放3240万元，直接扶持200余人创业，带动486多人就业，全区城镇登记失业率2.86%，控制在4.5%以内，各项就业民生指标任务全面完成。

【就业招聘多样化】 发挥线下线上就业招聘服务作用，实时提供个性化就业服务。信州区人力资源市场企业线上注册会员已有1380多家，个人会员注册3000多人，招聘岗位数27000多个。先后举办各类招聘会，2场直播带岗招聘会，共有20家优秀企业参加招聘会，累计在线参与34万人次，300多万人次浏览网络招聘会网页。在全区132个村（居）分别设立了就业招聘服务点，常态化为辖区内劳动力与招聘企业点对点提供政策咨询、就业指导、岗位推荐等就业对接服务。开展“点对点”就业招聘活动，为区属宇瞳光学、欣旺卫生等重点招工企业、就业困难人员提供招聘对接服务。

【落实职业技能培训服务】 先后举办家政服务、月嫂、养老护理、创业培训、中式面点、母婴护理等就业技能培训班，为41家吸纳各类就业困难人员就业并开展“以工代训”的企业提供政策咨询服务，9家企业开展企业职工岗前技能培训。全年开展政府补贴性职业技能培训7649人次，其中企业职工岗位技能培训2267人次，创业培训3327人次，中西式面点制作培训67人，实施康养职业技能培训，培训养老护理员176人次，家政培训1812人次。全年公益性岗位安置就业628人，岗位补贴165.83万元，其中脱贫劳动力451人，补贴金额121.16

万元；边缘户 20 人，补贴金额 4.96 万元；突发严重困难户 3 人，金额 780 元。132 名岗位期满的残疾、大龄等特殊就业困难人员，按照程序再次为其安置公益性岗位。信州区创建上饶信息服务业产业园大学生创业孵化基地，已形成定位精准、产城融合、功能互补的“一城两园”三大产业集聚平台，上饶呼叫城的就业青年大学生群体已近 5000 人，全区信息服务业就业青年达万人。

【推进就业政策落地】 信州区抓实抓好创业担保贷款扶持创业工作，全年共发放创业担保贷款 11084 万元，直接扶持创业者 200 人，带动就业近 486 人，新增担保基金 80 万元。失业保险参保 736 企业户，参保 20505 人，阶段性降低失业保险费率减免金额 156 万元。失业补助金领取人数 972 人，累计发放 3698 人次，发放总额 369.8 万元。失业保险一般企业稳岗返还 237 户，惠及人数 6969 人，累计发放稳岗返还金额 78.13 万元。宣传创业担保贷款财政贴息的意义、贷款对象、条件、申报程序、贷款额度、操作流程等，建立贷款工作公开、透明运行机制，实行阳光操作，接受社会监督。鼓励符合见习条件的 91 名见习人员参加就业见习，全年 10 名城乡贫困劳动力、14 名大学生享受一次性创业补贴，落实一次性创业补贴 12 万元。发放上饶师院、江西医专、上饶幼专等院校 2021 年度毕业的 1199 名贫困大学生一次性求职补贴 119.9 万元，10 名自主灵活就业的人员落实社保补贴政策。共发放外出务工贫困劳动力交通费补贴 1262 人 578200 元。

【就业创业服务与群众零距离】

信州区现有 3 镇 5 街道 8 个就业工作平台，工作人员 33 人，社区、村就业工作平台 133 个，建立“市、区、镇（街道）、村（居）”四级就业创业服务工作体系，做到群众呼声及时应、群众就业马上帮，实现就业创业服务与群众零距离，零就业家庭连续多年动态清零。实现失业保险申领一次不跑、稳岗补贴申报“一次不跑”、就业失业登记等多项公共就业服务项目“只跑一次”，全面开展失业人员求职登记、就业指导、岗位推荐、培训登记等“一站式”“一条龙”就业服务，为灵活就业的就业困难人员申报社保补贴政策；稳定自主创业的毕业五年内大学生、农民工、城乡贫困劳动者申报一次性创业补贴；创业担保贷款提供无差别、无障碍服务。从 8 月份起，在全区范围内推行“个人创业一件事”联办工作，为创业者提供一站办好“创业登记、创业培训登记、工商登记、创业贷款申贷” 4 项创业事项服务。

【加大就业信息宣传】 对照国家、省、市就业创业政策，梳理就业创业方面惠企政策，汇编印制《信州区就业创业惠企政策宣传册》《失业保险政策宣传单》，通过镇（街道）、园区就业工作平台面向各类企业发送。通过信州人力资源网、微信公众号、微信朋友圈、移动彩信等渠道，面向全区 18~40 岁劳动者群体推送宣传。春节期间通过“信州就业”公众号累计推送微信朋友圈 40 万人次。将岗位招聘信息通过各镇（街道）、村（居）协管员、驻村干部、结对帮扶干部送到劳动者家里，做到岗位信息宣传城乡脱贫人口家庭不漏一户一人。面向贫困劳动力实时动态宣传就业扶贫政策、就业岗位信息，确保“就业扶贫码”贫困劳动力“一人一码”全覆盖，实时动态监测、掌握贫困劳动力就业状态，及时提供就业帮扶。

社会保险

【概况】 2021 年事业单位改革，原信州区社会保险事业管理局、信州区农村社会养老保险管理局整合组建信州区社会保险管理中心。信州区社保中心认真做好全区社保经办管理工作。截至 12 月 31 日，全区企业职工基本养老保险参保人数 13.33 万人，其中参保职工人数 9.68 万人，基金征缴收入 69420 万元；离退休人员 3.65 万人，支付养老待遇 96564 万元。机关事业单位基本养老保险参保人数 1.08 万人，其中参保职工人数 6900 人，基金征缴收入 12094 万元；离退休人员 3900 人，支付养老待遇 28173 万元。城乡居民基本养老保险参保人数14.01万人，基金征缴收入1394万元，其中对符合条件贫困人员6959人共计代缴69万元；退休人员2.48万人，支付养老待遇7140万元。工伤保险参保人数达5.31万人，基金征缴收入1260万元；享受工伤保险待遇的职工638人，累计支付工伤保险和伤残补助金等费用2832万元。2021年，在“我为群众办实事”实践活动中，为群众办实事解难题，解决群众“急难愁盼”问题12件。

【稳步开展被征地农民参保】 信州区被征地农民参保工作持续稳步开展，严格按规定进行被征地农民身份认定、公示，落实参保缴费、待遇核算及发放。累计为36476名被征地农民办理了职工养老保险参保缴费手续，为6211人办理了城乡居民养老保险参保缴费手续。同时抓好相关资金清算及清退工作，努力推进退费工作落实。为1611人落实缴费补贴退费，退费金额共计4600万元。

【落实2021年退休人员调待政策】 按照国家、省里统一部署，2020年12月31日前已按规定办理退休手续并按月领取养老金的退休人员，从2021年1月1日起调增养老金。抓实抓细业务经办，积极做好调待数据整理与资金调度，于6月顺利完成信州区2021年机关事业单位和企业退休人员的养老金调整工作。机关事业养老保险退休人员调待3846人，月增加养老金支出62万；企业职工基本养老保险退休人员调待35020人，月增加养老金支出369万元。

【社保数据核查治理】 2021年，根据省中心下发6万余条数据，分批分类对企业和个人基础信息、缴费信息等进行整理，社保数据整理工作顺利开展，社保数据质量得到进一步提升。

【筑牢社保基金安全防线】 综合施策，着力健全社保基金管理风险防控体系。持续开展打击欺诈骗保专项治理行动，成立工作小组，严厉打击欺诈骗保、套保或挪用贪占等违法行为，深入推进社保基金管理问题整改。常态化开展数据核查，强化社保基金管理和监督。加强各部门数据共享，即时排查待遇领取人员死亡、服刑信息；加强与各省之间的参保数据比对，减少跨省重复参保、重复领取。开展社保基金管理“警示教育月”活动，认真落实“十个一”活动要求，广泛进行警示教育宣传，开展人员思想教育，持续开展自查自纠，深化以案促改，织密扎牢风险防控网。

【不断提升社保服务效能】 信州区多项社保业务，如企业人员增减变动、灵活就业人员缴费、退休人员资格认证、养老保险转移接续等，均已实现线上办理。正式推行“一窗受理”，建立业务经办前后台岗位协同处理模式。社保大厅共设5个无差别窗口、1个专项窗口和1个老年人优先综合窗口，充分满足了群众的办事需求。积极推进“群众几件事”联合办，引入协同办理新模式。2021年，包括“身后一件事”的“死亡待遇一次性支付”和“军人退役一件事”的“退役军人社保转移”以及“退休一件事”等事项，均已落实网上联办，群众办事更加方便快捷。

（方祯）

医疗保障

【概况】 信州区医疗保障局统筹推进医保基金征缴工作；多措并举强化监管，守护医保基金安全；优化医保经办服务，提高医保经办效率；提升医药管理服务水平，完善待遇保障机制，推动信州区医疗保障事业高质量发展。2021年，信州区获评全省“医疗保障改革”综合改革先行示范区，信州区医保局党组成员廖淑明获评“江西省脱贫攻坚先进个人”。

【基金征缴管理】 2021年，共征缴医保统筹基金4.36亿元，其中城镇职工统筹基金1.34亿元，城乡居民统筹基金3.02亿元。区医保局主动作为，联系协同税务部门，采取“告群众一封信”、微信公众号等多种宣传方式，抓好动员部署和调度推进工作，确保医保基金及时征缴到位；同时，做好对定点医药机构医保费用的支付工作，做到基金支付合规合理、及时有序、保障到位。牵头成立信州区医疗保障基金打击欺诈骗保专项治理联席会议制度，区卫健、区公安、区检察院、区法院、区市管局、区民政、区乡村振兴局等部门为成员单位；积极开展与纪检、审计、卫健等多部门联动，采取专项检查、自查自纠与日常监督等多方式相结合打击欺诈骗保活动，织密基金监管网，共筑医保防护线。根据《江西省医保基金监管存量问题“清零行动”工作方案》的部署安排，在全区开展医保基金监管存量问题“清零行动”，对照《存量问题“清零行动”情况一览表》和《基金监管典型问题清单》中的问题，逐项整改，落实一件，销号一件，截至2021年年底，全区定点医药机构和经办机构存量问题全部办结。全年共查处39家医院、12家诊所和10家药店违规行为，处理金额310余万元，暂停11家诊所医保刷卡业务。

【巩固拓展医保脱贫攻坚成果】

坚持巩固拓展医疗保障脱贫攻坚成果与乡村振兴工作有效衔接不放松，全面落实医疗保障的各项政策，确保脱贫户“就医有保障”。通过反复比对、一一跟踪、加强调度，确保全区脱贫人口做到应保尽保、全员参保。2021年，全区脱贫人口共2917人次享受90%的住院报销政策，发生医疗费用3169万元，其中医保基金支付金额达1539万元，大病保险支付288万元，大病医疗救助393万元，及时对因各种原因未达到报销待遇标准的予以补报，确保脱贫户医疗费用报销比例稳定在90%的适度标准。优化简便脱贫户慢性病认定办理方式，提出了“下放权限、基层卫生院认定、乡村证明、容缺受理”的慢性病审核认定方式；同时建立了脱贫户慢性病办理“绿色通道”制度，做到随报随审、即报即办。

【医疗待遇保障】 2021年，制定出台《上饶市信州区城乡居民基本医疗保险门诊统筹实施办法》，确定门诊统筹筹资标准、支付范围、定点就医、待遇政策、费用结算等总体原则和要求，细化门诊统筹政策，提高群众日常就医的保障水平。通过公共媒体、宣传车等多途径开展长期护理保险政策宣传，提高广大群众知晓率、参与率。积极探索完善长期护理保险准入机制，严格把好“入口关”，对申请长期护理保险的人员进行材料初审、专业复审及第三方评估机构上门评估等多重审核，确保真正符合条件的人员能够享受长期护理保险待遇。率先出台制定考核办法，确保全年全方位对定点机构的监管。通过加强对各定点机构的考核，规范评估工作，改善护理机构整体环境设施以及对享受待遇人员的线上线下回访。截至2021年12月，信州区正常享受长期护理保险待遇人员1151人。

【优化医保经办服务】 按照《江西省医疗保障经办政务服务事项清单》，制定《信州区医疗保障经办政务服务事项办事指南》，针对基层群众外出较多本人难以至现场办理的实际情况，补充明确代办条件和要求，方便群众办理事项。制定并印发《上饶市信州区医疗保障局行风建设工作方案》，积极推行“四好五办”服务制，即“接听好每一个电话、接待好每一位群众、处理好每一笔业务、解释好每一条政策”和“当天的事当天办、能办的事马上办、限时的事按时办、复杂的事简化办、困难的事想法办”，实施错时延时和预约服务，不断提升服务群众水平。6月起区医保局开展“人生十件事”工作，截至2021年年底，共办理“出生一件事”1008件，“就医一件事”1629件，“退休一件事”2件，“身后一件事”207件，“退役军人一件事”66件。

【医药服务管理】 2021年，共开展两批次上饶市基本医疗保险定点医药机构评估准入工作，共收到16家（第一批4家、第二批12家）医药机构的申请材料，配合市里专家组以审阅材料和现场检查的评估方式组织开展评估工作，两批次共新增11家定点医药机构。根据《关于逐步开展按疾病诊断分组（DRG）实际付费工作的通知》（饶医保字〔2021〕37号）文件要求，8月1日起对上饶市立医院等4家试点医疗机构实施按疾病诊断分组（DRG）实际付费工作。2021年，全区共新增两批药品集中采购，分别为第四批、第五批国家药品集中采购和使用江西中选结果，两批次共计 106 个中选药品；及时推送目录数据库更新，并开展目录落地情况自查自纠，确保广大群众能享受到最新的医保药品种类和价格政策，截至 2021 年年底，全区各医药机构全部完成新版药品目录匹配更新。

（徐英辉）

公路交通

地方交通管理

【概况】 2021年，信州区交通运输局做实基础工作、规范行业管理，做细安全监管、打牢基础，做好市场监管、保障良好运营秩序，改善基础建设、创建规范基础所，转变干部作风、全面提升工作效率，较好地完成各项工作。

【党史学习教育】 制定党史学习教育活动实施方案，明确目标任务、进度安排、工作举措；充分运用“三会一课”“主题党日”等，定期组织党员干部集中学习，共组织集中学习40余次；组织引导党员干部充分利用“学习强国”“信州党建”“共产党员网”等信息化平台深入开展自学；开展“学习百年党史，传承红色基因”红色走读活动，组织党员到红色教育基地葛源参观学习；紧密结合交通实际，聚焦交通重点工作，开展“我为群众办实事”实践活动，梳理出205项任务清单，并逐一明确具体举措、完成时间及相关责任人，用心用情用力解决群众的烦心事、困难事，切实增强他们的获得感、幸福感。

【完成事业单位机构改革】 组建成立副科级信州区交通运输综合服务中心，完成了涉改事业人员转隶；调整充实交通运输综合执法大队力量，从涉改人员中选拔31名年轻优秀的干部转隶至执法大队从事一线执法工作。整个机构改革平稳顺利，未发生一例上访。

【交通建设项目取得新进展】 围绕交通建设目标任务，积极推进交通项目建设。新改扩建公路8.5千米，总投资4400万元，分别为信州区至广丰区（老上广路）项目，全长7.4千米，按一级公路标准建设，路基宽29米，路面宽22米，沥青混凝土路面，总投资3600万元，投资方式为贷款，2021年8月开工，预计2022年1月完工；国道320至周石公路项目，全长1.1千米，按四级公路标准建设，路基宽9米，路面宽8米，沥青混凝土路面，总投资800万元，投资方式为一般债券，9月开工，12月完工。

【“四好农村路”建设取得新成效】 建好农村公路，产业路建设1.1千米；已基本完成危桥改造，最后一座（秦峰丁家山中桥）在改造中；2021年区“畅安舒美”公路修复工程、区农村公路灾害点整治工程等项目的前期工作都已完成。养好农村公路。对管养路段开展日常化、常态化养护，及时清除路面抛洒物，保障道路通畅平顺，整修培护路肩44228米，清理疏通肩路排水沟9715米。管好农村公路。共出动执法人员300余人次，出动各类车辆97余台次，拆除各类违法建筑物（构筑物）1处；查处占用、挖掘、损坏污染公路500余立方米、7处；清理占路为市，摆摊设点23余处；消除各类安全隐患21处，全面净化了全区农村公路的通行环境。运营好农村公路。健全农村客运基础设施建设，建设完成农村班线公交候车亭36个，涵盖沿线所有行政村，打造便捷舒适的农村客运环境。9月24日，顺利迎接省第六批“四好农村路”省级示范县的实地调研考核，11月份成功创建省级“四好农村路”示范县。

【道路运输保障能力得到新提升】 加大公路巡查力度，依法查处各项违法涉路行为。全年共出动执法人员2000人次、治理打谷晒粮45处、清理非公路标志牌25处、清理违章摆摊设点83处、清除各种路障12处约110平方米。设置户外广告宣传展板3个，悬挂横幅28幅，发放传单900余张，发放宣传资料675份，有效提高了货运企业、砂石场负责人等道路安全法律意识。深入开展“打非治违”行动，出动执法车辆300余台次，检查车辆450多辆，其中查处非法营运车辆20辆，查处不按站点停靠班线车辆14辆，未年审道路运输证车辆3辆。加大路面管控，强化源头管理。全年共检测车辆61662辆，劝返985台次，查处超载超限车辆344辆，卸载货物8817.9吨。切实保障辖区内道路畅通，保障群众的出行安全。

【平安交通建设水平得到新提高】 全力以赴打好疫情防控战。响应区委、区政府组织号召，动员全局104名干部职工下沉到防疫一线，先后抽调96名党员配合水南街道、世纪花园社区、汪家园畲族社区、解放社区开展全员核酸检测、社区联防联控等志愿服务工作，派驻30余名执法人员赴吴楚大道、上广公路、沙溪320国道路口参与交通设卡检查工作；同时做好疫控物资后勤保障工作，调动物资运输车辆，充分保障全区各检测点、交通卡口防疫物资及时、充足补充到位，保障了全区应急物资、医疗防护物资、重要生产生活物资、鲜活农产品、邮政快递等运输畅通，从严从紧从实落实好相关防控措施，做好带湖路中心站、汽车东站等场所的疫情防控工作。盯牢“两客一危”、普铁沿线环境安全等重点领域，深入排查治理安全风险隐患，推动交通安全隐患“清零”。区交通局牵头检查企业114家，辨识风险点82处，排查隐患143条，全部整改管控到位。全年出动执法人员50余人次，排查校车17辆次，查处违法校车2辆，查出隐患11处，发放整改通知书11份，全部整改到位，从源头上遏制违法校车的出现，确保学生的出行安全。强化信访接待责任制，认真做好群众来信来访工作。结合交通行业实际，综合运用多种手段，扎实开展“扫黑除恶”各项工作，全面提升了交通依法治理能力和水平。

【信州区交通运输综合服务中心成立】 2021年，信州区交通运输综合服务中心组建成立。按照“放管服”以及关于优化营商环境工作的有关要求，对照原有政务服务事项和相关权力清单，结合区交通局实际，认真梳理了39项依申请类政务服务清单。服务中心加快推进“网上办+线下帮”，实现从“最多跑一次”到“一次不跑”的跨越，回复征询意见函3件；办理涉路许可4件；驾驶员培训许可转备案2件；二类以上维修备案4件；网络货运平台许可2件。新增许可26件（其中普货运输17家，网络货运平台9家），新增普货车辆配发道路运输证416辆，配发道路运输证IC卡2张；驾培备案3家，维修企业备案64家，货运代理代办备案338家；普货车辆道路运输证线下年审2585辆、线上年审452辆，危货车辆道路运输证初审268辆、县际以上客运车辆道路运输证初审76辆；驾驶员从业资格证诚信考核68人、继续教育351人；换发普货经营许可证84份、换发普货车辆道路运输证137本，注销普货车辆道路运输证IC卡20张、注销普货车辆道路运输证150辆。

【交通运输行业的招商引资】 积极开展招商引资工作，抽调3名干部主抓招商和服务工作，明确任务，落实工作措施。加快推进信州区网络货运企业发展，全区从事物流配送、交通运输、信息服务等与物流业有关的全区现有物流企业233家，其中新增物流企业25家，注销4家，全年累计完成2.1亿元。比上年同期1.32亿元增速50%。信州区正式落户网络货运企业共14家，正式运营的网络货运企业8家，完成税收1.31亿元，占物流总税收的62%。

（毛辰龙、蒋玉霞、余罂）

公路建设与管理

【概况】 2021年，信州公路中心管养公路里程52.89千米、桥梁19座（其中大桥2座，中桥10座，小桥7座），桥长共1517米。全年重点加大公路预防性养护工程投入，保障公路安全畅通。G320沪瑞线信州区路面16千米预防性养护工程施工，总投资1500万元；省道201紫岭线龙门山桥14米护栏升级改造，总投资15万元。

【公路建、管、养成效显著】 以国道320上瑞线、国道353宁福线、省道201紫岭线、省道203郑五线公路养护为重点，进行安全设施日常检查，安保工程波形护栏安装1000米，警示标志牌增设81块，震荡标线3000平方米，确保车辆通行安全。加大养护机械设备购置力度，使用新型机械设备、新技术减少养护职工的劳动强度，提高公路养护质量、速度和效率，达到公路"畅、洁、绿、美"要求，为过往车辆及沿线居民提供更便捷的出行环境。对标"十四五"工作计划，积极探索和开展预防性养护，有计划地开展路面养护小修工作，较好地保持了路况稳定良好状态。2021年，完成路肩整修46000平方米、疏通边沟39000米、巡路保洁8900千米、疏通涵洞16道/32次、路面修补坑槽9200平方米、灌缝预防性养护3.2万米、恢复路面标线3500平方米、清理边坡塌方700立方米、完成水毁恢复工程1项。优良路率100%，其中优等路率84%、良等路率16%。

【确保公路安全畅通】 切实落实应急保通工作责任制，做到责任到位、人员到位、物资到位、措施到位。加强对国道320、省道203郑五线等易发山体滑坡和泥石流的路段监察，保障交通安全。加大公路沿线异常情况排查，对新国道320乱倒垃圾、私拆波形护栏行为的及时整治，消除安全隐患。雨季及时抢修水毁后的路面，清挖排水沟，修复损坏的公路构造物。积极投身市区疫情防控工作，引导过往车辆有序进行登记，并提醒驾乘人员佩戴口罩进行"扫码"、体温检测、出示健康码、核酸证明，坚决阻断病毒传播渠道，确保公路交通网络安全畅通。

【维护路产路权保安全】 对内，加强养护正常巡护，发现并配合处置损害路产路权情况。对外，与交警大队、交通路政执法大队形成联动机制，建立了协作机制，全年因交通事故原因造成路产损坏6起，收取路产损失赔偿费3.48万元，追偿率100%。加强同公路沿线的镇、派出所、土管、规划、城建、村委会等部门的联系，争取支持与配合，较好地履行了保护路产、维护路权的职责。同时加强了公路管理法律法规宣传，以《江西省公路条例》为宣传重点，采取手机短信、报刊、报道、书写永久性标语、发放宣传单、出动流动宣传车等方式，向群众讲解公路法律知识。集中开展"路产路权宣传月"活动，组织人员按照责任分工多形式开展宣传，制作墙体路政宣传标语8条，出动宣传车12次。通过宣传提高了广大群众爱路护路意识，促使管护人员与群众共同维护公路，共建"品质型、平安型、生态型、服务型、阳光型"五型公路。加强普通国省干线公路排查力度，深入开展路域环境整治行动，全年共开展路域环境整治6次，出动工作人员90余人次，出动车辆15余辆次，清理非标30余块，清理各类堆积物32处300余立方米，严格控制公路两侧建筑红线，劝退、清理违章摆摊设点100余处，清理各类安全隐患4起。

（龚海洪）

信息化建设

大数据发展服务中心

【概况】 2021年，区大数据发展服务中心以“互联网+政务服务”为抓手，创新方式，强化管理，扎实推进各项重点工作，全区政务信息化服务水平大幅提升，为信州区深入推进“放管服”改造、打造“数字政府、智慧政府”做出努力。

【优化掌办环境以提高服务水平】 全力推进“赣服通”信州分厅4.0建设工作，在“赣服通”平台推出特色服务事项：“出生一件事”“上学一件事”“个人创业一件事”、低保惠民联办等事项，结合省、市政务服务“一链办理”改革，全面梳理优化服务流程，集成多部门关联办理服务事项，推动跨部门服务一次性办理，多项服务事项的办结时间由一天缩短为几分钟。“赣服通”的用户数和用户活跃度排名全市第一。

【为群众办实事】 开展“我为群众办实事”实践活动，加强偏远乡镇网络基础设施建设，扫除盲点，提高通讯质量。全区已实现4G网络行政村覆盖率100%，信州区25户以上自然村宽带覆盖率100%。中国电信光纤FTTH宽带接入累计新建接入资源31860线，覆盖了信州区农村49个行政村（居）及375个自然村（小组），100%实现500兆速率的接入，实现农户不出村、新型农业经营主体不出户就可享受便捷高效的信息服务。

【提升网站建设以规范网络管理】 政府门户网站共为6324个独立用户提供了政务服务，共有82万人次访问，网站共发布政务信息12991条，其中概括类信息138条，政务动态类信息7167条，信息公开目录中共发布了5686条信息。2021年，共维护33个网站，其中主站2个，子站31个；发布解读信息10条，回应公众关注的热点和重大舆情事项共131次，办理网民留言49条，办结49条；共征集调查20期，开设在线访谈一期；对网站完成安全检测2次，共发现问题2个，均及时向市局进行了反馈；开展网站安全演练2次，很好地锻炼了中心的队伍。整个疫情防控期间信州区政府门户网站共发布疫情通报24条、疫情通告40条、各类疫情信息84条。

（程琳琳）

中国邮政集团公司上饶市信州区分公司

【概况】 2021年，面对国内疫情错综复杂的行业形势，艰巨繁重的发展任务，信州邮政各项工作取得积极成效。全年完成总收入5949万元（其中公司账收入4300万元，寄递速递账收入1649万元）；实现利润905万元，总收入增幅10.44%，收入增幅列全市第一。金融业务实现收入3088万元，同比增幅15.02%，增幅列全市第一；寄递业务实现收入2441.73万元，同比增幅列全市前三；渠道业务实现收入144.69万元，完成计划98.43%，列全市第三；文传业务实现收入593.47万元。

【企业经营发展全市领先】 一年来，在巨大的风险挑战面前，在年末收入计列和成本列支都做了重大调整的情况下，全区完成总收入5949万元（其中公司账4300万元，寄递速递账收入1649万元）；实现利润905万元，总收入增幅10.44%，收入增幅列全市第一。区邮政在几项重要项目中均取得了好成绩，渠道平台转型项目在全市排名第一，协同发展考核在全市排名第二，CRM系统考核在全市排名第三，五个“一把手”工程排名第五等等。区邮政先后与茅家岭社区，信州区退役军人事务局、信州区农业农村水利局、上饶市时樾网络科技有限公司等单位签署战略合作协议，营造了良好的外部环境。“百千万”代发等项目更卓有成效，给未来发展开辟了新方向。

【企业持续动能取得新成效】 2021年，区分公司积极落实市公司项目制运营提升年活动，在企业“五端”全业务、全环节推行项目制，涵盖企业发展的重点客户、重点项目、重点工作。全区共立项项目48个，其中寄递项目12个，金融融合项目32个（其中对公业务22个，拆迁项目1个，社保卡项目1个，场景打造3个，代发25个），邮务类项目7个。对公项目成功开户22户，实现对公资金流1.5亿元，实现收入267万元，较2020年60.54万元的收入同比增长341%。“项目制”的深入推进焕发全区发展新活力，合作公司涉及各行各业，也对接了小型政府机构，进一步获取更多客户资源，优化了客户结构。推进农村投递承包制，配套薪酬机制与市场化运营接轨，体现多劳多得的分配原则，将揽投员打造成“营揽投服”四位一体的渠道管理员和综合营销员，提升揽投人员的业务揽收能力和主动服务意识。自4月份推进段道承包制以来，农村市场的标快收入从往年的每月800至900元，提升到4000至9000多元，同比增长近10倍。全面推动寄递事业部人均工效和件均薪酬水平与行业接轨，按岗按人核定工资总额预算，优化计件工资结构，加大向高效业务和创收环节的倾斜力度，提升人工成本投入产出效率、效益，激发员工内生动力。聚焦模式打造，强力推进渠道转型，通过科技赋能、业务叠加，打造获客、留客、惠客场景，推动校园网点、商圈网点、社区网点、乡镇网点、边远网点等六类渠道转型，全年完成了网点转型15个，并在医专、幼专、师院校园网点，融合金融、寄递、文传、普服等各专业，为学校提供全方位服务。由“被动业务叠加”转型为“主动打造场景”，为金融获客和寄递下沉提供有力支撑。上饶幼专、沙溪邮政所获得省级转型标杆网点验收通过。

【基础建设全面推进】 全年投入94.87万元用于能力建设。其中，办公场地优化1个，邮政营业优化3个，店招改造1个。优化了信州区分公司、项目中心和客服中心的办公场地布局，仓配大楼完成装修已投入使用，新增24小时邮政爱心驿站一个。

【幸福工程持续深化】 举办户外趣味运动会、团建活动等丰富多彩的文体活动，丰富员工的业余文化生活。做好四季关爱和“两节”送温暖慰问，全面落实《幸福工程实施方案》，开展“金秋送学”“夏送清凉”等活动，走访慰问困难员工。完成退休人员社会化管理移交协议的签订和档案移交工作。持续推进“双改善”工程，从“吃、住、乐、行、优”五个方面进行改善和提升。信州区寄递事业部带湖揽投部被评为“全国邮政系统模范职工小家”。

【主要负责人】

总 经 理：潘燕春

副总经理：王海斌　俞　梦　陈　鹏

（仇雯蕾）

中国电信股份有限公司上饶分公司

【概况】 2021年，中国电信上饶分公司打造“三优”公司，推动企业党建、发展、服务、改革等各项工作取得新成效、新跨越。公司荣获中国电信江西公司2021年经营发展金奖。市公司及所属的广丰分公司、婺源分公司获评省级文明单位；抗建路营业厅被授予“全省青年文明号”称号，政企装维网络支撑青年突击队被授予“上饶市青年文明号”称号；汪慧同志被授予“中国电信集团劳模”，阮英琴同志荣获“江西省五一劳动奖章”。党委书记、总经理吴东红同志被评为“江西省脱贫攻坚先进个人”。

【以党史学习教育推进党建工作走深走实】 公司党委组织全市400多名党员通过大众化、分众化、互动化的方式，让学习教育接地气、有生气、聚人气，让红色电信精神融入血脉、薪火相传。坚持以人民为中心的发展思想，深入开展“我为群众办实事”实践活动，梳理面向客户4项、面向员工7项重点任务形成67条举措开展实践活动，用心用情为客户和员工办实事，客户综合满意度行业排名第一。

【推动脱贫攻坚和乡村振兴有效衔接】 2021年，分公司积极践行“人民邮电为人民”的初心使命，推动脱贫攻坚和乡村振兴有效衔接，共派出11名驻村干部到各乡村振兴定点帮扶村，重点开展防返贫、配合村委开展防诈宣传、新冠肺炎疫情防控、人居环境整治等工作。投资4.3万元在余干畈坞村小学推出云录播教学系统，大受师生欢迎。公司捐赠的38盏太阳能路灯在乡村振兴帮扶点余干县黄金埠镇珠桥村的章家、埠前2个村已安装调测到位，成为小山村亮丽的风景线。

【助力新冠肺炎疫情防控取得胜利】 自铅山葛仙山发现病例以来，分公司全力以赴保通信，彰显国企担当。公司成立了十五支“映山红”党员青年通信保障突击队，奔赴全市各区、县防疫指挥部、各医卫、街道办、隔离区等关键战线。铅山、广信、信州等疫情严重区域已累计出动维护人员2300余人次，抢修车辆近700台次，共计解决由政府、防疫指挥部、医院提出的支撑需求55个、开通专线8条、提供交换机、光猫、Wi-Fi6等网络设备50台套、安装视频监控设备256套、提供各类型无线话机和固话118台。在83万电信ITV用户的开机画面投放疫情防控指挥部的“安全防疫温馨提醒”宣传，给全市100多万电信手机用户发送“防疫知识、核酸检测、重点人群通知”共计3300万条防疫短信宣传；为全市学龄孩子提供江西电教网同步线上教学课堂教学资源，为全市6.6万家庭宽带免费升级至500M，确保“停课不停学，离校不离教”。电信广大党员干部、青年员工主动参与隔离卡口、核酸检测点等执勤值班，疫情区域近300名党员及员工主动在居住小区参加社区疫情防控，参加的防控时长5000多小时，为全市防疫抗疫取得胜利做出了应有的贡献。

【统筹建设以落实网络强国战略】 全年有线线路投资4800万元，FTTH端口达到169.6万个，其中千兆端口达到90.2万个。完成5G基站建设1423个，5G室分69套。稳步推进5G建设和4G补盲，累计建设5G基站2300个，5G室分108套，5G新技术室分1套，4G基站4354个、4G室分421个，全面完成市所有城区的5G全覆盖，行政村4G的覆盖率100%。通过网络的不断建设，人民群众在信息化发展中切实增强更多获得感、幸福感、安全感。

【助力上饶工程申报双千兆城市】 完成上饶市“双千兆城市”建设，实现市县主城区及重点乡镇5G连续覆盖，实现乡镇以上千兆宽带覆盖到户，上饶市已成功入围全国第一批“千兆城市”名单。建设开通上饶电信国际互联网专用通道，大幅提高了上饶市连接国外网络性能，显著改善上饶市企业国际互联网访问体验。

【推进5G应用】 积极推进上饶网络安全态势感知平台建设，已完成运营商互联网侧的设备部署和平台调试、上线工作，完成第一批接入企业的探针部署工作，完成平台上线及与省级平台对接，进一步健全企业安全保障体系，提升信息安全保障能力。打造“5G+”工业互联网平台，与江西品汉签约“5G+智慧化工”应用，共建“5G+智慧化工”实验室，建设“5G+AI”、无人机和安全防爆等创新应用。打造“先离场、后付费、智能找车位”的“5G+”智慧停车平台，一期建设规模已覆盖全市7个县区、达3万泊位。打造“5G+”智慧消防平台，通过综合运用“5G+”云物数智技术，快速部署智能烟感、智慧用电、可燃气体报警器等智能化设施，并进行大数据分析、调度和决策，提高人防、技防、物防管理水平。打造“5G+”智慧环保项目，运用GIS、5G、大数据技术，对中心城区大气环境进行全覆盖精准监控，为“碳达峰”“碳中和”及区域生态保护提供高质量决策参考。大力推进万企上云规模拓展，开展全市“天翼云·万企上云上平台”专项活动。2021年，新增上云企业635家，累计上云企业达到1150余家。

【主要负责人】

党委书记、总经理：吴东红

（廖洪玉）

上饶移动信州区分公司

【概况】 2021年，信州移动围绕区委、区政府“三最一先城”工作目标，坚持党建引领发展，坚守红色通信初心，勇担网络强国、数字中国、智慧社会主力军的责任使命，努力构建新发展格局，推动高质量发展。

【党建引领发展】 坚持党建统领，坚决贯彻新发展理念，实现经营业绩与社会贡献双提升。截至2021年年底，全年营业收入达3.73亿元，通信用户份额为72.24%，智慧校园服务学生和家长3.1万户，宽带用户达14.16万户，互联网电视用户达8.18万户，市级5G示范项目4个，信息服务业份额71.07%。2021年，被授予“市直机关工委先进基层党组织”称号。

【履行央企责任】 疫情防控期间，集结6支党员先锋队完成网络保障、服务保障、防控保障工作，开通防控区监控5个、天网监控24条、天网维护73条、隔离酒店宽带108条、监控设备4个，保障区防疫指挥部视频正常运转。

【落实网络强国】 建设信息“高速”，实施“5G+”计划，截至年底，累计建设520个基站，实现城区、高铁新区5G全覆盖、乡镇重点区域覆盖；老旧小区创卫和美丽乡镇完成改造1236处、隐患排查整治2956处，共新建通信管道42千米，整治整改600余处老旧线缆；共新建宽带小区36个，新增宽带信息点13000个，保障人民美好数字生活。

【建设智慧城市】 融入信州区建设发展大局，为各单位、企业提供优质信息化服务，推进5G+进百业。中标全省首个Onepark智慧园区项目、推进全市首个Onezone智慧社区、Onecity智慧城市、智慧交通等平台项目，承建雪亮工程、5G+智慧校园、标准化考场、5G智慧工地、5G智慧消防、5G智慧农村、5G智慧综治、5G智慧教育、阿里云大数据人才培养基地智慧校园、农村应急广播系统等项目，持续发挥网络、人才、技术、服务优势，构建数字社会新基石，做信息化建设主力军，助力经济社会发展。完成水南丰溪小区、紫景园小区“5G+智慧小区”、江光“5G+智慧小区”建设，实现安防、智慧停车、人脸识别一体化服务，便利人民生活。

（过润芝）

金融　保险

中国工商银行股份有限公司上饶信州支行

【概况】　2021年，中国工商银行股份有限公司上饶信州支行（简称上饶信州支行）围绕省行"扬长、补短、固本、强基"战略布局，坚持"增存、增收、提质、提位"的经营主线，推动支行经营发展再上新台阶。截至2021年年末，全行各项存款余额89.46亿元，较年初增长11.72亿元；各项贷款余额58.86亿元，较年初增长3.61亿元；创中间业务收入5298.22万元，实现拨备前利润2.51亿元，实现全年经营绿色安全。

【全面打造"第一个人金融银行"战略】　深化全员打造"第一个人金融银行"责任担当意识，形成"全行一盘棋"观念。紧盯代发工资、商户、社保、房贷、场景等源头市场，以产品渗透和解决客户需求为抓手，实现获客，夯实基础；加强公私联动，充分利用对公资源优势，持续落实高管客户营销，开展精准营销，提升潜在目标客户，夯实中高端客户压舱石概念，引领大零售业务稳步发展。

【完善GBC建设】　践行服务为本的发展思路，贯彻"获客、活客、粘客"理念，通过GBC场景实现广触角服务客户的同时提升金融产品渗透率。四季度搭建完成"智慧学校"银校通、"智慧无感停车"、线上收银系统等项目，通过完善GBC场景上线，促进G、B、C三端客户的拓展，实行资金闭环管理，为支行提质增效提供有效支撑。

【规范内部管理】　强化政治学习、内控案防，认真组织开展推动合规养成教育。建立以岗位任职资格为基础的全员培训机制，全面提升行业规范化、标准化服务水平，确保客户在工行信州支行享受到规范、优质、高效服务；加强企业文化建设，打造"上饶信江畔老店焕新姿"企业文化名片，活动被总行官微报道。

【主要负责人】

行　　　长：詹　奎
副　行　长：张　坚
副　行　长：王　瑾
纪检监察员：黄张苗
二 级 经 理：李永红

（彭静姝）

中国人民建设银行信州分行

【概况】　2021年，中国人民建设银行信州分行各项工作取得可喜成绩。截至2021年12月31日，支行负债业务发展迅速，全行一般性存款615712.45万元，对公存款435104.66万元，个人存款180607.78万元。资产业务发展平稳，各项贷款余额134358.13万元，比年初新增12301.96万元。其中，对公类贷款余额61017.72万元，个人类贷款余额73340.43万元。实现中间业务收入2732.66万元，较去年末增长61%。

【"三大战略"稳步推进】　在国有大行中率先提出普惠金融战略，

充分发挥新金融优势，下沉服务重心，加大对小微和民营企业的支持力度，助力实体经济发展。推动经济社会绿色转型。累计投放绿色信贷1.1亿元；小微企业贷款2.31亿元，惠及小微企业300余户，有效支持本地小微企业发展。把握新金融脉搏，创新发展智慧平台，围绕客户的“生老病死养、衣食住行教”全生命流程和个性化需求，积极打造平台场景和生态圈。创新推出“九大租赁”模式，引导居民住房消费新时尚。累计实现住房租赁获客1439户，335笔交易、32.62万元交易额。

【主要负责人】

行　　长：李雅洁

副 书 记：李　莉

副 行 长：王　坚

纪检委员：郭　珮

（夏婷）

中国农业银行信江支行

【概况】 2021年，中国农业银行信江支行（以下简称农行信江支行）内设综合管理部、业务管理部。下设5个对外营业网点，其中支行营业部是旗舰网点，在支行一楼对外营业，其他4个是基础网点，分别是市区步行街的三清支行、紫阳公园斜对面的信州支行、胜利路雷锋像邻近的西市分理处、沙溪镇的沙溪支行。

【各类存款稳步增长】 全行各项存款余额27.87亿元，较年初净增1.50亿元，其中个人存款余额19.06亿元，较年初净增2.66亿元；对公存款余额8.81亿元，其中公司类存款余额5.9亿元，较年初净增1.4亿元。

【信贷结构持续优化】 各项贷款余额20.65亿元，较年初净增2.07亿元，其中对公贷款余额10.06亿元，较年初净增0.93亿元；个人贷款余额10.59亿元，较年初净增1.14亿元。年末全面完成省行“三个一”目标。

【经营收入稳定增长】 全年实现营业收入9143.47万元，实现营业利润7347万元，中间业务收入519.31万元。在部分重点产品，如信用卡分期、代理保险、掌银等业务完成较好，“三个一”重点项目工程，个人经营贷款、小微企业贷款、农村生产经营贷款均完成任务。

【风控能力持续加强】 全行不良贷款总额1190.84万元，较年初下降255.99万元；不良率0.55%，较年初下降0.23%。

【主要负责人】

行　长：项政国

副行长：许　珑

（刘曼赟）

中国银行饶城支行

【概况】 2021年，中国银行饶城支行通过硬件设施和业务服务的提升，圆满完成各项指标。人民币个人存款日均达57550万元，较上年增长707万元，公司存款日均达55292万元，较上年增长338万元。

【普惠贷款扶持小微企业】 通过用普惠贷款大力扶持小微企业，全年，公司贷款3708万元，较上年增长910万元，个人贷款103590万元，较上年新增8102万元。积极支持辖区经济社会发展。

【平安中行，责任先行】 开展“2021年反诈拒赌，安全支付”知识宣传活动，提高社会各阶层金融风险防范意识，设立非法集资危害宣传展板，拍摄金融安全宣传视频，向群众普及非法集资、涉赌涉诈的危害性，积极履行“担当社会责任”的诺言。积极助力上饶市乡村振兴“秀美乡村”建设。深入改进服务水平、提升服务理念，取得服务效果与社会效益的双丰收。

【主要负责人】

行　　长：陈媛华

副 行 长：应　芝　陈智韵

（胡郁闻）

信州江淮村镇银行

【概况】 江西信州江淮村镇银行，有在岗员工51人，含外包制员工7人，设有综合办公室、市场营销部、业务管理部、审计部等“三部一室”，部门设置齐全。营业网点3个，分别为营业部、沙溪支行、朝阳支行。

【抗风险能力持续增强】 截至2021年12月31日，资本充足率为23.14%，核心一级资本充足率为22.03%，远高于10.5%的监管指标。流动性比例为53.66%，不良贷款余额为1699.10万元，不良贷款率为2.99%。贷款拨备余额为2605.18万元，较年初增加1065.18万元，拨贷比为4.59%，拨备覆盖率为153.33%，贷款损失准备充足率为192.68%。以上指标均达到或超过监管要求，银行业务发展质量较高，长期可持续发展基础扎实。

【支农支小力度不断加大】 各项贷款余额56785.57万元，较年初增加8230.04万元，增幅15.84%，贷款增量完成全年任务的117.57%，占资产总额的66.93%。信贷投向依然以“小微”和“涉农”为主。其中，涉农贷款26027.68万元，小微企业贷款39477.27万元。信贷结构上，单笔100万以下的贷款余额31568.31万元，100万以上500万以下的贷款余额20803.57万元，500万以上的贷款余额4413.69万元；贷款户数1343户，户均贷款余额42.28万元。

【经营收入稳定增长】 2021年，实现各项收入5147.55万元，其中贷款利息收入3677.59万元，金融机构往来利息收入1082.53万元。各项支出4796.73万元，其中存款利息支出1150.42万元，业务及管理费用支出1942.55万元，资产减值损失1398.79万元，实现拨备前利润总额1749.61万元，同比增加366.11万元；实现利润总额350.82万元。

【电子银行带动效应日益显现】

截至2021年12月末，企业网上银行217户，较年初增加58户，个人网上银行400户，较年初增加22户，手机银行签约客户4084户，较年初增加909户。电子银行业务对主营业务贡献度不断增强，全年开立借记卡10627张，较年初增加2066张。电子银行业务增强客户忠诚度。易贷卡、手机银行、网上银行、“信E付”多者相互融合，有效解决物理网点足而导致服务效率低下的问题。客户足不出户就能享受7×24小时金融需求无障碍服务，丰富结算手段，提升客户忠诚度，品牌影响力日益显现。

【主要负责人】

董事长：江　艳

行　长：屈　松

监事长：王根宝

行长助理兼董秘：郭海波

（林品青）

中国人民财产保险股份有限公司信州支公司

【概况】 2021年，中国人民财产保险股份有限公司信州支公司（简称信州人保财险公司）坚持“人民保险，服务人民”服务宗旨，履行金融央企责任，在服务上饶经济社会发展大局、服务民生和广大客户的实践中，车辆保险、财产保险、农业保险、大病保险、责任信用保险、意外健康保险等主营业务方面不断取得突破，承保领域不断拓宽。

【稳健经营】 2021年，公司实现保费规模8515余万元，承担风险总额365亿元，全年实施灾害救助、组织经济补偿方面累计赔付支出4665余万元，全年缴纳各类地方税收超过1045余万元。公司的业务发展能力、偿付能力、服务水平、纳税水平不断增强。

【惠利“三农”】 开展农业保险工作，广泛宣传、优化服务，全力推进中标区域内水稻保险投保工作。严格执行农业保险承保条例规定，依法合规经营，履行农险“五公开，三到户”工作原则，惠农政策公开、承保情况公开、理赔结果公开、服务标准公开、监管要求公开和承保到户、定损到户、理赔到户。全年共承保信州区秦峰镇、朝阳镇、茅家岭街道散户水稻保险合计10171.11亩，覆盖农户4694户，赔付金额4.5万元。承保信州区农房保险33276户，提供风险保障15.97亿，赔付金额12.1万元。人保财险信州支公司站在服务国家战略的高度认识农险、发展农险，加快推进农业保险高质量发展，服务国家战略，推动乡村振兴，展现中国人保的责任担当。

【助力安全生产】 9月1日新安法实施以来，公司深入贯彻集团公司“温暖服务”战略落地实施，全覆盖走访高危建筑行业，宣传新安法，推行建筑施工行业安全生产责任险，有效助力新安法的落地实施，为全区建筑行业安全生产保驾护航。2021年，规上企业生产全年实现建筑行业风险保障额度达54.28亿元，同比增长40.88%。

【主要负责人】

党支部书记、经理：俞 冕

（夏涛）

中国人寿保险股份有限公司上饶市信州支公司

【概况】 2021年，中国人寿保险股份有限公司上饶市信州支公司始终围绕“强队伍、优结构、稳增长、防风险”的工作思路。带领公司全体员工经营管理工作取得明显成效、保费收入大幅增长，各项管理显著提高。

【主营业务】 2021年，团险、收展业务在全市乃至全省都名列前茅。共完成团险保费1426万元，同比增长15.33%。其中，学平险842万元，同比增长8.86%；完成非学平险584万元，同比增长22.67%；赔付率控制在70%；个险达成标保593万元，绝对数和进度排名全市第三；达成十年期保费1094万元，绝对数和进度排名全市第三，同比上升34.44%；银保首年期交达成1547万元，排名全市第四；短险达成269万元，绝对数排名全市第二。2021年，达成新单期交保费423万元，完成比例107%，其中三年期保费337万元，五年期保费86万元；实动人力完成17人，完成比例106%。

【加大对非学业务市场的开拓】 充分运用财务政策和绩效激励两大杠杆，用好转型升级和改革创新两大抓手，激活渠道和基层发展动力，加快公司发展转变。通过加大对非学业务市场的开拓，保证团险业务的扩量增效，牢牢稳固辖区市场主导地位，取得蓝天救援队的保险承保工作，保费从几万元陆续达到近几十万元。2019年9月，蓝天救援队线上投保顺利运行，线上线下同时投保，保费收入超过百万。2020年和2021年，单年保费近400万。得到上级公司的高度认可。

【合规经营防范风险】 深入开展非法集资专项治理工作。截至2021年12月31日，共对6420名客户进行风险等级划分、对系统抽取的204笔可疑交易进行分析办结。各单位、各部门认真开展反洗钱宣传、培训、检查等工作。举办全市系统反洗钱宣传月活动、组织3次反洗钱自查自纠工作、开办反洗钱培训6次，累计参训人数165人次，完成内控评估补充测试工作。

【稳固原有客户拓宽业务渠道】 稳固现有学校学平险市场、公立中小学教职员工保险，加大对民办学校及幼儿园的宣传和大中专教师意外险攻克；创新思维争取政保业务有所突破；加大对全区环卫工人意外伤害保险的宣传，将保险业务拓宽到各个层面。

【主要负责人】

经理：王莉

（刘莉）

教育　体育

综　述

2021年信州区教体局以推动教育高质量发展为主题，扎实推进信州区教育“十四五”各项工作开局起步，在巩固教育脱贫攻坚成果同乡村振兴有效衔接、抗击新冠肺炎疫情和教育改革发展方面成绩突出。全年幼儿园总数135所，在园幼儿总数17931人。公办幼儿园51所（城区公办幼儿园9所，乡镇中心园3所，附属幼儿园39所），在园幼儿2710人；民办幼儿园84所，在园幼儿数15221人。普惠性幼儿园112所。信州区中小学共85所，其中公办小学63所，中学13所，职业中专1所，民办学校8所。在校学生60006人，其中小学37890人，初中16918人，普高3307人，职高1891人。信州区教体系统工作人员人数情况：幼儿园教师124人，小学教师2102人，中学教师1013人，信州中专教师40人，直属事业单位106人，公务员13人，合计3398人。

教育收获硕果累累，脱贫攻坚被省委、省政府授予“江西省脱贫攻坚先进集体”称号，职业教育被省政府授予“江西省职业教育改革成效明显县（市、区）”（全省仅五个、全市唯一）称号，关心下一代工作被省教育厅授予“新时代好少年红心向党主题教育读书活动先进集体”称号，区教体局被评为“2020年教育部关工委新时代主题教育读书活动美好生活劳动创造先进集体”等。

深入贯彻落实党中央、国务院推行的双减政策，成立由局长任组长、分管副局长任副组长的双减工作领导小组。强化“五项管理”，推行课后服务，全区义务教育学校全部开展“5+2”课后服务，近55000余名中小学生受益。依法依规对校外培训机构进行专项治理、强化日常监管，总计注销学科类机构13家，学科类转型非学科类机构比例达100%，完成“营转非”流程的机构4家。

疫情面前，响应号召，局党组负责人挂帅，带领教体系统100余名志愿者进驻铁四封控区、长城邻里中心隔离点一线作战，900余名党员和教师志愿者坚守社区疫情防控点，1300余名局机关、直属事业单位和学校党员及教师志愿者积极投身运送物资、核酸采样秩序维护、信息录入等疫情防控服务工作，全力保障人民群众生命安全和身体健康。

在全力打好打赢创建全国文明城市“卡位战”中贡献信州教体力量。局机关和28个城区学校对接帮扶28个社区开展创文活动，组织大学生支教、理论学习进校园、关爱留守儿童（孤寡老人）和爱国活动共计300余次。

学前教育

【概况】　截至2021年11月，全区公、民办幼儿园总数为138（含市直4所、公办园51所、民办园83所），其中普惠园115所（民办60所），普惠园所数占比

83%。省级示范园3所、市级示范园15所（公办5所、民办10所），信州区学前教育的整体办园水平和保教质量在稳步提升中。

【“年检”督规范办园】 为依法对民办幼儿园办园行为进行督导，幼教办于4月至5月、10月至12月组织民办幼儿园审批、年检（变更）领导小组对49所提交申请的民办幼儿园2020年度办学情况进行检查，其中3所幼儿园被评为优秀，4所未达标。年检不合格被责令整改。

【“核查”治违规行为】 4月，接江西省教育厅处室函件《关于对幼儿园违规开展保教活动进行核查治理的通知》，幼教办第一时间组织对辖区内所有公、民办幼儿园是否存在违背幼儿身心发展规律开展保教活动行为进行核查。通过“园所自查+片区抽查+全区核查”三路并进方式，信州区134所公、民办幼儿园中，有3所民办幼儿园存在名称不规范的情况，责成其更名，2021年年底整改到位。

【“回收”提公办占比】 信州区小区配套幼儿园回收任务数为11所，6月底前，完成4所（稼轩、东都、龙潭、天佑）小区配套幼儿园的回收转公工作，9月全面公开招生，公办学位数增加720个回收。剩余7所小区配套园也完成前期回收工作，拟先通过“集团办园”方式对部分回收园进行试点管理，委托办成普惠性民办幼儿园，扩大普惠性幼儿园占比的同时，通过一园带多园模式，以优质名园资源作为带动，提升信州区学前教育整体办园品质。

【“评估”汇改革成果】 4月，幼教办协助做好“2020年信州区幼儿教育统计监测分析”及“2010—2020年信州区幼儿教育终期评估”，汇总信州区学前教育十年改革成果：2010至2020的十年间，信州区学前入园率由2010年的71%提高到2020年的85.7%，其中女童入园率由2010年的72.1%上升到2020年的89.1%，十年间提高17个百分点；信州区普惠性幼儿园占比由2010年的62.5%上升到2020年的83%，十年间提高20.5个百分点；公办幼儿园在园幼儿数由2010年的35.6%上升到2020年的53.7%，十年间提高18.1个百分点。

【“培训”促能力提升】 2021年内，组织城区公办幼儿园园长参加“国培计划”（2020）江西省中小学幼儿园教育管理信息化领导力研修班；3月，分别对18所普惠性民办幼儿78名园长、教师进行相关培训；4月组织实验园园长参加上饶市幼儿园社会性教育课题研究实验园第二次、第四次现场展示活动及全区公办幼儿园园长及教师代表参加上海齐教授合唱指挥培训；5月，组织部分公办幼儿园园长代表（三幼、三江）赴萍乡市芦溪县参加省教育厅学前教育业务培训会；6月，组织公办幼儿园及普惠性民办幼儿园园长、骨干教师赴青岛进行为期6天的“幼儿园课程游戏化专题研修”，对接发达地区先进教育理念；11月“全省幼儿园红色文化教育主题培训”在线上举行；12月，组织7名乡镇中心园园长及新成立公办园园长、7名乡镇民办幼儿园园长及片区负责人代表参加在南通举行的“江西省项目县农村幼儿园园长办园能力提升培训班”。组织乡镇中心幼儿园园长、部分民办幼儿园园长等赴铅山县一幼、武夷山中心幼儿园开展为期一天的考察学习活动。通过招标流程，特邀心理学家、情商教育专家张怡筠博士团队专业情商教育培训师为幼师开展培训工作。

【“宣传”凝发展动力】 为做好第十个全国学前教育宣传月活动，组织全区公、民办幼儿园开展围绕“我（们）与学前教育改革这十年”主题，开展宣传活动、汇报演出等，多形式、多角度呈现信州幼教十年的改革成果，并做好过程性资料的收集整理；撰写案例感悟，共收到公民办幼儿园典型经验4篇、教师案例126篇、家长案例6篇，经过选拔推送市局典型经验1篇、优秀案例8篇（含家长案例2篇），其中一保舒亚倩的《“变”中推进改革“变”里寻求发展》、三幼丁燕婷的《感恩遇见·温暖守护》获全省二等奖，三江许芳的《回望·展望》获全省三等奖。7月推送的

“第三期学前教育行动计划典型案例”三幼《科学衔接·回归本真》获评全省优秀典型案例；8月信州区第二保育院获评“第二批全省学前教育质量提升实验园”，一保余青璐获评“第二批学前教育专家指导委员会专家”。

义务教育

【概况】 2021年，信州区拥有中小学校共计91所，其中公办小学68所，公办中学15所，民办中小学8所。全区在校学生58115人，其中小学37890人，初中16918人，普通高中3307人。

【脱贫攻坚巩固与乡村振兴有效衔接】 春季返校复学开学后，对全区在籍学生就学情况核查，对未及时返校的学生进行劝返，劝返学生3人；对脱贫户子女就学情况核查上报，无一人辍学；对无学籍脱贫户子女就学情况排查，更正脱贫户子女错误姓名；区教体局督促学校按照送教上门实施方案要求，对9名残疾儿童开展送教活动。

【开展家校共育教育巡讲活动】

根据2021年上饶市“家校共育·让爱充满智慧”家庭教育百场巡讲活动安排，信州区在凤凰、信美、十小、十五小、朝中心、灵中心6所小学、三中、六中、七中、灵中4所初中安排10场巡讲。

【加强五项管理工作】 在全区中小学加强手机、睡眠、作业、读物、体质管理（简称“五项”管理）工作，对每一项工作作出具体部署。在调研的基础上下发《关于加强信州区中小学落实“五项”管理工作的实施方案》。先后下发《关于推进信州区中小学落实“五项 管理”工作的实施方案》《转发市教育局 〈关于进一步规范中小学作业管理的实施意见〉的通知》《关于认真做好教辅资料征订和管理排查工作的通知》《转发关于加强中小学生手机管理工作的通知》等一系列文件和通知，统一规定中小学到校时间，要求各校按照五项管理规定要求抓好落实，区督导室组织各位督学将五项管理纳入督查内容，将五项管理工作纳入对各中小学的考核内容中，解决广大家长“急难愁盼”问题，切实增强人民群众的教育获得感、幸福感、安全感。

【课后服务工作】 落实上级关于开展中小学课后延时服务的精神和要求，各中小学认真研制课后服务方案，精心设计课后服务内容，细致抓好安全工作，全区中小学开展课后服务的学校37所，开展课后服务学校达100%。参加课后服务的人数52322人，占学生总数的95.9%。

【做好两个平台的数据填报工作】

做好国家基础教育“双减”工作监测平台和中小学课外读物平台的有关数据、材料填报工作。按时、按质、按量完成2个平台的数据填报工作，推动学校的“五项”管理、课后服务，减轻义务教育阶段学生作业负担，促使各项工作继续往深里走、往实里走、往高里走。

【加强中小学思政课一体化教育】

下发《关于转发市教育局关于转发〈江西省推进新时代大中小幼劳动教育一体化实施方案〉的通知》，组建信州区中小学思政课一体化联盟：四中联盟和沙溪中学联盟。对中小学思政课情况进行摸底调查。

【开展“假期读好书活动”】

围绕“同心向党”开展“童心向党·我最喜爱的故事书”主题读书会，各学校以班级为单位开展主题读书会；“童心向党·我心目中的大英雄”讲故事和“童心向党·我是小小表演家”书本剧比赛；“童心向党·寻访历史的足迹”主题实践活动；“童心向党·我手写我心”主题征文等系列活动，评选出区级一二三等奖50名。

【超大班额化解工作】 贯彻全市大班额化解约谈视频会议精神，2021年春季开学后，全区各中小学超大班额149个全部化解。采取加大宣传力度、做好舆论导向、压实责任到人、职责细化分明、规范办学行为、严格控制班额等措施，使全区中小学超大班额彻底化解。

【规范城区学生转学行为】 加强对转学行为的管理，规定转学生户口、房产、年龄和学位必须“四个统一”，杜绝新大班额的出现。坚持班额容量管理原则（小学一、二年级和初中七、八年级班额分别控制在45人、50人以内，其他年级超过55人的班级严禁转入学生）；已在城区学校就读的，原则上在城区内不予转学；坚持公平、公正、公开的原则；义务教育阶段学生转回户籍所在地就读的，转入学校无法提供学位的，由区教体局协调解决。符合转学要求的各类对象，向区教体局普教科递交户籍、房产等证件材料，现场核验、登记，经招生领导小组研究后统筹调度区域周边学校学位情况后予以相对就近安排入学。既保证适龄儿童少年接受义务教育的需求，又做到阳光公平转学。

【做好“就学一件事”工作】 全区成立以信州区委宣传部部长为组长的招生工作领导小组，下发饶信府办字〔2021〕15号《2021年信州区中小学招生工作方案》。为落实为群众办实事落实“就学一件事”，全年中小学新生报名在全市率先实行线上和线下相结合方式。线上报名采取平台申请方式办理，提供“网上办”“掌上办”等多途径选择。学生家长线上填报入学信息，实现户籍（个人身份）、住房等证明信息联合审验，无房证明和水电发票等2个具体事项的“一次不跑”。办理周期由改革前的7个工作日缩减为2个工作日内。既保证报名信息的准确性又方便群众。在信州区城区范围内一年级和七年级符合以下条件之一的三类生源实行线上登记。第一类生源，城区内有户籍有房产；第二类生源，城区内有户籍无房产；第三类生源，城区内有房产无户籍。线上报名小学4050人，初中3569人。合计网络初审7619人。“就学一件事”工作得到省、市两级的高度肯定。

【疫情防控期间“停课不停学”】 疫情防控期间，进行线上教学，对全区中小学生在线就读情况进行摸底，对不能在线学习的学生，要求学校和教师帮助解决线上学习工具，保证线上学习一个不少。

【创建文明城市工作】 结合文明城市创建工作，在全区中小学开展创建文明校园活动，发放创文宣传资料6万余册，发放创文口袋书20余万份。对全区16个创文检测点进行多轮检查和指导。

【开展青科辅活动】 组织中小学生参与国家、省、市、区的科技创新、电脑制作和机器人竞赛等活动；广泛开展课外科技兴趣小组、校园科技节和迎“六一”少儿科技竞赛等科普教育活动，鼓励学生进行小制作、小发明、小创造，推动实现科技教育活动在所有中小学的覆盖。

职业教育

【概况】 2021年，信州区职业教育以深入贯彻国家和省、市职业教育工作会议精神为动力，不断加强学校的建设管理，积极有效地推进各项工作实施。

【做好春季分流工作】 实施春季分流，出台《关于做好2021年信州区职业院校春季提前分流招生工作的通知》，4月完成春季招生宣传工作，5月收集填报春季招生学生信息。6月完成春季招生、确认工作，完成招生990余人。

【“政教企”合作打造“产教融合”升级版】 依托地方产业优势，服务本地经济发展，优化专业设置。通过校企合作、产教融合提升专业实力。与上饶市龙潭湖酒店集团合作开设“国宾接待”“酒店管理”等专业，为龙潭湖酒店订单培养专业技能型人才；与上饶市美容美发协会合作培养美容美发专业技能学生，为本地美容美发行业企业培养技能型专业人才；与众禾职业培训学校合作，为本地电商经济发展培养电商运营、设计、直播、服务等专业实用型人才；与省无人机应用协会合作，为无人机行业培养植保、航拍、测绘等专业应用人才。学生毕业前均可通过考核获得AOPO无人机驾驶执照；依托信州区朝阳产业园企业开展校企合作，由园区牵头，开设工科类智能制造专业，为园区企业培养数控机电等紧缺应用型人才。信州中专汽车应用与维修专业和上饶市博能集团联合，6月，2019级汽车应用与维修专业学生到博能集团客车公司实习1年；区属各民办幼儿园与2019级学前教育的学生进行双向选择交流会，20余家幼儿园与100多名学生签订为期1年的实习协议，2019级旅游服务与管理的学生到葛仙山风景区管委会实习。

【信州中等专业学校艺术类技能比赛成绩斐然】 上半年，信州中等专业学校的学生，在全市中职学校学生艺术类技能比赛中收获颇丰，在9个类别比赛中，荣获5个第一，获团体总分第一名的优异成绩。下半年，信州中专参加全市中职学生篮球比赛荣获冠军，赵焱亮老师荣获江西省大中小学红色文化讲课比赛一等奖。

【完成职业学校国家助学金的核定发放工作】 4月，完成春季职业学校国家助学金和免学费的学生人数核定，5月按要求发放到位。享受助学金168人次，资助金额16.8万元，其中建档立卡户67人，资助金额6.7万元；免学费1332人次，资助金额137.11万元，其中建档立卡户95人，资助金额9.82万元。12月初，完成秋季职业学校国家助学金和免学费学生人数核定工作。享受助学金213人次，资助金额21.3万元，其中建档立卡户76人，资助金额7.6万元；免学费1688人次，资助金额228.25万元，其中建档立卡户102人，资助金额12.9万元，12月发放到位。

【信州中专改扩建工程项目】 争取政府专项债券资金2.27亿元扩建学校25亩，新建校舍面积2.2万平方米；将学校建设成一所设施完善、功能齐全的优质中等专业学校。

民办教育

【概况】 全区内共有8所民办学校，小学1所，高中1所，2所十二年一贯制学校，4所九年一贯制学校。8所社会力量独立举办的纯民办学校，无“公参民”学校，无政府购买学位情况。8所学校均为独立法人治理，学校名称均按规定合法审批。信州区2021年上半年义务教育阶段学生（含公、民办学校）共计61820人（小学40146，初中21674），其中民办学校义务教育阶段学生5940人，民办学校义务教育阶段学生占全区义务教育阶段学生数9.61%。

【规范民办学校收费管理】 严格按照省厅要求，转发《关于规范非营利性民办学校收费管理工作的通知》给区属各民办学校，督促需要新增收费项目和提高收费标准的民办学校以及首次制定收费项目和标准的民办学校提交建立办学成本核算制度、民办学校要将新增项目和提高标准的方案或首次制定收费标准方案、学校近年来收支情况等材料。加强对民办学校日常监管，将非营利性民办学校收费纳入年检重要内容。

【规范教育教学管理】 建立民办义务教育学校教育教学常态化监督检查机制，督促民办义务教育学校全面贯彻党的教育方针，将思想政治教育贯穿教育教学全过程，坚持五育并举，落实“五项管理”，促进学生德智体美劳全面发展。对不按国家规定开设课程、选用教材、开展教学的要立即严肃整改，严禁以自编课程及教材取代国家课程及教材。

【强化财务监管】 加强对民办义务教育学校收费标准调控，督促民办义务教育学校落实收费公示和公开承诺制度，严禁收取或变相收取与入学挂钩的捐资助学款、借读费等。

【清退公办教师】 清理规范“公办”教师在民办义务教育学校任教，严格中小学教职工编制使用管理，严禁公办学校在编教师到民办学校任教。不向民办义务教育学校新增派具有事业编制的教职工。

【强化年度年检】 严格民办学校年审制度，将民办学校的办学方向、依法办学、办学投入、教学管理、安全管理、财务管理、师生权益等列入年检评审内容，采取听、查、看、访、谈等方法，深入各校进行客观公正的评估。通过强化年检度，统一年检标准，规范年检行为，提高民办学校自律意识，规范民办学校办学行为。

教育教学科研

【概况】 信州区教研中心在区教体局和上级主管部门指导下，认真贯彻“双减”政策，积极开展“减负增效”系列工作，在中小学教学、教研、竞赛、培训、片区教研、学业检测等方面取得优异成绩。

【以教学标兵树立师德典范】充分运用期末质量检测的精准数据，通过对全区质量检测对比分析、教师教学常规检查和师德师风等指标进行综合考评，秉承“公开、公平、公正”原则，评选出七年级7个学科40名教师为“教学标兵”，并对获得教学标兵荣誉的教师颁发证书和奖金给予表彰。

【第六届全区小学教师教学竞赛月】　以“学科素养·梯队成长”为主题，分设中心校组、成员校组和乡镇校三类组别，采用“课堂教学+学科素养”的竞赛形式，多角度展示青年教师的综合素能，提升教师课堂教学效能。4月，全区有135位小学教师在上饶市凤凰学校参与角逐，评出一等奖48人，二等奖87人，优秀片区组织奖3个。以“聚焦有效课堂·提升教师素能”为主题，10月，在上饶市第三中学举行教学赛，7个学科（语文、数学、英语、道法、地理、化学、体育）78位教师参加竞赛。评出一等奖32人、二等奖46人，优秀组织奖5个。

【强化教学视导提升教学效能】

为深入了解和掌握学校在校本课程开设、校本课程培训、教学活动开展和竞赛、教研组组织教研员下校就以上常规问题进行调研工作，并形成文字性的调研情况反馈，有针对性地对学校常规管理进行问题梳理和指导。明确课程设置方向，加强非考试学科课程管理，重视劳动教育、安全教育、心理健康教育、梦想课程开发，《习近平新时代中国特色社会主义思想学生读本》《红色文化》进课堂。严格执行《2021—2022年度视导工作方案》，强化教学视导服务意识，持续开展骨干教师参与教学视导活动，小学采取语数学科每半个月一次的“全面视导+重点视导”方式，对信美小学部、凤凰学校及十五小的青年教师进行教学视导，规范年轻教师的课堂教学，提升年轻教师对教材、课标，教法、学法的认识；中学采取数英学科每月一次“跟踪视导+重点视导”方式，提高三中、信美中学部青年教师专业成长，规范中学年轻教师的常规教学，把握教材、课标、提高教学效能，受到校方和老师的一致好评。

【设计分层作业确保“减负不减质”】　落实“双减”政策，关注学生全面发展，各中小学以教研组、备课组为阵地，以“落实双减政策、聚焦有效课堂”为主题，注重从学情出发，将作业设计纳入教研体系，设计出符合年龄特点和学习规律、体现素质教育的基础性作业，鼓励分层、弹性和个性化作业，克服机械、无效作业，杜绝重复性、惩罚性作业，达到“减负不减质”的教学效果。加强作业设计指导，以片区中心校带领成员校，尤其是乡镇学校有计划开展分层作业设计研讨，在中小学开展“晒作业”展示活动，围绕“优化作业设计”开展分层作业评比活动，并推选优秀个人作业中小学各6份和团体中小学各2个参加省、市级评选。

【送教送研深化城乡融合】　以中小学九个片区的中心校为支撑点，以学科为载体，由各学科教研员牵头，学校各学科组进行以片区为单位的学科研磨活动，每学期片区活动各学科1~2次，研磨课活动调动片区内学科教师互动氛围，盘活片区学科交流与促进，给学科教师提供学习平台。送教送研活动是一项常规的服务工作，采取片区中心校送教成员校、中小学名师送教、教研员帮扶带培的分层形式开展送教送研工作。各个片区的城区学校分别送3~5节课至所属乡、镇、村完小，中小学合计送课50节，送教学科和观摩老师面也比较广泛，活动受到校领导的肯定和支持，开展效果也很显著。片区教研促进城乡学校之间的融合，提升乡镇教师学科素养、拓宽教师视野。

【培养“信州名师”推动基础教育质量发展】　为推动信州区基础教育高质量发展，3月组织召开名师培养对象座谈会，交流学习心得和体会，结合个人发展目标提出要求和建议，制定名师培养对象到教育先进地区学校进行跟岗研修方案。5 月，信州区教学研究中心教研员和名师团队共计 56 人前往深圳参与上海铭师教育承办的为期一周的“信州区第二期中小学名师专业素养提升”培训。学习深圳学校的先进教学理念，开阔眼界，拓展更有深度的发展路径。

【评选学科基地展示教研成果】 为实现有效教研，进行深度研究，促进信州教研向多元化、特色化发展，教学研究中心开展优秀学科基地评选活动。参赛学校报送的材料中有策划，有过程，有反思总结，有图片资料，形成独具特色的活动成果报告和教研活动录像视频资料。根据各校上交的教研成果，教学研究中心邀请专家团进行认真的评比，严格按照 4∶6 的评审标准，评选出 8 支优秀教研团队。利用寒假时间，继续以学科教研团队建设为重点，围绕“教研共同体下的主题教研”的主题，组织教师撰写研究日志、教育叙事、教育案例、教学课例、教学反思和教育随笔等形式的文稿，并于下学期评选出优秀教研成果。加大课题研究管理力度，做好省、市级课题的申报、立项工作、结题工作。广泛开展课题研究活动，加大交流推广，使课题研究成果成为广大教师专业成长的平台，成为质量提升的有效增长点。组织说课、微课、优质课、基本功大赛等各种形式的教研竞赛，现场课 10 余人获市级以上奖励；省级课题立项 11 个，其中一个为龙头课题，市级课题立项 83 个、结项 58 个；推送“黄埔杯”征文 6 篇，课例 53 篇。开展“2021 年全市中小学（幼儿园）课件评比”初评和报送工作，要求以校为单位统一报送区教研室，原则上每校每学科限报 1 篇，各校均能按要求选送，最终 194 份课件全部推送市级参评，其中幼儿园 6 篇，小学 114 篇，初中 70 篇，高中 4 篇。2021 年“基础教育精品课”区级评选推荐工作，以片区为单位，片区中心校牵头每片区推优 1 节优质课，组织区级评定，共评出县（区）优秀精品课 12 节并推优市级评定，其中小学 6 节，中学 5 节，高中 1 节。

【创新检测方式力求全面发展】 6 月 1～6 月 4 日，中小学音体美学科进行为期一周的期末质量监测活动，基础上对所有初中七年级学生进行音体美监测尚属首次。通过音乐唱、美术画、体育跳全方位考查学生的综合素能，有助于完善音体美学科评价体系，了解信州区音体美学科教育教学成效，促进学校开足开好相关课程。6 月 28～6 月 29 日教学研究中心顺利完成 2020—2021 学年度第二学期中小学期末教学质量检测工作。对四至六年级语文、数学学科和初中七至九年级的考试学科进行全区抽测，及时统计分析并反馈。

教育督导

【概况】 根据上级督导部门的要求，围绕全区教育工作大局，针对教育重点难点，深入扎实地开展督导工作，认真履行教育督导职责，圆满完成全年教育督导各项工作任务。

【督导工作】 收集报送江西省高质量发展综合绩效考评评价“教育发展”考评材料。收集整理“省政府对市政府党政领导干部履行教育职责评价”迎检资料、“设区市对县（区）人民政府年行教育职责督导评价工作”有关材料。撰写《信州区党政领导干部履行教育职责督导评价自评报告》及《汇报材料》。“五项”管理督查每月一次。开展开学检查、校外培训机构督查、督导案例评选、配合职能部门做好教育统计年报数据、做好优质均衡平台数据填报工作；开展党政领导干部履行教育职责满意度调查、督学《教育督导问责办法》培训及学习心得评选工作；制订高质量发展教育评价整改方案、区政府“六个走前列”实施方案。

教育资源

【概况】 全区拥有各级各类学校共计 226 所：公办幼儿园 51 所，民办幼儿园 83 所；公办小学 68 所，公办中学 15 所，民办中小学 8 所；职业学校 1 所。全区在校学生 75227 人。幼儿园幼儿 15221 人，小学 37890 人，初中 16918 人，普高 3307 人，职高 1891 人。全区教体系统幼儿园教师 124 人，小学教师 2102 人，中学教师 1013 人，信州中专教师 40 人，直属事业单位 106 人，公务员 13 人。合计 3398 人。

【教育经费投入】 贯彻落实《中华人民共和国义务教育法》《江西省义务教育条例》，以办好人民满意学校为宗旨，将城乡义务教育经费纳入财政预算，学生公用经费按照省定标准（2021 年小学 650 元，初中 850 元）保障到位。全年义务教育经费支出 54231 万元，其中教育事业费 46716 万元，教育附加经费 7515 万元。

【教师队伍建设】 拓宽渠道补充新教师，招聘新教师 106 人；定向培养乡村教师 45 人到岗任教；三支一扶志愿者转正 5 名，全部安排到农村中小学任教；“团员计划” 29 人；四中人才引进研究生 19 人；安排江西省高校音体美实习生（每学期 15 人）到乡镇中心小学实习。完成 2021 年中小学教师专业技术职称申报工作，其中申报中小学正高 1 名，中小学高级职称 16 名，中小学一级 63 名，中小学二级 117 名。推荐宋宅中学副校长郑富位参加第三批援疆支教计划。

【教育信息化】 加快推进教育信息化高质量发展，发展“互联网+教育”。深入实施教育信息化 2.0 行动计划，构建更加完善的信息化基础环境，搭建完成信州教育城域网，共享“智慧校园”平台，加快推进教育专网建设，普及数字校园建设与应用。将全区所有学校班级接入教育省域网。全区所有学校、所有教学班接入带宽达到 1000 兆，校园网络全覆盖，真正实现宽带网络校校通、优质资源班班通、网络学习空间人人通。完成高质量班班通项目建设，积极推进“三个课堂”建设，完成全区所有中小学配备高标准多媒体教学设备，更新班班通教学终端 703 套，升级改造 464 套班班通集控软件和音响系统，推进中小学教育信息化常态应用。建立 41 所村完小“专递课堂”，深化“三个课堂”应用。结合区域内教学资源现状，在 5 所乡镇中心小学改造建设 5 个主讲教室，41 个听讲教室分布在 41 所村级完小和教学点。组织开展全区中小学教师信息技术线上培训。组织完成 2021 年中考理化实验操作考试。做好秦峰中心小学新建学校配套教学设备的规划、预算、招投标采购工作。组织全区教师完成教学通 2.0 的培训、考核工作，促进教师全员使用。组织全区师生积极参加省、市级中小学智能机器人技能提升活动和教学资源竞赛活动。全区共获省级一等奖 12 人次、二等奖 26 人次、三等奖 42 人次，市级一等奖 38 人次、二等奖 59 人次。

【学校项目建设】 全年新改扩建、续建项目共 7 个，项目总投资约 6.62 亿元，总建筑面积 11.9 万平方米，新增学位 5400 个（含陆羽小学 1080 个、二十小新增 540 个）。续建项目：十小教学综合楼改扩建项目占地面积 668.38 平方米，新建校舍面积 3466.15 平方米，新增 12 个教学班，新增学位 540 个，总投资 800 万元（不含电教设备），8 月底交付使用；新四中新建项目位于上饶大道东侧、赣东北汽车园西南侧，占地面积 100.01 亩（66673 平方米），总建筑面积 56997.14 平方米，含综合楼、图书馆、教学楼、实验楼、学教综合楼、体育馆、地下室等，规划 54 个教学班，其中初中 24 个教学班，高中 30 个教学班，新增学位 2700 个，计划总投资 2.2 亿元；信州区职业中学改扩建项目新增用地 21 亩（14000 平方米），新建校舍 1.98 万平方米，计划投资 2.94 亿元；秦峰中心小学及幼儿园异地新建项目占地面积 30 亩，新建校舍 17500 平方米，规划 36 个教学班，可容纳小学生 1080 人，幼儿园 360 人，新增 12 个小学教学班、12 个幼儿园教学班，新增学位 900 个，投资 4200 万元，完工并交付使用；秦峰东塘小学新建校舍 2350 平方米，投资 500 万元，8 月完工并交付使用；沙溪东风小学及幼儿园新建校舍 3000 平方米，投资 1300 万元，8 月完工并交付使用。新（改扩）建项目：七小异地新建项目占地面积 30 亩

（20000平方米），新建校舍面积16000平方米，规划30个教学班，可容纳小学生1350人，新增18个教学班，新增学位810个。除上述工程外，协助配合市城投公司推动河海大学附属学校、带湖小学及幼儿园、稼轩小学项目建设。

（王贤彬　诸海亮）

附：主要中、小学校一览表

学校名称	校长	学校名称	校长
上饶市第一小学	程一红	上饶市时乔幼儿园	周　蕾
上饶市逸夫小学	汪晓瑾	上饶市稼轩幼儿园	徐　红
上饶市第三小学	梅爱琴	上饶市第三中学	程一晶
上饶市第五小学	郑有飞	上饶市第四中学	孙学银
上饶市第六小学	郑水洋	上饶市第五中学	周文胜
上饶市第七小学	周星彤	上饶市第六中学	周方田
上饶市第八小学	陈东萍	上饶市第七中学	徐肃亮
上饶市第九小学	宋　敏	信州中专	冯　健
上饶市第十小学	程　敏	上饶市信美学校	程国军
上饶市第十一小学	王建春	上饶市信州区凤凰学校	卢　剑
上饶市第十二小学	祝　敏	上饶市沙溪中学	郑　军
上饶市第十三小学	郑　忠	上饶市信州区沙溪宋宅中学	郑小华
上饶市实验小学	王晓媚	上饶市信州区秦峰中学	郑宜伟
上饶市第十五小学	余　建	上饶市信州区秦峰第二中学	郑德忠
陆羽小学	刘玉萍	上饶市信州区朝阳农业中学	王安宁
明叔小学	游素芝	上饶市朝阳中学	刘谟忠
上饶市第十九小学	万　俊	上饶市灵溪中学	方丁旺
上饶市第二十小学	吴　瑶	信州区茅家岭中心小学	邱伟华
上饶市第一保育院	余青璐	上饶市信州区沙溪中心小学	祝建华
上饶市第二保育院	陈哲剑	上饶市信州区灵溪中心小学	叶华强
上饶市信州区第三幼儿园	黄　琪	上饶市信州区朝阳中心小学	许大敬
上饶市信州区三江幼儿园	许　芳	上饶市信州区秦峰中心小学	郑维锋

体　育

【概况】　本着体育为全区经济服务的指导思想，结合全区实际和2021年社体中心工作重点和全区创文工作，在群众体育、竞技体育、体育产业、场地建设等方面取得较好成绩。年内在全省、全市青少年竞技体育工作评比中均名列前茅，获评“江西省青少年训练工作精品县（列全省第二十二名）”。全区在2021年上饶市第五届运动会青少年部赛事中获评104枚金牌，金牌和团体总分居全市第二，在社会部赛事中取得团体总分第一名的好成绩，还获评“2017—2021年全国群众体育先进单位”。全年共组织举办20项全区群众体育活动。全区体育彩票发展列全省第一集团。

群众体育

【全民健身活动】　区社体中心为丰富群众体育活动，开展多项体育活动，全年组织举办信州区中小学生羽毛球比赛，信州区中小学生大课间评比赛，全区中小学生田径运动会，信州区中小学生跳绳比赛，全区老年人门球比赛，“三八”老年女子门球赛，全区少儿篮球比赛，信州区武术套路、散打参加市运会选拔赛，全区青少年跆拳道比赛，信州区干部职工趣味运动会，全国百城千村健身气功交流展示活动（江西·上饶），全区《国际体育锻炼标准达标》通信等20场比赛。“不忘初心体育情，翰墨丹青颂党恩”上饶书画展，各协会自行举办上饶市俱乐部武术套路冠军赛，“爱驰杯”第十一届赣浙闽皖四省九市乒乓球友好邀请赛，第二届上饶市中职学校男子篮球、女子气排球比赛，上饶市第五届运动会社会部气排球、乒乓球、健身气功比赛，首届“上饶—景德镇”两市乒乓球友好邀请赛，“上饶银行杯”干部职工气排球赛等上百次活动。积极参加全国、省、市全民健身活动，信州区共有5个项目代表江西省参加全国第十四届运动会，在广播操、气排球（男、女队）、柔力球、健身气功等项目上，均取得较为优异的成绩。积极参加市第五届运动会，参加包括20个大项中的19个大项的社会部比赛，无论从参加项目的数量，还是取得的成绩，均为全市第一。在全民健身网络建设方面，基本建立区、乡镇（街道）、社区（村）的三级健身网络机制。全区体育单项协会19个，新成立俱乐部6个，共达11个体育俱乐部，新增全民健身站点3个，达到346个。新增社会体育指导员115人，达1507人，其中国家级28人，一级社会体育指导员158人，二级320人，三级1001人。在信州区全民健身中心设立上饶市体育局、信州区社会体育指导服务中心国民体质监测站（点）。

【全民健身指导服务】 开展体育进社区、进农村、进校园活动。2021年，为全区35个社区、村居安装体育健身路径，为19个学校赠送体育器械，为9个学校改建体育运动场。在信州区健康主题公园（紫阳公园）累计向群众发放《全民健身指南》书籍2000余本，指导群众科学健身。与市体育局一起在全民健身的国际志愿者日，派出5名专业教练员到学校捐赠体育器材和指导学生科学锻炼。信州区开展群众体育成绩突出，在全国第十四届运动会上被国家体育总局评为“2017—2021年”群众体育工作先进单位。

竞训体育

【体育竞训工作】 以参加备战2021年江西省5个百县青少年运动会和全省、全市青少年锦标赛和上饶市第五届运动会为抓手。狠抓训练队伍集训，制定详尽的布置和训练计划；对夺金目标进行分析和预测，做到心中有数，打有准备之仗。有田径、跆拳道、羽毛球、游泳、篮球、射击、跳水、跳绳、跨界跨项、乒乓球、围棋、网球、体操、拳击、足球、武术等17个大项的462名运动员参加省、市锦标赛和市运会的训练。全力备战各级比赛。为备战省、市锦标赛和市运会全年组织全区各运动队集训。9~12月在全省举办的“中国体彩杯”江西省百县青少年足球、篮球、田径、乒乓球、体操5个项目比赛中，信州区运动员虽然受疫情影响（足球被退赛）在无法正常训练情况下，成绩仍处在全省中上水平，在百县体操比赛中荣获二等奖。在上饶市第五届运动会青少部比赛中，派出400余名运动员参加19个大项的17个项目的比赛，共夺得金牌104枚，金牌和团体总分均为全市第二，实现保三争二目标。引进青少年击剑运动落户信州区，7个示范学校全部挂牌启动。

【体教融合工作情况】 信州区体教融合工作取得较好的发展，由教体局分管的领导统一分管教体局的体卫艺股和区社体中心。为体教融合工作发展提供条件。体育进学校服务项目增多，有建设场地、有送体育器材到学校、有派专业教练进校园，这些为培养优秀运动员后备力量提供良好条件。学校对体育的支持力度加大，到学校选拔、培养运动员后备力量、到学校抽调体育教师参与全区比赛训练工作，得到学校的大力支持，力度明显提升。

【青少年选材注册工作】 2021年，共完成青少年注册近300人。

为全区运动员参加市运会、省运会提供保障。全区共有近10名运动员在国家、省队训练，其中羽毛球运动员张艺曼、李云和射击运动员洪心茹在国家队，多次为国争光，张艺曼在2021年世界羽毛球锦标赛女子单打比赛中荣获第三名。在上饶市第五届运动会的政策性加分加牌统计中（含输送运动员得分），信州区以119分的成绩高居全市第一。全区共举办8次青少年运动比赛，分别是信州区中小学生羽毛球比赛，信州区中小学生大课间评比赛，全区中小学生田径运动会，信州区中小学生跳绳比赛，全区少儿篮球比赛，信州区武术套路、散打参加市运会选拔赛，全区青少年跆拳道比赛，上饶市武术套路冠军赛。在参加全省各个青少年锦标赛、百县运动会、体育后备人才输送等方面，2021年，获得江西省青少年业余训练综合考评第二十二名，被评为“江西省青少年业余训练三十强精品县”，列全市之首。

【体育设施建设】 2021年在乡镇、社区安装35套健身路径，9个学校体育场地建设（市六中、市一小、市五小、茅家岭塔水小学、茅家岭畴口小学、沙溪中心小学、秦峰新塘小学、秦峰路底小学、秦峰中学），为方便群众和学生体育锻炼提供条件。打造群众健身十五分钟健身圈。截至2021年年底，全区健身步道建设达120余千米。信州区全民健身体育馆，全年举行20多个项目的赛事活动。对紫阳公园、双塔公园、信江南岸的健康主题公园和健身步道进行维护、维修工作。在场地建设中抓住政府对“创卫、创文”的要求为契机，大力改善体育场地建设。对现有场地进行改造、扩建。

体育产业

【以比赛促经济】 全年举办上饶市俱乐部武术套路冠军赛，“爱驰杯”第十一届赣浙闽皖四省九市乒乓球友好邀请赛，第二届上饶市中职学校男子篮球、女子气排球比赛，上饶市第五届运动会社会部气排球、乒乓球、健身气功比赛，首届“上饶—景德镇”两市乒乓球友好邀请赛，“上饶银行杯”干部职工气排球比赛，全国百城千村健身气功交流展示活动（江西·上饶），信州区武术套路、散打参加市运会选拔赛，信州区干部职工趣味运动会，全区老年人门球比赛10场比赛，带动了信州区经济发展。

【体育彩票工作】 体育彩票是体育发展的生命线。2021年全区共完成体育彩票销售额达6千万元，将所得的体彩公益金用于信州区全民健身馆建设和全民健身活动当中。

（周红权　何凡）

文化艺术

综　述

2021年，信州区文广新旅局为推动文旅市场高质量发展，围绕建党100周年，开展系列文化活动，创作优秀文艺作品，大力弘扬社会主义核心价值观，努力满足人民群众精神文化需求，着力推进信州区文化事业蓬勃发展，为建设“诚信之州，美好之城”营造浓郁的文化氛围。

艺术创作持续发力。承办音乐党史课，深情回顾中国共产党从成立之初到奋力实现伟大复兴中国梦的光辉历程。信州区文艺志愿者走进街道社区开展“讲红色故事·唱爱国歌曲”主题活动。开展文化惠民戏曲下乡文艺演出、传统越剧展演、戏曲进校园活动。大力开展文艺创作，2021年作品获奖颇丰。

开展丰富多彩文化活动。开展创文巡演、三下乡放映、非遗闹元宵、端午非遗进社区、龙舟进万家、上饶民俗民歌展演、非物质文化遗产日信州串堂展演、非遗进校园等活动。区图书馆精心策划和组织各类培训、讲座、展览、阅读活动。

推进文物保护落地落实，文物维修有序进行。文物管理所管理着全区境内9处文物保护单位。其中省级文物保护单位1处，市级文物保护单位8处。区博物馆负责信州区范围内的文物、收藏、研究、展示、教育工作。

文艺创作与演出

【概况】　2021年，通过激发文艺创作者的创作热情，创作蕴含地方特色文艺精品力作，赣东采茶小戏、舞蹈、广场舞展演、小品分别荣获各类比赛奖。开展文化惠民戏曲下乡文艺演出、传统越剧展演、戏曲进校园活动。进一步满足群众多样化的精神文化需求，努力营造浓厚的中心城区文化氛围。

【音乐党史课】　由中共信州区委、信州区人民政府主办，信州区党史学习教育领导小组办公室、中共信州区委组织部、中共信州区委宣传部、上饶市歌舞话剧团、信州区文广新旅局承办，信州区文化馆编排，将党史教育融入文艺表演，创新出“音乐党史课”。根据中国共产党发展历史将“音乐党史课”按“初心使命”“苦难辉煌”“中流砥柱”“永葆本色”“屹立东方”“精神丰碑”“关键一招”“伟大复兴”的时间轴分8个篇章，回顾中国共产党从成立之初到奋力实现伟大复兴中国梦的光辉历程，让观众在情景交融中接受党史教育。

【红歌教唱】　为大力弘扬以爱国主义为核心的民族精神，信州区文艺志愿者走进街道、社区开展“讲红色故事·唱爱国歌曲”主题活动共计40场。

【文艺创作成果】　由江西省文化和旅游厅主办，上饶市文广新旅局承办，上饶市文化馆、上饶市戏剧家协会协办的“永远跟党走”上饶市庆祝中国共产党成立100周年现代地方小戏小品大赛在上饶师院音乐厅举行。信州区文化馆的赣东采茶小戏《血染杜鹃》获大赛小戏类比赛二等奖，为信州区赢得荣誉。由上饶市文化广电新闻出版旅游局和上饶市妇女联合会主办的“永远跟党走”——庆祝中国共产党成立100周年广场舞展演活动，信州区舞蹈《映山红》荣获三等奖。小品《明天秋游去哪儿》荣获上饶市第十一届少儿曲艺大赛作品奖。小品《姐妹》荣获上饶市第十一届少儿曲艺大赛作品奖。

上饶越剧团进校园演出

【越剧团演出活动】 上饶越剧团开展“乡村振兴、文化惠民——防范电信网络诈骗宣传”，建党100周年“永远跟党走 启航新征程”文化惠民戏曲下乡文艺演出，“越歌琴韵颂党恩”传统越剧展演，戏曲进校园等演出活动。上饶越剧团围绕中心，服务大众，新编创排越剧《游子吟》选段《心盈出嫁》、反网络电信诈骗小品《贪财的代价》、诗朗诵《党的赞歌》等文艺节目。开展送戏下乡演出46场，“越歌琴韵颂党恩”传统越剧展演《一缕麻》《桐江雨》公益性演出2场，戏曲进校园7场。节目体裁贴近生活，宣传党的政策方针，丰富群众文化生活，得到群众一致好评。

文化活动

【概况】 2021年度，信州区文化馆开展丰富多彩文化活动，满足群众精神需求。创文巡演120场，电影放映三下乡。举行非遗闹元宵、端午非遗进社区、龙舟进万家、上饶民俗民歌展演、非物质文化遗产日信州串堂展演、非遗进校园等活动。全年，接待各类读者咨询检索服务21.32万人次，借阅流通24354册次。策划和组织各类培训、讲座、展览、阅读活动共计69场，展览3场。开展各类文化活动下基层、上社区、入园区进一步落实国家惠民政策，真正实现党和群众零距离。

【庆祝建党一百周年系列活动】 由信州区文广新旅局主办，区文化馆承办信州区文艺志愿者庆祝建党100周年系列演出，推出7场合唱、戏曲、T台秀等不同形式的节目。通过“魅力信州”APP全程线上直播，线上线下累计观看演出人次近100万。

【电影放映工作成绩斐然】 2021年度，上饶影城票房总收入292.7万元，放映总场次7259场，观映总人数93951人次，其中观看红色主旋律电影4000人次。2021年内，区影剧音像总公司广泛开展电影三下乡活动。全年三下乡放映电影904场，其中农村行政村放映659场，学校放映245场。

【挖掘、开发非遗项目】 信州区共有省级项目《夏布制作技术》《姚金娜民歌》《信州火针》3项和市级项目《信州茶灯》《信州串堂》《陈文武石雕石砚》《信州龙船竞技》4项录入省数据库系统。同时就《夏布制作技术》《信州火针》两个项目重新拍摄申报片，为申报国家级项目奠定基础。开展非遗闹元宵、端午非遗进社区、龙舟进万家、上饶民俗民歌展演、非物质文化遗产日信州串堂展演、非遗进校园等活动。信州民歌传承人胡冬兰被授予“市优秀传承人”称号。

图书馆藏

【概况】 信州区图书馆为国家二级图书馆，连续多年被评为全省先进古籍保护先进单位，坐落在城市最繁华地段（赣东北大道67号），建筑面积2200多平方米，无线信号全覆盖，内设中央空调，有少儿阅览室、报纸期刊阅览室、中文读物区（外借室）、电子阅览室、古籍部等。总藏书量达 18 万余册，收藏有《留侯天师世家张氏宗谱》《饶州府志》《广信府志》《上饶县志》《林夫人血书碑帖》等珍贵古籍。其中，由上饶市文献学会捐赠的古籍版本墙，选取明清两代各种各样的版本散页，向读者直观展示版本样式，普及古籍版本知识，是馆内最有特色的陈展形式，陈展形式在全省首创。

【服务宣传工作】 接待各类读者咨询检索服务共计 21.32 万人次，借阅流通 24354 册次。完成《公共图书馆法》《党史》宣传普及工作，让群众及职工进一步增强对公共图书馆的认识与理解。

【形式多样化的阅读活动】 策划和组织各类培训、讲座、展览、阅读活动共计 69 场，展览 3 场。其中书香家庭评比会、王金海智慧父母线下研修班、少儿故事分享会、“雷锋精神”系列展览、大家聊电影系列、防拐骗公益活动、“图图”木偶剧、栗子姐姐古灵精怪故事会、魔法亲亲绘本课、《后来居上》中国原创绘本展等活动，获得孩子和家长的认可。

文物保护

【概况】 信州区文物保护工作由信州区博物馆、上饶民俗博物馆和文物管理所负责，实行三块牌子，一套人马。馆藏 1093 件（套）文物，其中国家一级文物 3 件，二级文物 10 件，三级文物 42 件。文物管理所管理着全区境内 9 处文物保护单位。其中，省级文物保护单位 1 处，市级文物保护单位 8 处。区博物馆负责信州区范围内的文物收藏、研究、展示、教育工作。馆内设基本陈列 1 个，全年举办各类临时展览 7 个，开展社会教育活动 11 次，接待观众 3.5 万人次。

【文物维修扎实有效】 坚持“保护为主、抢救第一、合理利用、加强管理”的文物工作方针，编制完成江西省文物保护单位新四军驻赣办事处旧址（杨时乔府第）维修设计方案，通过省文旅厅批准。5 月，经招标，新四军驻赣办事处旧址正式开始实施修缮。为加强文物安全管理，2021 年内进行全区性文物安全检查 3 次，建立健全文物安全管理制度，落实安全责任，全年未发生安全事故。

旅　游

综　述

2021年，信州区文化广电新闻出版旅游局（以下简称“区文广新旅局”）全面、全心优化文化旅游服务，推动文化旅游事业健康发展。全年共接待游客2651.47万人次，实现旅游综合收入214.54亿元。

沙溪镇现代农业产业示范园

乡村旅游建设有新突破。上饶市恒大养生谷景区被认定为国家3A级景区，西园生态被认定为省级4A级乡村旅游点，百灵草山庄被认定为省级3A级乡村旅游点，实现信州区国家景区、省级4A乡村旅游点“零”的突破。

工作机制建立有新举措。制定《关于加速发展信州“大旅游”的实施方案》，投入退赔金建立旅游诚信退赔工作机制。帮助区内商超、酒店、景点等旅游主体接入“上饶旅游”APP，加速信州智慧旅游发展。

旅游活动组织有新亮点。积极组织旅游商品企业参加文化产业博览交易会、旅游商品展销活动。开展文旅消费季、文旅商贸促进月系列活动。组织文旅消费直播PK大赛、文旅商贸促进活动，参加全国红色旅游产品征集、特色旅游商品展大赛推介旅游作品。

旅游行业管理

【概况】　2021年，制定发展信州旅游方案，组织红色旅游、红色体验等各种文旅消费活动，打造特色旅游景点、推介创意旅游产品吸引各方游客，上饶国际大酒店作为信州区代表队参加上饶旅游饭店服务职业技能大赛，获得前厅一等奖、客房二等奖、餐厅三等奖的好成绩。

【行业建章立制】　制定并启动《关于加速发展信州“大旅游”的实施方案》，为信州旅游发展提供发展方向和政策保障。建立旅游诚信退赔工作机制，有效保障旅客消费权益。

【旅游活动】　组织旅游商品企业参加中国（深圳）国际文化产业博览交易会、江西“百县百日”文旅消费季活动、全市“唱支山歌给党听”红色旅游线路启动仪式、全市“红色体验之旅首发团”暨五一“旅游消费黄金季”等旅游商品展销活动。

【旅游市场监管】 配合市文广新旅局抓好旅游市场监管工作，全年累计开展专项检查26次，出动人员76人次，发现问题15处，报执法支队查处问题旅游企业3家。通过加强旅游市场监管，进一步净化全区旅游市场秩序，有力维护消费者权益。

旅游推介

【旅游推介】 组织信州区企业江西省“百日百县”江西文旅消费季直播PK大赛，开展2021“信州有礼·钜惠暖冬”文旅商贸促进月系列活动。信州区非遗项目——陈文武石雕石砚作品参加全国红色旅游产品征集，作品入围2021年江西省红色旅游创意产品征集、2021中国（乐山）特色旅游商品展大赛。

【上饶恒大养生谷】 上饶恒大养生谷景区，位于上饶大道9号，地处上饶国际医疗旅游先行区核心区域，占地面积150余亩。集立体教育、亲子娱乐、休闲度假、商务会展、康体养生等于一体。内含亲子园、颐养园、康益园、长乐园4大主题园区，可以为游客提供游、学、禅、乐、情、膳、美、住、健、护等852项设施设备和867项全方位服务。景区建筑风格集百家之长，融合传统建筑和欧式建筑的布局风格。

【旅游创意产品】 信州区非遗项目——陈文武石雕石砚作品，选用上等罗纹砚石，所制之砚汇聚雕刻、绘画、书法、篆刻以及文字等方面修养。其中怀玉砚作品《论持久战》通过精湛的雕刻工艺，将砚台制作成书本模样，砚台上的罗纹展现了书本的年代感，显得奇巧有灵气。作品入展江西省委宣传部、省文旅厅主办“2021年江西红色旅游创意产品展示”；《学习用典》系列一套作品入展国家文旅部主办的“2021中国旅游商品大赛”；怀玉砚《铭记历史勿忘国耻》作品在江西省文旅厅主办的“红色题材非物质文化遗产作品创作评选活动”中荣获优秀奖。

【旅游景点】 全区有国家级4A景点1处，为上饶集中营旧址，3A景点恒大养生馆一处；省级4A景点朝阳镇西园生态园1处，3A级景点秦峰镇五石村、沙溪镇向阳龙门额宋宅村、茅家岭塔水村、朝阳石垅孔村、百灵草山庄信州区现代农业示范园5处。

（李艳）

科学技术

【概况】 2021年，全社会研究与开发经费支出填报4.43亿元（不含高铁新区1.93亿元），较上年增幅76.5%，占信州区生产总值比为1.14%。填报总量在全市排名第七（含高铁新区填报数）。

【高新技术企业培育】 2021年，上德联合电气集团有限公司等3家企业成功通过评审，被认定为国家高新技术企业，全区高新技术企业总量达21家。成功选推31家域内企业入库国家中小型科技企业库。

【科技研发投入服务】 2021年内，区财政科学技术支出4900万元，较上年增长5.0%，占一般公共预算支出的1.34%。落实高新企业财政奖励40万元。

【科技人才工作】 初步建立信州区科技人才库，库中人数30余人，涵盖各专业领域科技人才以及上饶籍在外科技人才。初步探索建立科技项目专家评审机制，专家中包括博士2名，光学领域专家3名，着力提升科技项目专家评审工作规范化、科学化、透明化。

【"揭榜挂帅"工作】 通过"揭榜挂帅"项目，助力江西欣旺卫生用品有限公司与揭榜科技型企业研发团队协同创新，开展科技合作，助推解决企业技术人才提出的关键技术需求，助推信州区产业高质量跨越式发展。

【"科贷通"工作】 完成金融科技贷款"科贷通"300万元，新推荐省"科贷通"备选企业3家，助力缓解企业融资困难问题，2021年，网上科技技术合同成交额达18406.12万元。

【科技型企业梯队培养】 潜在瞪羚企业巨网科技成功获批瞪羚企业，31家注册地为信州区的企业入库江西省科技型中小企业，高新技术企业新增4家。

【科技宣传】 着实开展科技活动周和科技下乡宣传活动，2021年，累计发放科普资料3000份，技术资料1000册，答疑解惑150余人次，接待咨询400余人。以科技活动周为契机，深入社区园区、乡村、企业、学校开展垃圾分类环境保护等科技宣传推广活动，提高市民、农民科技素养。向企业发放《现行科技创新政策（项目）宣传》手册，加大科技惠企政策、加计扣除等税收优惠政策、科技项目申报等政策宣传力度，引导企业用好用足用活政策，促进各项科技政策切实落地见效。在园区和各镇街选拔科技宣传员，发动全社会力量参与到科技服务当中，为加快推进创新驱动发展，营造良好氛围。

【科技合作】 在续合作科技项目4个，企业先后与航天特种材料及工艺技术研究所、上饶黑滑石研究中心等4所高校、科研单位签署科技战略协议。信州区与市移动公司合作，打造全市第一个5G应用全覆盖基地，助推国家重大科技成果应用城市创新。

（李萌文）

卫生健康

综　述

2021年，全区有医疗卫生机构417家，公立医疗卫生机构21家，其中，三甲医院1家，二级甲等中医院1家，一级医院1家，县（区）级预防保健机构2家。基层医疗卫生机构16家，其中基层医院8家，基层预防保健机构8家。

坚持常态化疫情防控和局部应急处置相结合、健康监测和闭环管理相衔接、平时预防和战时应急相统筹，科学精准抓好“外防输入、内防反弹”工作，扎实稳妥推进新冠病毒疫苗的接种。全年接种新冠病毒疫苗1046753剂。

深化医改，推进公立医院高质量发展。全面深化公立医院薪酬制度改革，深入推广三明医改经验推动形成有序就医和诊疗新格局。2021年，在健康江西考核中信州区荣获全市第三，在省市卫健委医改年终考核中荣获全市第二。

推进基本公共卫生服务。建立电子健康档案433400份，辖区内65岁以上老年人接受健康管理人数47025人。儿童健康管理人数42186人，健康管理率达85.61%，对严重精神障碍病人进行管理，规范管理人数1887人；免费为老年人、孕产妇、高血压、糖尿病、0~6岁儿童等六类人群提供基本公共卫生服务。持续优化便民服务环境。深入推进“放管服”政务服务工作。信州区卫健委行政服务中心办事窗口上半年共办理医师变更注册244人，护士变更注册257人，可感染人类的高致病性病原微生物菌转运证72件。设立新冠肺炎疫情举报咨询热线电话，均按期办结群众反映的问题。

提升中医药工作水平。信州区顺利通过国家“基层中医药工作先进单位”复审工作。乡镇卫生院（社区卫生服务中心）均完成中医馆项目建设。7月，顺利通过第四次全国中药资源普查验收。江西西园生态农业科技开发有限公司、上饶市信州区百灵草山庄、信州区罼大叔生态枇杷种植园、信州区吴楚种养殖农民专业合作社4家单位成功申报上饶市中医药健康旅游示范项目。

深化健康信州建设。开展爱国卫生运动，创“国文”平台上传资料14项并全部归档。制作“创文”公益广告8块，制作卫生健康知识、传染病防控知识、应急救护知识宣传栏模版12块。配合市卫健委对区属医疗机构创文督导2次，区卫健委督导8次。坚持开展志愿者服务，委机关共打卡服务20808小时。

（黄俐智）

医政管理

【概况】　2021年，重点加强新冠疫情（现更名新冠感染）防控及救治、医疗质量、医疗安全管理、加强医患沟通、医疗技术等，建立医疗质量管理控制和评价体系，保证医疗安全。曾宇红、余春富等7人被授予“全市百名最美医生”光荣称号；罗虹、吕炆璐2人，杨蓓琦等7人，分别被授予“全省百名优秀护士”及“全市110名优秀护理工作者”荣誉称号。完成2021年度医师资格考试报名现场审核工作，共审核288人。

【疫情防控期间医疗救治及院感防控】 制定《信州区医疗救治工作专班工作方案》《信州区新型冠状病毒疫苗接种异常反应医疗救治工作方案》《关于开展全区民营医院和诊所新冠疫情防控及医院感染防控督导检查工作的通知》，明确新冠肺炎医疗救治有关机构组织的职责和任务，严格落实标准预防和风险管控，切实将新型冠状病毒肺炎疫情感染防控相关工作落到实处。

【持续强化基本药物使用情况监督管理】 根据省卫健委赣卫药食字〔2021〕4号文《关于调整江西省公立医疗机构基本药物配备使用比例要求的通知》要求，全省公立医疗机构基本药物配备使用比例要求进行调整，对辖区内乡镇卫生院实施基药进展情况、基药零差率政府补助资金的使用以及基本药物采购配送等情况开展绩效评价工作。将全年财政补助的专项资金173.75万元按要求配比下拨到各乡镇卫生院。截至2021年12月31日，辖区内公立医疗机构基药使用占比均达标。

【医疗机构管理】 联合上饶市卫监局对辖区内医疗乱象进行专项检查。对相关医疗安全、医疗服务等重点环节进行全面检查，对存在问题给予通报并责令整改，对存在问题较多的上饶信州芯颜医疗美容门诊部、上饶信州惠民医院分别给予注销《医疗机构执业许可证》，违规项目予以停止执业的行政处理。联合区市场监管局、区医保局对辖区内医疗机构不合理医疗检查进行督导检查工作，列出不合理医疗检查问题清单给予通报及责令限期整改，并抄送市卫生健康监督执法局。扎实推进创建“平安医院”建设工作，强化安全生产及防火监督检查，发现问题及时整改，杜绝隐患，全年度未发生重大医疗安全事故，无伤医事件，无公安机关现场制止医闹事件。

【民生工程】 2021年，完成白内障手术202例，完成“光明微笑”工程率107%。先心和白血病患儿救治任务数分别为15例和1例，实现救治先心4例，白血病患儿3例，分别完成儿童两病26.6%和300%。尿毒症患者实施免费治疗任务数110例。上饶市立医院、上饶中医院和上饶信州春华医院累计免费血透救治尿毒症383人，实际完成尿毒症免费血透救治任务数的348%。

（章丽娜）

基本公共卫生服务

【概况】 2021年，围绕“强基层”的工作目标，规范“家庭医生签约、基本公共卫生”两项服务，优化基本公共卫生服务项目管理，加强乡镇卫生院人才队伍建设，落实家庭医生签约服务工作，促进社区卫生服务工作又好又快发展，提高群众满意度。

【推进家庭医生签约服务工作】 2021年，全年签约170596人，家庭医生签约服务覆盖率达39.36%，重点人群签约服务覆盖率达60%。优先为脱贫人口、残疾人、严重精神障碍患者、慢性病等重点人群提供家庭医生签约服务。

【加大基层卫生人才培养力度】 继续培养村卫生室订单定向医学生8名，进一步优化乡村医生人才结构。招录9名“三支一扶”人员充实到基层医疗卫生机构，采取线上线下相结合方式为20名基层卫生人员开展服务能力培训，组织基层公共卫生工作人员及乡村医生开展《国家基本公共卫生服务规范（第三版）》专题培训，使所有参与基本公共卫生服务项目的工作人员能熟练掌握国家基本公共卫生服务规范的各项内容。

【落实村卫生室基药补助政策】 为进一步提高基本药物制度可及性，促进村卫生室健康发展。严格按照相关文件标准将104万元的基药补助资金全部发放到63家村卫生室。

【开展基本公共卫生服务项目督导和绩效评价】 为提高基本公共卫生服务项目工作质量，采取定期考核和日常监督相结合方式，区卫健委和区财政局共同制定

《信州区2021年度基本公共卫生服务项目实施方案》《信州区2021年度基本公共卫生服务项目绩效评价方案》，成立信州区基本公共卫生服务绩效评价小组，采取书面汇报、查阅资料、现场抽查健康档案、问卷调查、入户核查、电话访谈和书面考试等方式进行绩效评价，对基层医疗机构每年3次督导，1次绩效评价，对发现的问题及时进行通报，并且依据结果分配项目经费；同时乡镇卫生院根据村级绩效考核标准，每季度对所辖村级卫生室开展基本公共卫生绩效督导，按结果发放项目补助资金，确保基本公共卫生服务项目各项工作的顺利开展。

（冯蕾）

上饶师范学院、区疾控中心结防科及茅家岭街道联合举办结防宣传教育活动

疾病预防控制

【概况】 2021年，信州区疾控中心紧紧围绕各项任务指标，做好各项工作；同时新冠肺炎疫情的防控工作不断实时推进。

【卫生应急与疾病控制】 区卫健委成立以主要领导为组长的突发公共卫生事件应急处理领导小组，下设医疗救治组、专家诊断组和疫情处理协调组，建立“单位一把手负总责，分管领导具体抓”的领导工作责任机制。在卫生应急工作中，健全卫生应急管理组织，明确责任领导，落实责任人。发生突发公共卫生事件和疫情及时报告。在疾控能力建设工作中，制定工作方案，落实责任分工，实行定期通报及进度调度制度。截至2021年12月27日，共协查外省外市新冠疫情事件122起，完成流行病学调查报告29份。自10月30日，铅山县疫情暴发期间，全区流行病调查新冠肺炎确诊病例35人、无症状感染者8人、密接1304人、次密接2129人。

【扩大国家免疫规划】 制定《信州区扩大免疫规划工作实施方案》，按照工作内容与要求，精心组织实施。全区免疫规划疫苗全年接种率均达95%以上。接种新冠病毒疫苗第一剂475822剂、第二剂464697剂、第三剂189102剂，共接种1129621剂次，累计配送疫苗共923次。2021年，132所幼托机构入托新生共5936人，查验率100%，查验小学61所，入学新生共5969人，查验率100%。

【传染病防治】 全区艾滋病累计报告621例，其中存活艾滋病感染者/艾滋病人450例，累计抗病毒治疗有498例，存活在治病例425例。完成随访419人，完成任务的196.71%，累计完成随访1148人次。高危行为干预6212例，发放宣传折页8818份、安全套61160个。继续以医疗机构报告率、病人转诊率、病人系统管理率、结核病防治机构追踪到位率和病人家属筛查率“五率”为重点，落实结核病防治工作各项措施。10月，对市五中、市六中开展入学新生结核菌素试验，共筛查学生、教师500余人。

【传染病疫情报告管理】 制定传染病报告督导实施方案，对每个单位进行督导，责任到人。传染病报告质量逐步提高。截至2021年11月30日，全区共上报传染病卡1650张，死亡10例（艾滋病）。甲类传染病无报告；乙类传染病报告发病8种991例，

【慢性病防控】 开展慢性病综合防控工作。参与组织信州区第三届职业人群健走大赛，148人参加，共15个参赛团体，健走拓展赛共计233人参赛，累计发出鼓励红包2715元。

【公共卫生监测】 农村饮用水卫生监测。共采集水样103份，涵盖全区4个镇，共10个农村

饮水工程和3所学校。食源性疾病监测。截至2021年12月10日，全区报送食源性疾病病例70例。食源性疾病中毒报告网络监测报告率达100%，网络直报及时率达100%。抓实学校卫生监测工作。对9所学校学生开展近视调查，共监测2506人，视力测试异常有1408人，视力不良率为56.18%。重视职业监测，对5家企业职业病开展危害因素监测。放射诊疗机构调查，对辖区内3起医疗机构进行放射危害因素监测调查。鼠疫监测，全年共取鼠血清434份，其中室内320份，室外114份，采用间接血凝试验检测，结果阴性。碘营养监测方面，200份儿童食用碘盐监测中合格碘盐192份，占96%。100份孕妇食用碘盐监测中合格碘盐95份，占95%；合格碘盐食用率95%。尿碘检测结果，全市8～10岁儿童尿碘含量检测结果显示，尿碘中位数为204.13μg/L。全市孕妇尿碘中位数为184.685μg/L。疟疾血检人数为207例，其中阴性病例207例，阳性病例0例。

（杨庆国　陈怡戎　熊慧）

医疗资源

【概况】 2021年，全区有公立医疗卫生机构23所，其中公立综合医院3所，中医院1所，乡镇卫生院6所、防疫保健机构11所，卫生经办性机构2所。社区卫生服务中心11所、社区卫生服务站25所、民营医院19家、村卫生室（服务站）161所、诊所（门诊部、医务室等）187所。上饶市卫健委下放一级及以下医疗机构19家（见下表）。

（章丽娜）

2021年信州区医疗资源信息表

序号	机构名称	机构级别、类别
1	上饶市立医院	三级综合医院
2	上饶市中医院	二级中医医院
3	信州区第二人民医院	一级综合医院
4	上饶师范学院医院	一级综合医院（下放）
5	信州区妇幼保健院	妇幼保健院
6	信州区疾病预防控制中心	专科疾病防治站
7	信州区沙溪镇中心卫生院	中心卫生院
8	信州区朝阳镇中心卫生院	中心卫生院
9	信州区秦峰镇卫生院	一般卫生院
10	信州区灵溪卫生院	一般卫生院
11	信州区茅家岭卫生院	一般卫生院
12	信州区北门卫生院	一般卫生院
13	信州区沙溪镇卫生管理站	卫生管理站
14	信州区朝阳镇卫生管理站	卫生管理站
15	信州区秦峰镇卫生管理站	卫生管理站
16	信州区灵溪卫生管理站	卫生管理站
17	信州区茅家岭卫生管理站	卫生管理站
18	信州区北门卫生管理站	卫生管理站
19	信州区儿童防病保健中心	儿童防病保健中心

续表

序号	机构名称	机构级别、类别
20	信州区第二儿童防病保健中心	儿童防病保健中心
21	信州区妇幼保健院预防医学门诊部	专科门诊部
22	上饶清水医院	二级综合医院（民营）
23	上饶信州春华医院	二级综合医院（民营）
24	上饶信州惠阳医院	一级综合医院（民营）
25	上饶信州江洲医院	一级综合医院（民营）
26	上饶信州爱民医院	一级综合医院（民营）
27	上饶信州江丰医院	一级综合医院（民营）
28	上饶信州惠民医院	一级综合医院（民营）
29	上饶信州福海医院	一级综合医院（民营）
30	信州骨伤科医院	一级专科医院（民营）
31	上饶信州申康中西医结合医院	一级中西医结合医院（民营）
32	上饶信州现代医院	下放一级综合医院（民营）
33	上饶紫京医院	下放一级综合医院（民营）
34	上饶九九医院	下放一级综合医院（民营）
35	上饶博爱医院	下放一级综合医院（民营）
36	上饶东大肛肠专科医院	下放一级综合医院（民营）
37	上饶常青医院	下放一级综合医院（民营）
38	上饶利华医院	下放一级综合医院（民营）
39	上饶弘康精神病医院	下放一级精神病医院（民营）
40	上饶启明眼科医院	下放眼科医院（民营）
	社区卫生服务中心 11 所（其中卫生院、区二院等 7 家机构增冠社区卫生服务中心实行两块牌子一套人马管理），站 25 所（卫生管理站、第一、第二儿保、市立医院、中医院、妇幼保健院等 11 所公立单位及 2 家民营医院共 13 所机构增挂社区卫生服务站牌子）	
	诊所 138 所、门诊部 39 所、医务室 10 所	
	村卫生室（服务站）161 所	

上饶市立医院

【概况】 2021 年，实现医疗活动收入 4.3 亿元，同比增长 12.74%；其中医疗收入 4.05 亿元，同比增长 12.85%。出院人数 26464 人，同比增长 3.53%；门急诊量 514035，同比增长 62.46%；手术量 8127 台，同比增长 11.91%；CMI 值由上年的 0.88 提高到 2021 年的 0.96；费用指数由上年的 1.01 降低至 2021 年的 0.91；药占比由上年的 28.15%降至 2021 年的 26.47%；耗占比由上年的 13.16%降至 2021 年的 12%左右；基药使用金额由上年的 31.8%上升到 2021 年的 36.6%；国家三级公立医院考核综合排名由 726 名上升到 639 名。

【“党建+”助推医院高质量发展】 以“党建+”助推医院高质量发展。以党史学习教育为抓手，巩固深化创新理论武装。聚焦服务，扎实开展“我为群众办实事”实践活动。3 月率先在全市开展线下“出生一件事”联办线下试点工作，5 月全面启动“出生一件事”线上申办，在办理流程上实现一次申请、一网受理、一体反馈。多证联办后，需要提供的材料大大减少，申请内容也浓缩为一张表格，办事地点由原先至少跑6个地方简化为在一个地方就能完成办理，让家长们在最短的时间内办理好联办证件（事项）。试点工作取得圆满成功，得到市、区两级党委、政府的肯定和表扬。

【共筑疫情“铜墙铁壁”】 2021年10月30日，铅山突发新冠肺炎疫情，医院派出首批医疗队支援铅山，之后陆续派出支援队伍先后共计38人，涵盖医疗、护理、院感等专业领域，拉起防外溢、防扩散的生命防线。11月4日疫情波及信州，根据市、区疫情防控指挥部要求，先后派出230人投身全民核酸采样及转运工作，调运物资360批次，共计2952270件（套），调运医学装备40台，确保全区十轮全民核酸检测物资充裕。及时更新防控及诊疗方案、改进防控措施、优化工作流程。全院干部职工取消休假，迎难而上，服从安排，恪尽职守。行政后勤管理人员踊跃参加防控工作，在发热门诊核酸检测维持秩序，在汽车通道入口处、住院部入口处、门诊入口处等多处区域值守，落实“四验一戴”制度，把好院内防控“入口”关。累计志愿服务约3500人次，服务时长超过4000小时。2021年全年共计收治发热患者3678人次，新冠肺炎核酸检测约162000余人次，处置初筛新冠肺炎阳性患者10人。先后派出80人次医务人员到上饶市中医院、沙溪镇中心卫生院、灵溪镇卫生院、朝阳镇中心卫生院及金龙岗位社区等接种点进行医疗保障支持。同时，严把疫苗接种禁忌证明关，大力提高疫苗接种率。特别是后期作为市城区出具《疫苗接种禁忌证明》唯一指定医院。

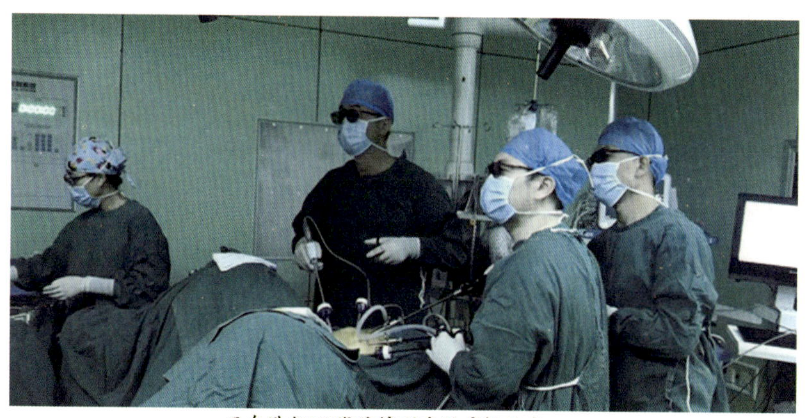
正在进行3D腹腔镜下直肠癌根治术

【全面推进人才兴院战略】 成功招聘且入职人员共60人（其中编内10人，编外50人）；对内，主动与人社、卫健部门对接，商探引才模式，积极申报全省统招、三级联考等多种招聘计划，首次通过事业单位赴外引才渠道引进8名高层次人才（5名副高、3名硕士研究生）；组织职称考试和评审工作，优化人才梯队。2021年高级职称参评人员累计75人，最终审定21人（含抗疫一线2人）入围。对于其余符合相关条件因指标限制未能上报的人员，按照《上饶市立医院高层次人才待遇扶持办法》规定给予内聘政策，不管是从精神层面上、还是物质实惠上都充分体现管理层对人才的重视；鼓励外出培训学习，激发内生动力。全年共选送54人次外出进修，137人次外出短期学习、线上培训，其中不乏北、上、广等国内知名三甲医院。

【新技术新项目亮点纷呈】 年内，呼吸科在全市范围内率先开展肺癌联合免疫治疗，为病人赢得生存时间，改善生活质量；骨科独立开展微创通道下经椎间孔间融合术、膝节镜下前后叉韧带重建术、肩关节镜下肩袖重建术等新技术；普外科3D腹腔镜下直肠癌根治术、腹腔镜下完全腹膜外切口疝修补术、脾肿瘤微波消融手术；超声医学科开展乳腺前哨淋巴结超声造影、子宫三维成像、剖宫产再次妊娠切口观察等新项目；消化内科开展肠梗阻导管置放及肠道支架置入术、肿瘤科开展经皮肺消融术；血液科针对急慢性白血病高白细胞血细胞单采分离技术；心内科开展首例冠脉内血管内超声技术；介入科开展主动脉夹层血管隔绝术；PICC门诊运用MST及OTW技术开展手臂静脉港植入术。新技术新项目亮点纷呈，多领域实现技术再突破，提升核心竞争力。

【全力打造护理品牌】 充分利用信息化技术，实现全流程、无缝隙智慧服务；完善医护一体化护理服务模式，通过医护“联合交班”“联合查房”“联合管床”“联合随访”为患者提供整体医疗服务；大力实施护理专科化项目，专科护士队伍不断壮大；延伸护理门诊、慢创门诊广受患者好评，将志愿服务融入院内医疗服务、院外社区关怀等。2021年，护理队伍有1人获市五一劳动奖章，1人被评为全省优秀护士，2人被评为全市优秀护士，1人获全省健康知识竞赛三等奖。

（周元江）

上饶市中医院

【概况】 2021年，上饶市中医院工作围绕抗击新冠疫情着重预防接种疫苗、配合救治改建定点医院。圆满完成新冠肺炎定点医院救治任务。启动收费票据全流程电子化，中药材康养研学及义诊活动，违规吃喝专项整治工作不放松。医院得到省妇联、上饶市卫健委、上饶市总工会、信州区委区政府的充分认可。

【全面启动收费票据全流程电子化】 2021年5月18日，上饶市中医院开出第一张电子发票，自6月16日起全面推行医疗收费电子票据管理改革，实现医疗收费票据从开具、流转、查验、报销、入账记录等全流程电子化。真正实现“让数据多跑路，让群众少跑腿”。上饶市中医院成为信州区第一家上线财政医疗电子票据的医院。

【国务院联防联控机制驻江西工作组一行莅临上饶市中医院调研指导新冠病毒疫苗接种工作】 2021年5月25日，国务院联防联控机制驻江西工作组组长、国家卫健委职业卫生中心副主任徐克明一行莅临上饶市中医院新院区实地调研指导新冠病毒疫苗接种工作，高度肯定医护人员工作。

觅道地中药材康养研学及义诊活动启动仪式

【“中国中医科学院中医专家上饶行暨觅道地中药材康养研学及义诊活动”启动仪式在上饶市中医院举行】 2021年10月17日，以“共同富裕·健康先行”为主题的“中国中医科学院中医专家上饶行暨觅道地中药材康养研学及义诊活动”启动仪式在上饶市中医院举行。中国中医科学院原院长、首席研究员曹洪欣及市区二级领导参加启动仪式，市各县（区）中医院中医骨干力量约210人出席启动仪式。启动仪式结束后，中国中医科学院西苑医院党委书记、博士生导师张允岭教授和西苑医院治未病中心主任、博士研究生导师张晋教授在上饶市中医院9楼会议室为全市各中医医疗机构的180余名中医骨干做学术讲座。

【新冠定点救治医院紧急改建】 2021年10月30日，铅山新冠肺炎疫情暴发，按市委、市政府的要求，上饶市中医院新院区立即启动新冠后备定点医院应急预案。11月6日改建医院，11月9日正式接收确诊病人，迅速组建一支由医疗救治组、后勤保障组组成的定点医院救治和保障团队。医院抽调70%以上医护人员用于新冠肺炎救治和防控工作，成立核酸检测队，支援铅山15人，派出信州区核酸检测及120转运工作人员100余人，进驻定点医院病区医护人员55余人，病区指挥部工作人员30余人。

（吴淑萍）

妇幼保健

【概况】 2021年，信州区妇幼保健院重点抓好高危孕产妇和高危儿童、体弱儿童的筛查、管理工作。在辖区内加强对高危孕产妇的管理，切实注重管理质量，确保辖区内妇女、儿童保健服务质量和工作指标逐年提高。合理配置产科服务资源，加强生育全程医疗保健服务，促进基层医疗卫生机构和助产技术机构的无缝衔接；建立健全辖区内高危孕产妇管理机制，督促相关医疗保健机构严格落实孕产妇保健规范、国家基本公共卫生服务规范和相关技术规范，确保母婴安全各项措施落实到位。推进公共卫生服务项目有序进行。

【落实母婴安全工作五项管理制度】 规范落实基层早孕建册和产检实名制，落实基层建册规定，在为孕产妇建立本机构孕期档案时，查阅孕妇基层建册信息，对首次产检而未在基层医疗卫生机构建册的孕产妇，指导其尽快到居住地基层医疗卫生机构建册，以便基层医疗卫生机构提供孕期随访、产后访视等服务。落实母婴安全工作五项管理制度，严守安全底线，加强危急重症救治。及时掌握辖区内孕产妇人口信息，动员孕产妇接受孕产期保健服务；对孕产妇妊娠风险进行动态评估，根据病情变化及时调整妊娠风险分级和管理措施。将妊娠风险分级为“橙色”“红色”和“紫色”的孕产妇作为重点人群纳入高危孕产妇专案管理，保证专人专案、全程管理、动态监管、集中救治，确保做到“发现一例、登记一例、报告一例、管理一例、救治一例”。基层医疗机构协助各级助产机构对高危孕产妇进行专案管理，全程追踪、随访，直至妊娠终止后42天，做好有关信息通报。

【提升孕产妇和新生儿危急重症临床救治能力】 依托上饶市立医院，针对产后出血、新生儿窒息等孕产妇和新生儿前10位死因，逐一建立完善抢救程序与规范。每季度开展不少于1次专项技能培训和快速反应团队急救演练，提高快速反应和处置能力，紧急剖宫产手术自决定手术至胎儿娩出时间控制在30分钟以内并逐步缩短。完善产科、儿科协作机制，鼓励产科与儿科共同确定分娩时机，确保每个分娩现场有1名经过新生儿复苏培训的专业人员在场。

【稳步推进公共卫生服务项目】 预防HIV、梅毒、乙肝母婴阻断工作顺利实施。共为8800位孕产妇实行艾滋病、梅毒、乙肝的免费检测工作。检出梅毒孕产妇27人，梅毒新生儿12人，乙肝阳性孕产妇341人。新生儿免费注射高免340支。全面开展好新生儿筛查工作。全年共采集新筛标本7000份，通过对检出患儿进行预防性治疗，避免患儿发生智力低下、严重疾病或死亡等不良后果。继续抓好免费叶酸增补工作。制定了叶酸药品出入库、发放与随访、信息管理等登记表。为辖区内待孕妇女、早孕妇女发放叶酸10112瓶，有效预防了神经管畸形出生缺陷儿的出生。推进免费孕前优生检测，全年完成550对。全年婚姻登记1852对，完成婚检1897对（含军婚），婚检率102.43%，总疾病检出率10.73%。进一步扎牢提高信州区出生人口素质的关口。被授予上饶市妇幼健康工作婚前医学检查“先进单位”称号。全面推进农村和城镇困难家庭妇女“两癌”筛查项目。深入各镇、街道，对35～64岁的农村妇女进行宫颈癌和乳腺癌免费筛查，宫颈癌共筛查500例，年度目标完成率100%。

【母孕安全大比武活动】 为加强母婴安全，降低新生儿死亡率和病残率，推选上饶市立医院参加全市母婴安全大比武活动，并取得第一名的优异成绩。进一步提高专业技术人员的危急重症救治水平，保障全区母婴安全。

（詹颖飞）

人口与计划生育

【概况】 截至2021年9月30日，全区已婚育龄妇女80172人。2020年10月至2021年9月，全区出生人口3358人，人口出生率7‰，自然增长率5.86‰；办理生育服务登记2872件，无一起因办理生育登记服务不到位而引发投诉事件发生。按照“放管服”工作要求，建立健全网下办理服务与网上申请登记的信息交流与沟通，实现工作信息互通互用，减少群众办事流程，实现群众网上办理生育登记“一次不跑”或“只跑一次”。

【计生利导政策】 继续落实奖励扶助、特别扶助、阳光助学、城镇独生子女父母奖励、一次性抚慰金、免费体检等各项政策。做好资格确认、信息录入、数据汇总、资金需求测算、信息核查和监督管理。积极开展生育关怀行动，落实特殊家庭联系人制度、就医“绿色通道”和家庭医生签约服务3个全覆盖，切实解决特殊家庭的养老、就医、护理等难题。2021年，全区独生子女父母奖励对象18099人，奖励金2173.56万元。为全区890人计生奖扶对象落实奖励扶助金106.8万元；281人特别扶助对象落实扶助资金162.85万元；享受关爱女孩阳光助学政策42人，落实扶助资金4.2万元；为22人手术并发症对象落实扶助资金5.28万元；179位特殊家庭成员在定点医院进行免费体检。

【推动婴幼儿照护服务工作】 深入贯彻落实《国务院办公厅关于促进3岁以下婴幼儿照护服务发展的指导意见》，以及省政府办公厅出台《关于促进3岁以下婴幼儿照护服务发展的实施意见》，逐步推动信州区婴幼儿照护服务工作。建立健全婴幼儿照护服务管理制度，完善准入机制，加强规范托育机构的登记和备案管理。蒙育优培托育中心、上饶市佳诺托育中心、上饶市蒙特梭利托育中心3家托幼机构申请并备案。

（郑玲）

爱国卫生工作

【概况】 2021年度，信州区卫健委认真贯彻落实《国务院关于深入开展爱国卫生运动的意见》，按照省、市爱委会要求，围绕新冠疫情防控，积极推进和倡导“文明健康、绿色环保”生活方式，着力抓好爱国卫生、卫生创建、病媒生物防制等工作，进一步提高全区爱国卫生工作水平。

【爱国卫生工作】 开展以“文明健康、绿色环保”为主题的第33个爱国卫生月活动，广泛动员人民群众和社会各界积极参与爱国卫生运动，积极倡导文明健康、绿色环保生活方式，开展以安排体检、健康义诊、设立健康咨询台、健康知识展板、健康课堂等不同形式的卫生宣传和健康教育活动，开展以普及防控人感染禽流感、手足口病、麻疹、流感、新冠肺炎等传染性疾病知识为重点的宣传活动，提升城乡居民对传染性疾病的防控意识，有效提升群众卫生保健意识和自我防护能力。

【卫生创建工作】 进一步巩固和拓展国家卫生城市创建成果，按照《国家卫生乡镇标准》，结合农村人居环境整治、秀美乡村建设、美丽集镇建设等工作，改善城镇环境，培养居民良好卫生习惯，提升居民生活质量，提高群众健康生活水平，推动沙溪、朝阳、秦峰3镇申报创建国家卫生镇工作。

【病媒生物防制工作】 坚持日常防制和集中防制、专业防制和常规防治相结合，开展以环境治理为主、药物防制为辅的病媒生物防制工作。委托第三方病媒防制公司开展专业化服务，清除“四害”孳生地，从源头上控制并消除病媒生物孳生环境，切断传染病传播途径，城区病媒生物防制达到国家C级水平。

（杨善文）

城市建设与管理

综　述

2021年，区住建局充分发挥机构改革优势，认真履职，各项工作稳步推进。

在老旧小区改造工作中，按照工作计划，通过重点抓好“三个聚焦”（聚焦民声、聚焦民用、聚焦民智），加紧推进施工改造。全年老旧小区改造任务数24个，截至2021年12月底，完成竣工验收5个、完工10个、施工中9个。承接市住建局下放的物业管理和维修资金管理职能16项工作。会同各街道社区对辖区内物业小区进行摸底统计，现有物业管理小区144个和75家物业服务企业。

牵头制定电梯加装工作流程，全年有48个单元加装电梯，全部完成现场勘察。完成加装22台。

以“依法征迁、阳光征迁”为原则，严格要求征迁资金和安置房工程建设资金的监督、管理、审批、发放工作。全年棚改任务数1149户，完成率100%。

加强建筑工程质量安全监督。新受监工程84项，建筑面积211万平方米，工程受监率100%。竣工备案工程23个，工程合格率达100%。开展各类工程安全质量检查共10次，下发隐患整改通知书420余份，共排查质量安全隐患900余项。针对检查出来的问题，责成施工企业和监理单位严格按“三定”原则整改到位。

检查指导佳和小区、央著小区、精准医疗中心建筑工地安全生产工作

推进建设工程招投标和执法检查。全年，完成政府投资建设工程公开招投标监管项目59个，完成私有企业自有投资项目直接备案11个，完成工程监理项目招标20个，完成工程勘察项目招标1个。对相关科室移送违法违规线索立案69起，约谈、警告、通报38个项目，经济处罚31个项目。

开展建筑工地创优评比活动。发挥典型带动作用，大力培育精品工程，把创建活动与日常质量安全监管和各类质量安全检查有效结合起来。培育市质量安全标化工地5个，省质量安全标化工地3个，国家质量安全标化工地1个。

持续深化住建领域“放管服”改革。全年完成消防设计审查27件、施工许可86件、商品房预售许可30件、消防验收41

件、消防备案 19 件、竣工备案 23 件。

做好保障性住房工作。全年审核中心城区棚改项目部上报申请安置公租房资料 96 份，安置 96 户；收集各街道上报廉租房实物配租申请报告 51 份；发放租赁补贴 1683 人、249 万元；配合市住建局 2021 年入住保障房 51 户换房事项申请及审批；配合区城镇脱贫解困办做好全区 460 户城镇脱贫解困工作，为 158 户城镇脱贫解困对象解决廉租住房、246 户解决租赁补贴的问题，共发放租房补助 31 万余元。2021 年内办理房改房审核结算 69 户，面积 5000 余平方米。

启动常态化公租房申请工作。9 月 22 日，信州区住建局草拟《信州区公共租赁住房准入条件及审核程序》，报区政府常务会议通过。

城镇建设

【概况】 2021 年，重点围绕农村危房、棚户征迁、老旧小区改造、既有住宅加装电梯、物业管理、美丽集镇等建设工作，扎实推进，较好地完成各项工作。

【农村危房改造】 2021 年，排查农房 27482 户，排查出疑似危房 110 户，经鉴定，实际存在安全隐患的 56 户均为一般农户，其中 C 级危房 46 户，D 级危房 10 户，已全部完成整改。

【老旧小区改造】 2021 年，老旧小区改造任务数 24 个，改造户数 8863 户，楼栋 281 栋，改造面积约 80.73 万平方米。获得中央财政资金补助 2985 万元，到位中央基建资金 8690 万元，合计 11675 万元，全部下达到各街道。加装电梯 22 台，在施工 11 台。

【承接物业管理工作】 成立业主委员会 94 个，物业管理委员会 1 个；物业公司备案 12 家，物业项目备案 24 个。办理完成物业用房确认（预售、确权阶段）24 个项目，收到企业质保金 2082.6 万元。截至 12 月，受理 94 项维修业务，办结完成 49 项，支付维修金 315 万元。处理市、区热线投诉 600 余件，群众来电来访 500 余件。

【棚户区改造】 2021 年，信州区棚改任务数 1149 户，完成率 100%。完成 2020 年遗留项目叶挺大道南延伸段、高家山棚户区、双塔片区棚改签约共 145 户，面积约 5.1 万平方米。新启动 4 个项目，涉及征收面积约 10 万平方米，完成签约户数 123 户、面积约 4 万平方米。

【建设美丽集镇】 大力推广全区美丽集镇建设。2021 年，全力打造朝阳镇和秦峰镇美丽集镇。计划实施项目 18 个，投资金额约 24339 万元，开工项目 14 个，完工项目 8 个。

建筑业管理

【概况】 2021 年，区住建局围绕各项中心工作，强化建筑市场管理；推进“放管服”改革，优化营商环境；规范招投标活动，维护建筑市场主体交易各方的合法权益。

【优化营商环境】 推进“放管服”改革，提升项目审批效能。组织推进信州区工程建设项目审批制度改革，全区统一审批流程、统一信息数据平台、统一审批管理体系、统一监管方式，实现“前台综合受理、后台分类审批、统一窗口出件”的“一窗受理”模式。2021 年内，累计完成消防设计审查 27 件、施工许可 86 件、商品房预售许可 30 件、消防验收 41 件、消防备案 19 件、竣工备案 23 件。创新审批模式，优化服务质量。主动将服务窗口前“移”到需要服务的企业，由原来“坐等审批”变为主动上门服务；落实“容缺审批+承诺制”办理模式，推行“一码清”，推进信州区工程建设项目审批制度改革。

【规范招投标工作】 2021 年，全年完成政府投资建设工程公开招投标监管项目 59 个，完成私有企业自有投资项目直接备案 11 个，完成工程监理项目招标 20 个，完成工程勘察项目招标 1 个。

【加强标后管理】 完成全区范围内房屋建筑和市政基础设施工程招投标领域突出问题和标后管理专项整治行动的前期工作，完成对 2020 年 1 月 1 日以后公开招标项目的梳理，针对项目建设单位、施工单位、监理单位 3 方主体在建设过程中存在的问题，督促各参建单位限期整改到位。对相关科室移送违法违规线索立案69起，约谈、警告、通报38个项目，经济处罚31个项目。

【狠抓工程质量通病治理】 对全区所有在建项目进行地毯式工程质量专项检查。同时在日常以现场检查为主，重点检查房屋裂缝、渗漏等质量通病防治工作开展情况及江西省《住宅工程质量通病控制标准》的执行情况，未发现较大的质量问题。

【开展安全生产专项整治行动】 落实建筑施工安全生产专项整治3年行动“十大攻坚战”，狠抓施工现场重大危险源监管。督促各在建工程施工总承包单位在工程开工时填报重大危险源信息。重点做好重大危险源识别、专项施工方案编审、专家论证、检查验收、监测监控全过程监管工作。全年进行建筑施工安全重大危险源专家论证43项，有效控制安全事故发生。开展各类工程安全质量检查共10次，下发隐患整改通知书420余份，排查质量安全隐患900余项。针对查出的问题，责成整改到位。

【强化建筑起重设备监管】 加强对建筑起重设备监管检查力度，做好建筑起重机械的备案、安装拆卸告知、使用登记及专项检查工作。2021年，共办理起重设备备案登记56台，安装告知82台，使用登记78台，拆卸告知40台。

【帮助农民工讨薪】 协助人力资源社会保障等部门督查区属建设项目农民工工资支付情况。2021年年内，接到欠薪投诉170余起，涉及农民工2000余人，共追讨农民工工资2300余万元。

房地产管理

【概况】 2021年，信州区住建局围绕全区经济发展中心任务，全力以赴做好直管公房管理、保障性住房管理、公租房申请等工作，为改善中心城区中低收入家庭住房条件作出贡献。

【直管公房管理】 加大辖区内直管公房监管和维修养护力度。全年投入维修资金约36万余元，维修房屋面积4600余平方米，完成租金收缴386万余元，安置公房住户42户，其中五桂家园拆迁安置户7户，天佑雅苑二期胜利片区安置户35户。

【保障性住房管理】 全年审核中心城区棚改项目部上报申请安置公租房资料96份，安置96户；收集各街道上报廉租房实物配租申请报告51份；发放租赁补贴1683人、249万元；配合市住建局2021年入住保障房51户换房事项申请及审批；配合区城镇脱贫解困办，做好全区460户城镇脱贫解困工作，为158户城镇脱贫解困对象解决廉租住房，246户解决租赁补贴，发放租房补助31万余元。年内办理房改房审核结算69户，面积5000余平方米。

（杨昌辉　邱丽平）

上饶市中心城区2021年廉租房承租情况

项目名称	占地面积（平方米）	建设规模（平方米）	套数（套）	交付套数（户）
东都花园	53800	86535	1651	已交付
凤凰安置小区	4300	7486	128	已交付
光学路	2500	4500	72	已交付
施家山	3900	6255	93	已交付
明淑花苑	8000	33865	677	已交付
天佑雅苑	27200	59805	1038	已交付
天佑雅苑二期	32800	110000	2020	已交付
龙潭新苑	40000	120000	2002	已交付

城市管理工作

【概况】 2021年，信州区城市管理局围绕城市精细化管理、创建全国文明城市、疫情防控开展各项工作，持续打造更有序、更干净、更整洁的城市环境。获评2021年度全市城市管理综合先进集体。

【全面打好疫情歼灭战】 面对突如其来的新冠疫情，抽调干部职工、志愿者700余人次在上饶东高速路口对往来车辆进行逐一检查、防控；每天60人支援北门街道、西市街道各个核酸检测采样点现场维护秩序，协助各个街道、封控区接收、运送抗疫物资2万余吨，转运核酸检测样本1万余份；在上广公路、国道320、吴楚大道等主要路口24小时设卡检查，实行全天候疫情交通管控；110余人在江南明珠、嘉莱特沁庐大酒店、格非酒店、云尚酒店、回禾酒店等11个隔离点严防死守。

抢修路灯

【城市功能不断完善】 持续巩固创卫成果，不断完善城市功能品质。强化市政道路提质改造，修复沥青路面2836平方米，修复路沿石1130米；加强残缺雨水篦子、窨井盖管护，增修井盖411个；注重路灯和亮化精细化维护，维修路灯4000盏，新增路灯720盏；清理化粪池2100车，疏通管道1.9万余米。绿化养护共计45万平方米，补种约2万平方米，处理枯枝、枯树372棵，清运418车。全面缓解城市停车难问题，在全区施划停车位6916个，非机动车线4.1万米，非机动车标识991个，消防通道禁停标志7.8万米，无障碍车位445个。

【城市面貌全面提升】 深入开展环境卫生综合整治和长效管理，建立健全环境卫生长效管理机制，进一步优化提升城市环境，累计清运农村垃圾约1.6万吨，清理河道两侧垃圾1342吨，收运餐厨垃圾1.31万吨。制定《信州区生活垃圾分类考核办法》，以不定时随机抽查或全覆盖检查的方式对各街道、机关单位、学校进行检查，累计清运其他垃圾13.03万吨、可回收物1.12万吨、有毒有害垃圾21.7吨、餐厨垃圾1.31万吨。坚持把“整脏治乱”作为不断提升全区市容环境的一项工程，以“引导、教育、整治”为主，大力改善城区市容市貌，共整治出店经营、占道经营6071处，清理流动摊点1.25万处，清理乱拉乱晒3544处，整改、拆除不规范设置店招446余处，整治乱停乱放非机动车6.22万辆，暂扣非机动车3774辆，处罚3210起共18.68万元；清理牛皮癣18.58万条。

【控违拆违持续发力】 8个执法中队和1个航拍中队，每天对辖区巡查管控，利用无人机对辖区全面监测，累计航拍视频1466个，拍摄面积约2216平方千米，拍摄时长210小时，通过航拍视频比对发现新增违建或疑似新增违建累计1830处，累计拆除各类违建面积10.6万平方米，涉及违建户3625户，责令停建或整改1720处，有效遏制违章建筑的增长。全年共受理农民建房申请618户，通过审批符合建房309户。

【重点工作提速增效】 在抓项目上采取挂图作战、倒排工期，提前谋划，完成全年重点任务26个，尤其是中心城区里弄小巷改造15条提前3个月完工。713矿小区外立面改造、八角塘农贸市场建筑外立面提升及市政设施修复项目2个月完工。三江片区三江西大道、大义路停车项目施工20天完成任务，全面缓解三江片区停车难问题。在上饶大道、叶挺大道、志敏大道等红绿灯路口建设遮阳棚14个，城市绿地提升、城市内涝治理、新增停车位等“我为群众办实事”重点民生项目均按年度目标完成任务。

【安全风险排查和防控】 对所属区域进行全面安全风险排查，制定防控措施。紧盯燃气门店、燃气站、高空广告、高空抛物等重点行业领域、重点环节部位、重点作业场所，开展全覆盖的安全生产大排查、大防控、大整治。在防汛中，城管局第一时间启动防汛应急处置预案，严格执行24小时值班制度，全员上岗，根据应急预案，按片划分，对低洼处、积水区路段进行封闭，在重点区域设置警示牌，拉警戒线，开展交通疏导，安排人员值守，对路灯、井盖、管道、供电等进行检修，为广大市民营造安全有序的生活环境。加大安全隐患巡查力度，查处“黑窝点”7个，无证经营12起，跨区域运输2起，责令关停门店12家，扣押非法液化石油气钢瓶300余个。

（童乔凌）

环境保护

【概况】 2021年，重点抓好污染防治、环境执法和生态创建工作，围绕“十五大攻坚行动”，深入实施“净水、净空、净土”行动，全面改善大气、水体、土壤环境质量。主要河流断面水质年均值达到或优于Ⅲ类标准，乡镇级集中式饮用水水源水质为优；信州区环境空气质量优良率为97.3%，PM2.5年均浓度为27微克/立方米，为全区经济社会发展提供良好的生态支撑。全年处理环境信访案件共121余件，办结率100%，满意率100%。

【大气污染防治】 推进挥发性有机物综合治理。对家具制造、工业涂装等重点行业企业开展执法帮扶；督促9家家具企业完成

街头交通疏导

废气治理设施升级、改造；对辖区内4家民营加油站油气回收设施运行情况及台账进行检查。推进柴油货车污染治理。累计完成935台非道路移动机械编码登记工作；联合交警、交通运输部门开展柴油车路检路查及非道路移动机械入户监督抽测执法行动。加强秸秆禁烧管控。开展“中元节”期间禁燃禁烧宣传，利用上饶市中心城区秸秆禁烧远程监控系统，加强重点区域管控，发现火点及时扑灭。

【水污染防治】 联合各镇（街道）、自来水厂等部门对2个镇级和3个村级饮用水水源地开展排查、巡查和水质监测，及时掌握水源水质及水源地环境状况。对辖区内信江干流及其主要支流的入河排污口开展排查、采样监测。对超标排污口，督促相关镇（街道）开展溯源排查并整治；开展入河排污口整治“回头看”工作，关停拆除沙溪东风渠道排污口上游洋基圩水库养鸭场；对辖区内规模化入河排污口进行加密监测。对辖区内涉水企业开展摸底排查，重点排查印染加工、污水处理企业，督促2家存在问题的企业及时整改。开展丰溪河口断面周边风险隐患排查，随同采样预警监测。加强疫情防控期间医疗废水监管。督促51家涉危废企业纳入江西省危险废物监管平台，实现危险废物全过程监管。完成2021年沙溪镇青岩村农村环境综合整治工作。定期对5个农村生活污水处理设施出水水质实施监测。联合农水、住建部门对信州区已建农村生活污水设施运行情况进行排查，指导镇（街道）制定整改计划和整改方案，实现已建农村生活污水处理设施的有效运行。

【环境监管执法】 开展信州区危险废物安全生产专项整治行动，对辖区内40家产生及经营危废单位全面检查。疫情防控期间，采取“现场检查+电话调度”等模式，督促落实医疗废水、医疗废物污染防治主体责任，确保废水达标排放、废物转交给正规医疗废物处置单位。累计出动40余人次，检查医疗机构25家次，分别对2家定点医院开展指导帮扶工作。对辖区内6家核技术利用单

位开展核与辐射安全隐患排查及风险评估报告，重点检查辐射安全防护设施与运行情况、法规执行情况，督促4家医院及时整改。联合自然资源、水利、林业等部门开展砂石、矿山综合整治工作，对36家违法违规砂石加工点和堆放点采取关停措施，对1家矿山企业停产整改。开展绿色护考行动，中、高考期间组织执法人员20余人次，不定期进行夜间巡查7次。组织开展排污许可证检查和建设项目“三同时”企业自主验收情况检查，共检查企业42家次，督促27家企业完成“三同时”验收。对20余家复工复产企业开展污染源环境风险隐患排查，杜绝生态环境污染事件发生。全年共出动环境执法人员690余人次，检查企业500余家（次）。责令整改44家，立案处罚6件。

【建设项目管理】 进一步简化办事程序，优化服务方式。46个建设项目在生态环境部网站办理环境影响登记表备案手续。2021全年共否决3个不符合国家产业政策、选址不当、布局不合理、处在生态红线内、严重污染环境和造成生态破坏以及对饮用水水源造成污染隐患的项目。依据固定污染源分类管理名录，实行排污许可证核发工作。对符合要求的7家建设单位首次核发排污许可证。加快建设项目审批，对36家企事业单位提交的建设项目环评文件进行批复，助力信州经济社会发展。

【生态村创建】 成功创建3个省级生态镇、5个省级生态村、37个市级生态村。朝阳镇获评“省级生态乡（镇）”，茅家岭街道塔水村、茅家岭村、车头村、周田村获评“市级生态村”。

【国际生物多样性日宣传】 信州生态环境局、市林业和草原局信州分局联合开展以“呵护自然、人人有责”“保护野生动物、保护美好家园”为主题的国际生物多样性日宣传活动，现场发放生物多样性宣传手册、保护野生动物倡议书200余份。

（周卫娟）

国土资源管理

【概况】 上饶市自然资源局信州分局（简称区自然资源分局）启动国土空间规划“三区三线”试划工作，部署永久基本农田保护，完成第三次全国国土调查。2021年，完成9个批次报批组卷工作，用地总面积138.26公顷，新增建设用地面积104.69公顷；完成土地征收96.68公顷，土地供应30宗共101.9公顷，出让地块12宗共53.28公顷，出让地块成交价款共计18.213亿元。审批办理农村村民建房398户。全年收储土地510.63亩。受理各级信访件108件，受理回复政府信息公开10件次。办理市、区人大代表建议和政协委员提案10件。

【土地规划】 配合上饶市自然资源局做好上饶市国土空间规划编制工作，启动信州区“多规合一”实用性村庄规划以及百里信江风光带信州区段专项规划，配合市局编制三江片区控制性详细规划。初步划定永久基本农田面积4.56万亩，为今后城镇建设发展留足一定空间。

【耕地保护】 全面落实耕地保护目标责任制，确保全区耕地保有量不低于7.3万亩，其中永久基本农田保护面积5万亩。截至2021年年底，信州区耕地面积为10.13万亩，永久基本农田保护面积5万余亩，超额完成指标任务。

【落实耕地占补平衡】 认真落实耕地“占一补一、占优补优、占水田补水田”要求。采取补充耕地数量与提升耕地质量相结合的耕地占补方式，通过占补平衡系统部级审核，产生新增耕地指标142.8亩。严格执行“八个严禁”措施，坚决制止新增耕地“非农化”。

【保障土地供应】 科学编制土地供应计划，推进土地征收成片开发。2021年内，新增建设用地面积104.69公顷，供应土地101.9公顷，有效保障基础性、功能性、民生性和产业发展项目落地。审批农村居民建房398户，占用耕地面积5.07亩，做到应保尽保。

【农房一体确权登记】 信州区农村房地一体调查确权登记发证工作，主要涉及朝阳、灵溪、沙溪、秦峰等镇（街道），总任务30320本，全部发放到位。通过农房确权登记发证有效推进深化农村产权制度改革，解决一批农村土地权属纠纷，进一步夯实农业农村发展基础。

【绿色矿山建设】 进一步树牢“绿水青山就是金山银山”的理念，全面推进信州区废弃矿山生态修复，2021年内完成3座废弃矿山生态修复工作，修复面积1.4公顷。对辖区内的生产持证矿山（秦峰滑石矿）进行生态环境问题排查，共排查发现6个问题，按方案于10月份全部整改到位。

【地质灾害防治】 信州区共有地质灾害隐患点313个，区自然资源分局通过强化地灾隐患排查、巡查和复查等地灾防治基础工作，及时更新隐患管理台账，抓好宣传教育，全力做好汛期地质灾害防治工作。全年未发生重大地质灾害事件。

【土地执法监察】 先后完成农村建房乱占耕地摸排、非法违规建房、违建别墅问题等专项整治行动。2021年，下发卫片图斑共计734个，总面积631.51公顷，其中，违法用地图斑11个，总面积7.02公顷。

（姜宽鑫）

城市投资

【概况】 上饶市信州区投资控股集团有限公司致力于打造成“忠诚型、创新型、担当型、服务型、过硬型”五型企业，在市场化转型过程中，积极进行市场化业务的有益尝试。截至2021年12月，信投集团资产规模达到162.68亿元，同比增长34.54%，其中净资产61.62亿元，承建大小项目24个。

【投融资方面】 为增强集团公司融资能力，拓宽融资渠道，集团公司完成主体信用“AA”续评及债项“AA+”评级，成功发行江西省首单养老产业专项债、上饶市首单区县级定向债务融资工具。与边山资本合作完成信江产业基金投资中心（有限合伙）的设立。

探索多元化发展路径，优化资产使用效率，推动资本流转，促进资产资本化。

【疫情防控方面】 面对10月30日突如其来的新冠疫情，集团公司高度重视全力投入，紧急派出20余人参与防疫指挥部、集中隔离点等地参与一线疫情防控工作，累计动员职工参加社区疫情防控服务志愿者300余人次。在疫情后勤保障方面，集团公司按照防疫指挥部统一部署，安排公务用车，公司全部车辆、人员投入抗疫活动中，确保防疫调度工作顺利开展。在得知各镇（街道）、项目建设点缺少帐篷的情况下，及时采购抗疫用帐篷，有效缓解各点位驻守压力，为信州抗疫工作作出应有贡献。

（蒋宇凡）

信投集团公司发行江西省首单养老产业专项债

【项目建设】 全年公司承包建设项目24个，包括上饶市第四中学三江校区、上饶市立医院三江总院、秦峰集贸市场、汪家园农贸市场、幸福养老公寓等十余个惠民利民项目。

【国有资产保值】 为防止资源闲置、低效利用，集团公司对区属国有资产现状、运行情况进行摸排调查，根据存量资产实际，

三江新城区建设

综　述

三江新城区位于信江南岸、丰溪河西岸，西至上分公路，南毗上饶集中营革命烈士陵园，面积约5平方千米，至20世纪90年代，为原茅家岭乡所辖行政村，地域多农田荒滩。三江新城区是原县级上饶市委、市人民政府所在地，按规划分为四个中心四大区块，即行政中心、博展及文化和娱乐中心、经贸及商业和办公中心、生活和商贸中心，东部工业区块、西部仓储区块、南北西部生活区块和一个沿江景观带（在丰溪河与信江交汇处沿岸修建河堤，营造护堤林，建筑楼、台、亭、榭）。以主干道叶挺大道和钟灵路为中心纽带，建南路、兴隆路、贸昌路、三江大道向四面辐射，连接四个中心、四大区块和沿江景观带。1992年开始兴建叶挺大道等6条主干道。1997年新建三江排涝站。1998～2000年，按照第二次修编的城市总体规划，主要是完成三江区的道路建设以及完善建成区的市政设施。进入21世纪，原县级上饶市改设信州区。三江新城区里的上饶师范专科学校升格为上饶师范学院，区委、区政府依托上饶师院，将江西医学高等专科学校、上饶幼儿师范高等专科学校、上饶职业中学集聚在一起，建成学院区。为发展信息产业，区政府先后招商引资，建成上饶信州区信息产业园和滴滴呼叫城。

2012年，比邻三江新城区的上饶三清山机场开建，2017年机场正式通航。2016年经省政府批复同意，设立上饶国际医疗旅游先行区，三江新城区的建设也被划入规划。把握“借市发展”的契机，加快推进三江片区的发展步伐。2020年，在三江片区谋划实施了市一小三江总校、市四中三江总校、市立医院三江总院、职业中学改扩建、汪家园邻里中心、应急救援中心等一批补短板功能项目，加快推进北师大上饶学校、江西医专改扩建、恒大养生谷等市级重点项目的征迁工作。2021年，市一小三江总校建成，有效缓解信州区学位紧张“入学难”的状况。

【三江片区水环境治理暨雨污水分流提升改造工程】　三江片区水环境治理暨雨污水分流提升改造工程项目位于信州区三江片区，主要建设内容是对三江片区约15平方公里范围内雨污水管网进行改造，实现雨污水全收集、全分流，打通原三江水系，形成自然水系景观线。项目总投资约6.02亿元，计划分3个阶段3年度实施（2021～2023年），2021年计划投资约1.2亿元。具体是新建东至三江东大道、西至三江西大道、南至三江导托渠、北至三江中大道区域内的污水管网，总长度12.78千米（该区域周边排水系统已形成雨污分流制）。2018年11月5日，该项目由区发改委立项。一期一标段于2021年4月23日电子化公开招标，招标金额1423.77万元；中标单位为江西润财建设有限公司；主要施工内容是张根水公园至廉政公园水平定向钻连通施工及向丰溪河取水至廉政公园段采用盾构机施工穿越河堤和三江东大道。一期二标段于2021年9月13日电子化公开招标，招标金额9443.9万元；中标单位为陕西华萃路桥工程责任有限公司；主要工作内容是对三江片区内不能满足排水要求的污水管道进行升级改造，改造涉及污水管线改造的道路有三江西大道、钟灵路、毓秀路、兰子路、仕铨路、志敏大道、林荫路、叶挺大道、贸昌路和兴隆路10条道路，改造总长10847米，污水总管设计管径为DN500—DN1000；涉及雨水改造的道路有毓秀路、贸昌路、信府路、林荫路和三江东大道，改造总长2786米，改造管径为DN600—DN1800；并在三江大道主题公园处新建一座一体化预制污水提升泵站，泵站规模为每天1万吨，通过这次改造和提升能有效收集三江片区的污水并顺利排放。截至2021年年底，三江引水口完成引水工程。兰子路、信府路、志敏大道、叶挺大道、三江西路、林荫路6条路共完成5公里管道铺设。

【市立医院三江总院开工建设】　投资约12.6亿元建设市立医院三江总院，2021年3月，全面完成深基坑工程，主体施工队进入施工。市立医院三江总院占地面积80亩，总建筑面积约148782.57平方米，其中门急诊医技楼38662.44平方米，住院部综合楼29762.14平方米，感染性疾病综合大楼7336.28平方米，规培大楼6831.47平方米，行政办公楼3726.93平方米，地下两层共61311.28平方米，拟设置1128个机动车停车位，非机动车停车位1870个，设置800张床位（包含感染性疾病综合大楼设置床位100张）。

【持续推进汪家园农贸市场建设】　区汪家园农贸市场建设项目地处三江片区、上饶大道东侧、钟灵路北侧，是打造三江板块、提升城市整体品味、补齐城市功能短板规划建设的重点民生工程。该项目用地面积为12219平方米，总建筑面积为41762.39平方米，其中农贸市场的建筑面积为5022.16平方米，超市面积4544.08平方米，集中商业面积为16456.23平方米。并配套机动车停车位224个，非机动车停车位800个。项目总投资2.65亿元，2020年9月15日开工，建设工期18个月。项目建成后，农贸市场部分可布置大小商铺和开放式铺位约90个。

【上饶市第一小学三江总校正式招生】　2021年9月，上饶市第一小学三江总校正式招生，共计招收一年级新生9个班，实行小班化管理，每班将控制在45人左右。市一小三江总校项目是信州区重点工程项目之一，是信州区以打造“三江特色片区”为支点，推进教育优质均衡发展的具体举措。上饶市第一小学三江总校位于上饶南大道以东，江南大道以南，大义路以北。项目总投资为2.2亿元，用地面积达73亩，总建筑面积为39586.60㎡，建有两栋教学综合楼、行政综合楼、实验楼、体艺馆（室内篮球馆）及食堂、300米环形跑道（包括足球场）；有学生图书馆、教师图书馆、多功能教室、报告厅、校园电视台、创客教室、学生VR教室、机器人训练室、舞蹈室、书法教室、心理咨询室等近40个功能教室，54个教学班。

（邱丽萍）

经济管理与监督

市场和质量监督管理

【概况】 2021年，信州区市监局提升监管执法水平不懈怠，立足市场监管职能，紧扣重点工作，贯彻新发展理念，服务构建现代化市场监管体系，为实现“十四五”市场监管目标任务提供坚实保障。

【营造优质营商环境】 大力推广“一次不跑”和“最多跑一次”，深入实施政务服务“一网一门一次”改革，推进市场主体登记步入“全流程、无纸化、零见面”的电子化登记新模式。为新开办企业线上注册登记、市场主体经营变更等提供专人指导，帮助市场主体事项办结更高效。全年新登记企业3325户，同比增长3.16%；企业变更登记5324户，企业注销1626户；新登记个体工商户6908户；其中企业全程电子化登记2764户，同比增长32.82%。继续落实营业执照办理“负面清单”，深入推进企业全生命周期“一件事”改革。贯彻执行省、市、区市场监管领域轻微违法行为免罚清单，以包容审慎态度，容错纠错，主动指导信州区市场主体经营事项及应当坚守的质量底线，彰显执法“温度”，助推信州区优质营商环境的打造。

【维护公平竞争秩序】 在“双随机一公开”监管制度基础上，适用“信用+监管”模式，针对128户企业开展2021年度第一次公示信息和登记事项抽查检查工作，并及时将结果公示，针对问题企业按规定列入异常名录，完善企业信用信息系统。对被列入经营异常的115户市场主体建议不予推荐评优评先或奖励。开展校外培训机构、停车场收费专项整治工作，加大索证索票管理和抽检力度，要求食品经营户严格落实索证索票制度，对肉类产品落实“两证两章一报告”制度，禽类经营户提供“检疫合格证”与“清洗消杀记录表”，保障人民群众舌尖上的安全。对不合格食品药品、不符合安全标准的特种设备、虚假广告、价外加价等违法行为持续保持高压态势，对严重影响公平竞争的行政违法行为“零容忍”。

【保供稳价抗击疫情】 疫情暴发后，组织精干力量深入一线对信州区农贸市场、药店、商超、零售餐饮店等开展不间断疫情防控举措落实督查工作，保证各项政策落实落细。共出动监管执法人员4200余次，检查食用农产品经营主体1800余户，检查乡镇药店32家，城区餐饮检查400余户。保障民生保障物资价格稳定及质量安全，对疫情防控期间哄抬物价、囤积居奇、价格欺诈等违法行为从快从严从重处罚。同时配合商务局、交通运输局等多部门保证各大型商超、农贸市场的米面粮油、蔬果肉类生活必需品及口罩、酒精等防疫物资充足，提高群众安全感，稳定经济社会秩序。

【筑牢三大安全底线】 全面开展日常监管、抽样检测和专项整治，统筹做好疫情防控和食品安全工作。全年完成食品抽样检测

872批次，其中普通食品351批次、节日专项食品70批次、食用农产品451批次。对不符合食品国家安全标准的食品及食用农产品严格依法查处。重点开展相关特种设备、城镇燃气领域特种设备、起重机械、电梯等安全隐患治理，出动执法人员410人次，出动车辆140次检查155家特种设备使用单位，涉及566台设备，发出安全监察指令书140份。发现安全隐患490条，整改完毕470条，始终做到监管在前，责任在肩。4家液化石油气瓶充装单位完成改腔合同签订，气瓶安全追溯管理平台录入并审核通过的气瓶97000余只。组织申报企业进行培训，帮助、指导3家企业申报2021年江西名牌产品项目。对校园周边“五角钱”食品产品持续性开展专项整治，共检查各类经营户62户，下架、收缴337盒（个）“三无”水晶泥及其他有害玩具。配合省局、市局进行成品油、服装抽样，合计抽查成品油6批次，发现1批次不合格；抽查化肥10批次，发现1批次不合格。

检查商超大米价格稳定情况

【加强价格监督检查】 对全区17家医疗单位进行检查，发现隐形乱收费现象。开展整治医疗乱象“回头看”，巡查6家民营医院明码标价情况，6家医院皆整改到位。对信州区新仞、六月中网、顺利、三业、联安等7家印章企业进行检查，向2家企业下达责令整改通知书。重点关注重大节日和重要时段价格监管工作，开展春节、两会、五一、端午市场价格巡查，紧盯粮、油、肉、蛋、奶、蔬菜供应和价格变化情况，对价格异常波动的苗头性、倾向性问题及时预警、快速报告、积极应对。加强全区内商场超市、宾馆饭店巡查，同时开展提醒、告诫，督导各经营者须明码标价，共出动124人次，巡查53户经营户，下发整改通知10户。对不以疾病诊疗为目的的单纯核酸检测，不得收取门诊诊察费（包括便民门诊和一般诊疗费）。与市局开展茶叶市场价格联合检查工作，通过核查单据、询问调查等方式，对茶叶市场价格及波动情况进行深入了解。向区有关经营者发放《江西省市场监督管理局关于规范相关商品市场价格行为的提醒告诫书》，要求严格遵守价格法律法规，遵循公平、合法和诚实守信的原则，合理制定价格，自觉维护市场价格秩序。

（郑永鹏）

安全生产监督管理

【概况】 2021年，继续加大安全生产监督执法力度，以“安全生产专项整治三年行动”为主线，制定年度工作计划，严格按照各项工作的实施方案稳步推进，扎实开展工作，较好地完成各项工作任务。全年安全生产形势总体平稳有序，未发生较大以上生产安全事故。

【三年行动稳步推进】 开展宣传贯彻中共中央习近平总书记安全生产重要论述活动233场次，组织观看“生命重于泰山”电视专题片158场次，累计发放宣传资料约24万份，刊发新闻17条。排查隐患成效显现。企业自查安全隐患2400条、完成整改2297条，监管部门排查安全隐患1526条、完成整改1427条，两项整改完成率94.9%。辨识安全风险点102处，其中重大风险点9处；实际受控风险点102处，重大风险点9处。成立检查组156个，督查检查771次，检查单位1304家，督导问题936个。实施行政处罚141家，责令停产整顿33家，关闭取缔33家，约谈警示46家，联合惩戒22家，共罚款63.45万元。扎实推动企业“五个一”。全面开展对标梳理完善制度企业1515家，组织培训1089家，开展反“三违”行动1362次，开展风险、隐患自查企业1464家。全区工业企业新增创建安全生产标准化示范企业51家、创建完成19家，新增创建安全风险管控示范企业51家、创建完成19家，位居全市前列。“十大攻坚”持续发力。对照《信州区安全生产专项整治三年行动“十大攻坚战”实施方案》，2个专题、11个专项的70条攻坚任务，完成49条，完成率达到70%。“百日攻坚”全面启动。按照区委办、区政府办印发的《信州区重点工作“百日攻坚”行动方案》要求，从10月上旬开始，涉及安全生产领域的工作任务清单21项，按时限已完成2项，按时限推进19项；安全隐患清单35条，按时限已整改到位31条，整改率达88.6%。

【隐患排查治理深入推进】 紧盯危险化学品、烟花爆竹以及工贸行业领域，认真做好日常安全生产监管工作。按照《信州区重点工作“百日攻坚”行动方案》和《信州区应急管理局“打非治违”百日行动工作方案》，截至2021年12月31日，完成整改的3项（危化、烟花爆竹、矿山各1项）任务清单，继续开展“回头看”，防止问题反弹回潮，切实巩固攻坚成果；严厉打击烟花爆竹无证销售、超量储存、违规燃放等行为，不间断开展安全大检查，及时消除安全隐患。

【扎实做好区安委会工作统筹协调】 向各镇（街道）和安委会成员单位印发《关于进一步加强岁末年初安全防范工作的通知》，盯紧重点领域、完善应急机制，就做好2022年元旦、春节以及全国“两会”期间的安全防范工作作出统一部署、提出具体要求。指导督促各镇（街道）、各部门采取“四不两直”等方法，对本辖区、本行业领域进行检查，要求将工作开展情况及时报区安委办，编辑《信州安全生产简报》呈区领导阅示并印发全区，推进安全生产工作和安全生产责任落实。

【疫情防控与安全生产统筹兼顾】 2021年11月24日，区安委办印发《关于做好当前企业复工复产安全生产工作的通知》饶信安委办〔2021〕27号，组织执法人员对报备的复产复工企业进行条件核查，督促企业做好“疫情”防控期间员工身体健康监测，后续返厂人员身体状况检测登记等情况进行督查检查，严格落实区域消毒到位、人员健康管理到位、人员流动信息排查到位，严格落实复产复工安全生产“七个必须”的要求，确保企业安全生产。

（刘耀威）

统计管理

【概况】 2021年，信州区统计局做好各项常规统计调查。全面做好扶贫、“双创”、节能、综治、计划生育、意识形态、宣传思想、工团妇老、信访、档案、内部控制、预决算等相关工作，较好地完成全年的各项工作任务。局机关党支部被授予“全区优秀党组织”称号，2名干部被授予“全区优秀共产党员”称号和1名干部被授予“优秀党务工作者”称号。

【巩固提升基层基础建设】 不断加强统计规范化建设。结合“我为群众办实事”活动，深入企业数十次，有效解决基层统计人员在统计工作中遇到的实际问题，提高基层统计人员业务水平。结合乡（镇）换届工作，进一步加强镇（街道）统计队伍建设，重新确认镇（街道）统计机构分管领导和基层统计员，对新调整的统计员进行现场指导和业务培训。扎实开展各项培训工作，以各联网直报企业为对象，加大培训力度，通过以会代训等方式，不断提升基层统计人员的业务素质。上半年围绕工业、投资、商贸业、统计法律法规知识培训等领域开展10余次培训。

【有序推进常规工作】 全力做好企业“一套表”联网直报工作，扎实开展投资、工业、商贸业、服务业、建筑业等专业常规统计报表工作，坚持做到“即报即审”，加强数据审核把关，严格把控数据质量，对异常企业现场检查核实。做好基本单位名录库维护更新工作，及时新增、变更企业信息，提高名录库质量，做好“四上”企业和固定资产投资入库升规工作，加强培训指导和审核把关，上半年，副县级以上领导召开“四上”企业和项目入库培训达10余次。为制止和纠正统计违法行为，利用“双随机一公开”和常规检查等形式，对企业开展统计数据质量检查。全年，对100余家企业进行常规及专项检查，立案查处3起。通过开展数据核查，坚决遏制在统计上弄虚作假现象，多层次、多方位开展法制宣传教育，切实做到统计干部懂法、主管部门知法、调查对象遵法。

【提升工作水平】 2021年，策应区政府出台年初经济工作计划，细化各行业发展任务，确保各责任单位职责清晰。进一步完善“一月一会”的经济运行联席会议制度，每月对经济中的新苗头、新问题及时整理汇总，精心提供翔实的经济分析报告，为区领导决策提供依据，为部门下步工作提供合理建议。

【普查工作获评全国先进】 对于第七次全国人口普查，按照上级要求圆满完成数据开发、技术工作总结、“两员”工作补助发放等相关工作。被授予“第七次全国人口普查全国先进集体”称号。

（舒易平、蔡云飘）

审计监督

【概况】 2021年，区审计局依法履行审计监督职责，开展审计项目48个，其中，政策跟踪审计1个，区本级财政预算执行情况审计1个；部门预决算审计8个；经济责任审计35个；自然资源审计1个；专项审计2个，审计出问题144个，提出建议109条。连续四届被授予省级精神文明单位荣誉称号，继续保持全区综治、节能先进单位。

【政策跟踪审计】 持续推动重大政策措施落实，做到重大决策部署推进到哪里，审计就跟进到哪里，做好政策落实的“督察员”。聚焦清理减税降费等政策措施落实情况，及时发现和纠正退税进程较慢的问题，确保各项政策措施落到实处、发挥实效。

【预算执行审计】 围绕财政资金使用的合规性、真实性和效益性，以及政策实施效果，完成区本级财政和7个部门2020年度预算执行情况审计以及秦峰镇财政决算审计，揭示区级财政管理、部门预算编制及管理、资产资金管理等方面不足，提出针对性建议，促进财政资金提力提效。

【经济责任审计】 重点聚焦领导干部特别是主要领导干部这个“关键少数”，组织开展28名科级领导干部经济责任审计和2名领导干部自然资源审计，针对发现的问题提出审计建议，增强被审计领导干部财经法规意识和自然资源管理意识，加强对领导干部权力制约和监督

【社保资金审计】 围绕人民群众“急难愁盼”事项，开展社保基金审计，全面摸清社会保险基金收支规模和结余情况，揭示基金筹集征缴、支出使用等方面的问题，促进社会保险基金高效运行，切实维护人民群众根本利益，在保障和改善民生上体现审计责任与担当。对发现的21个问题整改情况实施督促，整改19个，整改率90.47%。

【审计整改工作】 高度重视审计工作的“后半篇文章”，根据区委、区政府领导指示，及时召开审计整改工作推进会，明确审计整改工作主体责任，部署审计整改任务，按照“谁审计、谁负责督促整改”的原则，由审计组根据审计报告查出问题，建立审计问题整改台账，实行“问题清单”管理，对审计问题清单实行“一对一”跟踪落实整改，逐一对账销号，没有整改或未整改完的问题继续挂账，直至完成整改。2021年，根据区人大工作要求，对2020年度本级预算执行和其他财政收支审计发现问题的整改情况进行督促落实，审计工作报告反映的38个问题，整改到位33个，整改率86.84%。

（刘瑾）

社会事务

综　述

2021年，在机构改革中，信州区民政局的区民间组织管理局、区地名委员会办公室、区城乡居民最低生活保障局、区有奖募捐办、区慈善总会、区按摩医院6个部门（单位）整合组建，成立区民政事务服务中心，为副科级事业单位；将区社会福利院更名为区养老服务中心，为股级事业单位；将区殡葬事业管理所、区殡葬管理执法大队整合，组建区民政执法大队。主要职能调整为负责全区城乡低保、社会组织管理、基层政权建设、社会事务、养老服务和儿童福利、慈善事业、社会工作、婚姻登记、殡葬管理、区划地名，福利彩票管理等社会保障和管理工作。局机关内设办公室、区划地名股（加挂社会组织管理股）、基层政权和社会事务股（加挂养老服务和儿童福利股）3个机构。全局现有公务员8名，机关工勤人员1名，事业人员49名。

坚持以保障和改善民生为根本，深入践行“以人为本、为民服务”工作理念，切实发挥党组织战斗堡垒和党员先锋模范作用，广泛参与全区疫情防控工作。扎实开展党史学习教育，树牢“四个意识”，坚定“四个自信”，做到“两个维护”。全面深化民政改革，稳步推进基本民生保障，完善城乡社会救助体系，做好低保和特困人员包括生活困难的老年人、残疾人、困难儿童等的基本生活保障工作。重点发展养老服务事业，积极推进嵌入式养老院、特殊困难老年人家庭居家适老化改造试点工作，切实改善老年人的居家生活环境。扎实推进基层政权和社区治理，依法依规完成信州区第十一届村（社区）两委换届选举工作，提升基层政权和城乡社区建设服务能力。强化社会事务管理，推进社会服务提质增效。2021年，整体工作发展良好，较好地完成年初制定的各项工作目标。

城乡社会救助工作

【概况】 2021年，进一步完善全区社会救助体系，切实保障困难群众的基本生活。全年共发放城市低保金2231.97万元，农村低保金3349.44万元，城乡特困供养金237万元，城乡特困人员照料护理补贴47万元。

【提标提补落实到位】 2021年1月1日起，城市、农村低保保障标准分别提高到每人每月765元、515元；农村特困自理人员标准提高到670元每月，失能半失能供养标准与城市特困供养标准达到统筹，每人每月995元；城乡特困人员照料护理补贴全失能每月1200元、每月半失能300元、每月全自理70元。

【权限下放增质提效】 城乡低保审核确认权限100%下放至镇（街道），由镇（街道）负责本行政区域内最低生活保障申请受理、调查评估、审核确认、动态管理等工作，简化程序，方便困难群众，提高工作效率。

【临时救助为民解困】 针对全区意外事故、孩子读书、突发大病等原因造成临时性困难的对象实施临时救助500余人次，共发放临时救助备用金130万元，有效帮助群众困难时期的过渡。

【推行“低保救助一件事”】 依托“赣政通”系统，城乡困难群众申请医疗救助、教育救助、水电减免等惠民政策，操作员将群众诉求线上与各政策落实部门发起共享推送，达到联办效果。

【社会救助动态管理推进】 2021年，出台《关于开展城乡低保对象专项清理整治工作的通知》，通过接受群众举报以及主动上户核查，城乡低保共停发不符合低保条件的402户724人，新增331户527人，做到应保尽保、应退尽退。

基层政权和社区建设

【概况】 全区依法依规完成第十一届村（社区）两委换届选举工作。高标准、高起点推进综合服务设施建设，社区服务中心镇（街道）实现全覆盖，基层政权和社区建设取得新进展。

【十一届村（社区）两委换届选举工作】 全区120个村（居）委会共选出委员681名，其中村和村改居委员219人、社区委员462人。换届选举后，联合区委组织部、党校对全区村（社区）新当选的“两委”干部进行培训，提高“两委”干部思想政治素质和依法办事能力。

【加大推进社区治理创新】 全面推进综合服务设施建设。社区服务中心镇（街道）全覆盖，面积300平方米以上；50个村、16个居（村改居）委会、64个社区居委会均建有社区服务站，平均面积100平方米以上，有效做好与城乡社区居民利益密切相关的劳动就业、社会保障、卫生计生、教育事业、社会服务、住房保障等公共服务事项。

【城乡社区建设】 2021年，申报创建省级“绿色社区、美丽家园”社区3个（西市桥村社区、水南下滩头社区、北门广平社区）；推荐上报“江西最美城乡社区工作者”6人，其中2人被上饶市民政局推荐到省级参评。

【增设社区居委会】 经上饶市社区建设工作指导小组办公室审核及信州区委常委会第117次（扩大）会议和信州区政府第38次常务会议通过，信州区增设北门街道槠溪、四脚亭、花苑、江永路、桃源、梧桐山社区，西市街道羽泉社区，水南街道前进桥社区，茅家岭街道毓秀、翰林、景苑社区等11个社区居委会。每个街道居委会工作人员职数为7至9人。增设后信州区社区居委会为75个。

【流浪乞讨人员临时救助】 积极开展救助站寻亲服务主题宣传周活动及“寒冬送温暖”“夏季送清凉”行动。全年累计实施救助流浪乞讨人员108人次。设信州区民政临时救助点，对全区流浪乞讨人员进行临时救助，确保做到应救必救，有效保障流浪乞讨、生活无着人员、三无精神病人等困难群体的基本权益。

【开通疫情防控滞留在饶外来人员临时生活困难求助热线】 自11月15日起，专门开通疫情防控滞留在饶外来人员临时生活困难求助热线，作为全区统一的网上求助服务平台，对因疫情防控滞留在饶、生活存在困难的外来人员进行救助服务。截至2021年11月24日24时止，共计受理求助咨询电话1000余条，实施救助服务100余项，切实保障疫情防控滞留在饶的外来人员的生活需求。

民间组织管理工作

【概况】 2021年，全区社会组织注册共513家（社会团体133家，民办非企业单位380家），社会组织发展格局进一步优化。登记备案社区社会组织共1039个，涉及社区管理、志愿服务、公益服务、养老助残、困难救助等诸多领域，初步形成自主发展、门类多样、覆盖广泛的社区社会组织体系。

【行业协会商会与行政机关脱钩改革】 印发《信州区行业协会商会与行政机关脱钩实施方案》，成立信州区行业协会商会与行政机关脱钩工作领导小组，下设办公室，负责全区行业协会商会与行政机关脱钩工作，统筹协调解决脱钩工作遇到的问题，截至12月底，全区8家行业协会商会完成脱钩改革。

【年检和“双随机”执法检查工作】 全区参加年检的社会团体30家，民办非企业156家，开展上门年度检查13次，实地勘察16次，业务咨询426余人次。随机抽查10家社会组织，其中7家为合格，3家为限期整改，责令整改到位。

【社会组织党建工作】 为健全和完善社会组织党建领导管理体制和工作体制，设立社会组织党总支，下设党支部9个（单独建立1个，联合建立8个），下派党建指导员18人，共有党员23人，覆盖社会组织62家（包含双重管理28家），覆盖率达100%。

婚姻登记工作

【概况】 2021年，共办理结婚登记2106对，离婚申请1315对，离婚登记686对，补领结婚证、离婚证分别689对、170对。共受理电话咨询5千多余次，办理查询档案、来信来函等服务367余件次，回函50余次。

【婚姻登记规范化】 完善各项管理制度。各项规章制度上墙，严格按制度管理执行，提高依法行政水平。登记员实行统一着装、挂牌上岗，做到手续齐全，随到随办。采用婚登一体机采集信息，实现档案资料数字化。

【开展免费自愿婚前医学检查】 配合信州区妇幼保健院做好免费自愿婚前医学检查，加大优生优育的宣传工作，提高人口素质。

老龄工作

【概况】 2021年，全区重点发展养老服务事业，进一步推进嵌入式养老院建设，在常住人口规模较大及户籍老龄化程度较高的社区建设嵌入式养老院。积极推进适老化改造工作，将适老化改造推广到每位困难、特殊困难老年人家庭，切实提高困难、特殊困难老年人的生活质量和品质，基本形成以居家养老为基础，社区养老为依托，机构养老为补充，医养结合的多元养老格局。

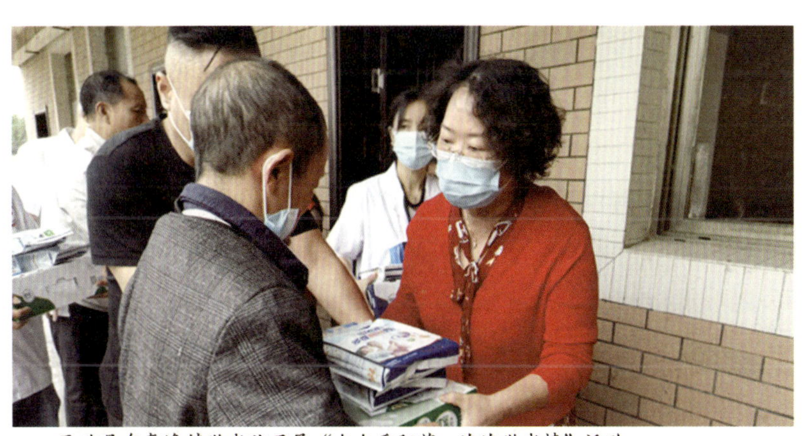

民政局在秦峰镇敬老院开展“九九重阳节，浓浓敬老情”活动

【推进养老服务试点】 2021年，全区完成5家嵌入式养老院建设工作，实现5个街道全覆盖，主要面向社区失能、失智老人，高龄独居老人及其他有需要的老年人，提供涵盖机构照料、社区照护、居家护理等服务，满足老年人养老需求。完成200户特殊困难老年人家庭居家适老化改造，通过施工改造、设施配备、老年用品配置等方式，切实改善老年人的居家生活环境。完成50户家庭养老床位工作，为老人购置照护床位，配置康复器具、辅助设备，同时提供涵盖生活照料、个人护理、康复护理等服务，满足老年人居家养老服务需求。

【高龄老人享受长寿补贴】 继续对持有信州区户口的80岁以上高龄老人发放长寿补贴，80～89周岁60元/人·月，90～99周岁100元/人·月，100周岁以上300元/人·月，全年累计为119287人次80周岁以上老人发放高龄长寿补贴共计8440920元。

【养老机构疫情防控实行24小时全封闭式管理】 11月起，对全区16所养老服务机构实行24小时全封闭式管理，确保养老机构疫情防控及时到位、不留死角。疫情防控期间，全区养老服务机构无一人感染。

【加强养老安全生产管理】 联合区消防救援大队对全区养老机构消防安全、食品卫生安全开展大检查、大整改活动，查出并整改消防、食品安全隐患100余

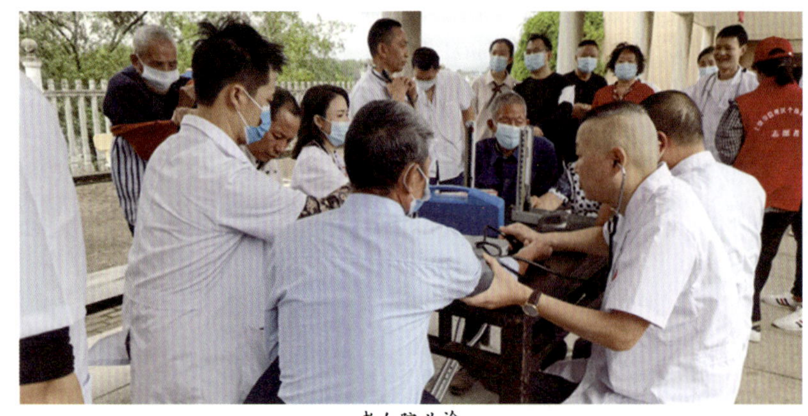

老人院义诊

处；组织各养老机构负责人、安全管理员进行消防安全知识培训；业务股室每月不定期抽查养老机构消防安全1次，每个季度全覆盖1次，有效筑牢养老机构安全墙。

殡葬管理工作

【概况】 2021年，信州区共计死亡2474例、火化2474例，实现遗体火化率100%。实施普通火葬4项火化免费1000元政策，全年共减免886人合计金额88.6万元，实现殡葬公共服务城乡同标准、全覆盖。

【规范公墓建设运营】 全区拟建公益性墓地55处，建成50处。区内无经营性公墓，农村公益公墓投资运营主体性质为镇（街道）管理，人员构成由民政所在职人员管理，未参与社会资本合作。公墓未提供服务产品类型，免费向群众开放。

【开展“三沿六区”专项整治】 全年共平坟234座，迁坟1367座，“三沿六区”不在可视范围的成片老坟区均用绿植遮挡。

【绿色生态安葬】 在公益性公墓建设中，推行树葬5个、骨灰撒散1个。引导骨灰由“入土”向“入室”“上墙”转变。2021年，全区树葬8具、抛洒骨灰4具，安葬日趋生态化。

【加大丧葬用品市场监督管理】 服务收费上，遵守物价管理政策原则，严格划分政府定价、政府指导价与市场调节价收费项，将收费项目、标准在各服务窗口单位张榜公示，接受社会监督。丧葬用品市场上，区民政执法队与区市场监督管理局组成联合执法队伍，重点对公墓周边、农村集市、商店、小卖部等经营场所进行全面排查，对发现违规销售冥纸、冥币等封建迷信殡葬用品的行为，立即督促整改。“逢节必查”，配合相关部门在街道、社区、陵园周边、历史埋葬点等地开展安全巡查，对上坟烧纸、烧香点烛、燃放烟花爆竹和孔明灯等不文明祭扫行为，协助配合相关部门做好信息上报、耐心劝返、政策解释等工作。

区划、地名和边界管理工作

【地名普查成果转化工作】 2021年，完成地名档案资料归档验收工作及《上饶市信州区行政区划图》《上饶市信州区城区图》的审核出版工作，截至2021年12月底，完成《上饶市信州区地名志》《上饶市信州区地名文化遗产保护名录》初稿。

【地名清理整顿】 根据《关于进一步清理整治不规范地名实施方案》的通知，坚定不移推进清理整治不规范地名工作。截至2021年12月底，在广泛征求社会公众意见基础上，共清理整治不规范地名6个，全部公示换牌。

【界线联检工作】 制定县界联检实施方案，成立联合检查工作组开展信州、广信边界检查工作，明确行政区域界线和界桩的维护管理细则，为边界地区和谐稳定、平安建设打下良好基础。全年完成沙（溪）秦（峰）、朝（阳）秦（峰）、灵（溪）沙（溪）3条乡界联合检查工作。

社会福利工作

【关爱孤残儿童】 2021年，全区孤儿人数为42人，其中机构集中养育孤儿24人，基本生活保障金每人每月1600元；散居孤儿18人，基本生活保障金每人每月1200元，全年发放孤儿基本生活保障金65.53万元。残疾孤儿和残疾事实无人抚养儿童 17 人，照料护理补贴每人每月 1200 元，全年共发放残疾照料护理补贴 23.77 万元。事实无人抚养儿童人数为 12 人，每人每月生活补贴 1200 元，共发放事实无人抚养儿童生活补贴 16.68 万元。

【关爱留守儿童】 全区每个街镇民政所长亲自担任留守儿童督导员，各镇（街道）的村居，自然村配一名儿保专干，定期组织儿童督导员和儿保专干培训学习，依据了解情况实行定期和不定期家访，与留守儿童的临时监护人进行交流沟通，形成关爱留守儿童工作合力。

【慈善活动】 积极开展各类慈善活动。截至 2021 年 12 月，“纸”呵护你——关爱困境（失能）老人服务项目共开展 4 期活动，为全区困境老人传递社会关爱；“慈善情暖万家”元旦春节走访慰问敬老院、困难户、低保户活动，共计发放慰问金 2.16 万元。

【“农商银行助你圆梦”慈善助学活动】 2021“农商银行助你圆梦”慈善助学活动，资助信州区 10 名录取本科大学建档立卡脱贫户、低保户（本人或父母、孤儿等对象）圆大学梦，共计 50000 元。

社会工作

【概况】 2021 年，以“一年试点规范、两年推广覆盖、三年总结提升、四年完善体系”的构想整体推进全区社工站建设工作。采取政府购买服务的形式落实 2021 年度社工站服务项目经费 72 万，在信州区建设 1 个总站和首批 3 个（北门街道、茅家岭街道和秦峰镇）镇（街道）社工站试点，社工站的建立标志着信州区社工服务走上规范化、专业化道路。

【社工专业人才队伍建设】 信州区组织部、民政局、财政局、人社局 4 部门依据《加强社区工作者职业体系建设的实施意见（试行）》（饶民字〔2021〕3 号）文件精神，出台《关于加强社区工作者职业体系建设的实施意见（试行）》（饶信民发〔2021〕24 号），开展社区工作者职业认证，明确对获得高级、中级、初级社会工作师资格证书社区工作者，分别按照每月不低于 260 元、150 元、100 元标准发放职业津贴，全区各镇（街道）逐步落实。

【职业资格考试】 做好全国社会工作者职业资格考试宣传培训工作，2021 年，信州区报考人数 350 余人，较 2020 年增长 250%。

【志愿者组织】 2021 年，信州区“中国志愿网”志愿者注册人数达到 5 万人，占信州区总人口的 13%。新增社区社会志愿组织 35 支。1 月，信州区民政局对在“中国志愿网”注册工作中表现优异的 6 个志愿服务先进社区和先进个人进行表彰。

【社工培训工作】 2021 年 4 月，组织 2021 年度社会工作业务暨乡镇（街道）社工站建设项目培训班，邀请深圳资深社工督导授课。5 月，在全区村（社区）党组织书记、村（居）委会主任培训班上，安排“凝聚社会力量、助推社区服务”的社工相关课程。12 月，举办 2021 年度信州区社会工作实务暨乡镇（街道）社工站业务培训，对新聘专职社工开展为期 8 天的业务能力提升培训活动，培训内容涵盖民政业务、财务制度、社工理论知识、社工实务操作、公文写作、新闻稿件撰写及摄影技巧、团队建设等方面。

（刘建林）

退役军人事务管理

服务保障体系建设

【概况】 全区完成1个区级服务中心、8个镇（街道）服务站和120个村居服务站的全覆盖建设，在省市保持第一方阵。结合日常工作开展的推广，在全省“推广尊崇工作法”工作会做典型经验书面发言。

【夯实服务保障体系基础】 全区120个村（居）退役军人服务专干全部招聘到位。全年开办各类政策宣讲和业务专项培训11次；投入100余万元提升打造区退役军人服务中心活动室和展厅；选取10个基础条件好的打造示范点，将服务对象300人以上的基层服务站按标准打造作为工作重点，提升专干业务水平，全面带动全区基层服务站的规范化建设；将144万元工作经费和270余万元专干经费纳入区级财政预算。

“军人退役一件事”试点工作

【“尊崇工作法”推广落地落实】 在推广“尊崇工作法”过程中，通过简化程序、拓展服务类型、分类施策等方式，为退役军人提供免费法律咨询、心理咨询，解决就业岗位等一系列举措。率先在全市试点“军人退役一件事”办理，累计受理办结99件，切实为广大退役军人提供便利；组建覆盖县、乡、村三级“新长征退役军人志愿服务队”129支，吸纳退役军人志愿者630余人，投身疫情防控、城市“创建”、扶贫帮困、抗洪抢险之中。累计组织“新长征”退役军人志愿者参加各类防控工作3000余人次，极大地提升退役军人的荣誉感和尊崇感；传承红色基因，尊崇教育从小抓起。组织宣传、政法、公安、教体等7部门，通过社会公开招聘、好中选优、岗前培训等工作流程，选聘6名参战老兵进学校、进社区、进机关宣讲英雄故事、传承红色基因，累计开展宣讲160余课时，取得良好教育效果。

优待抚恤

【概况】 坚持按政策及时、足额发放原则，全年累计发放优抚资金1320余万元；组织对驻区7个部队和优抚对象的走访工作。先后为驻区部队赠送价值约30万元慰问品；走访优抚对象和困难军人764人次，发放慰问金70余万元。

【落实抚恤优待政策】 做好退役军人和其他优抚对象信息采集工作，切实做好为烈属军属和退役军人等家庭悬挂光荣牌工作；受理社保接续符合条件的退役士兵申请438人，办结率达100%，该项工作走在全省前列。

烈士褒扬

【概况】 清明节和烈士纪念日期间开展形式多样的纪念活动，完成区本级纪念活动的组织协调工作。开展关爱关怀烈士家庭、“我为烈士看爹娘，我为烈属办实事”活动。

【举办烈士纪念活动】 2021年9月30日，区委各部门、区直各单位，各镇（街道）开展多种形式的烈士纪念日活动，先后进行缅怀英烈、烈士墓祭扫、烈士公墓修缮等活动，区四套班子、各部门各单位主要负责人、中小学生、社会各界人士等共计900余人参加活动。

【开展“为烈士看爹娘，为烈属办事”活动】 组织对全区52名烈士遗属开展全覆盖走访活动，倾听诉求，帮助解决生产生活中遇到的问题；对全区零散烈士墓开展全面摸排，完成7座零散烈士墓的修缮工作；开展烈士寻亲工作，为安徽霍山籍烈士项大银寻找到亲属。

双拥工作

【概况】 春节和“八一”建军节期间，向全区退役军人（军属）发放《慰问信》1.5万余份；持续开展“爱心献功臣”“双拥在基层”等活动；开展群众性国防教育主题纪念活动，烈士纪念日期间，全区各级党委、政府举办公祭活动20场；在机场、车站等公共场所标设“军人依法优先”醒目标志，在旅游景点、公园、文保单位制作悬挂“军人免费参观游览”标牌，在城区入口、主要街道等地设立一批大型双拥宣传广告牌；发放年画1.6万余份，发放“八一”慰问品600余份；全区主要媒体统一开设专题专栏，采访、报道、总结双拥先进单位和个人事迹。全区发放优待金652万元，军休安置补助经费206万元。

【佣军工作】 大力支持军队深化改革，做好部队转隶、人员分流安置、军事设施保护、部队移防工作。2021年，全区各级用于部队资金100余万元，支援部队建设、器材装备、营房维修、落实各类帮扶资金40余万元。

【部队支持地方建设】 驻区部队在“八一”、重阳、春节期间，分别在各敬老院、福利院开展联谊活动。部队官兵累计为信州区中小学军训3000余人次，植树2000株，各类好人好事百余起，部队官兵出动300余人次支持结对扶贫点建设，捐赠各类款项50余万元。

复员退伍军人安置

【概况】 2021年，全区完成军队转业干部和符合由政府安排工作条件的退役士兵。做好年度符合政府安排工作人员档案集中移交、接收和审核工作。

【完善安置改革配套政策】 2021年度5名军转干部均安置在行政单位，35位退役士兵全部安置在全额拨款事业单位，岗位落实率100%，安置质量和安置满意度走在全市前列。在全面落实退役士兵就业服务、小额贷款、税费减免等政策的基础上，发放自主就业退役士兵一次性经济补助资金和教育培训经费。

【退役士兵职业教育和技能培训】 全面开展退役士兵退役接站活动，通过开展“六个一”（送上一封信、编印一本《培训指南》、拨打一次电话、发送一条短信、召开一次推介会、举办一场招聘会）等政策宣传活动，分发《退役士兵免费教育培训指南》《退役士兵安置政策100问》等政策宣传材料200余份。组织退役士兵报名参加职能教育和技能培训，参训人员合格率100%。

（章新成）

镇 街道

东市街道

【简况】 东市街道位于上饶市信州区东部，总面积8.3平方千米，常住人口9.38万，户籍人口约7.5万，下辖18个社区和1个居委会（村改居），辖区内有50个小区党支部，分布29个有物业小区和200个无物业小区。街道下辖施家山社区、沿城社区、建新路社区、箭道巷社区、五三（1）社区、五三（2）社区、现代城社区、体育馆路社区、市委市府大院社区、祝家巷社区、南门路社区、大井头社区、中山路社区、北门村社区、三里亭社区、金龙岗社区、东门新村居委会、茶圣中路社区、紫园社区19个社区（居）。辖区内有市、区重点中、小学校4所，有万力时代、亿升广场等商业综合体，有中央公园、紫阳华庭、国际公馆等高档住宅小区。年内，东市街道围绕“1235”发展战略，坚持“为市服务、借市发展、主动作为、实现共赢”的工作理念，抓住牵动全局中心任务和关键环节，强经济、创文明、调结构、抓项目、促民生、做党建。各项事业呈现快速稳步发展的良好局面。街道获评2021年度信州区信访工作先进镇街、2021年度信州区安全生产工作先进镇（街道）、2021年度信州区疫情防控工作先进镇（街道）、2021年度信州区平安建设工作先进镇（街道）、2021年度信州区控违拆违和农民建房管理工作先进镇（街道）、2021年度信州区“创文”工作先进镇（街道）等。

市人大常委会副主任、区委书记潘表光一行到北门村社区指导疫情防控工作

【抗疫防疫工作】 整合辖区内卫生服务站、派出所、物业、包保单位及在职党员进行拉网式排查，形成联防联控合力，有序组织10轮全区全员核酸检测，设立核酸检测采样点43个，投入安保人员1100余人，设置疫情防控卡口78个，参与值守人员共计1580人。做好居家隔离人员、居家检测人员、封控区和管控区的流调、管理、登记、服务工作，疫情防控期间共封控小区2个，管控区2个，参照管控区2个，居家隔离总人数1512人，居家监测总人数443人，其中密接27人，次密接574人，全面完成解除任务。抓实疫苗接种工作，街道以社区小组为单位，动员全街干部实行网格化宣传，对辖区内符合接种人

群进行全面摸排、全面梳理、全面发动、迅速落实，累计接种第一针疫苗78909人次，第二针剂疫苗78731人次，为全区疫苗接种工作做出突出贡献。

【经济指标稳步提升】 2021年，完成税收28584万元，占全年计划105.54%；重点培育2家工业企业，完成14家商贸业、1家交通物流业企业入统任务，超额完成7家服务业、2家建筑业企业入统任务；完成固定资产投资额23.4亿元，全年申报项目17个，引进2000万至亿元工业项目1个，引进亿元以上项目1个，签约外贸公司1家，新引进数字经济企业2家，提供有效招商信息6条。

【推进域内项目建设】 先后完成康居小区、民德路小区、茗苑小区、原赣印宿舍4个老旧小区改造项目，受益居民864户，总投资1640万元；全年发放桐子坞、铁路既有线、茶圣中路及梨树坞拆迁安置项目周转金共计2685万元，涉及拆迁户2827户。全力推进梨树坞安置房建设，完成梨树坞安置小区A地块净地交付及土地挂牌前期手续。积极化解项目历史遗留问题，加大约谈项目重点户的频率及力度。

【创文工作全力以赴】 充分发挥创文主战场、主阵地、主力军作用，投入975.896万元对辖区内基础设施、公益广告设置、楼道灯安装、公共晾晒架安装等一批创文项目的建设。以创建全国文明城市为抓手，加强精神文明建设，成立20个学雷锋志愿服务工作站、3个文明驿站，组建20支“东方红”志愿服务大队，完成志愿者注册3000余名。以背街小巷及无物业小区环境治理为重点，集中力量攻克卫生顽疾，全年累计整治乱堆乱放4000余处、垃圾死角278处，清理各类垃圾9500余吨；投入30万元对五三、现代城2个农贸市场的消防器材配置、创文广告投放、墙面粉刷、线路整治及路面破损等进行提升改造，经营秩序明显好转，为全区“创文”工作贡献东市力量。

【社会事业全面发展】 扎实推进精准扶贫工作，组织各帮扶单位的帮扶干部对119户140人贫困户家庭情况进行再次入户摸底、核实和政策宣传，确保“两不愁三保障”落实到位，无返贫现象。加大扶贫帮困力度，救助城镇低保393户500人，发放城市最低生活保障金328.35万元，农村最低生活保障金0.93万元；办理残疾人“两项补贴”569人，发放“两项补贴”54.41万元；完成高龄老人年审2055人，发放高龄补贴173.32万元，为67户困难家庭发放救助金10.39万元，切实为群众解决生活困难。

【主要负责人】

党工委书记：吕来清（任至7月）
　　　　　　董　奇（7月任）
办事处主任：陈华峰
人大工委主任：洪永军（任至7月）
　　　　　　黄　海（7月任）

（徐云）

西市街道

【简况】 2021年西市街道坚持稳中求进工作总基调，群策群力、上下一心、奋勇拼搏，各项工作均保持良好的发展态势，为描绘新时代“魅力信州”画卷助力。

中央公园花郡小区开展“文明我先行，助推文明风”创文公益活动

【保增长抓引资】 2021年财税计划数35140万元，1~12月完成35840万元，占总计划的101.99%，上年同期完成数为32537.1万元，同比上年增长10.15%。信息服务企业完成3331.9万元，工业企业完成1623.58万元，金融保险业完成1127.18万元，物流企业完成

385.19 万元，建筑业完成 583.01 万元，商贸和商务服务业企业完成 1579.52 万元，房地产企业完成 196.14 万元，其他税收完成 23726.08 万元。持续深化招商引资工作，引进 2000 万以上工业项目 3 家，亿元工业项目 2 家，圆满完成区里下达的目标任务，其中规上服务业、限上商贸及固定资产投资项目均超额完成任务。

【创文创卫勇争优先】 2021 年，顺利通过明察组检查。鼓励居民参与到城市管理和文明创建工作中来，营造“全民参与”的浓厚氛围。全力整治环境问题，全年共查处纠正出店经营、占道经营、乱停乱放、占道摆放、沿街晾晒等违反城市管理规定的 13600 余起，处理城市管理执法违章建设 75 件，数字城管办结整改率达 98%，及时制止违建 61 处，新建违章及存量违建 290 余处，拆除面积约 4700 平方米，提高了西市辖区内的居住和工作的环境质量，改善中心城区面貌。严格落实各项“创文”指标，积极备战，多次排名中心城区“最干净街道”前列，辖区内胜利路等多个社区被评为“洁净社区”。

【城市建设稳步推进】 棚改以扫尾工作为目标，针对历史遗留问题严格按照“一户一策、分步推进”思路，精准施策，稳步推进。完成铁二路小区、桥村 713 矿小区、杨家石桥粮食局小区、铁四螺丝山小区、铁三小区老旧小区改造项目，完成 2019—2020 年 14 个老旧小区改造项目验收工作。

【安全生产深入开展】 根据安全生产专项整治工作要求，召开街道党工委会议 10 次，工作布置会 19 次，制定完善街道安全生产工作方案和应急预案。成立安全生产工作领导小组，街道办主任担任组长，分管领导担任副组长，相关职能科室和社区为成员，形成以街道网格中心为主体，社区网格员为基础，真正做到“区域有专人，事事有人管”的工作格局。坚持深入开展安全生产“五进”（进社区、进企业、进机关、进学校、进家庭）活动，以社区居民、企业、学校师生等为主体开展宣传教育活动，全年开展活动 200 余场次，累计接受宣传教育居民达 16000 人次，在辖区内筑牢“平安西市”防火墙。2021 年，被授予全省“优秀消防志愿者服务项目”荣誉称号。

【综治维稳有所成效】 为畅通信访工作渠道，西市街道将信访街道室设置在街道平安办，确定专人负责信访工作，方便辖区内居民来信来访；认真听取群众意见、建议，及时化解矛盾、解决问题。建立健全信访工作机制，将信访工作纳入各科室、各社区 2021 年目标绩效管理，并取得显著效果。2021 年，街道受理各类来信来访 61 件，均及时处理，处理率为 100%。调解各类矛盾纠纷 292 次，化解 288 件，调解成功率 98.6%。签订息访息诉协议 10 起。2021 年，被授予“平安中国建设先进集体”荣誉称号。

【疫情防控措施有力】 2021 年，西市街道常住人口 71114 人，新型冠状病毒疫苗接种任务顺利完成，18 周岁以上第二剂完成数 45916 人，完成率达 102.7%。其中 12 周岁以上≥54 天未接种第二剂 35 人，脱漏率 0.08%。对接种完第一针剂大于 27 天未接种第二针剂的居民进行电话通知、催种服务。全年累计发放疫情防控知识、健康教育宣传折页 60000 余份，制作预防新冠肺炎疫情宣传栏 22 处，宣传健康教育、疫情防控相关报道 17 篇。设立 35 个核酸检测点，在小区、路口设立卡点，建立联防联控机制，由社区干部、小区志愿者、在职党员干部等进行轮班值守。

【社会保障惠及民生】 2021 年，“西市格格”持续做到“见事管事、见事做事、见事理事”，重点人员重点关注，居民反映突出的问题重点跟踪，群众的“急难愁盼”事情重点解决。为居民群众解决 539 件实事，运用“上饶公众 APP”办理 3861 例事件。创新开展省级青年文明号创建工作。西市街道网格中心以“西市格格”服务品牌为依托，争创省级青年文明号集体，积极组织开展“红橙黄绿青蓝紫”青年七色主题活动、节日宣传活动以及各月主题活动，拓宽志愿服务形式与渠道，展现“西市格格”队伍风采，被授予“2019—2020 年度青年文明号”荣誉称号。

【主要负责人】

党工委书记：周宏亮

办事处主任：潘建林

人大工委主任：章 捷

（范杨浩城）

水南街道

【简况】 水南街道位于中心城区，辖区内总面积8.75平方公里。街道下辖金山社区、劳动路社区、丰溪路社区、下滩头社区、上滩头社区、水南社区、书院路社区、豆芽巷社区、文通巷社区、滩头社区、刘家坞社区11个社区（居委会）和东瓦窑村1个行政村，辖区内总人口4.1万余人。

【优化经济发展】 全年完成财税收入17726.77万元，完成固投项目18个、投资额18.67亿元，新增上饶市圣邦光学科技有限公司等规上工业企业2家、限上商贸企业8家、规上服务业5家，圆满完成年度新增入统任务数；累计引进上饶源亿网络科技有限公司等企业8家。

【强化重点项目】 大力推动稼轩南大道（饶丰公路）项目，完成征地76亩；持续做好上饶市信江生态走廊治理等项目扫尾工作，水南历史文化街（二期）前期准备工作；全面完成水南街道农贸市场提升改造等21个民生项目；完成党校宿舍二期、干休所宿舍等7个老旧小区改造项目，书院路片区老旧小区改造项目扫尾。

【深化文明城市创建】 持续推进深度保洁，全覆盖整治“十乱”现象，获得“全市最干净街道”第三季度第三名。提档升级新时代文明实践站，水南街道画眉站亲情连线工作得到新华社宣传报道，京剧队伍活动被江西日报点赞。开展“文明创建我参与·烟头照片兑奖品”活动，受到广大群众欢迎。

【筑牢矛盾化解防线】 以街道矛盾纠纷联合调解中心为中心，成立专项工作组，通过结合各有关单位、各村社区调委会、治保会的力量，建立调委会12个，镇（街道）、村（居）两级调解人员共计100余人，充分投入大调解工作中。对标百日攻坚9件矛盾纠纷任务，包案领导及责任村（居）积极做好人员思想工作，采取“24小时多对一”的稳控措施，确保信访人动态稳定。成功化解叶某龙及黄金水岸集体业主等2件矛盾纠纷，其余7件任务街道稳定推进化解中。

【推进文明城市创建】 开展全方位立体式创建全国文明城市活动。组建“领导联片区、干部联村居、两委联庭院、党员联楼栋”的“四联”攻坚队，全覆盖整治背街小巷、生活小区、农贸市场等场地“十乱”现象。拆除违章建筑4948平方米，清理积存垃圾杂物100余吨，清理各类广告条幅78余处，病险及破损广告牌、匾、栏89处，劝离车辆乱停乱摆行为3676余次，良好环境得到认可，街道被评为“信州区清洁文明街道”。

【主要负责人】

党工委书记：龚 敏（任至7月）
杨 清（7月任）

办事处主任：杨 清（任至7月）
何钰瑶（7月任）

人大工委主任：杜 凯（3月任）

（汪春伶）

北门街道

【简况】 北门街道位于信州区北部，辖区面积27.68平方公里，上饶大道、广信大道、明叔路、庆丰路、带湖路、紫阳大道、凤凰大道、三清山大道、天佑大道在辖区内成“六纵三横”的区间布局，区位优势明显。2021年，街道下辖17个社区，常住户数42934，常住人口123939人，户籍人口64656人，人口自然增长率10.01‰。村（居）民小组201个。街道经济以商贸流通、餐饮娱乐、楼宇经济等为特色产业。

【经济发展】 坚持把经济发展作为第一要务。年财税计划数33238万元，完成35738万元，占年计划的107.52%，比上年增长16.12%，圆满完成全年任务；实现全社会固定资产投资42.04亿元，新增项目19个。新增规上工业企业2家、新增规上服务业企业5家、新增限上商贸业15家。引进亿元工业项目1家、5000万工业项目2家，引进商贸企业16家，引进信息服务业企业11家，引进物流企业2家。

【乡村振兴】　扎实推进扶贫与乡村振兴工作有效衔接，2021年，脱贫户实现人均年收入19044.7元。辖区内所有贫困户实现集中供水，房屋等级鉴定均为B级以上。开发四类公益性岗位，惠及16人，帮助11人安排街道清洁员工作，平均月收入达2760元。全年有88人住院治疗，总治疗费用94.53万元，住院报销85.16万元。住院、门诊费用均按90%报销到位。全面落实教育扶贫政策，开展雨露计划，排查辖区内符合条件的贫困学生，辖区内教育政策惠及55人。做到早发现、早干预、早帮扶，压紧压实巩固脱贫攻坚成果，坚决守住不发生规模性返贫的底线。

【创文工作】　开展创文入户宣传，向辖区内居民共发放宣传手册10万余份、创文礼品5万余份；招聘149名“信州红管家”分布在辖区内119个网格内开展“见事管事”活动，及时发现问题整改问题。强化城市精细化管理，在全域全覆盖环卫保洁基础上，进一步推进深度保洁精细化管理，全力创建“洁净街道”，开展“三大”排查行动，全面查缺补漏。快速开展秩序整治工作，组建“十乱整治小分队”每天开展常规巡查整治行动，共开展巡查整治700余次，拆除破旧广告150余处，在主干道沿线增添创文公益广告1000余处。

【疫情防控工作】　配合区疫情防控指挥部完成10轮核酸检测，辖区内共设65个核酸检测点，共计采样130余万人次。做好月泉花城、伯爵山等7个封控区封控管控工作，普通社会车辆禁止通行，生活物资保障车辆统一规范管理，人员就医等需求报社区管控专班统筹安排，出入时规范防护，严格消毒。辖区内累计居家隔离1225人，累计居家监测801人。为保障辖区内居民疫苗接种能够应接尽接，先后设置1个固定、5个临时疫苗接种点，确保从早上8点到晚上10点不间断地为群众接种疫苗，针对特殊群体特殊情况提供上门接种服务。第一针接种人数达74401人，第二针接种人数达72120人。组织160余名党员上岗为居民提供服务，500余名在职党员积极参与到疫苗接种工作中。

招募千名“信州红管家”参与志愿服务启动仪式

【项目建设】　2021年，共服务市、区重点项目73个，其中重大城建项目14个，城市功能品质提升项目59个。全力保障东晖安置小区、云碧峰大桥、怀玉山路、郭门路、牛角路、溪畔路、云尚上饶等30余个项目的有序施工或建成使用。完成带湖阳光城、带湖小学、稼轩学校、信州大道、吴芮路、德兴中路等项目的收尾与验收工作。集中精力破解磨湾安置小区、龙潭星城安置小区、城东佳苑（二期）安置小区等多个未解决的遗留问题。旧改力度持续加大，老旧小区改造涉及10个项目，涉及户数8921户，投资额为1934.6万元，10个项目全部完工。全力推进城镇老旧小区改造和既有住宅加装电梯的民生实事，涉及单元楼741个，预计惠及户数8352户，人居环境得到极大改善。控违拆违坚持露头就打，全年共控违拆违3010起，共计64199平方米。

【平安建设】　注重事前、事中、事后“全过程”有效处置，统筹做好信访维稳工作。2021年，接收系统信访件共111件，办104件，办结率93.7%；接待上访群众次数180余次，办结率90%以上。成功化解林家祠堂、董某华、马某生等5件信访积案。

【民生建设】　扎实推进低保补助工作，2021年，认定受理城市低保16户28人、农村低保3户9人，对上述家庭状况做到及时掌握和了解；加大帮困助困力度，2021年内，收到临时救助申请52户，发放临时救助金9.8万元；聚焦居家养老工作，为符合条件的50户家庭进行适老化改造建设，为家中有失能老人的12户家庭提供家庭养老床位，切实解决群众生活中的困难。

【主要负责人】

党工委书记：龚　敏

办事处主任：周中均

人大工委主任：张　懿

（徐嘉岭）

茅家岭街道

【简况】 茅家岭街道位于信州区南部，辖区总面积29平方千米。下辖畴口、解放、汪家园、同心、四吉5个居委会，世纪花园、钟灵社区、杨家湖3个社区和塔水、周田、茅家岭、车头畲族4个行政村，49个自然村，82个村民小组，其中汪家园畲族居委会为全省唯一的少数民族居委会。上饶集中营旧址（茅家岭烈士陵园）、上饶师范学院、江西医学高等专科学校以及上饶幼儿师范高等专科学校均坐落于境内。周田村被授予“第七届江西省文明村镇”称号。

【经济发展】 全年完成财税18657万元，总量居全区第6，同比增长9.17%，排名全区第7。在库纳税企业（个人）共计93家，总计完成税收6945.16万元。其中，工业企业纳税2463万元，占比35.09%；房地产相关企业纳税3124.79万元，占比44.99%；建筑业主要企业纳税503.28万元，占比7.25%；信息服务业纳税434.77万元，占比6.26%。统计工作全区综合排名第一。其中，固定资产投资项目入统全年目标数18个，完成26个（总投资额39.08亿元），总量继续位列全区首位；规上商贸企业入统全年目标数8个，完成9个；规上服务业企业入统全年目标数6个，完成5个；建筑业企业入统全年目标数2个，完成2个；数字经济全年招商任务数6家，完成6家。

【重大项目建设】 2021年，共服务市、区重点项目25个，其中重大城建项目16个，城市功能品质提升项目9个。新启动市、区征迁项目（叶挺南延段、旭日南大道、优维糖尿病精准医疗中心下杨家湖棚改和老水产场棚改）5个，完成签约99栋，签约面积6.5万平方米；棚改扫尾项目9个，完成签约80栋，签约面积4.785万平方米，合计完成拆迁面积11.285万平方米。项目征地完成1030亩，其中北师大项目约250亩，预防医学项目约270亩，医疗先行区路网项目230亩，叶挺南延段项目280亩。完成龟峰南大道项目、同心安置小区项目、信江南岸一期项目、竹园头棚改项目以及汪家园棚改二期等项目分房工作，共计1793套。

【疫情防控】 面对全国疫情防控的反复性，坚持把人民生命安全和身体健康放在第一位。对上级发出的重点地区和重点人群管控全方位排查并将管控责任具体落实到人，实行属地包保原则，做到信息透明，联防联控。全力动员辖区内群众参与疫苗接种，按期推进新冠病毒疫苗接种任务。街道全年疫苗接种第一、二、三针累计116688针剂。突发疫情后，全街上下扎实有序地推进防疫社会面管控、核酸检测等各项工作举措。疫情防控期间建立卡点疫情防控临时党支部47个，充分发动在职党员及辖区内志愿者作用，累计进行5219人流调溯源，转运395人，集中隔离290人，居家健康监测1247人，完成区域性全员核酸检测10轮约85万人次。

【城乡环境】 着力城市精细化管理，提高城市管理水平，改善宜居城市面貌。在做好全国卫生城市复审工作基础上，以落实“门前三包责任制”为抓手，加大宣传力度，进一步抓好主次干道“门前三包责任制”的签订，确保签订率、落实率达100%；加大辖区内垃圾清运和道路清扫保洁力度，以“马路本色”为抓手，推行“大洗尘、大清扫”行动，为居民提供一个宜居生活环境。以“城管力量下沉街道”为契机，建立联席会议制度，增强社区及辖区内居民间联动；推行问题清单实行销号管理，确保工作不断档、问题一抓到底；以“门前三包责任制”为依托，扎实处理好“十乱”整治、飞线整治等疑难杂症。2021年，街道依托新时代文明实践站（所）以及“岭上松”志愿服务队的1500余名志愿者，走进辖区内各市场、小区、主次干道、背街小巷等点位，累计开展各类志愿服务活动600余次，全街道上下凝心聚力，在创建全国文明城市“国检”中取得优异成绩。

【安全稳定】 坚持“以人为本，预防为主，安全第一”工作方针，认真贯彻落实安全生产工作安排部署。进一步健全镇（街道）、村（居）两级安全生产监管网络，签订安全生产和消防安全责任书；定期对各类专业市场、人员密集场所、餐饮行业等重点领域的安全生产情况进行走访排查；对辖区内所有小区物业进行消防安全检查，修订完善村（社区）各类应急预案；通过入户形式，加强对灾害防治的宣传教育，摸排走访辖区内所有企业、“九小”场所、住户、商户等，开展安全生产月活动、群租房整治活动，分别制定实施方案，成立专项整治领导小组。妥善化解国家信访局交办的进京赴省访疑难信访事项，及时劝返进京集体访7批35人次，进京个访5批6人次。针对辖区内信访问题梳理出重点人员和群体8件，按照包化解、包稳控、包思想教育转化的“三包”原则，对每一位重点人员实行一名班子成员、一名中层干部、一名村（居）责任人、一名村（居）稳控责任人的原则，使维稳工作人人头上有压力、有目标、有责任。紧盯反电诈工作，开展反电信诈骗“春风阳光”行动，深入居民家中、商超、大中专院校宣传，累计发放宣传册近6万份，开展反电信诈骗“微夜校”线上活动110余场、反电信诈骗线下活动25余次，开展知识讲座20余次。

【民生保障】 以老年人需求为导向，多措并举提升养老服务水平，启动打造一个嵌入式养老服务机构——同心景苑居家养老服务中心，不断增强街道辖区内老年人的获得感和幸福感；对街道年满80周岁以上的高龄老人进行全面摸底排查并办理高龄补贴，全街道80～89岁享受高龄津贴409人，90～99岁享受高龄津贴44人，百岁老人2人。深入推进残联工作，全街道共有残疾人口626人，享受重度残疾人护理补贴251人，困难残疾人生活补贴144人，享受两项补贴的123人，发放各类残疾人生活救助资金39.8万元。持续巩固脱贫成效；坚持问题导向，开展防贫返贫动态监测；严格落实各项扶贫政策，扎实推进就业扶贫、消费扶贫、健康扶贫、教育扶贫以及安居扶贫，进一步强化脱贫成效，大力发展特色产业，持续增加基础投入，加强精神文明建设，提升基层治理能力，切实做好巩固脱贫成果与乡村振兴有效衔接。

【主要负责人】

党工委书记：周　翔

办事处主任：黄　尧

人大工委主任：马丽萍

（杨维祖）

沙溪镇

【简况】 沙溪镇位于信州区东部，镇域总面积75.39平方千米，总户数14477户、64775人（第七次全国人口普查登记数，其中户籍人口数56724人、流动人数8051人；常住人口数43436人，其中城镇人口数10626人，农村人口数32810人），下辖13个村委会，2个居委会（其中1个村改居）。沙溪是夏布之乡，素有“江南麻埠”美誉，是江南著名苎麻夏布集散地。镇政府驻镇南

龙门路、天业路、沙湖大道改造完工

新区，距上饶市区21千米。镇政府院内有图书室、老年活动中心、信州区新时代文明实践沙溪所等。镇内有完全中学一所、初级中学一所、中心小学一所、村小学11所、幼儿园20余所，镇级卫生院1所、村级卫生所9个。

2021年，沙溪镇先后荣获上饶市美丽集镇建设、上饶市第四次全国经济普查通报表扬，江西省第六批及时奖励通报表扬，江西省模范劳动关系和谐乡镇等荣誉。

【巩固疫情防控成果】 落实常态化防控举措，第一时间启动应急预案，统筹谋划、闭环管理、发动群众、联防联控。全镇上下风雨同舟、守望相助，广大党员干部积极投身疫情防控工作。疫情防控期间共完成核酸检测28万余人次，严格落实市疫情防控应急措施，设立交通卡点24个，居家隔离345人，集中隔离15人。全镇上下主动配合、全力支持、捐款赠物，累计接受社会爱心人士捐赠23批次。密切跟踪国内外疫情动态，及时掌握疫情中高风险地区和疫情重点区域情况，迅速摸排上报境外和重点地区返乡人员，动态调整防控措施，时刻守护人民群众生命财产安全。

【经济保持向上发展】 2021年，全年完成财税4.05亿元，同比增长26.88%，完成任务数的117.48%，排名全区第一。工业经济实现新突破，签约开放型经济项目6家，其中亿元以上项目2家，2000万元至1亿元项目4家。新增规模以上工业企业4家，服务企业5家，商贸企业4家，固定投资项目11个，排名全区第一。规模以上工业企业完成工业总产值52.89亿元，同比增长111.9%；完成主营业务收入56.11亿元，同比增长122.84%。经济指标持续攀升，多项指标连续3年位居全区第一方阵。“经济发达镇”的发展势头越来越强劲。

【项目建设稳步推进】 2021年，建设和服务重点项目26个，其中沙溪镇作为项目实施主体的有19个，总投资约10.66亿元。集镇防洪工程建设基本完成，具备防洪防汛要求，经受住上游七一水库泄洪的严峻考验；农村饮水安全巩固提升工程完成给水管网、入村支管铺设和各行政村入户管网安装；镇区天业路、龙门路、沙湖大道等重要干道提升改造项目完工通车；玉华路综合提升改造工程全面完成，整街实现蝶变；“两污工程”（城镇污水管网和处理设施建设项目，园区污水处理厂建设项目）主管网铺设基本完成；创文项目、廉政文化基地建设等项目保质保量完成。全力服务保障上浦高速、沪昆四改八、信州区产业园沙溪园区等项目如期推进。

【打好生态环境“三大保卫战”】

打好蓝天、碧水、净土“三大保卫战”，实行网格化监管，积极收集各类污染线索，治理整治各类水塘35个，及时解决影响群众生活质量的污染问题。全面跟踪禁养区内关停养殖场，防止复养。严格落实“河长制”“林长制”，加强日常巡查，完成岩底水库渔业养殖网箱拆除和人放天养工作，清理松材线虫病疫木1万余株。完成造林任务600多亩，林业抚育3000亩。人居环境日益改善。整合资金推进农村基础设施建设，向阳上田畈美丽乡村、龙头安置区二期、东风埠头街等人居环境改善项目建成，完成2021—2024年城乡一体化服务采购项目招投标，全面实现全域环卫市场化运作和全镇垃圾上门清运服务。深入推进厕所革命，完成旱厕填埋1209户，安装三格式桶（含砖砌式）379户。2021年全年拆除各类违建9500余平方米，严格落实“五到场一公示”，进一步加大农民建房全面监管力度，规范农民建房。

【巩固脱贫成果和社会稳定】 成立巩固拓展脱贫攻坚成果同乡村振兴有效衔接工作领导小组，挂牌成立乡村振兴工作站，完成重点村和示范村帮扶单位驻村工作队进驻，组建由班子领导带队的10个非重点村帮扶工作组。建立健全防返贫监测机制，全年识别“三类人员”5户18人。加大资金扶持，安排乡村振兴衔接资金项目4批64个、新农村项目4个和农业蔬菜项目1个共计69个2949.8万元。强化扶贫项目资产管理，完成135个项目资产确权。巩固社会稳定，及时化解矛盾纠纷，排查矛盾纠纷142件，调处140件，调处成功率

镇污水管网建设

98.6%。加强网格化管理，严格按照“一张网”模式要求，组建服务团队形成“一岗多能，一专多能”工作机制，有效化解信访老案积案。认真开展隐患排查，全年未发生重大安全生产事故。坚持24小时应急值班和巡查制度，汛期紧急疏散转移群众352人，山塘水库、河堤无重大险情发生；开展消防灭火培训人数150人，接警46次，其中火灾扑救25次，社会救助21次，开展九小场所排查450余家。

【基层行政管理体制改革】 积极推进“一支队伍管执法”“一个窗口管受理” “一枚印章管审批”“一张网络管综治”的基层行政管理体制改革模式，上级下放的155项权限基本承接到位，其中审批权限承接52项，在行政服务中心正常收件办理。绿色殡改常态化落实，建立镇村公墓管理机制，火化率、入公墓率保持100%。

【人民群众幸福感不断提升】 建立社会保障平台11个，累计服务群众8000余人次，被市、区人社部门评为优秀“星级”保障平台。开发扶贫公益性岗位84人，落实脱贫户和“三类人员”创业补贴2万元，外出务工交通补贴401人。对全镇1446户、2222人的低保金进行调标，发放困难群众临时救助15.2万元。对全镇1110位高龄老人发放高龄补贴94.5万余元，为全镇806位残疾人申请补贴84.77万元。对五保老人、退役军人等特殊群体提供服务。

【主要负责人】

党委书记：刘理国

镇　　长：周宏亮（任至7月）

　　　　　钟　飞（7月任）

人大主席：吴水军（任至7月）

　　　　　张宁斌（7月任）

（黄振震）

朝阳镇

【简况】 朝阳镇位于信州区东南面，全镇总面积67平方千米，人口4.6万人，下辖13个村居，126个自然村，207个村民小组。区位优势明显、交通发达。上广公路、新320国道、吴楚大道、二上线贯穿朝阳镇，严石公路、丰溪东路、朝青公路串联全镇，合福高铁穿镇而过，镇政府距三清山机场仅十分钟车程，距上饶市火车站也只有十分钟车程。

【经济建设】 完成财税任务1.49亿元，同比增长18.27%，增幅全区排名第二，新增固定资产投资项目12个，投资额位居全区第一；实现入统标准工业企业2家，服务业企业4家，商贸企业4家；与南京纯白矩阵公司洽谈亿元招商项目，签订意向性落户协议，落户江西首家区块链大数据企业。

【民生建设】 2021年，完成上饶野生动物园、上浦高速、稼轩南大道、三材市场等重点项目征地3300余亩，迁坟1400余座，拆迁房屋57栋3.2万平方米。开展“炸冰行动”，10天内完成信州产业园朝阳大道东西两侧400亩地块20多栋房屋征迁工作，春节前将地块交付使用，获得区委主要领导点赞，为全区工业倍增、项目落地作出重大贡献。大力践行“我为群众办实事”实践活动，办成实事467件，惠及群众3.2万人，投资6000万元的城乡供水一体化项目，覆盖集镇周边7个村，近2万人可喝上大坳放心水；投资近4000万集镇污水管网建设；投入500余万元实施12个乡村振兴项目。

【环境建设】 2次创文考核获得满分；投入1500万元完成道路、排水等硬件设施提升改造项目，丰源路、丰溪东路路面“焕然一新”；加快推进投资1.1亿元美丽集镇建设，投入460万元完成溪边村人居环境提升工程，美了环境，暖了百姓。获评全省生态乡(镇)。

【平安建设】 2021年11月全镇上下战疫情，2周内全面遏制住疫情扩散蔓延势头，圆满完成10轮33万人次核酸检测任务，做到“六个未发生”；有效应对疫情影响，迅速落实“复工复产28条政策措施”，助力企业在一周内全面复工复产。常态化机制化开展扫黑除恶斗争，大力开展反电诈宣传教育，累计发放宣传资料1.8万份，投入10万元制作反电诈海报、围裙、纸杯、购物袋等群众喜闻乐见的方式广而告之。坚持法制化解信访与打击违法“闹访”两手抓、两手都要硬，以暖心、爱心疏解，对不良风气敢于亮剑，全年化解信访积案16件。依法解决陈某梅信访积案，弘扬社会正气，扭转社情民风。严格落实安全生产责任制，有效防范和坚决遏制各类事故发生。

【基层党建和精神文明建设】 把“七站八所”改革精简为“8+3”部门，定岗定责，盘活村(居)“两委”干部。投入300余万元改造青金村等多个党群服务中心；发展“一村一品”，壮大村级集体经济收入，青金村160万购买店铺出租，溪边村入股医疗器械公司分红，下源村建千亩果蔬基地，全镇13个村(居)经营性收入均超过10万元，其中盘石村、中潭村收入超50万元。西园生态园成功打造信州区唯一省级4A级乡村旅游点，年末投资1000余万元实现产业升级，作为全市经济巡查项目，为信州区农业农村乡村旅游工作再添光彩。预计年增加游客10万人次以上，旅游收入有望增加1000万，是中心城区城郊旅游的网红打卡最佳地。全年共召开45次党建+好商量协商议事会，解决群众操心事、烦心事36件。抓实党管人才工作，开展“人大代表日”活动，为信州高质量发展建言献策。落实意识形态责任制，加强党风廉政建设，以案为鉴，筑牢防线，严格落实“三务”公开，溪边村全景VR“三务”公开获市纪委点赞。

【主要负责人】

党委书记：李志坚(任至7月)
　　　　　刘均勇(7月任)
镇　　长：董　奇(任至7月)
　　　　　张　涛(7月任)
人大主席：张　涛(任至7月)
　　　　　叶荣城(7月任)

(张婧　江兴)

秦峰镇

【简况】 秦峰镇位于信州区东面，全镇以丘陵地貌为主，沿信江河蜿蜒而成。东与广丰区接壤，西与灵溪交界并傍临浙赣铁路，南与朝阳镇接壤，西北隔信江与沙溪镇相望。信江河、国道320东西向贯穿全境。全镇总面积59平方千米，耕地面积18674亩，林地面积40101亩，2021年，人口总数为43323人。秦峰镇镇域下辖11个行政村，146个村民小组，2021年内，秦峰镇获得“2021年度上饶市文明村镇”“2021年度全区社会宣传先进单位”“全区公共机构节能考核先进单位”“平安建设(综治工作)先进镇街”等荣誉，秦峰镇党委获得“全省生态文明建设先进集体”荣誉，秦峰镇关工委获得“全区关心下一代工作先进集体”荣誉，秦峰镇机关党支部、秦峰镇老坞村党支部获得“全区先进基层党组织”荣誉。

【招商引资强经济】 主动作为，全力推进招商引资，全镇经济稳中有升。全年，完成财税收入13929万元，新增税收达到1749万元，可用财力较2020年增长121%。引进17家企业落户信州(其中工业企业6家)；共申报4家规上工业企业，超额完成区级任务指标2家；完成4家限额以上商贸服务业企业和4家信息服务业企业申报工作。首创制定《秦峰镇招商引资(税)工作任务方案》，将干部绩效与招商引资成效相挂钩，努力实现招商项目落地和成果转化。

【项目建设稳推进】 重点围绕镇域发展，积极推进重点项目，60天完成省级重点项目上浦高速1000亩红线用地范围内土地征收及迁坟工作，30天完成上浦高速新增109亩梁片场征地和148个坟墓迁移工作，受到区本级通报表扬；跑市进省，成功将秦峰防洪堤改造项目列入全省水利项目“十四五”规划“笼子”；城镇建设取得新成绩，学苑路顺利通车、路底加油站顺利完成、秦峰中心小学及附属幼儿园项目如期投入使用、秦峰集贸市场主体工程完工；城镇污水管网项目、公园路开工建设，秦峰卫生院完成土地报批、郑宅加油站进入土地挂牌程序；岩坑黑臭水体整治项目、废旧矿山复绿项目、下湖至新塘村道工程等项目建设工作均在有序推进。

秦峰中心小学及附属幼儿园

【乡村振兴谱新篇】 在巩固脱贫攻坚与乡村振兴有效衔接的基础上，大力推进扶贫项目开工，全年累计整合资金714.6万元，用于22个扶贫项目建设，包括2个移民项目；投入扶贫产业资金270.2万元，发展红美人、马家柚、金银花等种植产业项目7个，老坞村移民项目高铁安置区至大碓坞道路硬化工程、老坞红美人果树项目实现完工并验收。按照“2+N”集体经济发展模式，发展“一村一品”特色产业，拓宽秦峰菜籽油、秦峰粉干、占村生态米等系列村集体经济品牌销路。2021年，11个村集体经济年经营性收入均突破10万元，其中路底村经营性收入突破50万元。全镇村集体经济经营性总收入为224.5万元，较上年增长21.75%。

【集镇面貌换新颜】 建立镇、村两级河长体系，开展“清管行动”“清四乱行动”“小微水体专项整治”“疫情防控期间河湖管护专项行动”等工作，组建包含12人的林业日常巡查队伍，大力推进全镇生态文明建设和林业、水利事业发展，全面摸排和解决环保突出问题。成立由各村退伍军人组成的街道专项整治小组，集中整治秦峰街道乱停乱占、乱堆乱放、乱倒乱丢等秩序乱象，开展治“藓”行动，落实“门前三包”责任，集镇秩序焕然一新。全年投入资金1800余万元，推进城镇雨污管网建设项目，新建污水管网2.2万米；完成日处理量1000吨污水处理厂建设，持之以恒抓农村生活垃圾治理；争取新农村资金372万元，推进新农村建设项目17个，惠及全镇10个行政村、10个自然村；全面实施农村“人居环境整治”和“厕所革命”，按照省、市要求全面完成户厕数据摸排录入工作，完成改厕329个；投入资金100余万元，建立农村环境卫生长效管护机制，围绕“三清两改一管护”，突出在国道、七沙沿线、村主干道两侧、农户生产生活集聚区整治，扮靓农民家园；逐步推进集镇改革，以严格农民建房为抓手，持续推进宅改工作，坚持重点抓住农村“三房”拆除和农民建房批后监管2个关键环节，严格落实农民建房批后监管“五到场一公示”制度，大力推进“两拆三清”工作，共计拆除违建175处3639平方米。

【保障民生促和谐】 不断增加民生资金投入，建立特殊困难群体关爱帮扶长效机制，大力开展农村低保专项治理工作，全年累计发放农村低保金728.5万元，城镇低保金18.3万元，发放农村特困供养金54.6万元，农村特困护理补贴5.7万元，高龄补贴51.7万元。为特殊困难老年人家庭适老化改造30户，发放补贴资金21.08万元。发放优抚对象抚恤金152.73万元，残疾人补贴73.06万元。累计发放临时救助金15.05万元，惠及农户85户。持续推进城乡居民两保缴费工作，居民养老保险缴费累计到账7236人次，缴费总额238.6万元，为建档立卡脱贫户等特殊群体1257人代缴养老保险，参保城乡居民医疗保险（含落地参保）人数为34704人，上缴参保费用993.50万元。开展安全生产隐患大排查，加强重点区域、重点环节、重点岗位安全隐患排查治理，严格落实防灭火工作责任，强化应急值守和应急演练，全镇未发生一起重大以上安全生产责任事故；深入开展扫黑除恶大宣传、大摸排工作，深化警民合作开展联防联治，全力打击违法犯罪行为，纵深推进扫黑除恶专项斗争。共排查调处矛盾纠纷 88 起，处理上级交办信访件 70 件，稳控重点人员 13 人，化解信访积案 20 起，全年未发生一起人员赴省进京访事件。

【疫情防控见实效】 落实联防联控，全力攻克疫情。投入资金 10 万元，在秦峰卫生院搭建钢棚和移动板房，为疫苗接种工作提供良好的接种场地。11 月，疫情防控期间成立临时党支部 14 个，设党员示范岗 22 个，发动党员干部志愿者 700 余人完成 10 轮全员核酸检测和日常值守任务，疫情风险等级长期保持在低风险状态。

【主要负责人】

党委书记：汪华军（任至 7 月）
　　　　　岳贤猛（7 月任）
镇　　长：岳贤猛（任至 7 月）
　　　　　周　欢（7 月任）
人大主席：郑乃金

（周慧媛）

人物

组织机构及负责人员名录

（截至2021年12月31日，下同）

中共信州区委

潘表光　　书　记
叶文华　　副书记（任至8月）
余华阳　　副书记（8月任）
方森滨　　副书记（任至8月）
朱军勇　　副书记（8月任）
吴武华　　常　委（任至8月）
刘山钰　　常　委（任至8月）
徐　卓　　常　委（任至8月）
徐建饶　　常　委（任至8月）
汪东军　　常　委（任至8月）
李　红（女）　常　委（任至8月）
张　斌　　常　委（任至1月）
江华荣　　常　委（8月任）
邓登勇　　常　委（8月任）
李　磊　　常　委（8月任）
徐艺华　　常　委
邱树梁　　常　委（8月任）
张军华　　常　委（8月任）
周小凤（女）　常　委（8月任）
刘均勇　　常　委（8月任）

信州区人大常委会

徐志勇　　党组书记、主任（任至8月）
吴武华　　党组书记、主任（8月任）
章淑英（女）　副主任（任至8月）
王　林　　党组成员、副主任（任至8月）
夏子福　　党组成员、副主任（任至8月）
郑德成　　党组成员、副主任（任至8月）
黄爱玉（女）　党组成员、副主任（任至8月）
盛巧明　　党组成员、副主任（任至8月）
刘祖宏　　党组副书记、副主任（8月任）
柴莉萍（女）　副主任（8月任）
黄玉华　　党组成员、副主任（8月任）
蒋德贤　　党组成员、副主任（8月任）
徐叶黎　　党组成员、副主任（8月任）

信州区人民政府

叶文华　　党组书记、区长（任至8月）
余华阳　　党组书记、区长（8月任）
张　斌　　党组副书记（任至8月）、副区长（任至1月）
徐艺华　　党组副书记、副区长（8月任）
刘均勇　　党组成员、副区长
陈河龙　　党组成员、副区长（8月任）
丁成军　　党组成员、副区长
赵建颖　　党组副书记、副区长（任至8月）

周小凤（女） 党组成员、副区长（任至8月）
龚 桃 副区长
吴丽辉（女） 党组成员、副区长（8月任）
刘理国 党组成员、副区长（8月任）

信州区政协

程 茹（女） 党组书记、主席（任至8月）
刘山钰 党组书记、主席（8月任）
翟安军 党组副书记、副主席（任至8月）
邱模恺 党组副书记、副主席（8月任）
柴莉萍（女） 副主席（任至8月）
苗天红 党组成员、副主席（任至8月）
缪红芳（女） 党组成员、副主席（任至8月）
王红林 副主席（任至8月）
胡频萍（女） 副主席（任至8月）
章淑英（女） 副主席（8月任）
王 芳（女） 副主席（8月任）
张 莉（女） 副主席
方表福 党组成员、副主席（8月任）
胡 涛 党组成员、副主席（8月任）
郑耀龙 副主席（8月任）

信州区直单位领导人员名单

区纪律检查委员会（区监察委员会）

吴武华 书 记（任至8月）
邓登勇 书 记（8月任）
康 飞 副书记
乐 俊 副书记
吴国桢 副书记（8月任）
王清明 常 委
俞叶珍（女） 常 委
詹福康 常 委
钱 盈 监察委员会委员
潘晓峰 组织部部长
郑 翔 第二纪检室主任
姜碧菡（女） 案件审理室主任
杨 平 第五纪检室主任
周 晖（女） 党风正风监督室主任
付梦程（女） 纪委室主任
魏士秀 纪委室主任
邱 峰 纪委室主任
黄美芳（女） 区纪委区监委驻区司法局纪检监察组组长
林芳锋 区纪委区监委驻区政府办纪检监察组组长
钱建军 区纪委区监委驻区卫健委纪检监察组组长
郑小慧（女） 区纪委区监委驻区财政局纪检监察组组长
周小伟 区纪委区监委驻区工信局纪检监察组组长
余翠珍（女） 区纪委区监委驻区教育体育局纪检监察组组长
吕俊雅（女） 区廉政教育中心主任

区委巡察工作领导小组办公室

王清明 主 任
徐太生 副主任

区委第一巡察组

郑钦宏 组 长
周海洪 副组长
温华兴 正科级巡察专员

区委第二巡察组

龚小平 组 长
傅联奎 副组长
杨忠朝 正科级巡察专员

区委第三巡察组

徐和冬 组 长
邱 虹（女） 副组长

邹　辉　　正科级巡察专员

区人民武装部

徐建饶　　部　长（任至8月）
彭学胜　　部　长（10月任）
邱树梁　　政　委

区委办公室

周勇山　　主　任
郑展翼　　副主任
张　健　　副主任
陈　影（女）　副主任
杨振林　　区委正科级督察专员
祝慧箭　　区委副科级督察专员
郑艺茹（女）　区委保密技术服务中心主任

区委政研室

陈熹昀　副主任

区委组织部

徐　卓　　部　长（任至8月）
李　磊　　部　长（8月任）
潘华喜　　常务副部长
郑飞标（女）　副部长
徐小章　　副部长

区人才发展服务中心

雷文锋　　主　任

区委政法委

李　红　　书　记（任至8月）
张军华　　书　记（8月任）
丁成军　　副书记（兼任）
胡永东　　常务副书记
陈红艳（女）　副书记
刘　俊　　副书记
徐　新　　副书记
郑行旺　　副书记

区综治和社区网格化中心

周文芳（女）　主　任
刘　君（女）　副主任

区委宣传部

刘山钰　　部　长（任至8月）
江华荣　　部　长（8月任）
刘宗功　　常务副部长
郑维民　　副部长

区融媒体中心

郑亦辉　　主　任
方丁丰　　总编辑
吕丽芳（女）　副主任
刘建芳（女）　副主任
缪　慧（女）　副主任
王　娟（女）　副主任

区新时代文明实践促进中心（区网络安全和信息化中心）

祝水彪　　主　任

区委统战部

汪东军　　部　长（任至8月）
周小凤（女）　部　长（8月任）
黄志萍（女）　常务副部长
黄　刚　　副部长
苏　剑　　副部长

区非公有制经济发展中心

饶丽君（女）　主　任

区委信访局（区政府信访局）

张　健　　局　长
黄志霞（女）　副局长
李晓军　　正科级信访督查专员

区大数据发展服务中心

程琳琳（女） 主　任

区委党校

朱军勇 校　长（8月任）
杨　松 常务副校长
王小仙（女） 副校长
林谋俊 校务委员
胡军霞（女） 校务委员

社会主义学校

周小凤（女） 第一校长（兼任）（8月任）

行政学校

徐艺华 第一校长（兼任）（8月任）
王小仙（女） 副校长

区委机构编制委员会办公室

汪美华（女） 主　任
陈建菲（女） 副主任
李　强 副主任

区委老干部局

郑飞标（女） 局　长
林文英（女） 副局长
廖淑雯（女） 副局长

区党史党建研究中心（区地方志编纂中心）

徐　炜（女） 主　任

区人大常委会工作部门

侯媛琴（女） 区人大常委会党组成员、办公室主任
郑　旭（女） 法制委员会（监察和司法工委、备案审查工委）主任委员
余洪刚 财政经济委员会（预算审查工委）主任委员
陈　璟（女） 教育科学文化卫生工作委员会（外事华侨民族宗教工作委员会）主任委员
何　菲（女） 选举任免联络工委主任委员
董文武 农业农村工委主任委员
肖　丹（女） 城乡建设与环境资源保护工委主任委员
徐　勋 区人大社会建设委员会主任委员
柯晨薇（女） 办公室副主任
周　珏（女） 农业农村工委副主任委员
曾庆荣 法制委员会（监察和司法工委、备案审查工委）副主任委员
郑文明 教育科学文化卫生工作委员会（外事华侨民族宗教工作委员会）副主任委员
项招敏 选举任免联络工委副主任委员
徐婉婷（女） 财政经济委员会（预算审查工委）副主任委员
程　茜（女） 城乡建设与环境资源保护工委副主任委员

区人大代表联络中心

徐文积 主　任

区政协工作部门

吴吉江 秘书长
龚　博 办公室主任、副秘书长
程洪波 文化和文史学习委员会主任
龚　斌 提案委员会主任
童淑倩（女） 教科卫体委员会主任
林雪俊（女） 农业和农村工作委员会主任
陈钱英（女） 城乡建设和人口资源环境委员会主任
陶兴明 文化和文史学习委员会副主任
张　浩 提案委员会主任
何郁静（女） 城市建设和人口资源环境委员会副主任
蒋　龙 区政协文史馆主任

区政府办公室

章小荣　　党组书记、主任
余小红（女）　党组成员、副主任
俞子英　　党组成员、副主任
吴　剑　　党组成员

区人民政府经济发展研究中心

杨宏庆　　党组书记、主任
李　霞（女）　党组成员、副主任
汤哲卿　　党组成员、副主任

区发展和改革委员会

郑　平　　党组书记、主任
林文革　　党组成员、副主任
陈少春（女）　党组成员、副主任
叶　剑　　党组成员、总经济师

区重点项目服务中心

吴乐闽　　党支部书记、主任

区粮油收储公司

何为民　　党支部书记、经理

区工业和信息化局

余　磊　　党组书记
吴　琦　　局　长
熊荣平　　党组成员、副局长
俞　斌　　党组成员、副局长
韩　汾（女）　党组成员

区工业和信息化融合推进中心

李毓伟　　党支部书记、主任

区教育体育局

徐传湖　　党组书记、局长
余其中　　党组成员、副局长
余凌红　　党组成员、副局长
王晖民　　党组成员
余　辉　　党组成员
孙学银　　四中校长、党支部书记
冯　健　　职中党支部书记、校长
郑　军　　沙溪中学党支部书记、校长
程一红（女）　一小党支部书记、校长
汪晓瑾（女）　逸夫小学党支部书记、校长
郑有飞　　五小党支部书记、校长
程一晶（女）　三中党支部书记、校长

区教学研究中心

徐　萌（女）　党支部书记、主任

区教师进修学校

余　辉　　校长、党组成员
朱有礼　　党组成员、副校长
黄禹轩　　党组成员、副校长

区民政局

章　艳（女）　党组书记、局长
吴腮兴　　党组书记、副局长
曹　辉　　党组书记、副局长
陈永华（女）　党组成员
欧　华　　党组成员

区民政事务服务中心

潘有歆　　主　任

区乡村振兴局

朱五东　　党组书记
李海峰　　党组副书记、局长
程堂青　　党组成员、副局长
刘杭飞　　党组成员、副局长

区司法局

郑云评　　党组书记、局长
曾　勇　　党组成员、副局长
吴树宏　　党组成员、副局长
徐　靖　　东市街道司法所所长

侯　含（女）　西市街道司法所所长
董　俊（女）　水南街道司法所所长
洪　鹰（女）　北门街道司法所所长
娄春福　朝阳镇司法所所长
程富华　秦峰镇司法所所长

区财政局

王昭晖　党组书记
毛　强　局长
付文胜　党组成员、副局长
李志维　党组成员、副局长
陈广斌　党组成员、副局长
龚国军　党组成员、副局长
潘智敏　党组成员、副局长
揭利新　总会计师
刘　媛（女）　党组成员
刘　锋　党组成员
杨昌彪　党组成员
徐丽瑛（女）　党组成员

区财政公共服务中心

杨昌彪　党支部书记、主任

区国有资产服务中心

刘　锋　党组书记、主任
徐　真（女）　党组成员、副主任
李　颜（女）　党组成员、副主任

区人力资源和社会保障局

王　辉　党组书记、局长
刘光沐　党组成员、副局长
郑森生　党组成员、副局长
刘振江　党组成员、总会计师
徐光庆　党组成员
潘　云　党组成员
郑惠琳（女）　区就业创业服务中心党支部书记、主任
潘　云　区社会保险管理中心党支部书记、主任

区农业农村水利局

朱五东　党组书记、局长
徐晓彬　党组成员、副局长
余接满　党组成员、副局长
刘　斐　区农业农村产业发展中心党支部书记、主任

市林业和草原局信州分局

俞妙玲（女）　党组书记、局长
郑行希　党组成员、副局长
张朝波　党组成员、副局长
张华军　党组成员
吴慧兰（女）　党组成员
张华军　区睦州山管委会（事业）党支部书记、主任

区住房和城乡建设局

姬峻峰　党组书记、局长
李元林　党组成员、副局长
林传东　党组成员、副局长
徐日升　党组成员
蔡　赟　党组成员
袁　振　党组成员
徐　翔　党组成员
童国峰　党组成员

区住房建设保障中心

蔡　赟　党组书记、主任
袁　振　党组成员、副主任
徐　翔　党组成员、副主任
童国峰　党组成员、副主任

区交通运输局

李志坚　党组书记、局长
余　辉　党组成员、副局长
游建新　党组成员、副局长

毛辰龙　　党组成员、副局长
许光华　　党组成员、总工程师
毛日亮　　党组成员
陈宇戈　　党组成员
袁振兴　　区交通运输局综合服务中心党支部书记、主任

区城管局

徐永军　　党组书记、局长
余仕华　　党组成员、副局长
徐培军　　党组成员、副局长
唐建明　　党组成员
李先荣　　党组成员
苏晓辉　　党组成员

区市政公用服务中心

李先荣　　党支部书记、主任

区商务局

冯文斌　　党组书记、局长
叶长利　　党组成员、副局长
王昱珏（女）　副局长

区文化广电新闻出版旅游局

唐　浩　　党组书记、局长
林前飞　　党组成员、副局长
余建国　　党组成员、副局长
郑耀兴　　党组成员、副局长
骆　辉　　党组成员、区文化旅游发展中心书记

区卫生健康委员会

汪华军　　党组书记、主任
陈春明　　党组成员、副主任、区疾病预防控制中心党支部书记、主任
官朝昀　　党组成员、副主任
江铁山　　党组成员、副主任
李年发　　第二人民医院党支部书记
朱锡发　　第三人民医院党支部书记
郑录辉　　第三人民医院院长
刘明强　　区妇幼保健计划生育服务中心党支部书记、院长

区审计局

唐筱虎　　党组书记、局长
陈建中　　党组成员、副局长
邓海峰　　党组成员、副局长
俞卫丰　　党组成员、副局长
陈华琴（女）　党组成员、总审计师
汤周明　　党组成员、经济责任审计工作领导小组办公室主任
秦　婕（女）　党组成员

区审计技术保障中心

秦　婕（女）　党支部书记、主任

区科技局

周　正（女）　党组书记、局长
曾小妍（女）　副局长

区统计局

吴小文　　党组书记、局长
李　芳（女）　党组成员、副局长
叶升星　　副局长
叶慧敏（女）　党组成员、总统计师

区应急管理局

桑　郁（女）　党委书记、局长
娄豪水　　党委成员、副局长
全其乾　　党委成员、副局长
许　莉（女）　党委成员、副局长
邓　钧　　党委成员、区应急救援保障中心党支部书记、主任

区退役军人事务管理局

张志强　　党组书记

潘元娟（女） 局长
汪智明 党组成员、副局长
章新成 党组成员、副局长

信州区医疗保障局

王建明 党组书记、局长
杨国辉 党组成员、副局长
姜中林 党组成员、副局长
苏　政 党组成员、区医疗保障服务中心党支部书记、主任

信州区市场监督管理局

刘宙禄 党组书记、局长
余志刚 党组成员、副局长
艾　蔚 党组成员、副局长
陆海东 党组成员、副局长
潘旺滨 党组成员、副局长
苏　建 灵溪分局局长
陆　勇 沙溪分局局长
郑富饶 带湖分局局长
蒋丁斌 水南分局局长
王建国 三江分局局长
李建东 区检验检测中心党支部书记、主任

区机关事务服务中心（对外合作交流中心）

吴　涛 主　任
滕　晓（女） 副主任

区现代农业示范区管理委员会

朱鑫飞 党组书记、主任
徐焕文 党组成员、副主任
郑　亮 党组成员、副主任

区轻工集团公司

徐雷春 党委委员、副总经理

区供销社（供销合作总公司）

蒋　勇 党委书记、主任
吴秀萍（女） 党委委员、副主任

上饶信州产业园管理委员会

管建伟 党工委书记
李积彪 党工委副书记、主任
郑黎军 党工委委员、副主任
甄永强 党工委委员、副主任
吕洪伟 党工委委员、纪检监察工委书记

区信息服务业产业管理中心

郭　丽（女） 党组书记、主任
郭代敏 党组成员、副主任
章智敏 党组成员、副主任
毛景丰 党组成员、副主任

区政务服务中心

刘桂莲（女） 党组书记、主任
占清华 党组成员、副主任
吴　蓉（女） 党组成员、副主任

上饶市城南城市建设投资发展有限公司

李道帮 总经理
钱　华 副总经理
林　旭 副总经理
孙浩澜 副总经理
翁俊源 副总经理
王　政 副总经理

上饶市区投资控股集团

李道帮 总经理
江进佳 副总经理
周莉萍（女） 副总经理

区人民法院

杨小明 党组书记、院长（任至8月）
肖连华 党组书记、院长（8月任）
廖宗海 党组成员、副院长
邱若琳（女） 党组成员、副院长

汪　群（女）　党组成员、政治部主任
刘昊旻（女）　审判委员会专职委员
储德水　东市法庭庭长
杨　立　沙溪法庭庭长
杨建波　灵溪法庭庭长

区人民检察院

章　晖　党组书记、检察长（任至8月）
胡腾峰　党组书记、检察长（8月任）
林　锋　党组副书记、副检察长
黎明华　党组成员、副检察长
江华光　党组成员、副检察长
廖　蓉（女）　党组成员、政治部主任
翟宏刚　党组成员

区总工会

盛巧明　党组书记、主席
冯秀云（女）　党组成员、常务副主席
刘晓彬　党组成员、副主席
叶　盛　党组成员、副主席

共青团区委

王　莹（女）　书　记
潘　瑶（女）　副书记

区妇女联合会

郑柳静（女）　主　席
方旭荣（女）　副主席

区工商业联合会（总商会）

苏　剑　党组书记（兼任）
谭晓红（女）　主　席（会长）
贺禹铭　副主席（副会长）
颜晶莹（女）　副主席（副会长）

区科学技术协会

杨小威　主席
卢　红（女）　副主席

区文学艺术界联合会

谢　飞　主　席
李　璇（女）　副主席、秘书长
谭　琳（女）　副主席

区残疾人联合会

王晓岗　理事长
王　辉　副理事长
张丽英（女）　副理事长

信州区社会科学界联合会

黄　涛　主　席
周贻洪　副主席
琚　玺（女）　副主席、秘书长

区归国华侨联合会

诸葛明　主　席
张碧君（女）　副主席
苏珊梅（女）　副主席、秘书长

区红十字会

陈河龙　会长（9月任）
夏君英（女）　党组书记、常务副会长
王丽芸（女）　副会长、秘书长
林黎明　党组成员、监事会专职副监事长

上饶市立医院

郑常勇　党委书记
刘和开　党委副书记、院长
杨　玲（女）　党委委员、纪委书记
余云霞（女）　党委委员、副院长
吕建红（女）　党委委员、副院长
赵　超　副院长
周　滨　副院长
周元江　党委委员、纪委副书记（监察室主任）

上饶市中医院

刘和开　　院　长
夏德军　　党组成员、副院长
赵志元　　党组成员、副院长
章海峰　　党组成员、副院长

区档案馆

金　波（女）　党组书记、馆长
徐康饶　　党组成员、副馆长
陈　诚　　党组成员、副馆长

中国国民党革命委员会信州区总支部委员会

李　琼（女）　主任委员
管媛媛（女）　专职副主任委员
徐　媛（女）　副主任委员兼秘书长

中国民主同盟上饶市信州区总支部委员会

杨　明（女）　主任委员
付　瑶（女）　专职副主任委员
陈　玉（女）　副主任委员兼秘书长

中国民主建国会信州区总支部委员会

徐贻忠　　主任委员
缪　斌　　专职副主任委员

中国民主促进会信州区总支部委员会

俞　慧（女）　主任委员
张炳波　　副主任委员兼秘书长

中国农工民主党信州区总支部委员会

周宏伟　　主任委员
郑曼华（女）　专职副主任委员
柯　姗（女）　副主任委员兼秘书长

九三学社信州区基层委员会

潘有歆　　九三学社信州区基层委员会主任委员
吴雪珍（女）　专职副主任委员
李心雨（女）　副主任委员兼秘书长

省五一劳动奖章获得者

孙学银，男，中共党员，中小学高级教师，上饶市第四中学党支部书记兼校长。出生于 1966 年 3 月，1988 年 7 月毕业于上饶师院政教系。他模范履行教师职责，工作出色，先后担任上饶第六中学、上饶市职业中学的党支部书记兼校长。2013 年 8 月调任上饶市第四中学校长。他指导教师完成了多个国家级、省级课题，多次被评为市、区级的优秀教师、优秀共产党员，被授予江西省中小学优秀校长、江西省优秀班主任等称号。

正高级专业技术职称人员名单

序号	姓名	性别	出生年月	工作单位	职务职称	获得时间	授予单位
1	汪　勇	男	1967 年 8 月	上饶市立医院	主任医师(县区类)	2021 年 12 月 31 日	江西省职称工作办公室
2	胡　燕	女	1975 年 7 月	上饶市立医院	主任护师(县区类)	2021 年 12 月 31 日	江西省职称工作办公室
3	沈小忠	男	1971 年 1 月	上饶市立医院	主任医师(县区类)	2021 年 12 月 31 日	江西省职称工作办公室
4	崔永峰	男	1966 年 8 月	上饶市立医院	主任医师(县区类)	2021 年 12 月 31 日	江西省职称工作办公室

续表

序号	姓名	性别	出生年月	工作单位	职务职称	获得时间	授予单位
5	廖怀利	男	1972 年 3 月	上饶市立医院	主任医师（县区类）	2021 年 12 月 31 日	江西省职称工作办公室
6	操启友	男	1969 年 4 月	上饶市立医院	主任医师（县区类）	2021 年 12 月 31 日	江西省职称工作办公室
7	沈佩雷	男	1982 年 8 月	上饶市立医院	主任医师（县区类）	2021 年 12 月 31 日	江西省职称工作办公室
8	黄国珍	男	1978 年 2 月	上饶市中医院	主任医师（县区类）	2021 年 12 月 31 日	江西省职称工作办公室
9	程一红	女	1965 年 6 月	上饶市第一小学	中小学正高级教师	2021 年 12 月 28 日	江西省职称工作办公室

重要文献

政府工作报告

——2021 年 2 月 23 日在区第五届人民代表大会第六次会议上

区长　叶文华

各位代表：

现在，我代表区人民政府向大会报告工作，请予审议，并请政协委员和列席会议同志提出意见。

一、2020 年工作和“十三五”发展回顾

2020 年是极不平凡、极不寻常、极为不易的一年。在区委的坚强领导下，全区上下深入贯彻习近平新时代中国特色社会主义思想，全面落实党中央、国务院、省市各项工作部署，紧紧围绕区委“1235”发展战略和区五届人大五次会议确定的目标任务，积极克服新冠肺炎疫情等不利影响，扎实做好“六稳”工作，全面落实“六保”任务，推动全区发展取得了超预期成就。

一年来，我们主要做了以下工作：

（一）众志成城、精准施策，统筹疫情防控和经济社会发展取得扎实成效

万众一心战疫情。面对突如其来的新冠肺炎疫情，坚持把人民生命安全和身体健康放第一位，成立信州区应对新型冠状病毒感染的肺炎疫情联防联控机制领导小组，及时启动重大突发公共卫生事件I级响应。广大医护工作者、党员干部、社区工作者坚守疫情防控第一线，派出市立医院 7 名医护人员驰援武汉，社会各界踊跃捐款捐物，全区人民共同谱写了一首信州抗疫史诗。战疫情取得决定性胜利，仅用 33 天就实现 13 例确诊病例清零；自 2 月 13 日以来，全区未发生新增确诊病例，疫情风险等级长期保持为低风险。

多措并举稳增长。坚持一手毫不松懈抓防控，一手紧锣密鼓抓复工复产复市。出台《关于有效应对疫情稳定经济增长 26 条政策措施》，减税降费规模达 1.89 亿元，减免各类国有资产房屋租金 700 万元。创新方式，开展各类银企对接活动，全力破解企业融资难题，为 30 余家企业争取贷款近 5000 万元，扎实推进“千名干部帮千企”专项行动，“一对一”帮扶解决影响企业复工问题。3 月下旬，大

型商超、餐饮服务业全面复市，50家规上工业企业全部复工复产，各重点项目全部开工。每月召开经济运行分析会，召开决战第四季度动员大会，全区各项经济指标迅速企稳向好，逐月回升，牢牢稳住了经济发展“基本盘”，主要经济指标继续保持全市第一方阵。全年完成地区生产总值342.3亿元，增长4.0%；财政总收入30.2亿元，增长5.9%；一般公共预算收入18.1亿元，增长3.1%；规模以上工业增加值增长4.9%；社会消费品零售总额188.1亿元，增长2.6%；城镇居民人均可支配收入42620元，增长5.3%；农村居民人均可支配收入20113元，增长7.3%。12项主要经济指标中，总量11项全市前三，其中7项全市第一；增幅5项进入全市第一方阵。

（二）抢抓机遇、优化结构，产业转型升级提质提速

工业发展迈出坚实步伐。园区基础设施不断完善，朝阳产业园污水处理厂二期、沙溪园区110千伏变电站、6万平方米标准厂房等项目顺利竣工、沙溪园区配套商贸服务中心开工建设。主导产业集聚效应不断凸显，宇瞳光学园入驻光学企业达29家，邦德科技、银之川一期等一批优质主导产业扩建项目即将竣工投产，总投资26亿元的“5020”项目华辉铜业开工建设。营商环境不断优化，大力推进企业上市“映山红”行动，8家企业入选全省重点上市后备企业库，信州产业园荣获江西省第一届“十佳优化营商环境工业园区”称号。全年新增规上工业企业19家，实现营业收入58.2亿元。

现代服务业稳健发展。数字经济逆势增长，新增入园企业70家，总量达429家，纳税近5亿元，产业规模连续8年位居全市第一、全省前列。总投资6.44亿元、总建筑面积10.6万平方米的信息产业园整体提升项目开工建设。天虹购物中心主体封顶，上饶国际大酒店正式营业。引进“星巴克”“海底捞”等数十家名企名店。文旅发展迎来重大突破，引进投资80亿元的上饶未来科技文旅中心，上饶野生动物园、水南历史文化街区、信江湾湿地公园开工建设。

特色农业加快发展。积极推进绿色食品、有机农产品及地理标志农产品“两品一标”认证申报工作，全区现有无公害农产品8个、绿色食品4个。近郊休闲采摘农业初具规模，形成了宋宅枇杷、何家葡萄、西园水蜜桃、西山岭马家柚等具有一定规模、特色的采摘农业种植基地。互联网+现代农业快速发展，全年交易额突破600万元。

（三）苦干实干、攻坚克难，城乡融合发展水平不断提高

重大项目快速推进。始终秉持“为市服务、借市发展”理念，全力保障46个市重点项目序时推进，信江生态走廊、水南片区棚户区（一期）综合改造和恒大养生谷等一大批市本级重大项目顺利开工。棚改和安置房建设有力推进，全年棚改完成130余万平方米，年内启动的东瓦窑、301工区、双塔片区、带湖北路以东片区、郭门城中村二期等棚改项目如期完成征迁；加大力度对棚改遗留项目扫尾清零，干净彻底交地18宗、1700余亩。同心、汪家园二期安置房即将建成分房，佳和安置房开工建设，文通、东晖、梨树坞、汪家新苑等安置房项目启动前期工作。三江片区发展驶入快车道，四中三江总校、市立医院三江总院、汪家园邻里中心、应急救援中心等一批重大项目开工建设。

城市形象显著提升。成功创建国家卫生城市，这份殊荣是对信州50万人民几年来始终顾大局、勇担当、讲奉献的充分肯定！持续巩固、推进“双创”工作，实施创文项目100余个、改造老旧小区62个、改造里弄小巷25条，新建城市公厕6个。全面整治占道经营、乱停乱放、乱堆乱倒等顽疾，开展“最干净街道评比”“洗城”和文明交通劝导行动。垃圾分类试点工作稳步推进，完成284个市、区两级公共机关单位、学校、医院垃圾分类工作，投放垃圾分类设备200余台。控违持续发力，拆除各类违建面积16.9万平方米，责令停建或整改7039户。

乡村面貌持续改善。启动了美丽集镇建设，大力推进农村厕所革命、生活垃圾处理、污水治理和村容村貌提升，新建农村公厕 70 座，完成改厕 3518 座，全区农村卫生厕所普及率达 94%，农村生活垃圾无害化处理率始终保持 100%，顺利通过农村人居环境整治三年行动第二批省级验收。实施五河治理沙溪镇防洪工程，建设治理堤防 8.1 公里。打造最美高铁线，迁移坟墓 228 座，覆绿裸露地块 1.35 万平方米，改造提升房屋 506 栋。朝阳石垅孔村和秦峰五石村被评为省级 3A 乡村旅游点。沙溪宋宅村、朝阳青金村、秦峰管家村被评为国家森林乡村。

（四）改革攻坚、扩大开放，发展活力和后劲更加夯实

重点改革纵深推进。全面启动区、镇（街）财税体制改革，财税体制更加完善，镇街活力得到极大释放！沙溪经济发达镇行政管理体制改革顺利通过全省第一轮改革工作评估。深化农村集体产权制度改革，全区 66 个股份经济合作组织挂牌。上饶市立医院和上饶市中医院列入疾病诊断分组（DRG）改革试点。殡葬改革持续深化，实现火化率和入公墓率两个 100%。“放管服”改革扎实推进，大力推广“一次不跑”网上办和“只跑一次”马上办，深入实施政务服务“一网一门一次”改革，梳理公布“一次不跑”事项 320 项，“只跑一次”事项 620 项。“好差评”系统实现事项、对象、渠道全覆盖，非常满意率 100%。完成“赣服通”3.0 版建设，事项办理增加到 120 余项。推进商事主体登记步入“全流程、无纸化、零见面”的电子化登记新模式，新登记企业 3623 户，新登记个体户 5895 户；企业全程网上登记 2109 户，同比增长 33.4%。

招商引资成果丰硕。积极对接长三角、珠三角和海西经济区，在浙江、广东、江苏、福建等地开展系列招商推介活动。全年新签约项目 32 个，投资总额 55.66 亿元。预计全年实现外贸出口 2.08 亿美元；实际利用外资 1.09 亿美元；完成利用省外资金 2000 万元以上项目 27 个，实际进资 57 亿元，增长 9.13%。

（五）以民为本、共建共享，民生福祉更加厚实

民生保障持续增强。全年民生支出 33.84 亿元，占财政支出的 86.4%。全力推进全民参保工作，企业职工养老保险参保人数、机关事业单位养老保险参保人数、城乡居民基本养老保险参保率稳定增长。稳定和扩大就业，积极开展就业技能培训、创业培训、以工代训、岗前培训。共发放创业担保贷款 1 亿余元。投入 6000 余万元落实义务教育教师工资待遇并建立收入稳定增长机制。积极开展城镇脱贫解困工作，投入 2423 万余元，保障了 2704 户 3994 人城市低保对象的基本生活；城乡低保月人均保障标准分别提高到每人每月 705 元、470 元。投入 1000 万元扶持社区养老工作，全区新增居家和社区养老服务站点 20 家。

各项事业全面发展。一小三江总校、明叔学校等一大批学校相继建成投入使用，就学难、大班额等老大难问题逐步化解。扎实推进区域紧密型医共体建设，成立东市、水南社区服务中心，完成 3 家二级以上综合医院发热门诊建设和疾控中心核酸检测能力建设。市立医院成功晋级综合三级甲等医院。幸福养老公寓一期、全民健身中心竣工投入使用。推动中长期青年发展规划实施意见落地见效。启动了第七次人口普查工作。文物保护工作扎实推进，启动了新四军驻赣办事处旧址和娄谅“理学旧第”维修保护工作。

社会大局和谐稳定。落实领导定期接访和包案制度，深入推进多元化矛盾纠纷化解机制，通过司法调解共调处各类矛盾纠纷 404 件，调成率为 97.5%。健全基层治理体系，增设 11 个社区居委会。扎实开展安全生产专项整治三年行动，全区共整治企业 2153 家，责令停产整顿 52 家，关闭取缔 23 家；严抓食品药品、特种设备和工业产品质量“三大安全”，维护了安全生产稳定形势。深入推进扫黑除恶专项斗争，打掉涉黑组织 5 个、涉恶犯罪集团 10 个。“云剑·打击电信网络诈骗”专项行动取得重大成果，抓获嫌疑人 57 人，破获案件 160

余起。

（六）依法行政、忠诚履职，政府自身建设得到加强

在思想上政治上行动上始终同以习近平同志为核心的党中央保持高度一致，做到思想上自觉认同、坚决拥护，政治上绝对忠诚、坚决维护，行动上对标跟紧、坚决服从。自觉接受区人大法律监督、工作监督和区政协民主监督，全面办结人大代表建议80件、政协提案85件，办结率达100%，满意率98.5%。持续加大审计监督、政务督查、基层政务公开、政府网站集约化和政务网络安全建设力度，“赣政通”信州区分厅上线。着力完善政府常务会议事规则、政府性投资审计、项目招投标等制度，政府施政行为更加规范、透明、高效。深入开展“五型”政府建设，坚决整治“怕、慢、假、庸、散”等作风顽疾，快速处置“区长热线”反映的问题，干部作风和精神状态持续好转，区城管局在“强、转、树”活动中获住建部通报表扬。严格落实中央八项规定精神，牢固树立过紧日子思想，全区“三公”经费支出较去年缩减19.4%；扎实推进省委巡视反馈问题整改，政府系统党风廉政建设取得新成效。

与此同时，工会、供销、消防、气象、档案、共青团、工商联、红十字、残联、慈善、民族宗教、妇女儿童、外事侨务、老年体协等事业都取得了新成绩。

各位代表，2020年我们实现了“十三五”圆满收官，也为“十四五”奠定了坚实基础。五年来，我们全面贯彻新发展理念，坚持高质量发展，经济社会发展继续保持良好势头。

一是综合实力稳步提升。地区生产总值突破340亿元，是“十二五”期末的1.7倍；财政收入首次突破30亿元大关，是“十二五”期末的1.4倍，收入质量稳居全市前列。镇域经济再攀新高，西市、北门、沙溪财政收入超3亿元，水南、茅家岭财政收入突破2亿元。在全市经济社会发展和党的建设情况巡查中连续2年进入全市前三名。

二是产业结构优化升级。三次产业结构由“十二五”期末的3.7∶22.1∶74.2调整为2.6∶22.8∶74.6。朝阳产业园成功获批省级上饶信州产业园。全区现有规上工业企业59家，是“十二五”期末的2.4倍。数字经济主营业务收入突破100亿元，是“十二五”期末的3.6倍。金融保险业集聚度进一步提高，实现税收总量7亿元，是“十二五”期末的6倍。物流总运力达10.5亿吨位，税收总量达10亿元，居全市第一。投资6000万元建成信州区现代农业示范园。完成10座小（二）型水库除险加固。培育了市级以上龙头企业10家、规模以上特色种养基地60个、农民专业合作社290家。

三是城乡面貌焕然一新。三清山机场通航，上广快速通道、新320国道等一批交通动脉建成通车。棚改和控违拆违工作成为信州一道金字招牌，累计征收面积近1000万平方米，拆除各类违建近100万平方米。农民建房“五到场一公示”制度在全省推广。改造提升28个农贸市场。里弄小巷改造和新农村建设实现全覆盖。新改建农村公路230余公里，自然村全部通硬化公路。全省新农村建设现场会在我区召开。先后荣获中国美丽乡村建设示范县、全省新农村建设先进县（市、区）、全省农村清洁工程工作先进县（市、区）、全省城乡环境综合整治工作第一名等荣誉称号。

四是“三大”攻坚战战果显著。3个“十三五”省级贫困村于2016年顺利退出，全区建档立卡户2664户8146人全部脱贫，2019年省级脱贫攻坚成效考核取得“好”的成绩。关闭所有非法砖瓦窑和采矿企业，完成畜禽养殖“三区”划定工作。完成丰溪、三江排涝站调蓄池、杨家湖等一批黑臭水体治理。强化金融监管，精准处置民间融资登记公司风险问题，有效防范、化解了潜在风险，确保了金融秩序稳定。强化地方政府债务管理，防范财政金融风险，债务风险等级评定结果为绿色最低等级。

五是民生事业全面发展。八项民生支出累计121亿元，占全区财政支出总量的80.1%。累计新增城镇就业24675人，发放担保贷款5.2亿元。新改扩建18所学校，新增学位13260余个。公共文化服务体系不断完善，建成区、镇街、村（居）三级公共文化服务设施150个。全民健身运动广泛开展，连续5年承办上饶马拉松赛。地方志工作斩获殊荣，《信州年鉴》在第五届全国地方志优秀成果展中被评为二等年鉴。全省深入推进基层社会治理工作暨综治中心实体化建设现场会在我区召开。

各位代表！“十三五”取得的巨大成就来之不易。这是市委、市政府正确领导、关心关爱的结果；是区委总揽全局、科学决策的结果；是区人大法律监督、区政协民主监督的结果；是区政府历届班子励精图治、接续奋斗的结果；是全区广大干部群众齐心协力、逆势奋进的结果。在此，我代表信州区人民政府，向付出辛勤劳动的全区广大干部群众，向大力支持政府工作的人大代表、政协委员、各民主党派、工商联、无党派、各人民团体和社会各界人士，向关心支持信州建设的离退休老干部、老同志，向为信州改革发展稳定做出积极贡献的驻饶部队、武警官兵、公安民警，向中央、省、市驻区单位及所有关心支持信州改革发展的同志们、朋友们，致以崇高的敬意和衷心的感谢！

在肯定成绩的同时，我们也清醒地看到，工作中还存在不少问题和短板：产业结构不够合理，一二三产融合发展有待加强，构建现代化产业体系的任务仍然艰巨；教育、医疗、养老、文化等公共产品供给与群众期盼仍有差距；少数干部改革创新、争先创优、责任担当的精神仍需进一步增强；政府治理体系和治理能力现代化水平还有待提升，等等。对此，我们一定高度重视，认真加以解决，不辜负各位代表和全区人民的期望与重托。

二、“十四五”发展主要目标任务

“十四五”时期是全面建设社会主义现代化的开局起步期，也是大可作为的重要战略机遇期。区委四届十三次全会提出了《中共上饶市信州区委关于制定全区国民经济和社会发展第十四个五年规划和二〇三五年远景目标的建议》，明确了今后五年的工作重点。区政府按照《建议》提出的工作重点，制定了《上饶市信州区经济和社会发展第十四个五年规划和二〇三五年远景目标纲要（草案）》，提交大会审议。

《纲要（草案）》明确的指导思想，与区委《建议》提出的总体要求完全对标。综合考虑今后五年的发展形势和我区实际，《纲要（草案）》提出我区“十四五”时期经济社会发展的主要目标是：经济成效更好，创新能力更强，改革开放更深，文明程度更高，生态环境更美，生活品质更优，治理效能更佳。

围绕上述目标，《纲要（草案）》提出了我区“十四五”时期经济社会发展的九项主要任务：一是加速科技创新驱动，培育经济发展新优势；二是推进产业优化升级，构建现代产业新体系；三是实施扩大内需战略，融入双循环发展新格局；四是充分发挥改革推动力，激发市场主体新活力；五是统筹空间发展战略，构建城市发展新面貌；六是优先发展农业农村，展现乡村振兴新面貌；七是践行绿色发展理念，绘就生态文明新信州；八是夯实优质公共服务，共建共享美好新生活；九是强化平安信州建设，开创社会治理新局面。

各位代表，今后五年的目标任务十分繁重。我们坚信，经过全区上下的共同努力，“十四五”发展的宏伟蓝图一定能够实现！

三、2021年政府工作的预期目标和主要任务

2021年是建党一百周年，也是开启“十四五”新征程的第一年。做好今年工作必须以习近平新时代中国特色社会主义思想为指导，全面贯彻党的十九大和十九届二中、三中、四中、五中全会以及中央省市经济工作会议精神，深入落实习近平总书记视察江西重要讲话精神，聚焦“作示范、勇争先”的目标定位和“五个推进”的重要要求，坚持稳中

求进工作总基调，立足新发展阶段，贯彻新发展理念，构建新发展格局，以推动高质量发展为主题，以深化供给侧结构性改革为主线，以改革创新为根本动力，以满足人民日益增长的美好生活需要为根本目的，坚持“1235”发展战略，坚持系统观念，巩固拓展疫情防控和经济社会发展成果，更好统筹发展和安全，扎实做好“六稳”工作、全面落实“六保”任务，着力实施扩大内需战略，着力强化科技创新支撑，着力深化改革开放，着力保障和改善民生，着力加快建设现代化大美上饶、魅力信州步伐，确保“十四五”开好局，以优异成绩庆祝建党100周年。

今年经济社会发展的主要预期目标是：地区生产总值增长8%以上，财政总收入增长6.5%，一般公共预算收入增长5%，规模以上工业增加值增长8.5%以上，固定资产投资增长9%，社会消费品零售总额增长9%以上，实际利用外资增长6.5%，城镇居民人均可支配收入增长8%以上，农村居民人均可支配收入增长8.5%以上，居民消费价格总水平涨幅控制在3%左右，城镇调查失业率控制在4.5%以内，节能减排完成市下达任务。

实现上述目标，我们必须深入实施区委“1235”发展战略，重点做好五个方面工作：

（一）以为市服务为中心，持续提升城乡宜居水平。厚植“为市服务、借市发展、主动作为、实现共赢”理念，立足三江和三镇两大板块，聚焦新型城镇化和乡村振兴，城乡两头共同发力，多点支撑全区发展拓空间、增动能。

加快推进城市有序更新。切实保障云碧峰湿地公园二期、上饶野生动物园、上饶国际医疗旅游先行区、滨江东路（防洪堤景观工程）综合项目、上浦高速、龙潭星城、陆羽小学、溪畔路等省、市重点项目顺利推进。全面完成历史遗留棚改任务，新启动染织厂宿舍、渡口危房、金山棚户区B地块、松林、下杨家湖、水产场、叶挺南大道、茶圣东路北侧、滨江东路、同心大路沿、稼轩南大道、茶圣东路以南片区等棚改项目。加快安置房建设进度，开工建设文通、东晖、梨树坞、汪家新苑等安置房项目，佳和小区主体封顶，同心、汪家园二期安置房分房到户。珍惜国家卫生城市荣誉，常态化推进深度保洁、农贸市场精细管理、“十乱”现象综合整治等重点工作，完成24个老旧小区改造任务，承接好物业管理权限下放，全面加强小区物业管理，确保市容市貌、环境卫生、城市管理始终保持最高水平的状态。深入推进全国文明城市创建，不断提高城市文明程度。

推动三江三镇协调发展。着力提升三江片区城市功能与品位。完成《三江片区城市功能与品质提升规划》编制工作。加快推进上饶四中三江总校、市立医院三江总院、职业中学改扩建、汪家园邻里中心、应急救援中心等一批补功能短板项目建设。谋划布局幼儿园、农贸市场、中小学校、大型商超、特色商贸街、文化综合体等功能项目。加快推进上饶大道、志敏大道、叶挺大道等主干道的改造提升，打通兴隆路、仕铨路等一批断头路。进一步做大做强镇域经济。完成沙溪、朝阳、秦峰三镇提级规划编制工作，让产业和人口向中心集镇聚集，从而推动区域融合发展、协调发展。用好区镇（街）财政结算体制改革政策，激活镇街发展动力。继续实施美丽集镇建设三年攻坚行动，完成投资2.8亿元的集镇污水管网和处理设施建设项目，实现集镇污水处理全覆盖。

深入实施乡村振兴战略。坚决守住脱贫攻坚成果，做好巩固拓展脱贫攻坚成果同乡村振兴有效衔接，健全防止返贫动态监测和帮扶机制，对易返贫致贫人口实施常态化监测，重点监测收入水平变化和“两不愁三保障”巩固情况，继续精准施策。全面加强农村水、电、路、气、网等综合基础设施配套，持续推进“三清两治一绿化”和农村环境综合整治“五大行动”，以更高标准推进殡改、宅改、控违拆违和规范农民建房等工作，重点抓好公益性墓地建设与管理、乱占耕地建房、“三房”拆除、交通主次干道两侧坟墓迁移整治等工作，不断改善农村人居环境。加快土地流转，因地制宜发展产业，做大做强村级集体经济。推进农村移风易俗，推动形成文明乡风、良好家风、淳朴民风。加快推进城乡供水一体化，完成沙溪镇防洪工程，开工建设秦峰防洪工程。

全面加强生态环境保护。坚持绿水青山就是金山银山理念，统筹打好蓝天、碧水、净土保卫战，巩固拓展污染防治攻坚战成果。以臭氧、工业园区污染、农村面源污染、水源地保护、农村生活污水等为重点，加强突出生态环境问题的整治。坚持问题导向，坚决抓好中央、省环保督察以及“回头看”反馈问题整改工作，开工建设水环境治理暨雨污水分流提升改造工程。扎实推进重点水域禁捕退捕工作，严厉打击破坏野生动物资源行为。落实林长制、河长制，加强森林资源和水资源管理，推进森林“四化”建设。严格土壤污染源头风险管控，持续推进化肥农药减量增效和白色污染治理，强化污染耕地治理和安全利用，加强危险废物和医疗废物收集处理，切实保障土壤环境安全。

（二）以转型升级为动力，推动经济高质量发展。把供给侧结构性改革聚焦到补短板上来，提升商贸、信息、工业三大产业发展水平，打造特色精品农业，促进一二三产融合发展。

做大做强工业经济。深入实施工业强区战略，加快完善“一园三区”道路管网、污水处理厂、供水供电供气、商贸服务中心等配套设施，完成朝阳产业园入口两侧已报批340亩地块的征迁工作。以“亩产论英雄”倒逼“腾笼换鸟”，依法清理“僵尸”企业和低效用地。围绕光学电子、精密机械制造、新材料三大主导产业，加大“5020”项目招引力度，形成产业集群。着力引进一批龙头型、基地型、科技型重大项目及补链型配套项目，实现“园区扩容”与“产业链招商”，全年引进亿元以上工业项目22个。建成华辉铜业、上饶工业化基地、银之川金银线二期、京工科技、汉达塑业并投产达标。支持工业企业升规入统，新增规上工业企业18家，实现主营业务收入75亿元。

做实做优数字经济。大力实施数字经济“一号工程”，重点围绕呼叫客服、游戏产业、网红直播三大领域引进一批具有国内外有影响力的知名企业。加快建设“一城两园”产业平台，信息产业园整体提升项目建成并投入使用，形成以“一城两园”为重点、以楼宇经济为延伸的产业空间布局。依托上饶大数据产业园、数字经济示范区，做大做强5G应用、人工智能、网络直播、互联网推广和互联网+人力资源服务等产业。加快产业数字化赋能，推动与实体经济深度融合，促进数字产业化和产业数字化，全力打造全省乃至全国知名的数字经济先行区。全年新引进数字经济企业80家，实现税收6亿元。

做活做旺服务业。加快推进上饶未来科技文旅中心、水南历史文化街区等重大文旅项目建设。作响养老产业品牌，建成幸福养老公寓二期，吸引更多社会资本和专业运营团队进入养老服务业。积极发展物流新业态，着力发展网络货运，引进网络货运企业8家。出台鼓励政策扶持金融保险业稳定发展。规范发展建筑产业，鼓励更多建筑企业在我区设立分公司，全年新增建筑企业12个。积极策应旅游城市建设部署，依托高端商业综合体众多优势，加快引进高端酒店入驻，推动高端酒店业快速发展。深入实施商贸消费升级五大行动，支持传统商贸业利用网络加快融合发展，加快引进一批国际国内知名商贸企业入驻，培育一批特色商业街，举办各类节庆活动，实施新一轮汽车下乡、家电以旧换新行动，释放城乡消费需求。

做精做细特色农业。加强农产品“两品一标”建设，积极培育绿色有机农业品牌，申报信江刺鲃鱼地理标志农产品。加快推进休闲观光农业发展，打造集种养、加工、营销、物流及观光等于一体的农产品全产业链。推进现代农业产业结构调整，大力发展设施蔬菜产业。依托现代农业示范园，提高农业科技创新能力。加大新型农民职业培育，重点培育家庭农场、农民专业合作社、种养大户等新型职业农民，提高经营主体技术水平。

（三）以改革开放为引领，不断释放发展动力

活力。以更大力度深化改革、扩大开放，持续激发市场主体活力，加快培育壮大发展新动能。

深化重点领域改革。完成事业单位改革。大力推进企业上市“映山红行动”，鼓励符合条件的企业积极申报省重点上市企业后备库并加大后续跟踪辅导力度。坚决打击各类非法集资行为，切实维护金融稳定。始终坚持以供给侧结构性改革为主线，深入推进“证照分离”“先照后证”等商事制度改革。推进国资国企改革，大力扶持推动信投集团高质量发展，支持信投集团提升主体信用等级，通过发行债券提高直接融资比重。

提升开放合作成效。抓住江西内陆开放型经济试验区建设契机，积极参与共建“一带一路”、全面融入长江经济带发展、粤港澳大湾区建设、长三角一体化发展和海西经济先行区。围绕光学电子、精密机械制造、新材料主导产业做大做强，加大“延链”“补链”“强链”招商力度，引进一批实实在在的好项目。融入“江西对外开放门户城市”建设，深入开展“三请三回”行动，积极主动对接大企业、紧盯大项目。全年实现实际利用外资总额1.14亿美元；完成利用省外资金2000万元以上项目30个，实际进资60亿元；外贸出口总额稳中提质。

着力优化营商环境。深入贯彻落实《进一步优化营商环境的实施意见》26条，着力打造“全省一流、可比浙江”的营商环境。完善行政审批容缺办理、行政执法包容审慎、行政检查集中实施的“两容一集中”工作机制，降低企业办事时间成本。深入开展优质企业梯次培育行动，持续加大企业帮扶力度，推动国家减税降费系列政策落地落实。积极搭建政银企合作平台，加大金融服务实体经济力度，加快区普惠金融服务中心建设，充分利用财园信贷通、财政惠农信贷通、科贷通等政策，缓解企业融资难、融资贵、融资慢问题，为实体经济注入更多资金活水。

（四）以人民期盼为方向，最大程度共享发展成果。始终把人民放在心中最高位置，在保障和改善民生中传递发展温度和幸福质感。守住安全底线，全面提高安全保障能力，建设更高水平的平安信州。

完善社会保障体系。全面强化就业优先政策，扎实做好高校毕业生、退役军人、农民工、城镇困难人员等重点群体就业工作，加大企业稳岗扶持力度，大力支持返乡创业，拓宽灵活就业渠道，全年新增就业3400人，发放创业担保贷款1亿元。深入开展“全民参保”和职业健康保护行动。加快落实社保转移接续、异地就医结算制度，健全重大疾病医疗保险和救助制度。完善基本养老、基本医疗保险筹资和待遇调整机制，提高城乡低保、抚恤补助、社会救助、残疾人补贴等标准。推进以社会保障卡为载体的居民服务“一卡通”应用。

增强公共服务能力。继续抓好市七小、八小、十小、沙溪宋宅中学、东风小学、秦峰中心小学等项目的续建和迁建工作，支持信州职业中专加快发展，加强教师队伍建设，为群众提供更加方便、更加公平、更加优质教育。大力推进文化强区建设，创建一批信州文化品牌，不断完善公共文化网络，加快建成城乡一体、区域均衡、人群均等的现代公共文化服务体系。完善公共卫生服务体系，大力开展爱国卫生运动，加强疾病预防控制体系建设，提高突发公共卫生事件应急处置和医疗救治能力。深化医药卫生体制改革，进一步推进落实分级诊疗机制，推动中医药传承创新发展。大力发展社区嵌入式养老模式，扩大养老服务有效供给，让老百姓享受更加优质的养老服务。推进落实青年发展规划重点工作，强化青年发展政策保障，建立青年发展指标监测体系。深化全民国防教育和国防动员，深入推进双拥共建，健全退役军人服务保障体系，巩固和发展新型军政军民关系。

提升社会治理水平。坚持常态化精准防控和局部应急处置有机结合，守牢疫情不反弹底线。加快推进“雪亮工程”“平安智慧小区”建设和深度运用，健全立体化、信息化社会治安防控体系。学习新时代“枫桥经验”，深入开展集中治理重复信访、化解信访积案专项工作，贯彻落实《保障农民工工资支付条例》，严厉打击恶意欠薪等违法行为，加大烂尾楼、征地拆迁等各类社会矛盾排查化解力度。深入推进安全生产专项整治三年行动，深化危险化学品、危旧房、道路交通等重点领域整治，坚决遏制重特大安全事故发生。加强应急管理能力建设，提高防灾减灾救灾能力。强化生物安全保护和食品药品安全监管，有效防范重大公共卫生风险。高质量抓好村（社区）“两委”换届选举工作。加强出租房屋管理。推进扫黑除恶长效常治，严厉打击电信诈骗等各类违法犯罪行为，切实维护人民群众生命财产安全。积极做好民族宗教工作，加强依法管理水平，促进社会团结和谐。

（五）以转变职能为核心，更严要求推进“五型”政府建设。以“五型”政府建设为统领，夯实“政治、思想、本领、作风、纪律”五大保障，全面加强政府系统治理体系和治理能力建设。

坚持依法行政。把政府工作全面纳入法治轨道，严格依照法定权限和程序行使权力、履行职责，用法治思维和法治方式深化改革、化解矛盾、推动发展。坚持科学、民主、依法决策，严格执行政府议事规则、重大行政决策程序，让各项政策更接地气、更合民意。全过程、全方位推进全区基层政务公开和26个重点领域政务公开。自觉接受区人大的法律监督、工作监督和区政协的民主监督，高质量办理好人大代表建议和政协委员提案，主动接受社会和新闻媒体监督，让权力在阳光下运行。

坚持担当善政。大力弘扬“马上就办、真抓实干”的优良作风，以“钉钉子”精神狠抓落实，破除“中梗阻”“最后一公里”问题，确保各项工作高标准推进、高质量完成。找准标杆、对标先进，营造比学赶超的浓厚氛围，拿出与时间赛跑、与强者竞争、与自己较劲的精气神，点燃干事火焰，激发创业激情，干就干成一流，做就做到极致。创新政务督查机制，动真碰硬、严督实查，确保区委、区政府的每一项决策都掷地有声。

坚持清廉从政。坚持政府过“紧日子”，让群众和企业过“好日子”，真正把有限财力用到改善民生、加快发展的“刀刃”上。严格落实中央八项规定精神，重拳整治“四风”，全面加强“三公”经费管理。加强行政审批、公共资源交易、工程招投标、政府采购等重点领域、关键环节的监督，确保党和人民赋予的权力始终用来为人民谋幸福。

同志们，壮美蓝图已绘就，扬帆起航正当时！让我们更加紧密地团结在以习近平同志为核心的党中央周围，在市委、市政府和区委的坚强领导下，牢记使命、砥砺前行，全面落实“1235”发展战略，奋力谱写“大美上饶、魅力信州”新篇章，以高质量全面发展的优异成绩向建党100周年献礼！

信州区人大常委会工作报告

——2021年2月23日在信州区第五届人民代表大会第六次会议上

区人大常委会主任　徐志勇

各位代表：

受区人大常委会委托，我向大会报告工作，请予审议。并请列席会议的同志提出意见。

过去一年的主要工作

2020年是全面建成小康社会和“十三五”规划收官之年，也是我区发展历程中极为特殊、极不平凡的一年。一年来，在中共信州区委的坚强领导下，信州区人大常委会坚持以习近平新时代中国特色社会主义思想为指导，全面贯彻党的十九大和十九届二中、三中、四中、五中全会精神，坚持党的领导、人民当家作主、依法治国有机统一，紧扣全区工作大局，忠实履行法定职责，圆满完成了区五届人大五次会议确定的目标任务。全年共召开常委会会议6次、主任会议12次，听取审议“一府两院”专项工作报告18项，作出决议决定5个，开展执法检查、视察调研36次，配合省市人大开展立法调研、执法检查、视察调研10次，任免国家机关工作人员44人次、人民陪审员46名，为推进信州经济社会发展和民主法治建设作出了积极贡献。

一、突出政治站位，坚定正确方向

作为政治机关，常委会始终做到旗帜鲜明讲政治，坚持正确政治方向，把人大建设成为坚持党的领导、执行党的决定的坚强阵地。

强化理论武装政治引领。坚持“第一议题”学习制度，深入学习习近平新时代中国特色社会主义思想和党的十九届五中全会精神，及时跟进学习习近平总书记最新重要讲话、重要指示批示精神，深刻领会把握习近平法治思想和习近平总书记关于坚持和完善人民代表大会制度的重要思想，着力在学懂弄通做实上下功夫，不断增强“四个意识”、坚定“四个自信”、做到“两个维护”，切实提高政治判断力、政治领悟力、政治执行力，为推进新时代人大工作提供强大理论支撑和精神动力。

始终坚持党的全面领导。常委会把坚持党的全面领导作为做好人大工作的根本保证，贯穿于监督、决定、任免及代表工作的全过程。严格执行重大事项请示报告、人大党组向区委报告年度工作等制度，人大重要会议、重大活动、重点工作都及时向区委请示报告。协助区委召开了区委人大工作会议，代拟了《中共信州区委关于加强新时代地方人大工作的实施意见》。坚持党委决策部署到哪里，人大工作就跟进到哪里，紧扣脱贫攻坚、老旧小区改造、创国卫等重点工作加强谋划、助推落实，积极参与征地拆迁、项目建设、信访维稳等中心工作，确保人大工作与党委决策部署同心同向、合力合拍。

积极投身疫情防控。坚决贯彻中央和省市区委决策部署，就疫情防控和复工复产，第一时间向全区400多名各级人大代表发出倡议，全区人大代表积极响应，以各种方式投身抗疫一线，涌现出一大批先进典型。第一时间调整监督工作计划，调研督查并专题听取审议新冠肺炎疫情防控工作报告，督促政府及有关部门提高依法防控水平，切实保障人民群众生命健康安全。积极配合市人大开展传染病防治法执法检查，为防止传染病流行和新冠肺炎疫情反复筑牢防火墙。

二、突出中心大局，提升监督质效

常委会紧紧围绕中心大局和群众关切，依法履行监督职责，以正确监督、有效监督推动全区经济社会发展。

以监督推动高质量发展。密切关注经济运行情况，听取审议国民经济和社会发展计划执行情况报告，促进政府落实高质量发展的各项措施，统筹推进“六稳”“六保”工作。听取审议“十三五”规划实施和“十四五”规划编制情况报告，建议政府深入调查研究，汇众智聚众力，科学编制好“十四五”规划纲要，以高水平规划引领高质量发展。持续开展助推旅游强区建设系列活动，推动我区旅游业提质升级。

以监督助力打赢“三大攻坚战”。听取我区地方政府性债务情况报告，要求加强政府债务管理，切实防范和化解地方政府债务风险。调研脱贫攻坚产业全覆盖情况，听取审议脱贫攻坚工作情况报告，督促激发贫困户内生动力、狠抓产业发展、壮大集体经济，助力我区如期打赢脱贫攻坚战。听取审议农村人居环境整治工作情况报告，推动巩固拓展脱贫攻坚成果同乡村振兴有效衔接。检查“河长制”“林长制”工作落实情况，持续开展“环保信江行”检查活动，推动解决影响生态环境的突出问题。

以监督强化财政资金和国有资产管理。紧盯“钱袋子”，加强审查监督，听取审议财政、审计工作报告，审查批准预决算，听取审议新增一般债券资金调整方案报告、上级财政转移支付资金安排使用情况报告、创国卫资金使用情况报告，推动预算编制科学化、预算执行规范化、财政资金管理精细化。听取审议审计查出问题整改情况报告，推动解决“屡审屡犯”问题。落实政府向人大报告国有资产管理情况制度，听取审议区本级企业国有资产管理情况专项报告，审议国有资产管理情况综合报告，督促政府加强国有资产管理，促进国有资产保值增值。

以监督增进民生福祉。聚焦住有所居，听取审议老旧小区改造工作情况报告，提出建立协调推进机制、多元化筹措资金、加快施工进度等针对性建议。聚焦弱有所扶，听取审议社会救助工作情况报告，要求建立信息共享平台、健全动态管理机制、引导社会力量参与，让困难群众得到更多实惠和帮助。聚焦劳有所得，专题调研疫情防控期间全区“保用工、稳就业”工作，助力企业复工复产、重点人群稳岗就业。聚焦食有所安，调研农产品市场经营管理情况，持续开展“赣鄱农产品质量安全行”“食品药品安全赣鄱行”活动，护航群众“舌尖上的安全”。

以监督推进法治建设。听取审议行政复议和行政应诉工作开展情况报告，推动加强和改进行政复议应诉工作，促进依法行政。听取审议区人民法院“两个一站式”建设情况报告，推动完善多元化纠纷解决机制，构建诉讼服务新格局。开展《江西省宗教事务条例》执法检查，要求依法规范管理宗教事务，促进宗教事业健康发展。认真落实规范性文件备案审查制度，对野生动物保护地方性法规等4件规范性文件依法审查，维护了法制统一。积极做好人大信访工作，全年接待来信来访32人次，办理省市人大转办件3件，促使一批信访问题得到合理解决，维护了社会和谐稳定。

完善监督工作机制。创新监督方式，设立预算联网监督中心，完成软硬件设备安装调试、数据录入等工作，逐步实现全口径预算实时在线监督。健全“一年三问”和满意度测评工作机制，对6个单位工作开展“一年三问”，对18个单位代表建议办理情况、6个单位审计查出问题整改情况进行满意度测评，问出了人大监督刚性和实效，评出了群众满意度和获得感，有效推动了有关部门依法行政、公正司法。

三、突出主体作用，深化代表工作

常委会始终坚持代表主体地位，优化服务保

障，支持代表依法履职，不断激发代表工作活力，增强代表工作实效。

强化联系平台建设。探索开展“五星级”代表联络站创建工作，积极开展先进代表联络站评选活动，评定“五星级”联络站1个，评选出先进联络站3个。同时对建成的28个站点实行末位淘汰制，促进软硬件设施提档升级。定期组织全区各级代表进站开展活动，帮助解决群众“急难愁盼”事，推动联络站建设标准化、管理规范化、培训系统化、活动常态化。一年来，各站点收集选民意见建议435条，落实解决291条，作用成效明显。全国人大《联络动态》和《江西日报》头版对我区联络站工作进行了专题报道，多批次外地人大考察团来我区学习考察。

强化代表活动成效。第一时间组织代表参与疫情防控和防汛救灾，各级代表立足岗位冲锋在前、一线奋战，捐款捐物过千万元，充分彰显了代表履职为民的责任担当。邀请代表列席常委会会议，参与视察调研、执法检查、工作评议，持续拓宽代表履职渠道。持续深入开展“脱贫攻坚人大代表在行动”“百名代表听百案”“代表活动日”“三个一”“四个一”“五个一”等主题活动，充分发挥代表在脱贫攻坚、扫黑除恶、“双创”等重点工作中的监督助推、示范引领作用。

强化履职服务管理。坚持以会代训和个人自学相结合，抓好政治理论知识和代表业务知识学习，不断提升代表履职能力。坚持开展优秀代表、优秀代表建议等系列评先表彰活动，坚持代表向选民述职、履职档案登记制度，健全代表退出机制，配合对非公经济人士代表开展社会评价，持续激发代表履职动力、活力。一年来，评选出优秀区人大代表10名、新冠肺炎疫情防控优秀人大代表10名、优秀代表建议8件，22名代表先后向选区选民进行了述职。

强化代表建议办理。坚持常委会领导领衔督办、各专工委跟踪督办、与区政府联合督办等做法，运用听取审议办理情况报告、开展办理工作满意度测评、评先评优等方式，督促有关方面办好代表建议。区五届人大五次会议收到代表建议80件，已全部办理完毕，办理质量比往年有较大提升，建议的解决率提高了20%，无物业小区管理、安置房建设等代表关心关注的一大批问题得到较好解决。

四、突出自身建设，夯实履职基础

常委会积极适应新时代新要求，坚持不懈加强自身建设，努力夯实履职基础，不断焕发人大工作的生机和活力。

党建成果持续巩固。巩固深化主题教育成果，抓好问题整改和建章立制，认真开展主题党日活动，推动机关党组织和党员干部不忘初心、牢记使命。落实管党治党政治责任，加强党组和机关党支部“三化”建设，抓好意识形态工作，深化党员干部的教育、管理和监督，推动机关从严治党向纵深发展。深入开展调查研究，聚焦高质量发展和民生热点问题撰写调研报告14篇，为区委、政府科学决策提供参考和依据。严格落实中央八项规定及其实施细则精神，严格执行疫情防控期间外出学习考察培训的有关规定，积极践行过“紧日子”思想，倡导勤俭节约，持续营造风清气正的机关氛围。

能力素质持续提升。常态化开展常委会党组中心组理论学习，健全“学习强国”学习激励长效机制，定期举办“信州人大讲坛”，持续充电赋能，不断提升干部职工政治素养和业务水平。积极参与疫情防控、创卫创文、农村精准扶贫、城镇脱贫解困工作，统筹推进综治平安、精神文明、效能建设工作，组织参加全市人大系统乒乓球比赛、全区全民健身运动会，干部职工在实践锻炼中壮筋骨、长才干。1名干部获评上饶市“最美防疫志愿者”，2名干部获评优秀驻村干部，6名干部获提拔重用。坚持做强人大宣传，去年编辑人大刊物3期，录制了区人大工作专题片，在各级媒体上稿900多篇，其中省级以上主流媒体上稿26篇，人大宣传工作始终领跑全市。

工作联动持续深化。积极参加省市人大组织的各类培训班、学习班、座谈会，接待内蒙古海勃湾区人大、辽宁明山区人大、广西南宁市人大等多地人大来我区学习考察，在横向交流、工作互鉴中提升履职水平。定期组织召开镇街人大工作联系会，指导镇街开好“一年两会”，坚持开展年度评比，切实强化对镇街人大工作的联系指导和考核，推动全区人大工作创新发展、整体提升。

此外，常委会还坚持用心用情做好人大老干部工作，在政治上生活上关心关爱老干部，引导老干部发挥余热、奉献社会，人大老干部支部被评为全市优秀老干部支部。

各位代表，常委会过去一年取得的成绩，是区委正确领导的结果，是常委会组成人员、全体人大代表、人大工作者共同努力的结果，是“一府一委两院”及社会各界大力支持的结果。在此，我谨代表区人大常委会向大家表示衷心的感谢和崇高的敬意！

同时，我们也清醒地认识到，与新时代新要求相比，常委会工作还存在一些差距，主要是：监督工作实效还需要进一步提升；代表依法履职的渠道还需要进一步拓展；常委会及机关自身建设还需要进一步加强，等等。对此，我们要高度重视，虚心听取各位代表的意见建议，采取有力措施，切实加以解决。

2021年的工作安排

2021年是中国共产党建党100周年，是实施“十四五”规划、开启全面建设社会主义现代化国家新征程的起步之年。区人大常委会工作的总体要求是：以习近平新时代中国特色社会主义思想为指导，全面贯彻党的十九大和十九届二中、三中、四中、五中全会精神，深入学习贯彻习近平法治思想，认真学习贯彻习近平总书记关于坚持和完善人民代表大会制度的重要思想，立足新发展阶段，贯彻新发展理念，构建新发展格局，全面落实区委四届十三次全会和区委经济工作会议决策部署，坚持党的领导、人民当家作主、依法治国有机统一，依法履职尽责，主动担当作为，推动实现人大工作高质量发展，确保“十四五”开好局，以优异成绩庆祝建党100周年。

强化政治引领，更加坚定自觉坚持党的领导。坚持以习近平新时代中国特色社会主义思想统揽人大工作，深入学习贯彻习近平法治思想、习近平总书记关于坚持和完善人民代表大会制度的重要思想以及关于做好地方人大工作的重要指示批示精神，进一步增强“四个意识”、坚定“四个自信”、做到“两个维护”。坚持党对人大工作的全面领导，严格落实向区委请示报告制度。依法规范行使决定权和任免权，确保区委重大决策部署和人事安排意图通过法定程序得以顺利实现。全面落实区委人大工作会议精神，不断推动人大工作与时俱进、创新发展。

强化依法监督，更加精准有力服务改革发展。紧扣党委政府工作的重点、人民群众关注的热点，加强和改进人大监督工作。进一步助力经济高质量发展。听取审议国民经济和社会发展计划、财政、审计工作、国有资产管理、上级财政转移支付资金安排使用等情况报告，审议地方政府债务管理情况报告，选择一个政府组成部门开展部门预决算审查工作。发挥预算联网监督平台作用，推动人大预算监督更加精准有效。听取审议优化营商环境、侨务工作等专项工作报告。听取审议审计查出问题整改情况报告并开展满意度测评。进一步推动乡村振兴。以“生活富裕”为主题开展助推乡村振兴活动。听取审议松材线虫病防治、农村危桥改造等专项工作报告，调研我区造林绿化、水利工程建设与管理等工作，视察现代农业示范区农业体验基地建设情况。进一步促进民生保障。听取审议老旧小区改造、义务教育均衡发展、退役军人事务管理、巩固脱贫攻坚成果防止返贫致贫等专项工作报告，组织主任会议成员视察中心城区公共文化设施建设，开展“珍惜粮食、反对浪费”专题调研，持续开展“环保信江行”“食品药品安全赣鄱行”“赣鄱农产品质量安全行”活动。进一步推进依法治区。听取审议“七五”普法规划实施情况和“八五”普法工作安排、未成年人检察工作、人民法庭双达标工作等情况报告。开展安全生产法、爱国卫生工作条例等执法检查。建立常委会听取审议备案审查工作情况报告制度，扎实开展规范性文件备案审查。认真受理来信来访。

强化服务保障，更加充分有效发挥代表作用。围绕代表关注和履职需要组织学习培训，促进代表履职能力提升。落实“双联”制度，完善代表联络站“建管用评”机制，深化“五星级”联络站创建工作，进一步擦亮我区联络站品牌。扩大代表对常委会工作的参与，邀请代表列席常委会会议、参与视察调研、执法检查等活动。丰富代表活动形式，指导开展好“代表活动日”“代表接待日”“五个一”等主题活动。改进代表建议提出、办理、反馈各环节工作，强化跟踪督办，继续开展办理情况满意度测评，切实提高代表建议解决率。加强代表履职管理，健全代表履职档案，落实履职登记、向选民述职制度，继续开展优秀代表评先表彰等活动，持续激发代表履职动力。按照省市区委统一部署要求，精心组织好区镇两级人大换届选举工作，确保换届选举风清气正、圆满成功。

强化担当作为，更加从严从实推进自身建设。开展建党100周年庆祝活动，开展中共党史学习教育，纪念中华苏维埃第一次全国代表大会召开90周年。完善党组中心组学习制度，定期举办人大讲坛，健全“学习强国”学习激励机制，加强理论和业务知识学习，提高依法履职能力。健全人大组织制度、工作制度和议事规则，促进人大工作规范高效运转。加强人大新闻宣传，讲好新时代人大故事，推动根本政治制度深入人心。深入贯彻新时代党的建设总要求，严格落实全面从严治党主体责任，扎实做好意识形态工作，全面加强常委会及机关党的建设。严格落实中央八项规定及其实施细则精神，持续整治“怕慢假庸散”作风顽疾，不断深化党风廉政建设。注重上下联动，强化工作指导，推动全区人大工作共同进步、整体提升。

各位代表，新时代使命光荣，新征程催人奋进。让我们更加紧密地团结在以习近平同志为核心的党中央周围，在中共信州区委坚强领导下，开拓奋进，务实创新，忠诚履职，砥砺前行，为在更高起点上推进信州高质量发展，加快建设现代化“大美上饶、魅力信州”而不懈奋斗，以优异成绩庆祝建党100周年！

上饶市信州区人民法院2020年工作报告

——2021年2月23日在信州区第五届人民代表大会第六次会议上

区人民法院综合办公室主任　徐　芳

各位代表：

现在，我代表区法院向大会报告工作，请予审议，并请列席会议的同志提出意见。

2020年主要工作

2020年，区法院在区委的领导、区人大及其常委会的监督和上级法院的指导下，在区政府、区政协和社会各界关心支持下，坚持以习近平新时代中国特色社会主义思想为指导，全面贯彻落实党的十九届二中、三中、四中、五中全会精神和习近平总书记视察江西重要讲话精神，认真学习习近平法治思想，紧紧围绕“努力让人民群众在每一个司法案件中感受到公平正义”的目标，坚持党对司法工作的绝对领导，坚持防控和审判双能驱动，坚持服务大局、司法为民、公正司法，各项工作取得新进展。

一、提高政治站位，强化政治引领

1. *坚持党对司法工作的绝对领导。*持续深入学习习近平新时代中国特色社会主义思想、关于全面依法治国新理念新思想新战略，及时跟进学习习近平总书记关于疫情防控和经济社会发展、政法工作等的重要指示批示精神，坚持把党的政治建设摆在首位，强化责任担当，巩固深化“不忘初心、牢记使命”主题教育成果，进一步树牢“四个意识”，坚定“四个自信”，做到“两个维护”，坚持把党的领导和依法独立公正行使审判权统一起来，把讲政治和讲法律统一起来，把党的领导优势转化为司法治理效能。坚持法院重大事项和法院系统重大活动、重大会议向区委、区委政法委报告，全年向区委、区委政法委汇报各类工作28篇次。

2. *严格落实意识形态工作责任制。*坚持党管意识形态，坚定不移走中国特色社会主义法治道路，立足司法领域切实维护意识形态安全。全力抓好意识形态、社会主义核心价值观宣传教育等工作，推动社会主义核心价值观深度融入审判执行工作，运用自媒体平台、送法进社区进学校等进行宣传，让审判成为生动的“法治公开课”。认真做好学习强国和江西干部网络学院的使用工作，提高学习的积极性和主动性，全年发出学习通报10期。

二、充分发挥审判职能，服务保障高质量跨越式发展

1. *聚焦主业履行审判职能。*2020年，受理各类案件9725件，同比下降5.98%，审执结9520件，同比下降10.38%，结案率97.89%。受理各类审判案件6538件，已结6395件，结案率97.81%，一审服判息诉率92.43%。受理执行案件3187件，已结3125件，执行案件结案率98.05%。法官人均结案307件。

2. *以深化扫黑除恶为着力点，从严惩处刑事犯罪。*受理刑事案件435件，审结417件，判处罪犯614人，判处三年以上有期徒刑121人。其中，审结危害群众人身财产安全犯罪案件127件149人，审结交通肇事、危险驾驶犯罪案件110件111人，审结涉“黄、赌、毒”等犯罪案件58件96人，办

理涉及环境公益诉讼的刑事附带民事案件10件13人，审结强奸、猥亵妇女儿童案件9件9人，审结未成年人犯罪案件10件11人。

2020年是扫黑除恶专项斗争收官之年，区法院三年来共受理涉恶势力犯罪集团案件15起，涉黑势力犯罪集团案件2起，判处被告人88人，其中判处五年以上有期徒刑刑罚的19人。吴土根等涉黑案22名被告人被判处一年六个月至十八年有期徒刑不等，判处罚金共计1287万元，追缴违法所得4483万余元。巩固“打财断血”成效，开展“黑财清底”专项执行行动，逐案建立专门的工作台账、确定包案领导，推进涉黑涉恶案件财产执行到位，已执行到位42.4万元，执行到位率31.34%。积极延伸司法职能，向有关部门提出司法建议19条，及时发现源头治理中存在的问题。

3. 以调处民商纷争为落脚点，积极促进社会和谐，营造法治化营商环境。充分发挥司法职能，及时帮助企业纾解困难、恢复生产，出台27条优化法治化营商环境措施，为统筹推进疫情防控和经济社会发展提供有力服务和保障。妥善化解民商事纠纷，共受理各类民商事案件6094件，审结5969件，充分发挥民商事审判定纷止争功能。其中，审结婚姻家庭、抚养、赡养、继承等家事纠纷案件423件，审结劳动争议和拖欠劳动报酬等纠纷86件，审结人身损害、医疗、交通事故等侵权类纠纷案件358件，审结房地产、物业纠纷案件429件，审结金融借款、民间借贷等案件1903件，审结邻里纠纷、宅基地等案件8件。坚持调解优先、调判结合，民商事案件调解、撤诉2738件，调撤率45.87%。加强破产审判，建立府院联动机制，以司法主导和政府支持相结合，最大限度保障债权人利益。

4. 以完善长效机制为突破点，巩固提升执行质效。新收首次执行案件2522件，执行到位金额3.27亿元，有财产可供执行案件法定审限内执结率99.59%，无财产可供执行案件终本合格率100%，执行信访办结率100%。依法在网上公布失信被执行人2325次，其中自然人2040人次，法人及其他组织285次，限制高消费被执行人2811人次。向乡镇、街道办、综治办、网格推送失信被执行人600多人次，收到相关反馈意见32次，通过推送，共执结案件31件，到位金额约159万元。

积极开展“涉民生”“涉金融”“黑财清底”“六稳、六保”等专项集中行动，拘传228人，拘留20人，搜查13起，强制扣押53起，强制清场42起，司法建议21条，罚款0.8万元，出动警力2236人次，行动在辖区范围内获得良好的社会效果，对被执行人起到了巨大的威慑力。

稳步推进执行机制社会化、执行管理精细化、执行程序规范化、执行手段多元化、执行流程集约化，常态化运用网络司法拍卖，促进标的物拍卖价格最大化。2020年共发布拍卖公告355次，涉及标的物196件，成交113件，成交金额约1.32亿元，溢价率25.19%，为买受人节省佣金543.1万元，网拍工作各项数据继续位居全市法院前列。上饶市电视台报道我院首次利用VR技术助力司法网络拍卖工作，在全市法院率先尝试与江西都市频道开展拍卖直播推介专场活动，加强对拍卖标的物的宣传，收到了良好的效果。与中国联通合作启用微信朋友圈广告曝光失信被执行人，充分利用微信普及范围广、影响力强的优势来推动执行工作的曝光度，为建设诚信社会注入法治力量。

5. 监督、支持行政机关依法行政与保护公民合法权益并重。坚持合法性审查原则，提升法治治理水平。全年受理行政案件9件，审结9件，审查行政非诉案件7件，支持行政机关依法行政。

三、坚持司法为民，倾力回应群众需求

1. 以人民为中心，疫情防控和执法办案两不误。新冠肺炎疫情防控工作开展以来，我院党组将疫情防控工作作为重要任务，坚持疫情防控和执法办案两手抓，在抓好本院防控工作的同时，主动下沉力量，62名党员干警全力参与社区网格化防控工作，着力打赢疫情防控阻击战，1名干警抽调到区疫情防控应急指挥部派驻集中隔离医学观察点工作。驻路底扶贫工作队积极配合镇党委及村两委开展防控工作。

在暂时关闭诉讼服务中心和人民法庭期间，及时转变诉讼模式和审执工作方式，大力推广移动微法院、诉讼服务网等在线诉讼平台，线上线下服务相结合，“云上”庭审模式共审结案件240余件，确保疫情防控期间审判工作“不掉线”。落实好司法救助政策，保障弱势群体合法权益，依法缓减免交诉讼费，为41名困难涉诉群众发放救助金101.79万元。

2. 打造一流诉讼服务，妥善化解矛盾纠纷。严格落实立案登记制，深入推进一站式多元解纷和诉讼服务。大力开展律师调解，培育行业调解，推动专业调解，及时建立特邀调解组织及调解员名册。落实好“坚持把非诉讼纠纷解决机制挺在前面”的工作要求，着力提升诉前化解和民商事可调撤率。全面开展网上立案、调解、庭审和送达等诉讼活动，网上立案564件，跨域立案51件，累计送达文书19841人次，其中电子送达8490次，电子送达占比42%，电子送达成功率为65%。加强诉前调解力度，对能调、可调的案件优先进行调解，诉前调解案件2489件，调解成功1705件。

3. 积极参与基层社会治理。坚持和发展新时代“枫桥经验”，加强与行政机关、行业协会、仲裁机构、人民调解组织的工作衔接，分别在朝阳产业园和灵溪镇设立诉讼服务站，助推矛调中心建设，村庭合力化解纠纷，从源头上减少诉讼增量。加大法治宣传力度，强化以案释法，及时发布扫黑除恶案件公开审理情况，开展宪法日、禁毒等专题宣传，派出多名法官进社区宣讲《民法典》，增强群众法治意识。积极参与脱贫攻坚和文明城市、卫生城市创建，严格落实驻村工作、帮扶工作和包保责任，服务市委、区委重点工作。

四、抓好司法改革和基础建设，打造过硬法院队伍

1. 全面落实司法责任制，完善审判权运行机制。改革完善审判委员会制度，落实院庭长监管职责，制定权力、职责清单、岗位廉政风险点及防控措施，健全案件质量动态监督管理，构建审判权力运行新机制，确保司法权力运行在制度的笼子里。深化以审判为中心的刑事诉讼制度改革，坚持以庭审为中心，继续做好认罪认罚从宽、繁简分流、未成年人案件集中管辖、律师辩护全覆盖试点等工作，全年为被告人指定辩护人31人次，适用认罪认罚从宽制度审结案件235件。深化“分调裁审”机制改革，充分发挥专业法官会议作用，召开各类专业法官会议15次，统一司法裁判尺度。

2. 推动基层基础工作，加快智慧法院改造。按照市中院“五化三美”要求在原址重建的集现代化、智能化、庭院化一体的朝阳法庭被省高院授予“双达标”人民法庭。新建成的朝阳法庭，以中心法庭为主，巡回审判点为辅进行布局，满足辖区人民群众多元化司法需求。新址另建的沙溪法庭12月正式进场施工，预计今年6月完成主体工程施工建设。

深化智慧法院建设，推进现代科技在审判执行工作中的应用。有序推进档案数字化、电子卷宗随案同步生成及深度应用，加大“收转发E中心”“法官E助理”等的应用力度，积极推广庭审语音输入，提高法官办案效率。抓好警务保障工作，开展“实战化训练推进年”活动，加强警务安全日常管理，抓实“六专四室”建设，确保警务绝对安全。

3. 以加强自身建设为结合点，锻造清廉为民队伍。始终坚持从严治党、从严治院、从严管理，多措并举扎实推进政法队伍教育整顿、“两个坚持”专题教育、“以案释德、以案释纪、以案释法”警示教育、“三个规定”专项整治活动，一体推进市委、区委部署的廉洁上饶、廉洁信州、廉洁司法建设。开展多形式、分层次、全覆盖的学习教育活动和政治轮训，组织干警参加各类专题和业务培训班26期，参训人员300多人次，推动思想政治工作和审判执行工作同频共振，不断提升队伍纯洁性、司法公信力和人民群众满意度。

坚持重实干重实绩的鲜明选人用人导向，畅通交流渠道，市中院1名中层正职到我院挂职锻炼。在区委的关心和支持下，2名科级干部被任命为副院长、选拔5名优秀年轻干部充实到基层法庭任职，遴选3名青年干警进入员额法官队伍，顺利完成5名法官、3名司法行政人员、4名司法警察晋升职级，队伍结构不断优化、干部整体素质持续提升。持续促进工作作风改进，严格监督执纪，对违纪违法零容忍，党纪政纪处分5人，运用“四种形态”处理案件2件2人次，5人退出员额法官。加强考勤制度，由班子成员带班轮流检查，提升制度刚性约束力。

五、主动接受监督，以公开促公信

主动联系人大代表对审执工作进行监督，邀请辖区人大代表视察调研，市、区两级人大常委会分别于5月和7月来我院调研工作，专题听取了我院“一站式”建设工作汇报。认真接受政协民主监督，办理政协提案3件。自觉接受纪检监察督察，配合支持纪委监委查处违纪违法干警。依法接受检察机关诉讼监督，邀请检察长列席审判委员会3次。自觉接受社会监督，加强审判流程、开庭审理、裁判文书、执行信息四大司法公开平台建设，开展庭审直播2165次，公开生效裁判文书11251份。发挥人民陪审员在实现公正司法中的作用，提请区人大常委会任命人民陪审员46名，全年参审案件387件。

六、认真抓好市委第三巡察组反馈意见的整改落实

4月—6月，市委第三巡察组对区法院党组开展为期2个多月提级巡察。我院党组按照要求，把思想统一到巡察要求上来，增强接受巡察监督的政治自觉，坚决服从巡察组的各项指示和工作安排，全力支持和配合巡察工作。8月24日，市委第三巡察组向院党组反馈了巡察意见，我院党组在区委的监督推动下，按照区委的整改方案、整改措施和整改目标，以最严格的标准和最有力的措施完成整改，把巡察整改与最高法院“三项队建”、省委政法委政法队伍教育整顿活动紧密结合起来，标本兼治、协同推进，运用好巡察整改成果，堵漏洞、补短板、强弱项，提前谋划部署，为教育整顿打好思想基础、组织基础、工作基础，以巡察整改的实际效果推动法院工作健康发展。9月23日召开领导班子专题民主生活会。市委第三巡察组反馈的四个方面46项问题已完成整改44项，2项仍在整改中。

各位代表，2020年，面对新冠肺炎疫情和繁重的工作压力带来的不利影响，区法院坚持以习近平新时代中国特色社会主义思想为指导，各项工作稳步上升，涌现了一批先进人物和感人事迹，干警张苇获全国法院先进个人称号，员额法官王建英被省高院授予全省优秀法官，8人次获区级以上表彰。在全省群众满意度测评中，位居全省法院第25名，位列全市法院第一。这些成绩的取得，是区委坚强领导，人大及其常委会有力监督，政府、政协及社会各界大力支持的结果。在此，我代表区法院表示衷心的感谢！

在看到成绩的同时，我们也清醒地认识到工作中还存在不少短板和弱项需要做对照、找差距、求突破：一是政治教育欠“深”，重业务轻党建现象依然存在；二是办案质效欠“优”，法官司法能力水平有待提高；三是内部管理欠“严”，担当精神和斗争精神不足；四是纪律作风欠“佳”，队伍建设存在短板。面对以上问题和困难，我们将采取有效措施切实加以解决。

2021年工作安排

2021年区法院的工作思路：高举习近平新时代中国特色社会主义思想伟大旗帜，深入学习贯彻党的十九大和十九届二中、三中、四中、五中全会精神和中央全面依法治国工作会议精神，坚持以习近平法治思想为指导，牢牢坚持党对司法工作的绝对领导，紧扣推动高质量发展主题，以服务大局为根本任务，以司法为民为根本宗旨，以改革创新为根本动力，以建设高素质队伍为根本保障，贯彻落实新发展理念，充分发挥审判职能作用，为加快建设现代化大美上饶、魅力信州提供有力的司法服务和法治支撑。

一、聚焦聚力思想建设，努力提升政治站位

以习近平新时代中国特色社会主义思想为指导，加强思想政治建设，积极开展政治轮训，狠抓教育培训，抓好政治建设和业务建设的深度融合。

二、聚焦聚力审判职能，努力提高案件质效

常态化开展扫黑除恶工作，切实贯彻实施好民法典，加强司法风险防控，用好“三个规定”平台，严格落实违法审判责任追究制度，提高办案质效，努力让人民群众在每一个司法案件中感受到公平正义。

三、聚焦聚力担当作为，努力服务经济社会发展

统筹推进疫情防控和经济社会发展，持续优化营商环境，保障企业正常经营，加强常态化疫情防控下的司法应对。

四、聚焦聚力新发展格局，努力提升司法服务水平

充分发挥司法促发展、稳预期、保民生作用，积极服务乡村振兴和基层社会治理，推进市域社会治理现代化，助力更高水平的平安信州、法治信州建设。

五、聚焦聚力改革创新，努力拼搏争先创优

全面深化司法体制改革和智慧法院建设，抓好重点领域、关键环节任务，坚持改革破题、创新开路，努力打造更多的司法创新成果和信州法院品牌。

六、聚焦聚力人才培养，努力建设高素质队伍

牢固树立正确用人导向，坚持全面从严治党、从严治院、从严管理，坚持严管厚爱相结合，扎实推进政法队伍教育整顿，持之以恒改进作风。加强政治能力、司法能力、综合素质培训，加强法院文化建设，努力建设德才兼备的高素质法院队伍。

各位代表，2021 年是“十四五”规划的开局之年，区法院将深入学习贯彻习近平新时代中国特色社会主义思想，围绕区委的奋斗目标和工作思路，认真落实本次大会提出的各项任务，蹄疾奋进，努力推动“十四五”时期全院各项工作实现新的更大突破，以优异的成绩庆祝中国共产党建党 100 周年。

信州区人民检察院工作报告

——2021年2月23日在信州区第五届人民代表大会第六次会议上

区人民检察院检察长　章　晖

各位代表：

现在我代表区人民检察院向大会报告工作，请予以审议。

2020年工作回顾

2020年是极为不平凡的一年，信州区人民检察院在区委和市人民检察院的坚强领导下，坚持以习近平新时代中国特色社会主义思想为指导，深入贯彻党的十九大，十九届历次全会精神，秉承“讲政治、顾大局、谋发展、重自强”新时代检察工作总要求，坚持“稳进、落实、提升”检察工作总基调，坚持把增强“四个意识”、坚定“四个自信”、做到“两个维护”体现在扎实履行检察职责上，全面推进“四大检察”“十项业务”均衡发展。

一、积极参与国家治理，为经济社会发展大局服务

紧扣“六稳”“六保”大局，找准检察工作的结合点和切入点精准服务，为统筹推进疫情防控常态化和经济社会高质量发展提供司法保障。

主动投身保障疫情防控。从快打击妨害疫情防控违法犯罪活动，依法批准逮捕了两名破坏疫情防控的犯罪嫌疑人，起诉涉疫情犯罪案件3件4人，切实维护防疫秩序、市场秩序和社会秩序。充分运用网络信息平台做好“云提审”“云接访”“云帮教”等各项工作，确保疫情防控和检察办案“两不误”。积极参与辖区36个社区的防疫工作，累计执勤530余人次，诠释检察担当。

依法打好扫黑除恶收官战。紧紧围绕三年为期目标，以高度的政治自觉推进“六清”行动。受理审查逮捕涉黑涉恶案件16件43人，批准逮捕16件43人；受理审查起诉涉黑涉恶案件5件39人，提起公诉5件28人；提前介入引导侦查案件24件。着眼长治长效，推进综合治理，向重点行业、重点领域发送检察建议16份，均得到有效回复。

积极服务打好三大攻坚战。积极参与防范化解重大风险攻坚战，批准逮捕“套路贷”、非法吸收公众存款、组织传销等破坏社会主义市场经济秩序犯罪案件17件21人，起诉33件69人。积极参与精准脱贫攻坚战，在依法打击危害农村稳定和危害脱贫攻坚犯罪的同时，探索开展“司法救助+扶贫”工作，救助因案致贫、因案返贫困难群众6名，发放救助金15万元。积极参与污染防治攻坚战，起诉滥伐林木、非法狩猎、非法采矿等破坏生态环境犯罪案件3件3人；落实“河（湖）长+检察长”协作机制，在信息共享、联合督办、信息宣传等工作方面形成水生态、水环境保护的工作合力，服务保障生态文明建设。

服务民营经济健康发展。积极参与打击非法集资犯罪专项行动，协同金融监管部门抓好高检院“三号检察建议”落实，就加强小额贷款公司管理向区金融办发送了检察建议。开展涉民营企业刑事诉讼“挂案”及刑事诉讼积案专项清理，经与公安机关沟通，清理了马某、王某某涉嫌非法吸收公众存款等3件长期未处理案件。加强对民营企业的特殊保护，落实省检察院办理涉民营企业刑事案件“少捕慎诉”8条意见，依法不起诉2人，建议办案机关变更强制措施3人。

倾力维护未成年人合法权益。持续抓好“一号检察建议”贯彻落实，扎实开展未成年人刑事检察工作，保护未成年人合法权益，对未成年犯罪嫌疑人依法作出不捕决定7件8人，附条件不起诉2件5人。选派11名检察官担任乡村法制副校长，实现信州区乡村学校“法制副校长”全覆盖，开展“法制进校园”活动7次，向中小学师生家长400余人进行了现场宣讲，进一步推进平安校园建设。在全市率先建立未成年人关爱中心，与公安、法院、团委、妇联、医院等单位联合，共同打造信州区刑事案件未成年被害人“一站式”救助体系。

二、落实新时代新要求，扎实履行检察职责

坚持“双赢多赢共赢”的监督理念，积极探索“四大检察”基层实践，推动社会公平正义进一步彰显。

依法履行审查逮捕和审查起诉职能。依法打击各类刑事犯罪，规范履行批准逮捕、起诉职能。共受理提请批准逮捕案件390件538人；依法批准逮捕325件453人。受理起诉案件631件943人；提起公诉441件622人。严厉打击危害群众安全感犯罪，起诉涉枪涉爆、危害公共安全、重大责任事故等犯罪121件123人。着力惩治群众反映强烈的“烦心案”，起诉电信网络诈骗、危害食品药品安全、侵犯公民个人信息等犯罪33件69人。全力维护公众生命财产安全，起诉故意杀人、故意伤害、强奸、抢劫等严重暴力犯罪46件64人。

全面落实认罪认罚从宽制度。切实担负起检察机关主导责任，严格执行“两高三部”《关于适用认罪认罚从宽制度的指导意见》，推动认罪认罚从宽制度的准确适用。一年来共审查起诉案件554件749人，适用认罪认罚484件618人，适用率87.36%，其中因犯罪嫌疑人认罪认罚而作出相对不诉决定的有87人。加强与区法院沟通，就认罪认罚和量刑建议问题建立了定期沟通反馈机制，2020年认罪认罚确定刑建议采纳率达到98.1%，列全市第一。在已经起诉的认罪认罚案件中，法院适用简易程序审理299件362人，有效节约了诉讼资源，提高了办案效率。

努力做强做实民事行政检察。办理生效裁判监督案件13件，其中提请上级院抗诉7件，终结审查2件，不支持监督申请3件，向公安机关移送可能涉及虚假诉讼线索1件；加强民事行政诉讼活动的监督，办理民事行政监督案件10件，向信州区法院提出检察建议8份，向行政机关发出综合治理类检察建议1份，制发的各类检察建议均得到100%回复。严格把握抗诉条件，切实提高抗诉质量，如办理的何某某与“友尔公司”民间借贷案，针对违背案件事实的裁判结果依法抗诉，经法院审理得到改判，保障了当事人的权利。

持续推进公益诉讼工作。共受理行政公益诉讼诉前检察建议线索50条，立案49件，发出行政公益诉讼诉前检察建议49件；受理民事公益诉讼线索8条，立案8件，提起刑事附带民事公益诉讼7件。深入开展食品药品安全“四个最严”专项行动，针对发现的医疗废物、一次性餐具、超市超范围经营等关系民生的问题，向主管部门及辖区街道发送了检察建议，督促其依法履职，保障公众利益。主动探索等外领域，拓展公益诉讼案件范围，针对信州区新四军驻赣办事处旧址（杨时乔府第）、“理学旧第”——娄谅故居存在不同程度的自然破败和人为破坏情况，向水南街道及区文广新旅局发出检察建议，督促有关部门加强文物安全保护，依法对文物进行必要的保养和维护。

拓展刑事执行检察职能。加强刑事执行检察日常监督工作，进一步完善社区矫正和监外执行情况通报制度、联席会议制度以及定期检查制度，推动社区矫正检察工作规范化、常态化。积极开展服刑人员违法领取养老金专项活动，发现21人违规领取基本养老金，违规领取金额共计25万余元。开展重大案件侦查终结前证据合法性核实工作，与区公安分局联合制定了实施意见，协助市检察院办理重大案件侦查终结前证据合法性核查案件13件。

三、狠抓自身建设，着力提升检察履职能力

始终坚持党对检察工作的绝对领导，认真落实全面从严治检各项要求，切实加强检察队伍自身建设，打造过硬检察队伍。

把党的政治建设摆在首位。深入学习贯彻习近平新时代中国特色社会主义思想、习近平法治思想和党的十九届五中全会精神，始终坚持党对检察工作的绝对领导，对重大工作和重大事项及时向区委、区政法委汇报，推动讲政治与抓业务深度融合，把讲政治落实到具体检察履职上。落实意识形态主体责任，全面提升干警政治鉴别力和自律能力，强化舆情监管，充分运用门户网站、“两微一端”等平台大力宣传检察重点、特色工作，掌握舆论宣传主动权。扎实推进机关党建标准化、规范化、信息化建设，对党总支及两个党支部进行改选，实行部门领导与支部书记“一肩挑”，发挥基层党组织的堡垒作用。

增强队伍战斗力。加强班子建设，在区委的关心支持下，选任一名青年干警担任政治部主任，增配两名党组成员，强化检察工作组织领导。加大青年干部培养力度，遴选了3名青年干警担任员额检察官，缓解案多人少压力。积极开展学习培训，组织党组中心组理论学习9次，开展政治轮训、《民法典》专题培训7次，组织全院干警参加上级检察机关各类业务培训190余人次。

坚持从严治检。扎实开展检察队伍教育整顿，运用正反两方面的典型开展警示教育，对办公用房、涉案款物、机关财务管理、违规从事营利活动等进行了专项自查自纠整治工作，对两名干警进行了立案查处。坚决贯彻执行“三个规定”，共计填报过问或干预、插手检察办案等重大事项及相关接触交往行为情况记录28次，同时加强工作督查，对不按规定填报的干警进行通报，并将通报结果纳入年终绩效考核。积极配合市检察院党组开展政治巡察，对巡察反馈的34个问题实行台账管理，狠抓整改落实。

巩固深化司法体制改革成果。持续深化司法责任制改革，落实省检察院“谁办案、谁决定、谁负责”工作规定，压实领导办案责任，入额院领导全年直接办理案件357件，占案件总数的23.46%。建立办案质量评价指标体系，严格案件退回补充侦查、延期审理的内部分级审批，倒逼检察官强化责任意识、提升司法能力，刑事检察“案—件比”由年初的2.68下降为1.41，位居全市前列。改进检察官业绩考评方式，以办案质效为考核重点，引导检察官将服务大局、司法为民的理念落实到具体办案工作中。

四、自觉接受人民监督，让检察权在阳光下行使

牢固树立“监督者更要接受监督”的理念，在接受监督的主动性、常态化上创新工作机制、工作方式，以更加开放的姿态接受更广范围监督。

自觉接受人大、政协监督。坚持重要工作和重大事项向人大报告制度，自觉接受人大法律监督，向区人大常委会专题报告了落实认罪认罚从宽制度情况，参与了人大常委会组织的食品药品赣鄱行和助推旅游强区专题调研活动。积极邀请政协委员参与检察工作，虚心听取政协委员的意见建议，不断改进和提高检察工作。

强化群众、社会监督。严格落实群众信访件件有回复工作要求，所有来信均做到7日内程序性回复、3个月内办理结果或进展答复，让群众知道“信收到、谁在办、办得怎么样”。举办了以“民有所呼　我有所应”“护航民企发展”为主题的检察开放日，让更多代表、群众走进检察院、走近检察官，近距离了解和监督检察工作。

注重个案释法说理。对重大、复杂、疑难案件主动邀请人大代表、政协委员、人民监督员召开公开听证会2次。认真做好案件当事人释法说理工作，促进案结事了人和，努力化解矛盾纠纷。针对野生动物保护工作向相关部门公开送达检察建议，充分进行宣传沟通，与行政执法机关达成共识，形成良性互动。

深化案件信息公开。充分发挥人民检察院案件信息公开网作用，为群众提供更精准、更及时、更便捷的案件信息公开服务，发布案件程序性信息1412条，公开法律文书554份，接待律师299人次，增强了检察机关执法办案的透明度，依法保障了人民群众对检察工作的知情权、参与权和监督权。

各位代表！过去一年区检察院“四大检察”齐头并进，十项业务工作中三项位居全市第一，两项列第二。成绩的取得得益于党委的正确领导、人大及其常委会的有力监督，得益于政府、政协和社会各界的大力支持。在此，我谨代表区检察院和全院干警向所有关心支持检察工作的领导和同志们表示衷心的感谢和诚挚的敬意！

面对新形势、新要求，我们也清醒地认识到，检察工作还存在一些问题和不足：一是立足检察职能服务发展、保障民生的理念还不够新，方法还不够多；二是法律监督双赢多赢共赢的效果还有待进一步提升；三是检察队伍的法律监督能力与人民群众的期待相比还有差距。对此，我们将坚持问题导向，认真研究对策，着力加以解决。

2021年工作思路

2021年是全面开启社会主义现代化建设新征程的起步之年，也是推进实施“十四五”规划的开局之年。区人民检察院将坚持以习近平新时代中国特色社会主义思想为指导，深入贯彻习近平法治思想和党的十九届五中全会精神，认真落实区委和上级检察院工作要求，坚持党对检察工作的绝对领导，主动适应新发展阶段、融入新发展格局、贯彻新发展理念，切实履行维护国家政治安全、确保社会大局稳定、促进社会公平正义、保障人民安居乐业的职责使命，为推动我区经济社会高质量发展提供有力法治保障。

一是着力服务经济发展大局。认真落实统筹常态化疫情防控和经济社会发展的要求，持续服务“六稳”工作、落实“六保”任务。加大对非法集资等涉众型经济犯罪的打击力度，最大程度化解金融风险；严格执行“河（湖）长+检察长”制，持续开展破坏环境资源犯罪专项立案监督，严厉打击破坏环境资源犯罪，服务国家生态文明试验区建设。严厉打击侵害民营经济犯罪，保障民营企业和企业家合法权益；充分发挥驻工业园区检察联系点的作用，当好企业的法律参谋，保障民营经济健康发展。

二是着力维护社会安全稳定。坚决把维护国家政治安全放在第一位，强化检察机关保安全、护稳定各项措施。建立健全扫黑除恶常态化机制，不断巩固和深化专项斗争成果。依法严惩“盗抢骗”“黄赌毒”犯罪、涉众型经济犯罪，促进社会安定、人民安宁。坚持新时代“枫桥经验”，积极参与矛盾纠纷排查化解，立足职能促进市域社会治理现代化。

三是着力加强民生司法保障。认真贯彻实施民法典，推动“四大检察”融合发展，切实维护好、保障好人民群众合法权益。坚决惩治危害食品药品安全、破坏生态环境犯罪，深入推进“公益诉讼守护美好生活”专项监督活动，努力让人民群众的获得感成色更足、幸福感更可持续、安全感更有保障。继续落实巩固脱贫攻坚成果的司法保障措施，加大司法救助力度，防止当事人因案返贫、因案致贫。加强对妇女、未成年人、农民工等特殊群体的司法保护，以求极致的标准办好群众身边的案件，让群众感受到司法的“温度”。

四是着力维护司法公正。坚持客观公正立场，坚持罪刑法定、疑罪从无，坚决防止冤假错案。贯彻宽严相济刑事政策，落实“少捕少押慎诉”理念，促进社会和谐稳定。坚持在办案中监督、在监督中办案，全面加强对刑事、民事和行政诉讼活动的监督，加大对司法人员职务犯罪侦查力度，着力解决执法不严、司法不公问题。加强检察机关司法规范化建设，努力让人民群众在每一起案件办理、每一件事情处理中都感受到公平正义。

五是着力打造过硬队伍。全面加强检察机关党的建设，开展习近平法治思想学习研讨，引导全体检察人员对党忠诚、履职尽责。进一步加强班子建设，着力提升班子凝聚力和战斗力。扎实开展队伍教育整顿，结合市检察院巡察反馈情况的整改，持之以恒正风肃纪，纯洁检察队伍。加强队伍专业化建设，培养专业精神，提升专业能力，练就适应新时代要求的过硬本领。加快推进智慧检务建设，提升检察工作现代化水平。

各位代表，关山初度路犹长，初心始终不敢忘。新的一年，区人民检察院将在区委和上级检察机关的领导下，以更加昂扬的精神状态和更加务实的工作作风，奋发作为、实干担当，不断谱写信州检察事业新篇章，为夺取全面建设社会主义现代化国家新胜利、推动“大美上饶、魅力信州”建设作出新的更大的贡献，以优异的成绩庆祝建党 100 周年！

关于上饶市信州区2020年国民经济和社会发展计划执行情况与2021年国民经济和社会发展计划草案的报告（书面）

——2021年2月22日在上饶市信州区第五届人民代表大会第六次会议上

区发展和改革委员会主任　王　辉

各位代表：

受区人民政府委托，我向大会书面报告2020年全区国民经济和社会发展计划执行情况与2021年国民经济和社会发展计划草案，请予审议，并请区政协委员和列席会议的同志提出意见。

一、2020年国民经济和社会发展计划执行情况

2020年是“十三五”规划收官之年和“十四五”规划谋划之年，也是全面建成小康社会决胜之年和开启现代化建设进程的关键之年。全区上下在区委的正确领导下，在区人大及其常委会的依法监督和区政协的民主监督下，直面严峻复杂的国际国内发展形势和突如其来的新冠肺炎疫情的严重冲击，统筹疫情防控和经济社会发展，扎实做好“六稳”工作、全面落实“六保”任务，加快项目建设和产业发展，全区呈现经济运行逐渐好转、生产需求持续回暖、基本民生保障稳定、生活秩序逐渐恢复、经济社会发展大局安全稳定的向好态势。

2020年全区生产总值完成342.3亿元，同比增长4.0%；一产完成8.8亿元，同比增长1.8%；二产完成78.2亿元，同比增长3.1%；三产完成255.3亿元，同比增长4.3%。全区财政总收入30.2亿元，同比增长5.9%；一般公共预算收入18.1亿元，同比增长3.1%。全社会固定资产投资同比增长9.5%。规模以上工业增加值增长4.9%。社会消费品零售总额188.1亿元，增长2.6%。城镇居民人均可支配收入为42620元，同比增长5.3%；农村居民人均可支配收入为20113元，同比增长7.3%。

（一）明确主攻方向，工业产业发展有力

信州区坚持“主攻工业”发展战略不动摇，将光学电子产业作为首位产业，将精密机械制造、新材料作为主导产业。在朝阳园区重点打造光学电子产业集群，在沙溪园区北区、秦峰园区重点打造精密机械制造产业新区，在沙溪园区重点发展新材料产业。以宇瞳光学为龙头，已初步形成以安防监控镜头为主要产品的配套产业集群。

坚持高位推动，建立了区长工业日会、常务副区长经济运行联席会、分管副区长工业运行联席会等调度制度，定期分析全区工业经济运行情况，及时准确把握工业经济运行动态。为促进落户项目早开工、开工项目早竣工、竣工项目早投产、投产项目早达规提供了有力支撑。全力落实了一系列惠企扶持政策，推进了高技术项目开发引进、产业调整、产品结构优化等工作。

2020年区属59家规模以上工业企业累计工业增加值同比增长4.9%；全年完成工业总产值56.8亿元，同比增长40.3%；完成营业收入58.2亿元，同比增长43.3%；完成工业固定资产投资同比增长25%；新增规上工业企业19家。全区新签约工业项目28个，投资总额50.05亿元，亿元以上项目8个，其中华辉铜业年产20万吨精铜项目投资26亿元。

（二）实施乡村振兴，农业结构稳步调整

信州区以实施乡村振兴战略为契机，因地制宜大力发展区域特色产业，培育了市级以上龙头企业10家、规模以上特色种养基地60个、农民专业合作社290家。全区拥有无公害农产品8个、绿色食品4个、有机产品2个。超额完成粮食生产任务，完成播种面积9.07万亩，产量3.72万吨。

开展了农村人居环境三年整治行动，持续改善农村生态环境。新建农村公厕70座，完成改厕3518座，全区农村卫生厕所普及率达94%；行政村生活垃圾有效治理比例达100%；21个行政村生活污水得到有效治理。启动了沙溪镇防洪工程、沙溪镇村一体化自来水工程等水利项目建设，建成9400亩高标准农田。朝阳镇石垅孔村和秦峰镇五石村被评为省级3A乡村旅游点。全面完成了农村集体产权制度改革任务，为9个镇街66个村（居）搭建好“三资”管理平台。

（三）创新发展模式，现代服务业发展强劲

数字经济发展迅猛，信州区抢抓直播电商风口，打造了“信州播”基地，将电商培育为我区信息产业新生态。信息服务业新增入园企业70家，总量达429家，主营业务收入约102亿元，产业规模有望连续7年位居全市第一、全省前列。打造了首个夜间经济示范街“友邦潮街”和“亿升小吃超市”“茶圣路餐饮特色街”“万力时代（B馆）”“十六道酒吧一条街”等特色商业街区。引进“星巴克”“海底捞”等数十家名企名店入驻信州。开展了上饶市第一届“热购饶城”消费购物节、“庆五一促消费”消费券发放等系列活动，纾解了疫情对我区商贸服务业带来的影响。

2020年信州区社会消费零售总额为188.1亿元，同比增长2.6%，总量位居全市第一；实际利用外资1.09亿美元；完成利用省外资金2000万元以上项目27个，实际进资57亿元，其中完成亿元项目8个，实际进资34.46亿元。

（四）加强谋划力度，项目建设发展迅速

2020年，信州区谋划续建及计划新开工500万以上项目共计139个，总投资366.04亿元，2020年计划投资128.06亿元。其中区本级项目116个，总投资225.45亿元，2020年计划投资83.30亿元。2020年我区列入省市重点项目共37个，总投资289.60亿元，年度计划投资37.57亿元。其中列入省重点项目1个、省大中型项目9个、市重大项目27个，市重大项目均已完成计划投资，项目的总投资额和完成质量都有了明显提高。

2020年我区项目争取中央预算内资金12374万元，是2019年的1.7倍。争取抗疫特别国债1.52亿元，争取中央特殊转移支付7.45亿元，获上级转贷新增债券资金7.56亿元。为我区重大项目建设推进提供了资金保障。

（五）协调各项工作，民生事业全面发展

2020年，各项社会事业工作稳步推进，全年民生支出33.84亿元，占公共预算支出86.4%。

各项养老保险参保人数稳定增长，幸福养老公寓项目1#楼建成投入使用。新增城镇就业3587人，城镇登记失业率为3%，完成了控制在4.5%以内的年度目标。

坚持“两不愁三保障”脱贫标准，加强领导、责任到人，落实各方面脱贫任务，完成2020年最后246户472人的脱贫目标，确保了全面稳定脱贫。开展了城镇脱贫解困工作，投入2423万余元，保障了2704户3994人城市低保对象的基本生活。

一小三江总校、新三中等一大批学校相继建成并投入使用，就学难、大班额等老大难问题有效缓解。四中三江总校、职业中学等校建项目在稳步推进中。

推进了市立医院三江总院、市立医院体检中心等项目建设，信州区儿保中心完成整体搬迁。持续强化基本公共卫生服务，成立了东市、水南社区服务中心。完成3家二级以上综合医院发热门诊建设和疾控中心核酸检测能力建设。市立医院晋级为我市第2家公立综合三级甲等医院。

（六）强化综合管理，城乡环境日益提升

棚改和安置房建设有力推进。301工区、东瓦窑、双塔片区、带湖北路以东片区、郭门村城中村二期等棚改项目如期完成征迁，全年棚改完成130余万平方米。同心、汪家园二期安置房即将分房，佳和安置房开工建设，文通、东晖、梨树坞、汪家新苑等安置房建设项目启动前期工作。

扎实开展了老旧小区改造工作，2020年纳入老旧小区改造计划共有28个，401栋房屋9532户，总建筑面积69.36万平方米。完成滩头新村、杨家石桥粮食局小区、道塘巷片区等23个小区的改造，其余5个改造项目正在序时推进中。

成功创建国家卫生城市。实施创文项目100余个，改造里弄小巷25条，新增城市公厕6个，全年绿化管养35万平方米、市政修复8162平方米。实现了公共机构垃圾分类全覆盖，完成284个市、区两级公共机关单位、学校、医院垃圾分类工作，投放垃圾分类设备200余台。

（七）紧抓污染防治，生态环境持续改善

积极推进生态创建工作，全区已成功创建省级生态镇2个、省级生态村5个，市级生态村31个。率先推动了上饶市中科数创园、带湖雅苑、上饶国际精准医疗中心、城东医院等4个海绵城市项目建设。

坚决抓好污染防治，打好蓝天、碧水、净土保卫战。对14家涉VOCs企业和加油站开展专项执法检查，并督促整改到位。抓好长江经济带大保护，严厉打击电、毒、炸及非法捕捞行为。深入推进河（湖）长制，有序推进了“清河行动”和鄱阳湖生态环境专项整治，13个问题清单全部整改到位。启动了沙溪李家村、朝阳溪边村小型农村生活污水治理项目建设。加强了危险废物监督管理，提高污染地块安全利用率。

加大环境执法力度，推动环境问题整改。开展了工业企业达标排放、危险废物处理整治、安全生产集中整治、疫情防控期间突发环境事件风险排查、突出生态环境问题大排查等一系列专项执法行动，共排查各类问题170余个，对排查发现问题的企业依法调查到位、责令整改到位。

2020年，在受经济下行和疫情的影响下，我区迎难而上、克服困难，经济社会发展取得一定的成绩，同时我们也清醒地看到面临的不少问题和短板：产业结构不够合理，一二三产融合发展有待加强，构建现代化产业体系的任务仍然艰巨；工业规模不大，集聚发展进程偏慢；信息产业缺乏高端项目带动，传统生产性服务业占三产比重过大。这些困难和问题有待于深入研究、科学谋划、主动作为，认真加以解决。

二、2021年经济社会发展预期目标

2021年，我们将更加紧密地团结在以习近平同志为核心的党中央周围，全面贯彻落实党的十九大、三中、四中、五中全会各项决策部署，以省、市经济工作会议和区委全会为引领，着力增强改革推动力、创新驱动力、开放带动力；统筹发展和安全，加快建设具有信州特色的现代化经济体系和治理体系，努力建设全省最具竞争力的内陆开放型经济示范区、赣浙闽皖四省交接最具活力的商贸城市、国内最具吸引力的旅游服务城市、全省数字经

济先行区，实现经济行稳致远、社会安定和谐，为全面建成现代化“大美上饶、魅力信州”开好局，起好步。

根据总体要求，2021年全区经济社会发展主要预期目标建议为：地区生产总值增长8%以上。根据地区生产总值计划增长目标，其他各项主要指标相应计划安排如下：财政总收入增长6.5%，一般公共预算收入增长5%，规模以上工业增加值增长8.5%以上，固定资产投资增长9%，社会消费品零售总额增长9%以上，实际利用外资增长6.5%，城镇、农村居民人均可支配收入分别增长8%、8.5%以上，居民消费价格总水平涨幅3%左右，城镇调查失业率控制在4.5%以内，节能减排完成国家下达任务。单位生产总值能耗、主要污染物排放量等约束性指标在市政府下达的2021年计划指标以内。

三、2021年经济社会发展的主要任务

围绕上述目标，2021年重点抓好以下几方面工作：

（一）夯实基础提升工业经济

加快产业结构调整，促进产业转型升级，围绕光学电子、精密机械制造、新材料三大主导产业，加大“2050”项目招引力度，形成产业集群。大力引导、促进企业转型升级，使其向“高、精、特、尖”方向发展，增强企业抗风险能力，提高企业行业竞争力。落实产业链链长制工作，推动产业发展升级。加快信州工业转型升级、提质增效步伐，以发展质量首位度赢取综合实力首位度。

结合全市工业项目集中开（竣）工活动，抓好工业项目的统筹推进，推动华辉铜业、上饶建筑工业化基地、光电产业园、邦德科技等项目建成并投产达标。强化光学电子和新兴行业等重点企业培育扶持力度，系统抓好升规入统工作。

开展“腾笼换鸟”工作，对企业实施差别化资源配置和政策支持，不断提高土地产出率。完善信州产业园配套服务设施，加快完善朝阳园区污水处理厂三期、苎麻产业园污水处理厂一期以及“一园三区”道路管网等基础设施建设和配套设施。

（二）抢抓机遇推动项目建设

抢抓国家扩大地方政府专项债券发行规模、优化预算内投资结构的机遇，加大中央预算、政府专项债券投资力度，紧盯政策性银行支持方向，把准政策，谋划项目，对号争取资金，围绕公共卫生基础设施建设、应急救援保障及物资储备建设、“三农”建设、重大基础设施建设、社会事业和社会治理、节能环保与生态建设等中央预算内重点投资方向推进项目。紧扣国家对污染防治、老旧小区改造、城市停车场、城乡冷链物流给予中央资金支持的红利，进一步强化重点项目的谋划、招引、推进工作。

扎实推进谋划的2021年500万元以上185个投资建设项目。充分挖掘在建重大项目的投资潜力，强化内生动力。加大我区32个纳入省、市重大项目的建设力度。加强用工、用地、资金等要素保障，推进信江生态走廊、水南历史文化街区、上饶野生动物园、稼轩南大道、河海大学上饶学校、陆羽小学等省、市重点项目顺利推进。加快推进市立医院三江总院、四中三江总校、应急救援中心、汪家园邻里中心、职业中学改扩建等区本级项目建设。启动区委党校、党史馆等项目建设。

（三）营造环境促进服务业提级

结合全区产业特色和功能布局，提升开放合作成效，精准对接呼叫客服、游戏产业、网红直播等领域进行定向招商，引进一批具有影响力的知名企业，争取寻找到更多适合信州发展的大项目、好项目。全年实现实际利用外资总额1.14亿美元；完成利用省外资金2000万元以上项目30个，实际进资60亿元；外贸出口总额稳中提质。

着力打造全省数字经济先行区，建成信息产业

园整体提升项目，争创国家级现代服务业示范区。加快推进中能建上饶未来科技文旅、新四军驻赣办事处旧址等重大文旅项目建设，大力发展民宿经济，提升信州旅游竞争力。

加强特色商业街培育。在继续提升现有特色街建设水平的基础上，着力培育主题鲜明、示范带动强的休闲、文化特色创业街。着重指导与推荐社区商业开展“江西省特色商业街”和“江西老字号”申报认定工作；将茶圣路打造并申报为江西省“餐饮特色一条街”，打造信州区品牌夜宵市场。继续组织区重点商贸企业参加国家、省、市主办的各类展会及促消费活动。

（四）协调发展保障民生改善

继续加大民生投入，深入推进全民参保，实现应保尽保。提高社会救助标准，完善民生保障体系。大力推进优质教育资源整合，推动义务教育优质均衡发展。继续抓好市十小、沙溪东风小学、秦峰中心小学等项目建设。大力推进文化强区建设，创建一批信州文化品牌。不断完善公共文化网络，加快建成城乡一体、区域均衡、人群均等的现代公共文化服务体系。

充分整合医疗资源，落实信州区公共卫生服务体系和乡镇卫生院建设项目。建立全区卫健系统大数据中心和医共体信息平台，有力提升卫生健康综合管理水平和综合决策能力。大力发展社区嵌入式养老模式，扩大养老服务有效供给，让老百姓享受更加优质的养老服务。建成幸福养老公寓，作响养老产业品牌。积极推进公办养老机构管理服务水平，保障低收入老人基本养老需求。深化殡葬改革力度，推动殡葬事业健康发展，加大公益性墓地建设，提高公墓安葬率。

坚决守住脱贫攻坚成果，做好巩固拓展脱贫攻坚成果同乡村振兴有效衔接，健全防止返贫动态监测和帮扶机制，对易返贫致贫人口实施常态化监测，重点监测收入水平变化和“两不愁三保障”巩固情况，继续精准施策。

（五）借势发展推进城乡融合

在成功创建国家卫生城市的基础上，巩固创建成果，全面启动创建国家文明城市工作，推进“双创”长效管理，不断提高城市文明程度。加大力度推进棚户区改造和老旧小区改造项目。全面完成历史遗留棚改任务，新启动 180 地块、染织厂宿舍、渡口危房、金山棚户区 B 地块等棚改项目。严格按时间节点推进 5 个街道 23 个老旧小区改造工作任务。抓好垃圾分类、控违拆违等工作，进一步提高城市功能品质。

加快推进三江、三镇两大片区建设力度，全面贯通三江大道、兴隆路、仕铨路和叶挺大道（南延）等梗阻道路；整治提升上饶大道、志敏大道、叶挺大道；规划建设五府山大道等促进三江片区路网整体提级升格。积极招引商贸综合体、大数据产业落户三江，提升三江片区产业水平。依托信州产业园沙溪园区、上浦高速半开放服务区，谋篇布局功能性项目落户沙溪；围绕上饶野生动物园、稼轩大道等平台，推动朝阳融入中心城区发展；高起点建设信州产业园秦峰园区依托上浦高速秦峰出口，引导乡村人口向镇域集聚，建设特色小城镇。

（六）特色产业助力乡村振兴

加快信州农业优势特色产业发展，加大对食用菌、刺鲃鱼、豆豉果、粉干等特色产业的扶持。大力创建农产品“两品一标”，积极申报信江刺鲃鱼地理标志农产品，鲜禾滑子菇区域特色农产品，培育绿色有机农业品牌。积极培育壮大农业龙头企业、农民专业合作社、家庭农场等多种经营主体。

进一步优化农村人居环境，落实农业农村各项改革任务，做大做强村级集体经济。继续抓好美丽集镇建设，全面加强农村综合基础设施配套建设，持续推进“三清两治一绿化”和农村环境综合整治“五大行动”。按照乡村振兴建设项目 3 年建设规划，推进好 2021 年的建设项目。加快推进城乡供水一体化，完成沙溪镇防洪工程，开工建设秦峰防洪工程。

各位代表，2021 年是“十四五”规划开局之年，我们将在区委的坚强领导下，在区人大及其常委会的依法监督和区政协的民主监督支持下，以区委“1235”战略为引领，坚定信心，把握机遇，埋头苦干，久久为功，锐意进取，为全面完成计划目标、打造现代化“大美上饶、魅力信州”而努力奋斗！

关于信州区2020年财政预算执行情况与2021年预算草案的报告

——2021年2月23日在信州区第五届人民代表大会六次会议上

信州区财政局局长　徐叶黎

各位代表：

受区人民政府委托，我向大会报告2020年区级预算执行情况与2021年区级预算草案，请予审议，并请各位区政协委员和列席会议的同志提出意见。

一、2020年财政预算执行情况

2020年，全区财政部门坚持以习近平新时代中国特色社会主义思想为指导，深入学习贯彻党的十九大和十九届二中、三中、四中、五中全会精神，坚持稳中求进工作总基调，贯彻新发展理念，积极发挥财政职能作用，全力做好“六稳”“六保”工作，保障新冠肺炎疫情防控和经济社会发展“两手硬、两战赢”，全年预算执行情况总体良好。执行情况如下：

1. 一般公共预算执行情况

信州区2020年财政收入总量301806万元，首次突破30亿元大关，财政收入总量全市排名第3名，收入增幅比率为5.9%，增幅全市排名第1名，税占比为84.7%，税占比全市排名第3名。

信州区2020年一般公共预算收入总量180723万元，一般公共预算收入总量全市排名第3名，一般公共预算收入增幅比率为3.1%，全市排名第2名，税占比74.5%，税占比全市排名第3名。

信州区2020年一般公共预算支出总量391500万元，一般公共预算支出增幅比率为17.6%，一般公共预算支出增幅全市排名第1名。

（1）主要收入项目预算执行情况。税收收入255705万元，增长0.2%。其中：增值税153331万元，增长0.8%；企业所得税35608万元，增长27.3%，主要是加强征管；个人所得税13785万元，增长37.3%，主要是加强征管；契税19885万元，下降54.7%，主要是上年加强征管；其他税收收入33096万元，增长55.5%。非税收入46101万元，增长55.2%，主要是多渠道盘活国有资金和资产筹集收入弥补减税带来的减收，支持企业减负。

（2）主要支出项目预算执行情况。一般公共服务支出30224万元，增长0.5%；公共安全支出8056万元，增长1.5%；教育支出61116万元，增长10.8%；科学技术支出4669万元，增长7.9%；文化体育与传媒支出3394万元，增长2.8%；社会保障和就业支出63906万元，下降16.6%，主要原因是2020年企业职工基本养老保险在省级统收统支；医疗卫生支出67009万元，增长6.3%；节能环保4648万元，增长19.3%，城乡社区事务支出72748万元，增长29.4%，主要原因是当年新增债券及政府基金调入资金支出及创建国家卫生城市支出；农林水事务支出18044万元，增长24.4%；交通运输支出2262万元，增长12.0%；资源勘探信息等支出3398万元，增长13.8%；商业服务业等支出2499万元，增长7.7%；金融监管等事务支出100万元；自然资源海洋气象等事务支出1241万元，增长1049.1%，主要是上级转移支付一次性支出较多；住房保障支出35877万元，增长4367.9%，主要原因是上级转移支付老旧小区改造支出；粮油物资储备支出956万元，增长1246.5%，主要是储备粮油轮换一次性支出较多；债务付息支出6588万元；其他支出4765万元。

2. 政府性基金预算执行情况

全区政府性基金预算收入314979万元，增长156.3%。其中：国有土地使用权出让收入173659万元，国有土地收益基金收入9666万元，其他各项基金收入1088万元，上级追加基金专项收入131230万元。

全区政府性基金预算支出273411万元，增长224.8%。其中：城乡社区支出196059万元，其他各项支出77352万元。

3. 社会保险基金预算执行情况

2020年全区社会保险基金决算收入完成236003万元，增长61.8%。全区社会保险基金决算支出完成269627万元，增长76.2%。本年收支结余-33625万元。年末滚存结余55241万元。

4. 国有资本经营预算

全区国有资本经营预算收入790万元；全区国有资本经营预算支出790万元。

以上是2020年财政收支执行情况，年度决算编成后，还会有些变动，届时再向区人大常委会报告。

2020年全区财政部门认真落实区五届人大五次会议的相关决议要求，加力提效实施积极财政政策，狠抓预算执行管理和财税体制改革，有效支持促进了全区经济社会持续健康发展。

（1）多方百计，全力以赴战疫情。坚持人民至上、生命至上，充分发挥财政保障作用，确保中央、省、市、区各项举措落到实处。坚决打好疫情防控阻击战，第一时间启动应急响应机制，开辟预算安排、资金拨付、政府采购等绿色通道。筹集1.82亿元资金，确保人民群众不因担心费用问题而不敢就诊，确保不因资金问题而影响医疗救治和疫情防控，支持落实常态化疫情防控各项措施。争取并拨付抗疫特别国债资金1.52亿元，统筹用于公共卫生领域基础设施建设及相关支出。

（2）多措并举，竭力保障财政经济运行稳定。采取超常规政策措施对冲疫情影响，确保全区财政正常运转和经济发展大局稳定。一是千方百计稳定财政运行基本盘。面对巨大收支缺口，一方面，坚持向内挖潜，坚决落实政府过紧日子的要求，大力调整支出结构，全面清理非急需、非刚性支出，能减则减，能压则压，能停则停，全区压减一般性支出3154万元，盘活存量资金4.8亿元，确保“三保”支出按时足额兑付，不出任何问题。另一方面，抢抓政策机遇，积极向上争取支持。紧抓中央扩大债券发行规模和扶持新基建投资政策机遇，谋实谋细债券项目，争取债券资金7.57亿元，有效缓解我区重点工程和重大建设项目资金需求压力。抢抓当前国家的特殊转移支付资金直接惠企利民政策机遇，争取中央直达资金9.75亿元，这些资金全部纳入中央直达资金监控系统进行监控，除去省级统收统支资金外，其他资金已拨付完毕，做到直达市场主体和人民群众，直接惠企利民。二是千方百计稳定市场主体的基本盘。综合运用减税降费、补贴、担保、投资等措施，对冲疫情影响，保护市场主体，保住发展底盘。加大减税降费力度，2020年为企业减免税费1.89亿元，企业税费成本进一步降低。加强重点企业扶持，区财政落实各类产业发展资金4.7亿元，促进我区行业重点企业健康稳健发展，支持企业做大做强。助推企业转型升级，“财园信贷通”“财政惠农信贷通”“再就业小额贷款”发放贷款59957万元，共555户企业受益。出台政策，对承租国有经营性资产的个体工商户、民营企业等减免房租700余万元。

（3）多向发力，尽力提高民生保障水平。根据疫情减收增支情况，及时对今年的预算进行调整，做到基本民生支出只增不减，全年民生支出33.84亿元，占财政支出的86.4%。筹措资金1.81亿元，用于农林水支出，支持防汛救灾、农业产业化、农田水利、农村公路建设，农村生产生活条件进一步改善。筹措资金6.39亿元，用于社会保障和就业支出，全力推进全民参保工作，企业职工养老保险参保人数、机关事业单位养老保险参保人数、城乡居民基本养老保险参保率稳定增长。稳定和扩大就业，开展就业技能培训397人，创业培训1366人，以工代训4581人，岗前培训1799人。筹措资金3.59亿元，用于住房保障支出，加大基本住房保障力度，启动改造老旧小区62个，改造里弄小巷25条。筹措资金6.11亿元，用于教育支出，巩固城乡统一、重在农村的义务教育经费保障机制，全区4.85万城乡义务教育阶段学生免除学杂费并获得免费教科书；支持改善办学条件，一小三江总校、时乔幼儿园、新三中、职业中学等新建、改扩建学校陆续投入使用；落实义务教育老师工资待遇保障政策，确保义务教育老师收入不低于同级公务员收入。筹措资金6.7亿元，用于卫生健康支出，落实城乡居民基本医疗保险提标和公立医院综合改革财政补助政策，全面推进医疗机构发热门诊规范化建设，市立医院三江总院、市立医院体检中心等项目加快实施。筹措资金7.28亿元，用于城乡社区支出，为创建国家卫生城市项目、城区保洁经提供有力资金保障。

（4）多管齐下，倾力支持打好三大攻坚战。强化地方政府债务风险预警，坚决遏制隐性债务增量，推进存量隐性债务化解，2020年我区综合债务风险等级评定结果为绿色最低等级，债务风险完全可控。严格落实财政扶贫投入政策，安排财政扶贫专项资金3998万元，为决战决胜脱贫攻坚提供坚实财力保障，全区建档立卡户2664户8146人全部脱贫，如期打赢脱贫攻坚战。筹措资金4648万元，用于节能环保支出，支持“厕所革命”、乡镇生活污水治理、城乡生活垃圾分类等项目建设，打好蓝天、碧水、净土保卫战，生态环境显著改善。

（5）多点突破，奋力推进财政改革。一是修订完善区、镇（街）财政体制，激发镇（街）活力，牢牢掌握组织收入主动权，镇域经济再攀新高，西市、北门、沙溪财政收入超3亿元，水南、茅家岭财政收入突破2亿元。二是建立财政资金直达机制。根据中央、省、市的要求，快速建立了财政资金直达监控系统，对疫情防控和疫后重振补助资金直达基层、直接惠企利民，实现从源头到末端全链条全过程监控，确保财政资金使用效益。三是加强预算绩效评价管理。全区所有一级单位编制了预算项目绩效目标及整体支出绩效目标，覆盖率达100%；通过公开招标方式，聘请4家第三方机构，对4个重点项目支出进行了财政重点绩效评价，支出重点评价金额达到4924万元，评价质量进一步提升，评价结果得到应用。四是加强预算公开。2020年全区财政预算和部门预算全部按时上网公开，完善与人大、审计预算联网监督，接受人大、审计在线实时监督。五是优化政府投资建设项目财政投资预、决算评审机制，全力推进投资评审业务管理系统上线，切实解决信州区投资评审信息化管理“最后一公里”问题，成为全省第一批上线地区，全年完成预算评审项目398个，累计送审金额391787万元，净审减42446万元，净审减率10.8%；完成决算评审项目30个，累计送审金额8154万元，净审减319万元，净审减率3.9%。六是完善国有资产和会计管理，狠抓制度建设和执行，对全区国有资产进行清查复核，切实管好用好财政资金和国有资产。

2020年是“十三五”规划圆满收官之年。回顾过去的五年，我们围绕区委、区政府决策部署，坚持发展第一要务，立足实际、开拓创新，不断探索财政工作新规律，谋求经济社会发展新举措，开创高质量跨越式发展新局面。财政收入首次突破30亿元大关，是“十二五”期末的1.4倍，收入质量稳居全市前列。预算管理更加科学规范，四套预算全部提交人大审议，预决算公开深入推进，全面实施绩效管理。

过去五年的成绩来之不易，是区委、区政府科学决策、坚强领导的结果，是人大依法监督和政协民主监督的结果，是全区人民齐心协力、奋发拼搏的结果。同时，我们也清醒地看到，财政运行还面临一些困难和问题，主要是：收支矛盾持续显现，预算“紧平衡”状况突出；部分支出还不够精准有效，一些领域存在固化僵化现象；偿债压力较大，债务风险防控任务艰巨；现代财税体制建设还需加快，治理体系和治理能力现代化建设任重道远，等等。对此，我们将坚持问题导向，认真研究，强化举措，努力解决。

二、2021年财政收支预算（草案）

2021年是中国共产党成立100周年，也是“十四五”规划的开局之年，做好预算编制和财政工作意义重大。2021年全区财政工作和预算编制的总体要求是：以习近平新时代中国特色社会主义思想为指导，全面贯彻党的十九大和十九届二中、三中、四中、五中全会精神，深入落实习近平总书记视察江西重要讲话精神，围绕中央、省、市和区委经济工作会议部署，坚持稳中求进工作总基调，立足新发展阶段，贯彻新发展理念，构建新发展格局，以推动高质量发展为主题，以深化供给侧结构性改革为主线，以改革创新为根本动力，以满足人民日益增长的美好生活需要为根本目的，坚持系统观念，巩固拓展疫情防控和经济社会发展成果，更好统筹发展和安全，扎实做好“六稳”工作、全面落实“六保”任务。推动积极财政政策提质增效、更可持续；加强财政资源统筹，保持适度支出强度，加大优化支出结构力度，全面落实党政机关过紧日子要求，增强重大战略任务财力保障；深化财税体制改革，加快建立现代财税体制，加强地方政府债务管理，加快推进高质量跨越式发展，确保“十四五”开好局，以优异成绩庆祝建党100周年。

（一）2021年预算安排的主要原则

一是坚持实事求是、夯实基础。聚焦“作示范、勇争先”的目标定位，充分发挥财政政策逆周期调节作用，落实落细减税降费政策，促进经济高质量跨越式发展。收入编制实事求是、科学预测，与经济社会发展相适应，与财政政策相衔接。

二是坚持以收定支、勤俭节约。积极推进零基预算改革，根据事业发展实际需要和财力可能，量入为出科学核定预算，打破基数概念和支出固化僵化格局。大力压缩一般性支出，削减低效无效和长期沉淀资金，盘活财政存量资金，保障重点领域支出。坚决落实过“紧日子”要求，开源节流、精打细算，厉行节约办一切事业。

三是坚持改革创新、加强管理。围绕推进财政治理体系和治理能力现代化，以踏石留印、抓铁有痕的韧劲，深化财税体制改革。加强政府债务管理，防范化解地方政府隐性债务风险。严格制度执行，硬化预算约束。加强财政资金动态监控，及时发现和纠正问题，严肃财经纪律。

四是坚持上下联动、齐心协力。强化全区财政“一盘棋”思想，加强区与镇（街）协同配合，提高财政系统贯彻中央、省、市和区委、区政府决策部署的执行力，在落实财税改革部署、强化财政收支管理、增强财政可持续性和经济社会发展后劲等方面形成强大合力，更好发挥集中力量办大事的制度优势。

（二）2021年区级预算收支

1. 一般公共预算收支安排情况

2021年全区财政总收入预算321380万元，比上年实际增加19574万元，同比增长6.5%。其中：税务部门280995万元（其中：税收收入276000万元，税务非税收入4995万元），同比增长8.0%；财政部门40385万元，同比下降3.0%。一般公共预算收入170523万元，比上年实际减少10200万元，同比下降5.6%（按老体制计算，一般公共预算收入189700万元，同比增加8977万元，增长5.0%）。

2021年全区一般公共预算收入，加预计中央税收返还、上级各项转移支付及补助等，减去预计上解上级支出，预算当年区级可用财力为350600万元。2021年全区一般公共预算支出安排350600万元，同比增长17.8%。支出项目安排情况是：

一般公共服务支出34927万元，公共安全支出9223万元，教育支出61707万元，科学技术支出5185万元，文化旅游体育与传媒支出4434万元，社会保障和就业支出67848万元，卫生健康支出62929万元，节能环保支出2616万元，城乡社区事务支出49573万元，农林水事务支出19975万元，交通运输支出2281万元，其他各项支出29902万元。

2. 政府性基金预算收支安排情况

2021年全区政府性基金预算收入安排58283万元，比上年执行数减少126130万元，下降68.4%，主要是：国有土地使用权出让收入减少118806万元。加上级转移性收入、上年结余收入，基金收入总计89639万元。

2021年全区政府性基金预算支出82634万元，比上年执行数减少190777万元，下降69.7%。

2021年全区政府性基金预算减去上解上级支出2211万元后年末滚存结余4794万元。

3. 社会保险基金预算收支安排情况

2021年，全区社会保险基金预算编制范围包括城乡居民基本养老保险基金、机关事业单位基本养老保险基金和失业保险基金三项，企业职工基本养老保险基金已上划省级统筹，职工基本医疗保险（含生育保险）基金、城乡居民基本医疗保险基金、工伤保险基金已上划市级统筹，不在区级编制预算。

2021年社会保险基金收入预算主要包括保险缴费收入、利息收入、财政补贴收入、委托投资收益、其他收入和转移收入。

社会保险基金上年结余收入29367万元。

2021年全区社会保险基金收入预算28950万元，同比增加2592万元，增长9.83%。

2021年全区社会保险基金支出预算28822万元，同比增加1333万元，增长4.85%。

当年收支相抵，全区社会保险基金结余127万元。

2021年全区社会保险基金累计结余29494万元。

4. 国有资本经营预算收支安排情况

2021年全区国有资本经营收入预算1137.57万元。其中：国有参股公司股利、股息收入100万元；利润收入1000万元；国有资本经营预算转移支付收入37.57万元。

2021年安排全区国有资本经营支出预算1137.57万元。其中：国有资本经营预算调出资金1100万元；国有企业退休人员社会化管理补助支出37.57万元。

2021年全区国有资本经营收入预算合计1137.57万元；2021年国有资本经营支出预算合计1137.57万元。收支相抵，全区国有资本经营预算收支平衡。

2021年区直部门预算请一并予以审议。另外，就几个具体问题向各位代表说明如下：

1. 政府债务方面。债务限额情况：省政府核定我区2020年政府债务限额378929万元，其中：一般债务限额226990万元，专项债务限额151939万元。债务余额情况：2020年，全区政府债务余额为351185万元，其中：一般债务204267万元，专项债务146918万元。全区政府债务余额未超过省政府规定的限额。

2. 关于区级预算稳定调节基金收支情况。2020年转入预算稳定调节基金2436万元，其中政府性基金收入盘活存量2436万元。2021年预算拟调入使用2436万元，调入后预算稳定调节基金余额为0。

3. 2021年预算年度开始后，至区人代会批准预算之前，区财政按规定安排了部分运行支出。

三、扎实做好2021年财政各项工作

一是加强财源培植，促进财政长期稳定增收。强化财政政策预期管理，密切关注经济形势变化，加强财政运行监测分析，不断完善财政税务协作机制，强化税源动态管理。开展税源联合调查，跟踪研判减税优惠政策实施效果，巩固拓展减税降费成效，确保应免尽免、应收尽收。密切关注房地产市场形势，有序做好土地储备，平稳供应土地，确保房地产市场稳定。用好产业扶持资金和各项惠企政

策资金，重点培育支柱产业，壮大我区实体经济。

二是加强风险防范，保障财政平稳运行。防范化解政府债务风险。健全政府隐性债务常态化监测机制，严格执行化债方案，稳妥化解存量隐性债务。完善制度建设，强化监督问责，有效遏制隐性债务增量。严格政府债务限额管理，确保规模适度、风险可控。

三是加强资金统筹，着力保障和改善民生。从严从紧管好财政支出，坚持党政机关“过紧日子”思想不动摇，优化支出结构，进一步压缩非刚性、非重点项目和日常公用经费支出。切实兜牢“三保”底线，增强社保、养老、教育、医疗和疫情防控等托底保障能力，推进民生实事工程，逐步建立与财力相适应的区级民生保障体系。统筹财政资金，支持乡村振兴和环境保护支出，保障中央和省、市、区重大决策部署落实。

四是加强财政改革，健全现代财政管理体系。全面实施预算绩效管理。健全完善绩效指标和评价体系，细化预算绩效管理操作办法和业务流程；推进预算和绩效管理一体化，推动将预算绩效管理关口从事后评价向事前和事中延伸，不断提高预算编制的科学性和精准性，完善绩效评价结果反馈和整改制度，并与预算安排和政策调整挂钩；加大绩效信息公开，稳步推进重大政策和项目的绩效目标、绩效评价结果向社会公开。深化国企国资改革。积极整合资产资源，持续推进市场化的企事业单位整合改革。加强行政事业单位资产和基础设施资产管理，完善政府向同级人大常委会报告国有资产管理情况制度。推进部门预算改革，强化项目库管理和审核评估工作，完善支出标准体系建设；进一步严格预算执行管理，建立预算执行全过程动态监控机制，强化预算执行结果对预算编制的约束作用，增强预算执行的严肃性；加强与人大预算信息网络联通，积极配合人大预算审查监督重点向支出预算和政策拓展，依法保障人大代表知情权、参与权、监督权。

各位代表，做好今年财政工作责任重大、任务艰巨。让我们更加紧密地团结在以习近平同志为核心的党中央周围，以习近平新时代中国特色社会主义思想为指导，在区委、区政府的正确领导下，在区人大、区政协监督指导下，勠力同心、感恩奋进，担当实干、攻坚克难，扎实做好财政各项工作，在推进“大美上饶、魅力信州”建设中牢记使命、奋勇争先，以高质量全面发展的优异成绩向建党100周年献礼！

附件

说　明

《预算报告》中有关2020年预算执行和2021年预算安排的具体情况详见《信州区2020年预算执行情况及2021年预算收支（草案）》。

一般公共预算。是指对以税收为主体的财政收入，安排用于保障和改善民生、推动经济社会发展、维护国家安全、维持国家机构正常运转等方面的收支预算。

政府性基金预算。是对依照法律、行政法规的规定在一定期限内向特定对象征收、收取或者以其他方式筹集的资金，专项用于特定公共事业发展的收支预算。

国有资本经营预算。是对国有资本收益作出安排的收支预算。

社会保险基金预算。是对社会保险缴款、一般公共预算安排和其他方式筹集的资金，专项用于社会保险的收支预算。

财政总收入。根据财政部统一明确的口径，全区财政总收入包括全区一般公共预算收入、缴入中央金库的国内消费税和增值税、纳入中央与地方分享范围并缴入中央金库的企业所得税和个人所得税。但不包括关税以及海关代征的增值税、消费税、车辆购置税、未纳入中央与地方分享范围的国有银行、石油、石化、邮政企业所得税以及缴入中央金库的非税收入。

为什么2020年预算执行中一般公共预算支出大

于一般公共预算收入。因为一般公共预算支出中除当年一般公共预算收入安排的支出外，还包括由上年结转资金、税收返还资金、上级转移支付补助资金、地方政府债券以及调入资金安排的支出。

为什么2021年一般公共预算支出预算数小于2020年一般公共预算支出执行数。因为2020年一般公共预算支出执行数中包括上级补助安排的支出、新增地方政府债券及上年结转资金安排的支出；2021年支出预算中没有包括上年结转安排的支出，执行中上级还会陆续追加下达补助资金和新增地方政府债券限额。

区级可用财力。全区一般公共预算收入，加上税收返还收入，上级财力性补助收入，政府性基金和国有资本经营预算调入资金，减去上解上级支出。

新增债券。根据《预算法》等规定，经国务院批准的省、自治区、直辖市的预算中必需的建设投资的部分资金，可以在国务院确定的限额内，通过发行地方政府债券举借债务的方式筹措。

置换债券。《国务院关于加强地方政府性债务管理的意见》（国发〔2014〕43号）规定，纳入预算管理的地方政府存量债务可以发行一定规模的地方政府债券置换。地方政府存量债务是新《预算法》实施之前形成的，以一定规模的政府债券置换部分债务，是规范预算管理的有效途径，有利于保障在建项目融资和资金链不断裂，处理好化解债务与稳增长的关系，还有利于优化债务结构，降低利息负担，缓解部分地方支出压力，也为地方腾出一部分资金用于加大其他支出创造条件。

政府债务限额管理。为进一步规范地方政府债务管理，防范和化解财政金融风险，国务院根据国家宏观经济形势等因素确定全国地方政府债务总限额，并报全国人民代表大会批准。财政部在批准的总限额内，根据债务风险、财力状况等因素并统筹考虑国家宏观调控政策、各地区建设投资需求等提出各省债务限额，报国务院批准后下达。年度地方政府债务限额等于上年地方政府债务限额加上当年新增债务限额（或减去当年调减债务限额），具体分为一般债务限额和专项债务限额。

一般债务。地方政府对没有收益的公益性事业发展，通过发行一般债券融资形成的债务。一般债务纳入一般公共预算管理，主要以一般公共预算收入偿还。

专项债务。地方政府对有一定收益的公益性事业发展，通过发行专项债券融资形成的债务。专项债务纳入政府性基金预算管理，通过对应的政府性基金或专项收入偿还。

隐性债务。地方政府在法定政府债务限额之外直接或者承诺以财政资金偿还以及违法提供担保等方式举借的债务。

财园信贷通。是指省财政与地方财政按1：1的比例筹集财政风险补偿金，存入合作银行，合作银行放大8倍，向当地企业提供无抵押、无担保、低利息（年基准利率上浮不超过30%）、一年期以内、1000万元以下的流动资金贷款。企业通过当地“财园信贷通”协调领导小组推荐、合作银行审核，获得贷款。

财政惠农信贷通。为破解新型农业经营主体融资难题，带动金融和社会资金更多投入农业农村，按照“政府引导、市场运作、风险共担、互惠共赢”的原则，省、市、县三级财政按2：1：2的比例筹集财政风险补偿金，存入合作银行，合作银行约定不低于风险补偿金的8倍向农民合作社、家庭农场、种养大户以及社会化服务组织和休闲农业等经营主体发放1~3年期内贷款，贷款必须用于农业生产经营领域。

预算稳定调节基金。根据《预算法》等规定，各级一般公共预算按照国务院的规定可以设置预算稳定调节基金，用于弥补以后年度预算资金的不足。预算稳定调节基金编制年度预算调入后的规模一般不超过当年本级一般公共预算支出总额（含对下级转移支付）的5%。

财政投资评审。运用工程技术和财务管理等专业技术手段，对财政性资金投资项目预（概）算和竣工决（结）算进行评价与审查，对财政性资金投资项目资金使用情况，以及其他财政专项资金使用情况进行专项核查及追踪问效，从而保证财政资金规范、安全、有效运行。

预算绩效管理。以预算为对象，以支出结果为导向，贯穿于预算编制、执行、监督全过程的预算管理模式，是政府绩效管理的重要组成部分。

中期财政规划。是指根据经济发展趋势和国家、省中长期发展规划，研究编制三年滚动财政规划，对未来三年重大财政收支情况进行分析预测，对规划期内一些重大改革、重要政策和重大项目，研究政策目标、运行机制和评价方法。强化三年滚动财政规划对年度预算的约束，年度预算安排要与三年滚动财政规划相衔接，提高财政政策的综合性、前瞻性和可持续性。

关于上饶市信州区2020年生态文明建设和生态环境状况的报告

——2021年2月23日在上饶市信州区第五届人民代表大会第六次会议上

区发展和改革委员会主任　王　辉

各位代表：

受区人民政府委托，我向大会报告全区生态文明建设和生态环境状况，请予审议，并请各位政协委员和列席会议的同志提出意见。

一、2020年全区生态文明建设情况和生态环境状况

2020年是全面建成小康社会和“十三五”规划收官之年，也是国家生态文明试验区建设的决胜之年。一年来，全区上下全面贯彻习近平生态文明思想，认真落实习近平总书记视察江西重要讲话精神，狠抓长江经济带共抓大保护，坚决打好污染防治攻坚战，全面完成国家生态文明试验区赋予信州区的目标任务。全区生态优势进一步巩固，森林覆盖率达43.16%；全区主要河流断面水质达标率为100%，乡镇级集中式饮用水源达标率为100%，城市集中式饮用水源达标率为100%。全区空气质量优良率为96.4%；PM2.5浓度年均值为29微克/立方米；PM10浓度年均值为47微克/立方米。环境质量总体保持良好状态，为我区经济社会发展提供了良好的生态环境支撑。

（一）生态文明建设情况

生态制度建设不断完善。坚持统筹谋划，全面落实《江西省生态文明建设促进条例》，加强规划引领，推动制度落地，坚持和完善具有信州特色的生态文明制度体系。落实省、市关于加快建立绿色生产和消费的法律制度和政策导向的意见以及加强塑料污染治理的意见等工作，推动构建市场导向的绿色技术创新体系。

生态创建工作成效显著。结合秀美乡村建设，深入开展生态创建工作，镇、村环境得到有效整治，镇容村貌得到改善。全区已成功创建省级生态镇2个、省级生态村5个，市级生态村31个。开展了农村人居环境三年整治行动，持续改善农村生态环境。农村厕所革命、农村生活垃圾处理、农村污水治理、村容村貌提升和村庄环境长效管护等主要工作完成指标情况较好。完成了年度2398座农村居民改厕任务、超额完成70座农村公厕建设任务；行政村生活垃圾有效治理比例达100%；21个行政村生活污水得到有效治理。目前，全区共有茅家岭塔水、沙溪向阳、秦峰老坞等一批秀美乡村建设示范点及600余个普惠点，西园生态园、石龙村平水庙被评为全省3A级乡村旅游景区。全面完成了农村集体产权制度改革任务，为9个镇街66个村（居）搭建好“三资”管理平台。农村土地承包经营权确权登记颁证工作，并荣获全省先进集体。稳步推进了惠民绿色文明殡葬改革，落实了殡葬改革“三年

行动计划”。

绿色项目建设稳步推进。建立了生态保护和绿色发展项目库，积极争取国家资金支持。通过谋划、实施了一批绿色项目与修复工程、生态建设、经济建设相协调、相结合，推进我区生态文明建设。总投资2.8亿元的专债项目信州区城镇污水管网和处理设施建设项目已开工建设；总投资6亿元的三江水环境治理暨雨污水分流提升改造工程在完善初步设计编制，2021年2月开始管网清淤工作，将于今年6月正式开工建设；污水管网建设及周边环境整治项目和信州产业园朝阳园区污水处理厂及尾水管网项目已竣工。信州产业园朝阳园区污水处理厂三期工程和苎麻产业园污水处理厂项目、佳丽商城和江南商贸城污水管网改造项目等项目正在有序推进中。启动了沙溪镇李家村、朝阳镇溪边村小型农村生活污水治理项目建设，有效推进了农村环境综合整治，提高村民生活品质，建成村民宜居的生态村。持续推进V类和劣V类水治理工作，五河治理信州区沙溪镇防洪工程当前正按序时进度推进中。着力推动信州产业园区开展以绿色园区为主要内容的绿色制造体系建设。继续引导产业园、企业用地集约、低碳环保、生产清洁、废物循环利用，推荐并引导宇瞳光学、饶电科技、惠明科技等企业申报绿色工厂。

城乡环境整治成效明显。率先启动了上饶市中科数创园、带湖雅苑、上饶国际精准医疗中心、城东医院等4个海绵城市项目建设。成立了海绵城市建设领导小组，高质量管控海绵城市下项目建设全过程。通过完善节水型项目管理，优化产业结构，强化节水意识，助推节水型城市建设。垃圾分类逐步推进，完成了284个市、区两级公共机关单位、学校、医院垃圾分类工作，投放垃圾分类设备200台、垃圾屋4座，印发宣传手册1.6万份，制作宣传广告400余个，开展培训宣讲10余次，实现了公共机构全覆盖。

（二）生态环境保护状况

污染防治工作有序推进。打好蓝天、碧水、净土保卫战，对14家涉VOCs企业和辖区内民营加油站开展专项执法检查工作，并督促整改到位。加强饮用水源地保护，及时整改沙溪镇饮用水保护区存在建筑垃圾和零星生活垃圾问题，加强了对江河巡查和医疗废水的监管。建立固体危险废物污染防治长效机制，开展危险废物专项检查行动，提高了污染地块安全利用率。开展农村黑臭水体排查和涉镉等重金属重点行业企业排查工作，对园区9家家居企业和辖区内危废产生单位和经营单位进行检查，督促企业完成对存在的问题及时整改。

环境执法力度不断加大。开展了工业企业达标排放、河道非法采砂整治、废塑料再生利用、安全生产集中整治、疫情防控期间突发环境事件风险排查、突出生态环境问题大排查、散乱污专项整治等一系列专项执法行动，共排查企业和上报问题170余个，对排查发现的问题企业责令整改到位。抓好长江经济带大保护，开展了非法码头整治行动、非法采砂整治和船舶污染治理。对信州产业园涉重企业排污许可证核发发现问题及限期整改情况进行了排查，对园区污水处理厂进出口水水质和园区雨水总排口水质进行了采样监测。配合生态环境部开展VOC专项帮扶督察，对督察反馈的16个问题逐一落实整改。开展安全生产三年专项行动大检查，2020年共出动环境执法人员680余人次，检查企业近200余家次。其中，责令整改25家，立案处罚8件，处罚金额18.7万元。

污染源头管控更加严格。坚持入园项目执行环境影响评价制度和“三同时”制度，切实从源头上做好防范把控。2020年共否决4个不符合国家产业政策、选址不当、布局不合理、淘汰落后工艺、严重污染环境和造成生态破坏以及对饮用水源造成污染隐患的项目。开展排污许可证核发工作。确定了上饶市人民医院等330家企事业单位列入今年核发登记清单。打造信江南岸景观带改造项目，推进岸线绿化美化，打造沿江、沿湖美丽岸线。

园区环境监管逐步完善。信州产业园朝阳园区内污水管网目前已按规划全面建成总长约12公里污水管网，所有入园投产企业已经完成雨污分流，企业污水全部纳入园区污水管网。园区污水处理厂建设了环境在线监管平台，对园区重点涉水、涉气的3家企业进行了联网监控。朝阳园区内一期、二期污水处理厂运行良好，尾水管网和污水处理厂三期正在建设中。

污染治理能力不断提升。严守生态保护红线、环境质量底线、资源利用上线，确保生态功能不降低、面积不减少、性质不改变。2020年信州区生态红线总面积较上轮生态保护红线成果总面积增加858亩，总量为6179亩。严格落实耕地保护目标责任制，层层签订耕地保护目标责任状，定期开展耕地保护目标责任监督检查，2020年信州区实有耕地面积10.63万亩、永久基本农田5万余亩，超额完成目标任务。建立省内流域上下游横向生态保护补偿机制，与广信区、广丰区签订了3个县界交接断面的生态保护补偿协议。通过持续改造提升和长效管护，全区高标准农田保有量和质量进一步提高，夯实了粮食安全保障基础。

“河长制”管理不断升级。进一步完善全区河长制的组织、责任和制度体系，组织开展了全区镇村两级河长制工作培训，全面推行河长信息化巡河履职，开展全区河长制督导检查，加强突出问题督查督办，对全区“一河一策”进行修编，实现了全区河库保护与治理措施项目化、清单化、长效化。2020年，共下发总河长令1份，区级河长签发督办函4份，区河长办下发督办函3份。区级、镇(街)、村三级河长巡河次数达到2625人次；基层河长巡河发现问题23处，立即予以整改解决问题23处。

生活污水治理不断加强。共收集了全区331个自然村的农村生活污水治理相关信息，正在编制农村生活污水治理规划，为下一步我省构建农村环境综合整治和生活污水治理信息系统提供数据支持。对沙溪镇、秦峰镇2个镇级生活污水开展出水水质检测工作，加强农村污水处理设施出水检测。加强饮用水水源地保护。开展排查和日常巡查，加强江河巡查。重点排查水源地环境安全隐患，及时掌握水源水质及水源地环境状况。

面源污染防治更加有效。规范畜禽养殖，畜禽规模场全部配套建设粪污处理设施推进畜禽养殖废弃物转化利用。规模以下养殖场（散户）的粪污综合利用率已达到92.62%，高于全省目标值。推进农药化肥用量零增长。积极开展化肥零增长行动和农药减量增效示范。积极推广稻渔综合种养模式，全区稻虾养殖面积达3000亩。实施国土绿化和湿地修复工程。加强生物多样性保护行动。

一年来，全区生态文明建设和生态环境保护工作取得了一定的成绩和进步，这是市委、市政府和区委坚强领导的结果，是区人大、区政协大力支持的结果，是全区干部群众奋力拼搏的结果，也是社会各界共同努力的结果！

成绩难能可贵，但我们也清醒地看到国家生态文明试验区建设还面临不少困难。主要表现在：一是生态文明制度建设仍需大力推进。污染防治、资源保护等职能协调有待加强，各类涉及生态文明建设的规划、政策、制度还需进一步统筹衔接。生活垃圾分类、塑料污染治理、生态环保市场化改革还需加快步伐。二是涉及三江及三镇片区的绿色项目建设推动生态改善较为缓慢，农村生态环境项目建设亟待推进。三是生态文明创建成果相对较少，环境状况与人民群众的期待还有一定差距，生态环境整治任重道远。

二、2021年生态文明建设的工作思路

2021年是中国共产党成立100周年，是“十四五”规划开局起步、深化国家生态文明试验区建设的关键之年，做好生态文明建设工作意义重大。

今年工作的总体要求是：以习近平新时代中国特色社会主义思想为指导，全面贯彻党的十九大和十九届二中、三中、四中、五中全会精神，深入落实习近平总书记视察江西重要讲话精神，贯彻国家、省、市生态文明建设的有关决策部署，立足新发展阶段，贯彻新发展理念，构建新发展格局，坚持绿水青山就是金山银山理念，坚持节约优先、保护优先、自然恢复为主，全面深化国家生态文明试验区建设，全面构建具有信州特色、系统完整的生态文明体系，推进生态文明领域治理体系和治理能力现代化，以更高标准打造美丽中国“大美上饶、魅力信州”。

主要任务：全区林木绿化率稳定在43.16%以上，水、空气质量优于国家考核目标，主要污染物排放量进一步降低，生态安全屏障更加牢固，生态环境质量继续保持全省前列。“绿水青山”和“金山银山”双向转换通道更加顺畅，单位GDP能耗、水耗完成国家下达目标。

2021年重点抓好以下四项工作：

（一）持续推进生态文明创建

统筹推进山水林田湖草综合治理，全面落实重点水域禁捕退捕，深入实施“河长制”“湖长制”“林长制”，巩固提升生态系统质量和稳定性。充分发挥河道综合治理功能，打造信州区河长制信江玉山水生态样板河段。加大信州区城镇污水管网和处理设施建设项目、三江片区水环境治理暨雨污水分流提升改造工程建设力度，注重综合施策，实行系统治理。加快推进环境监测、污染源在线监控建设社会化，加大环境信息公开力度，公开重点排污单位相关信息，构建环境守法信用体系。

（二）持之以恒统筹城乡发展

持续做好“双创”工作，提升城市功能与品质，高质量推进秀美乡村与农村人居环境整治工作，落实农业农村各项改革任务，做大做强村级集体经济，走乡村绿色发展之路。继续抓好美丽集镇建设，全面加强农村综合基础设施配套建设，持续推进“三清两治一绿化”和农村环境综合整治“五大行动”。按照乡村振兴建设项目3年建设规划，推进好2021年的建设项目。加快推进城乡供水一体化，完成沙溪镇防洪工程，开工建设秦峰防洪工程。深入推进“整洁美丽、和谐宜居”新农村建设行动，补短板、强弱项，建设120个左右新农村建设点；建设10个左右“六好”秀美乡村。梯次推进农村生活污水治理，与农村改厕工作衔接，在条件成熟的行政村建设污水处理设施，确保农村生活污水治理率明显提高。

（三）不断推进污染防治工作

突出污染防治，进一步改善生态环境。紧紧围绕“八大标志性战役29个专项行动”，打好污染防治攻坚战。深入推进长江经济带“共抓大保护”攻坚行动。持续打好蓝天、碧水、净土保卫战。深入开展农村面源污染、饮用水水源地保护、农村污水处理等专项行动，严格土壤污染源头风险管控，强化环境监管执法，抓好环境保护督察问题整改。

（四）继续强化绿色生活宣传

突出全民行动，倡导绿色生活方式，进一步繁荣绿色文化。普遍推行生活垃圾强制分类，加强塑料污染治理，大力实施节水行动，持续开展节约型机关、绿色家庭、绿色学校、绿色社区、绿色出行、绿色商场、绿色建筑等创建活动。积极鼓励

绿色出行，优先发展公共交通，加大节能和新能源车辆推广应用力度。结合世界环境日、国际生物多样性日、节能宣传周、生态文明宣传月等主题活动，加大宣传力度，提升生态文明理念的宣传效果。

各位代表！生态兴则文明兴，让我们以习近平新时代中国特色社会主义思想为指导，坚定信心、锐意进取、善谋实干，以更高标准全面推进国家生态文明试验区建设，为打造现代化“大美上饶、魅力信州”作出新的更大的贡献！

2021年信州区国民经济和社会发展统计公报

（区统计局　2022年8月1日）

2021年是中国共产党成立100周年，也是“十四五”规划的开局之年。面对复杂多变的国内外形势，在省委省政府、市委、市政府和区委区政府的坚强领导下，全区上下坚持以习近平新时代中国特色社会主义思想为指导，认真贯彻党的十九大和十九届历次全会精神，全面落实习近平总书记视察江西重要讲话精神，坚持稳中求进工作总基调，立足新发展阶段，贯彻新发展理念，扎实做好“六稳”工作，全面落实“六保”任务，统筹推进疫情防控和经济社会发展。全区经济运行总体呈现稳中向好态势，交出了一份经济社会高质量发展的合格答卷，顺利实现了“十四五”良好开局。

一、综合

经市统计局统一核算，全年全区地区生产总值387.4亿元，比上年增长8.7%，两年平均增长6.3%。其中，第一产业增加值9.4亿元，增长7.1%；第二产业增加值92.2亿元，增长8.7%；第三产业增加值285.8亿元，增长8.7%。三次产业对经济增长的贡献率分别为2.1%、22.9%和75%，分别拉动GDP增长0.2、2.0和6.5个百分点。经济结构进一步调整。三次产业结构比由上年的2.6：22.8：74.6调整为2.4：23.8：73.8，第一产业比重回落0.2个百分点，第二产业比重提高1.0个百分点，第三产业比重回落0.8个百分点。

全年全区城镇新增就业5891人。全区城镇登记失业人数7332人，城镇登记失业率控制在4.5%以内。年末农民省外务工人员1262人。

2021年，全区居民消费价格总指数100.8%，其中消费品价格指数100.7%，商品零售价格总指数102.0%。

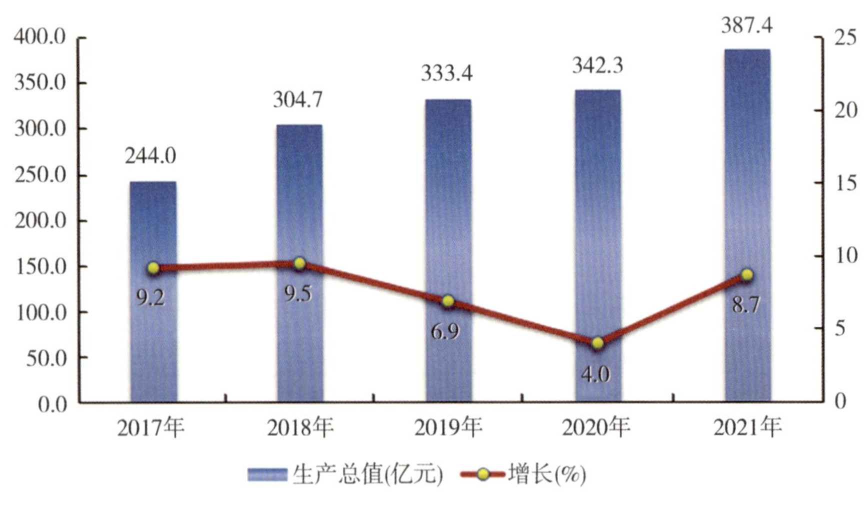

图1　2017—2021年地区生产总值及其增速

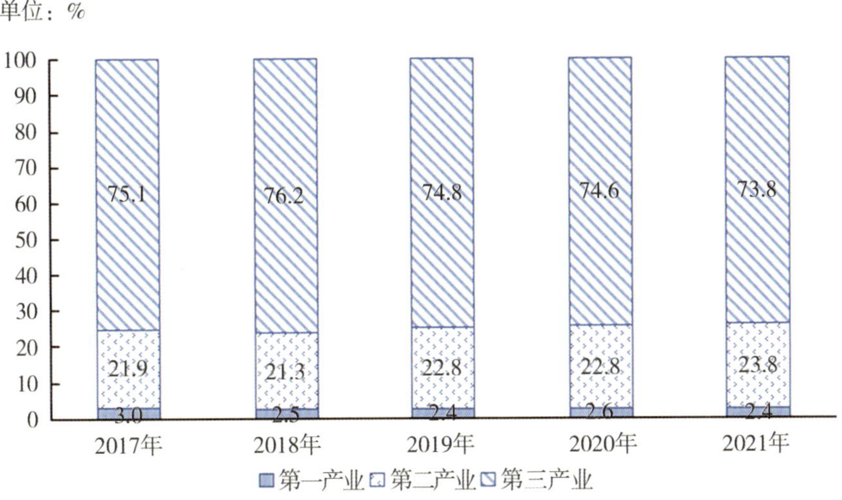

图 2　2017—2021 年三次产业增加值占生产总值比重

二、农业

全年全区农林牧渔业总产值 157741 万元，比上年增长 8.6%。粮食总产量 41271 吨，增长 0.9%；粮食种植面积 6137.5 公顷，增长 1.8%。全年油料种植面积 1742 公顷，增长 0.8%。其中，油菜籽 1355 公顷，增长 0.1%。蔬菜种植面积 3316 公顷，增长 3.2%。甘蔗种植面积 53 公顷，增长 4.0%。

全年油料产量 3280 吨，比上年增长 3.6%，其中，油菜籽 1694 吨，增长 5.0%。蔬菜及食用菌产量 104772 吨，增长 4.1%。甘蔗产量 2387 吨，增长 4.3%。茶叶产量 54 吨，增长 10.2%。园林水果产量 1678 吨，增长 7.1%。

全年全区猪牛羊禽肉产量 3870 吨，比上年增长 31.1%。其中，猪肉产量 3508 吨，增长 37.8%；牛肉产量 68 吨，增长 17.2%；羊肉产量 15 吨，增长 25%；禽肉产量 279 吨，下降 17.2%。禽蛋产量 495 吨，增长 25%。年末生猪存栏 24700 头，增长 1.6%；生猪出栏 36940 头，增长 3.1%。

表 1　2021 年主要农产品产量及其增长速度

续表

产品名称	产量（吨）	比上年增长（%）
粮食	41271	0.9
其中：谷物	36132	15.6
油料	3280	3.6
其中：油菜籽	1694	5.0
蔬菜及食用菌	104772	4.1
甘蔗	2387	4.3
茶叶	54	10.2
园林水果	1678	7.1
猪牛羊禽肉	3870	31.1
水产品	11893	2.1

全年全区已有省级农业龙头企业 4 家，市级农业龙头企业 7 家，大力发展农产品加工业，已有农产品加工型企业 3 家；市管部门登记注册农民合作社 285 家，家庭农场 24 家；大力发展休闲农业与乡村旅游，已创建省级精品园区 1 个；省级 4A 级乡村旅游点 1 个；3A 级乡村旅游点 8 个；五星级农家乐 2 家；市级休闲农业示范点 2 个。

三、工业和建筑业

2021 年，全区工业基础持续夯实。新引进光电产业园、上饶建筑装配式（工业化）基地 2 个

“5020”项目，华辉铜业、广悦电子、浩钰铜业、正峰科技等一批项目建成投产。

全年全区新增规上工业企业17家，全区62家区属规模以上工业企业累计完成工业增加值增长11.7%。实现工业总产值115.6亿元，增长97.5%。其中：轻工业完成工业总产值19.9亿元，同比增长23.1%；重工业完成工业总产值95.7亿元，同比增长125.8%。实现营业收入116.4亿元，增长94.2%，增速居全省第一位。其中：轻工业实现营业收入20.5亿元，同比增长25.1%；重工业实现营业收入95.9亿元，同比增长120.2%。工业总产值和营业收入总量双双突破百亿元，实现“两个翻番”，为信州实现大工业发展夯实了经济根基。

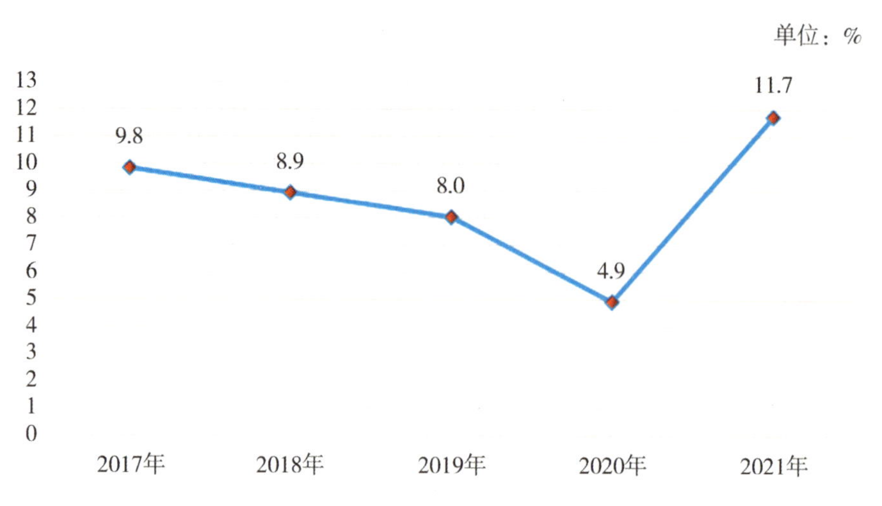

图3　2017—2021年规模以上工业增加值增长速度

截至2021年年底，全区共有资质以上建筑业企业72家，其中新增资质等级建筑业企业15家。按资质等级划分，特级资质建筑业企业1家，一级资质建筑业企业8家，二级资质建筑业企业23家。全年建筑业总产值完成266.3亿元，比上年增长11.8%。实现建筑业增加值40.9亿元，增长4.6%。

四、服务业

全年全区服务业实现增加值285.8亿元，比上年增长8.7%。其中，批发和零售业实现增加值62.7亿元，增长10.5%；交通运输、仓储和邮政业增加值44.5亿元，增长12.5%；住宿和餐饮业实现增加值11.0亿元，增长19.7%；金融业实现增加值27.9亿元，增长2.2%；房地产业实现增加值33.7亿元，增长4.7%；其他服务业实现增加值104.2亿元，增长8.2%。

全年全区拥有客车183辆，6332座，客位数比去年同期下降7.5%；货车5888辆，100381吨位，吨位数比去年同期增长0.5%。

全年全区邮电业务总量9.4亿元，其中邮政业务总量3.0亿元，电信业务总量6.4亿元。固定电话用户10.2万户；移动电话用户82.5万户；固定互联网宽带接入用户26.3万户。

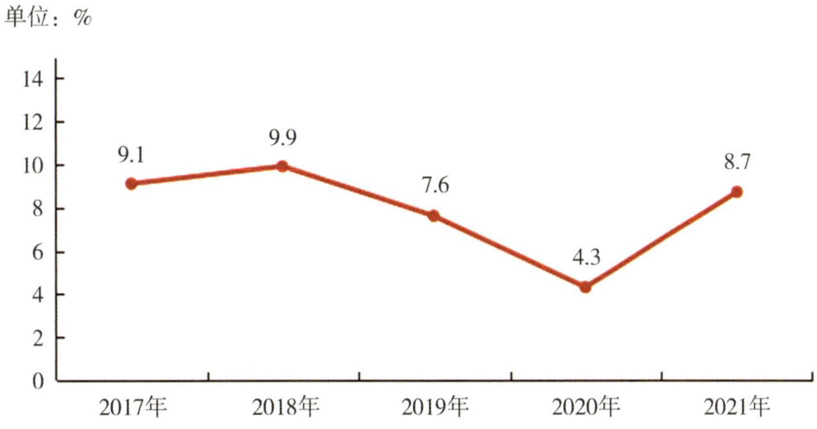

图 4　2017—2021 年服务业增加值增长速度

五、固定资产投资

2021 年，我们务项目推进之实，发展后劲显著增强。启动六大领域“项目大会战”，实施投资额 500 万元及以上重点项目 183 个，增长 31.7%，累计争取到上级资金项目 19 个，争取资金 1.03 亿元，获得上级转贷新增专项债券 8.8 亿元。投资活力全面激发，2 个省重点项目、10 个省大中型项目、28 个市重大项目均超额完成年度投资进度。“百日攻坚”成效显著，推动磨湾棚改安置小区、老师范宿舍、四个中心项目、御景新苑 11 号地块顺利完成征迁签约。按照“干一年、谋三年”的原则，提前部署谋划了各行各业 485 个项目、总投资 455 亿元。

全年全区固定资产投资增长 11.6%。分领域看，工业投资增长 29.0%，城建投资增长 59.2%，民间投资增长 31.7%。分投资主体看，在固定资产投资中，国有投资同比下降 9.0%，非国有投资同比增长 23.4%。全区投资项目数 254 个，其中亿元以上在建项目 113 个，同比增加 32 个。在建项目中，亿元以上新开工项目 42 个，同比增加 18 个。投资大项目增加为固定资产投资增长奠定了良好基础。

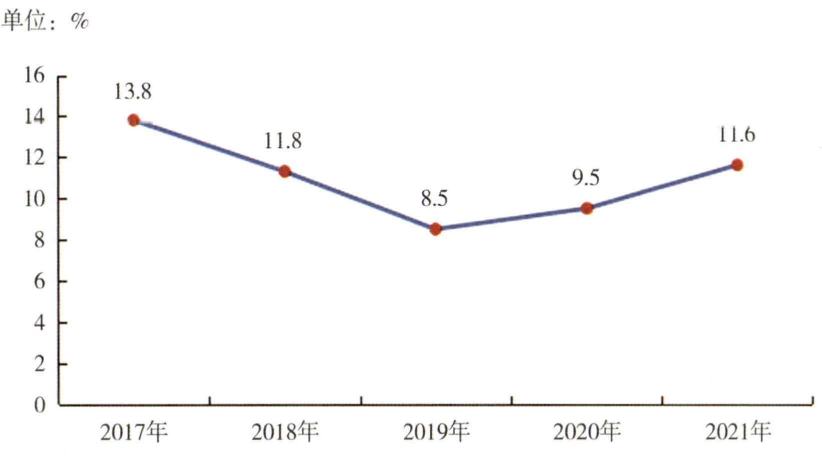

图 5　2017—2021 年固定资产投资增长速度

全年全区房地产开发投资 37.2 亿元，下降 23.6%；其中，住宅投资 32.2 亿元，下降 21.8%。商品房销售面积 114.8 万平方米，增长 13.7%；其中，住宅销售面积 106.9 万平方米，增长 26.1%。

商品房销售额89.2亿元，增长10.8%；其中，住宅销售额87.1亿元，增长11.8%。年末商品房待售面积7.0万平方米，比上年末下降44.9%；其中，住宅待售面积1.2万平方米，下降47.5%。商品房单位面积销售额7770元/平方米，下降2.4%。

六、国内贸易

全年全区实现社会消费品零售总额221.2亿元，比上年增长17.6%。其中，限额以上消费品零售额75.2亿元，增长13.9%。按经营单位所在地分，城镇消费品零售额74.8亿元，增长12.4%；乡村消费品零售额0.4亿元，增长92.5%。按消费类型划分，餐饮收入累计1.4亿元，增长16.9%；商品零售额73.8亿元，增长13.9%。

在限额以上单位商品零售额中，增长较快的商品是饮料类、日用品类、体育娱乐用品类、书报杂志类、石油及制品类和汽车类，分别增长27.2%、30.0%、12.1%、24.3%、21.7%和14.2%。

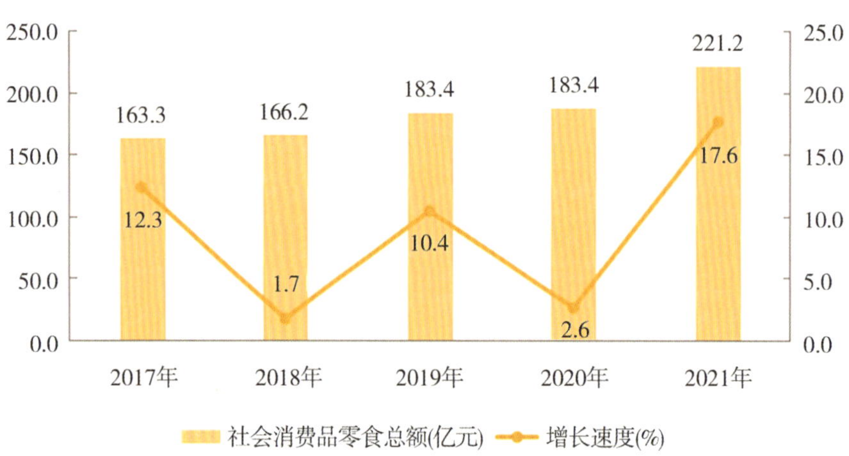

图6 2017—2021年社会消费品零售总额及其增长速度

表2 2021年限额以上单位按商品分类零售额及其增长速度

类别	零售额（亿元）	比上年增长（%）
合计	73.85	15.6
粮油、食品类	2.47	9.1
饮料类	0.16	27.2
烟酒类	0.80	4.5
服装、鞋帽、针纺织品类	0.78	-1.5
化妆品类	0.05	-17.4
金银珠宝类	0.14	0.6
日用品类	0.42	30.0
五金、电料类	0.02	-28.3
体育、娱乐用品类	0.04	12.1
家用电器和音像器材类	4.0	-6.7
中西药品类	7.3	0.9
文化办公用品类	0.38	-17.0
家具类	0.31	-5.3
通信器材类	0.54	-6.8
石油及制品类	41.11	21.7
建筑及装潢材料类	1.49	-1.6
汽车类	9.70	14.2
其他类	3.64	34.1

七、对外经济

全年全区实际利用外资11227万美元，增长3.2%。进出口总额18.7亿元，增长113.1%。其中出口额18.5亿元，增长127.5%。利用省外2000万元以上项目资金62.21亿元，增长9.0%。

八、财政金融

全年全区完成财政总收入34.6亿元，较上年同期增长14.6%。其中，一般公共预算收入19.4亿元，增长7.5%。地方税收收入占一般公共预算收入的比重为73.6%。在主体税种中，增值税完成17.6亿元，增长14.9%；企业所得税完成3.0亿元，下降14.8%；个人所得税完成1.8亿元，增长32.9%。全年一般公共预算支出36.7亿元，下降6.2%。在重点支出中，教育支出完成6.6亿元，增长7.5%，社会保障和就业支出完成6.4亿元，增长0.2%；城乡社区事务支出完成7.6亿元，增长4.8%。

年末信州区金融机构人民币各项存款余额1328.0亿元，比去年同期增长10.3%。其中，住户存款522.0亿元，比年初增加32.8亿元；非金融企业存款547.5亿元，比年初增加14.0亿元；广义政府存款225.2亿元，比年初增加51.3亿元；非银行业金融机构存款27.4亿元，比年初增加19.9亿元。年末信州区金融机构人民币各项贷款余额1388.3亿元，比去年同期增长9.2%。其中，住户贷款433.6亿元，比年初增加25.6亿元；企（事业）单位贷款948.7亿元，比年初增加95.6亿元；非银行业金融机构贷款6.0亿元。

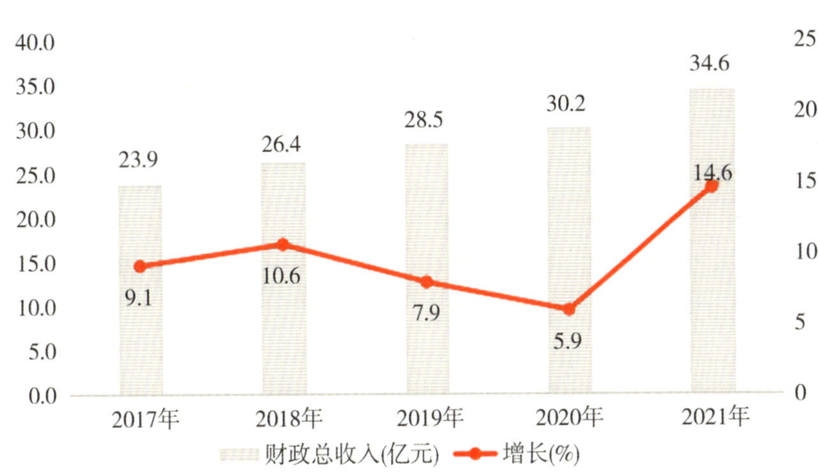

图7　2017—2021年财政总收入及其增长速度

九、居民收入消费和社会保障

全年全区居民人均可支配收入38473元，比上年增长8.0%，其中，城镇居民人均可支配收入45699元，增长7.2%；农村居民人均可支配收入21830元，增长8.5%。城乡居民收入比2.09∶1，比上年缩小0.03。

全年全区城镇居民人均生活消费支出20592元，增长8.6%；农村居民人均生活消费支出18922元，增长14.0%。

2021年，全年全区就业困难人员实现就业252人。共发放小额担保贷款11084万元，扶持个人创业200人次，带动就业486人次。年末全区参加城镇基本养老保险人数14.41万人，其中，在职职工10.37万人，退休人员4.04万人。参加城镇职工医疗保险人数3.27万人，其中，在职职工1.92万人，退休人员1.35万人。参加城乡居民基本医疗保险人数30.19万人，城乡居民基本医疗基金支出3.19亿元，城乡居民参保率98.1%。参加工伤保险人数5.31万人，参加失业保险人数2.05万人，参加生育保险人数1.92万人。

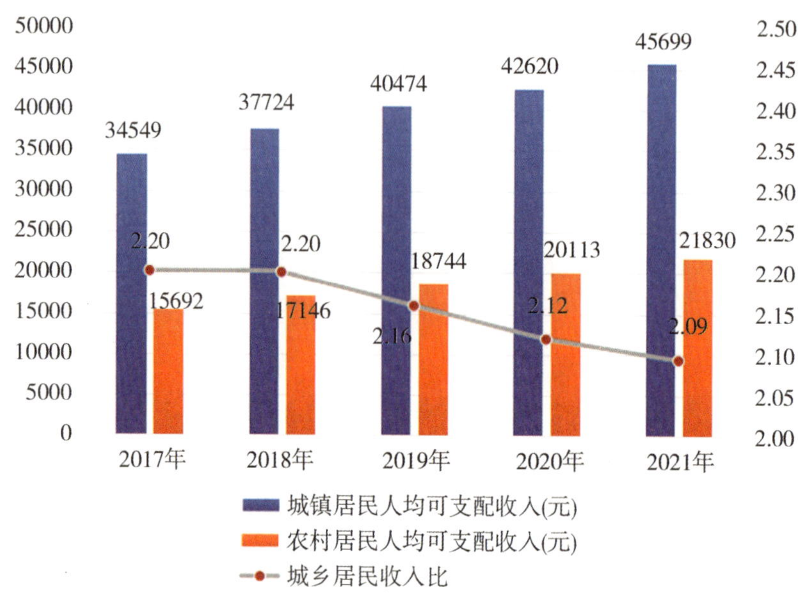

图8　2017—2021年城镇、农村居民人均可支配收入及城乡居民收入比

2021年，全区共有农村低保对象7854人，全年共发放农村低保金3349.44万元；共有城市低保对象3560人。全年共发放城市低保金2231.98万元。全区共有农村特困供养对象203人，全年发放农村特困供养金173.91万元；共有城市特困人员对象56人，全年共发放城市特困供养金63.18万元。农村低保月人均保障标准提高45元，达到每人每月515元，月人均补差水平提高30元，达到355元，城市低保月人均保障标准提高60元，达到每人每月765元，月人均补差水平提高40元，达到490元。

十、教育和科学技术

2021年，全区普通中学在校生3.62万人，普通小学在校生4.09万人。在园幼儿1.53万人。

2021年，全年全区新增国家高新技术企业3家，总量达21家，获批瞪羚企业1家，入库科技型中小企业31家。全年获得专利授权586件，增长48.4%。

年末全区共有检验检测机构20个。全年获得3C证书的企业10家，共计获得3C证书47张。全年对食品进行监督抽查，共计抽查产品872个批次，其中合格834个批次，合格率为95.64%；全年对药品进行监督抽查，共计抽查产品24个批次，其中合格24个批次，合格率为100%。

十一、文化旅游、卫生健康和体育

年末全区共有艺术表演团体16个，文化馆1个，公共图书馆1个，博物馆1个。年末广播综合人口覆盖率100%；电视综合人口覆盖率100%。全区共有综合档案馆1个，馆藏各类档案103个全宗，共计90613卷，233052件。

全年全区接待旅游人数2651.47万人次，比上年增长14%；实现旅游总收入214.54亿元，增长6.6%。入境旅游者人数0.08万人次，增长60%；旅游外汇收入19.4万美元，增长62%。

年末全区共有医疗卫生机构数72家，其中医院28家，卫生院6个，社区服务中心、站18家，门诊部4家，急救机构1家，卫生监督所1家，其他医疗卫生机构数14家。共有卫生技术人员数7523人，其中执业医师2361人，注册护师3459人。医院和卫生院共有床位数5954人，其中医院5715人，卫生院239人。

年末全区共有全民健身中心2个，青少年俱乐部8个，体育单项协会21个，晨晚练点357个，社会体育指导员1532人，城市社区多功能运动场4个，健康主题公园4个，国家级体育传统项目学校1所，省级体育传统项目学校2所，省级单项体育后备人才基地1个。全年新建村级农民体育健身工程5个。新增社区健身路径21个，新增社会足球场2块。

圆满承办2021年上饶马拉松赛，全年共举办20场活动赛事。荣获上饶市第五届运动会团体总分金牌数均为全市第二名。全区各类体育场馆22个。

十二、资源、环境和应急管理

2021年，全区主要河流断面水质年均值达到或优于Ⅲ类比例为100%；乡镇级集中式饮用水源达标率为100%。环境空气质量方面，全年全区城区空气质量优良率为97.3%；PM2.5年均浓度为27微克/立方米。

全年全区完成植树造林1980亩，森林抚育8750亩，改造低产低效林4020亩。省级乡村森林公园1处，传统湿地保有量1382.6公顷。

全年全区全社会能源消费总量初步核算为61.96万吨标准煤，比上年增长9.89%；万元GDP能耗为0.1666吨标准煤，上升1.1%。规模以上工业综合能源消费量2.74万吨标准煤，增长3.8%；万元规模以上工业增加值能耗0.1156吨标准煤，增长23.4%。

全年全区共发生工矿商贸事故6起，同比增加4起，上升200%，死亡6人，同比增加4人，上升200%。

注：

1. 本公报中数据均为初步统计数。部分数据因四舍五入的原因，存在着分项与合计不等的情况。

2. 地区生产总值、各产业增加值和人均生产总值绝对数按现价计算，增长速度按不变价格计算。

3. 三次产业划分依据国家统计局2018年修订的《三次产业划分规定》，行业划分执行《国民经济行业分类》(GB/T4754-2017)。

4. 规模以上工业统计范围为年主营业务收入2000万元及以上的工业企业。固定资产投资（不含农户）统计范围为规模以上工业、有资质的建筑业、限额以上批发和零售业、限额以上住宿和餐饮业、有开发经营活动的全部房地产开发经营业、规模以上服务业和其他调查单位的500万元及以上固定资产投资项目。限额以上批发和零售业、住宿和餐饮业统计范围为年主营业务收入2000万元及以上的批发业单位，年主营业务收入500万元及以上的零售业单位，年主营业务收入200万元及以上的住宿业、餐饮业单位。

5. 规模以上服务业统计范围包括：年营业收入2000万元及以上的交通运输、仓储和邮政业，信息传输、软件和信息技术服务业，水利、环境和公共设施管理业，卫生行业法人单位；年营业收入1000万元及以上的房地产业（不含房地产开发经营），租赁和商务服务业，科学研究和技术服务业，教育行业法人单位；以及年营业收入500万元及以上的居民服务、修理和其他服务业，文化、体育和娱乐业，社会工作行业法人单位。

荣　誉

荣誉榜

荣誉名称	颁发机构	荣誉级别	备注
先进旅团级单位党委（信州区人武部党委）	中央军委国防动员部	国家	
平安中国建设先进集体（西市街道办事处）	平安中国建设协调小组 人力资源社会保障部	国家	
2020 年度“强基础、转作风、树形象”专项行动表现突出单位（区城市管理局）	国家住房和城乡建设部	国家	
全国民主法治示范村（社区）（水南街道办事处）	司法部、民政部	国家	
信州区总工会 24 小时“不打烊”户外劳动者“爱心驿站”被评为全国最美工会户外劳动者服务站点（区总工会）	全国总工会	国家	
全国最美工会户外劳动者服务站点（区总工会）	全国总工会	国家	
天津桥社区获评国家级充分就业社区（西市街道办事处）	人力资源和社会保障部	国家	
上饶市信州区北门街道长塘社区获评全国示范性老年友好型社区（区卫健委）	国家卫健委、全国老龄办	国家	
第七次全国人口普查先进集体（区统计局）	国务院第七次全国 人口普查领导小组	国家	
基层中医药工作先进单位（区卫健委）	国家中医药管理局	国家	
肿瘤登记优秀奖（区卫健委）	国家癌症中心	国家	
信州区获评全省春季森林防火平安县（区林业分局、区应急管理局）	江西省森林防灭火指挥部	省	连续 13 年
江西省文明单位（区检察院）	省委、省政府	省	连续 9 年
全省双拥模范区（区退役军人事务局）	省委、省政府、省军区	省	连续 5 年
全省红会系统年度考核先进单位（区红十字会）	江西省红十字会	省	连续 5 年
全省信访系统“人民满意窗口”（区信访局）	省委信访局	省	连续 3 年
信州区获江西省市县党委和政府脱贫攻坚工作成效考核综合评价第一档次为“好”（区乡村振兴局）	省委、省政府	省	连续 2 年

续表

荣誉名称	颁发机构	荣誉级别	备注
信州区获评全省第二批美丽宜居示范县（区农水局）	省委、省政府	省	
信州区获评全省乡村振兴战略实绩考核优秀县（区、市）（区农水局）	省委、省政府	省	
江西省脱贫攻坚先进集体（沙溪镇人民政府）	省委、省政府	省	
江西省脱贫攻坚先进集体（区教体局）	省委、省政府	省	
江西省生态文明建设先进集体（朝阳镇、秦峰镇人民政府）	省委、省政府	省	
周田村获评江西省文明村镇（茅家岭街道）	省精神文明建设指导委员会	省	
第十六届江西省文明单位（区政府办、区消防救援大队、区审计局、区财政局、区税务局、区市管局、烟草公司）	省委、省政府	省	
朝阳中心小学获评江西省文明校园（区教体局）	省委、省政府	省	
上饶市实验小学、上饶市五小、朝阳中心小学获评江西省文明校园先进学校（区教体局）	省文明办	省	
“放管服”改革工作获评江西省第六批及时奖励通报表扬集体（沙溪镇人民政府）	省政府	省	
江西省模范劳动关系和谐乡镇（沙溪镇人民政府）	省政府	省	
入选江西省基层政务公开标准化“十县百乡”（沙溪镇人民政府）	省政府	省	
第四次全国经济普查先进集体（区统计局）	省第四次全国经济普查领导小组	省	
全省退役军人事务工作先进单位（区退役军人事务局）	省委退役军人事务工作领导小组	省	
全省扫黑除恶专项斗争先进集体（区政法委、农水局）	省扫黑除恶专项斗争领导小组	省	
信州区获评四好农村路全省示范县（区交通运输局）	省交通运输厅、省财政厅、省农业农村厅、省乡村振兴局	省	
全省综合交通运输行业基层党支部规范化建设示范点（区公路事业发展中心）	中共江西省综合交通运输事业发展中心委员会	省	
信州区获评全省平安县（市、区）（区政法委）	省委政法委	省	
全省关心下一代工作先进集体（区教体局、沙溪镇人民政府）	省关委、省文明办	省	
江西省五一巾帼标兵岗（西市街道办事处）	省总工会	省	
上饶市信州区福海老年公寓获江西省五一劳动奖状	省总工会	省	
江西省省级生态乡（镇）（秦峰镇人民政府）	省生态环境厅	省	
（叶挺大道、三官殿社区）24 小时“不打烊”户外劳动者“爱心驿站”被评为全省最美工会户外劳动者服务站点（区总工会）	省总工会	省	
2019—2021 年创建周期全国环改和综合治理先进单位（区卫健委）	省血吸虫病地方病防治领导小组办	省	
疫情监测及风险评估先进单位（区卫健委）	省血吸虫病地方病防治领导小组办	省	
江西省三八红旗集体（区卫健委）	省妇联	省	

续表

荣誉名称	颁发机构	荣誉级别	备注
全省优秀消防志愿者服务项目（西市街道办事处）	省消防安全委员会	省	
全省人民解调工作委员会先进单位（水南街道办事处）	省司法厅	省	
全省综合减灾示范社区（区应急局东市街道茶圣中路社区）	江西省应急管理厅	省	
上饶市信州区福海老年公寓命名为“第六批全省学雷锋活动示范点”	省委宣传部	省	
上饶市立医院、信州区福海医院获评江西省老年友善医疗机构（区卫健委）	省卫健委、省中医药管理局	省	
万达社区获评第五批省星级充分就业社区（西市街道办事处）	省人力资源和社会保障厅	省	
全省“我为林业发展十四五规划建言献策”活动优秀奖（区林业分局）	省林业和草原局	省	
老干部工作信息化建设先进集体（区老干局）	省委老干部局	省	
上饶民歌《花儿为什么这样黄》获江西省传统表演艺术类非物质文化遗产项目新词创作大赛创作奖（区文化馆）	省文化和旅游厅	省	
新时代主题教育读书活动先进集体（区教体局）	省教育厅关工委	省	
“网聚职工正能量、争做中国好网民”暨江西省第三届职工网上艺术节微电影类二等奖——《西市格格的浓情四季》（西市街道办事处）	省总工会	省	
信州区税务局作品《辰光》被评为江西省第三届职工网上艺术节“职工网民讲党课类”一等奖（区总工会）	省总工会	省	
上饶市第一小学作品《建党百年唱响红歌》、信州区西市街道办事处作品《西市哥哥的浓情四季》被评为江西省第三届职工网上艺术节歌曲类二等奖（区总工会）	省总工会	省	
第十六届全省党员电教片观摩交流活动三等奖（区委组织部）	省委组织部	省	
江西省厂务公开先进单位	省总工会	省	
国网上饶市信州区供电公司获评江西省五一巾帼标兵岗（西市街道）	省总工会	省	

索 引

说明：本索引依照国家标准《索引编制规则（总则）》GB/T22466-2008 的相关规则进行编制。本索引为主题索引，按主题词首字汉语拼音字母（同音字按声调）顺序排列。主题词后的阿拉伯数字表示该词所在页码，数字后的英文字母 a、b、c 分别表示该页文字的左、中、右栏。同一主题的内容在文中多处出现的，在其主题词后用不同的页码标明。对特载、大事记、专记、人物、重要文献等类目不作主题索引。

D

E

F

G

H

J

K

L

M

N

P

Q

R

S

Z